穷通宝鉴评注

楚南余春台　原编
东海徐乐吾　评注
孙正治　注译

中医古籍出版社

图书在版编目(CIP)数据

穷通宝鉴评注/(明)余春台编撰;徐乐吾注. -北京:中医古籍出版社,2012.2
ISBN 978-7-5152-0137-5

Ⅰ.①穷… Ⅱ.①余…②徐… Ⅲ.①命书-中国-明代 Ⅳ.①B992.3

中国版本图书馆CIP数据核字(2012)第007826号

穷通宝鉴评注

著　　者　明·余春台
注　　译　徐乐吾　孙正治

责任编辑　孙志波
封面设计　五星设计
出版发行　中医古籍出版社
社　　址　北京东直门内南小街16号(100700)
印　　刷　廊坊市三友印务装订有限公司
开　　本　700mm×1030mm　1/16
印　　张　31
字　　数　754千字
版　　次　2012年2月第1版　2017年3月第1次印刷
印　　数　0001~5000册
标准书号　ISBN 978-7-5152-0137-5
定　　价　42.00元

前 言

在传统命理典籍中，大概没有哪一本书的命运比《穷通宝鉴》更具传奇性。

这本书原名《拦江网》，不知出于何人之手，因为其文辞俚俗，词不达意，而被认为出于江湖术士的手笔；也不知写作时代，只是根据书中多载明人命造，而推为明代的著作。本书在清朝以前从未出版过，只是作为“压箱底儿”的秘笈，在江湖术士中流传。由于辗转传抄，本书讹错极多，以至鲁鱼亥豕，不能卒读。

本书的第一次出版，是在清初的康熙年间，由日官（执掌占卜的官员）以《造化元钥》为题，增附大量命造实例而刊行的。日官在序言中这样赞叹本书：“《造化元钥》一书，独得其秘焉！……论简而赅，理微而显，虽立一成之局，实具万变之机，深参之可以通源，浅得之亦能微中，洵禄命之圭臬也！”

到了清末，楚南人余春台又以今题刊行此书，并在序言中推崇说：“审其议论精详，取舍恰当，实有得五行生克、八卦错综之妙。……此真命学之指南，子平之模范也！”

到了民国年间，著名命理学家徐乐吾先生竟三次评注此书（一次是《穷通宝鉴评注》，一次是《造化元钥评注》，还有一次是《宝鉴例释录》），并慨叹说："《栏江网》一书，以十干配十二月察其生旺休囚，以定取用之准则，立一成以驭万变，秩然有序，命理书中，殆无其匹……高山流水，知音者稀，反不如《渊海子平》、《神峰通考》之受人欢迎，斯则良可叹也！"

这种从"高山流水，知音者稀"，到热烈欢迎赞叹，以至在命理典籍中占有重要地位的变化，岂非极富传奇色彩吗？

本书命运的传奇性，主要是由书中的内容决定的。虽然从宋代的徐子平开始，就在很大程度上扫荡了从星命术沿续下来旧习，但是命理学上拘泥吉凶神煞、执着奇格异局、强调纳音论命的旧习依然存在，有时还相当严重。而本书对命局的看法，则脱尽了旧式命书的窠臼，对上述旧习概行屏除，只凭五行生克、十干性情、理气进退、配合喜忌，综合考虑日元的强弱和用神的旺衰，特别是命局是达到了中和，从而决定格局的高下，有时甚至不依月令定格局，在月令之外选用神。其义理精微深邃，多发前人所未发，在命理学史上具有革命性的意义。

本书立论的基础是"十干实物说"和"十干生存说"。所谓"十干实物说"和"十干生存说"，即把十天干形象地比拟为十种具体事物，借助物理常识或生活经验，根据它们在特定环境中的生存状况来分析命局。比如，丙丁同样是火，但丙为太阳之火，丁为炉中之火，二者性质不同；壬癸都是水，但壬是江河湖海之水，癸是雨露之水，二者作用也相异。同时，日主本身必须富于生气，然后才能谈到其他，所以冬火要有甲乙木作为引燃物，这样才光辉不灭；壬癸水在夏令要有庚辛金作为源泉，这样才能润泽大地。由此就构成了《穷通宝鉴》一书论命的五个技术模式，即甲庚丁三干互用模式、丙辛用壬模式、乙用癸丙模式、戊己共用甲丙癸模式、壬癸用戊辛丙模式。

所谓甲庚丁三干互用模式，指甲木、丁火、庚金三者无论哪一个为日主，都是彼此互用，缺一不可的。比如甲木要成材，一定要有庚金的疏劈才有希望；而庚金要使甲木成材，本身要“成器”（斧子）才行；而庚金的成器，又不能缺乏丁火的锻炼。所以甲木日主不能离开庚金和丁火。庚金日主要成器，一定要有丁火的锻炼，而丁火作为人间炉火，又须甲木作为燃料，所以庚金日主一定要有丁火和甲木的配合。同样地，丁火要发光，要甲木作为燃料，而甲木又要借助庚金利斧疏劈才行，所以丁火日主也离不开甲木和庚金。书中这类论述极多，例如：“非丁不能造庚，非庚不能造甲。”“凡四季甲木，总不外乎庚金。”“丁火熔金，必赖甲木引助，方成烘炉。”“取甲引丁，用庚劈甲伐甲，方云木火通明。”“甲不离庚，乙不离丙。”“甲乃庚之良友，凡用甲木，庚不可少。无庚无甲，何能引丁?”“借甲引丁，借庚劈甲。”“顽金宜丁，旺土须甲。”这些论述，充分说明了甲庚丁三干之间的互用关系。

所谓“丙辛用壬”模式，指丙辛日干都要以壬水作为论命的主要依据。就是说，丙火作为阳光之火，要用壬水（江湖之水）来映衬，才有伟大的光明气象；辛金作为珠玉之金，要有壬水的淘洗，才能透出宝气珠光。这就是著名的“壬水辅丙说”和“壬水洗淘法”。

交待过这两种技术模式之后，相信读者对其他技术模式也可以举一反三了。

公允地说，只从十干“实物说”和“生存说”论命，而不重视它们作为财官印食等十神的作用，不免有重视十干自然属性而忽视其社会属性之嫌，但是也正是这一点，连同对吉凶神煞、奇格异局和纳音五行等旧习的摒除，使得本书立论统一，干净利落，而不杂任何歧见，没有任何枝蔓。这可以看作本书的一大特点。

和十干“实物说”、“生存说”和五大技术模式相联系，本书十分重视调候的作用。书中认为，火为天之神，水为地之精，所以夏令日主重在要水，这样才能使万物得到滋润，保持生机；冬令日主则重在要火，这样才能使万物复苏，春意盎然。值得注意的是，本书的调候不像一般论命方法那样，完全依据每月月令禀气的正五行，而是着重考虑实际气候情况，同时兼顾月令禀气的正五行。比如正月建寅，甲木当令，丙火长生，戊土寄宫借生，应当依甲丙戊来论命，但本书则说：“正月甲木，初春尚有余寒。得丙癸透，富贵双全。癸藏丙透，名‘寒木向阳’，主大富贵；倘风水不及，亦不失儒林俊秀。如无丙癸，平常人也。”“正月乙木，必须用丙，因天气尤有余寒，非丙不暖。”“正月己土，田园犹冻，盖因腊气未除，余寒未退，故丙为尊。”所以本书被当代命学界视为“调候之书”，是有相当道理的。

本书在编排形式上也别出心裁。它根据取用贵乎提纲的宗旨，将十干分列于十二月，每月各列若干条，以列举其经验心得，用以概括所有的命例，有条不紊，系统井然，而且断语爽利而绝不含糊，读者只要略加用心，就可以对天下千千万万的命造胸有成竹。看来本书原来题作《拦江网》，意思是要将长江大河中的万千鱼鳖尽数收入网中，是别有深意的。

总之，本书是一部扫荡一切旧的窠臼和教条，从实际经验、实际气候情况和具体命局出发论命的典范性著作。它在诸多命理典籍中占有崇高的地位，不是偶然的。

当然，对于本书，古今读者也并非只有喝彩声，特别是当代。在互联网上，就有人发表文章说："《穷通宝鉴》在命理学界拥有相当高的地位，被称为'子平之模范'，其根本原因在于：八字共有约五十二万种变化，而学命的人一直想找到一种简捷的方法可以概括所有的命例，而《穷通宝鉴》就提供了这样一种形式，如'某日干生于某月，干透或支藏某某物，即为富贵或贫贱'，就像是一部命学字典，只要按图索骥，既省时又省力。由于该书是根据实际操作中总结而来的，所以肯定有相当的应验性，但若以此为标准，则就大大地犯了形而上学的错误。"不过，本书即使确有微瑕，也不掩其为美玉，对于今天的读者来说，仍然具有重要的借鉴作用。

本书的评注者徐乐吾，是民国命理学家，被同时代著名命理学家韦千里尊为"近代之命坛巨子"。所著命理书有《穷通宝鉴评注》、《子平真诠评注》、《滴天髓征义》、《滴天髓补注》、《造化元钥评注》、《子平四言集腋评注》、《命理寻源》、《命理杂格》、《命学新义》、《命理一得》、《子平一得》、《子平粹言》、《宝鉴例释录》、《古今名人命鉴》、《乐吾随笔第一集》、《乐吾随笔第二集》，总计达16种，堪称著作等身。《穷通宝鉴》虽然在他以前就已经声名鹊起，但真正得到普遍的见重，却不能不说得力于他的评注和推崇。至于其评注的精辟详备和画龙点睛的作用，这里即使不说，想来读者也是可以推知的。

至于本书的译释工作，可以告慰读者的是，笔者心里时时不忘尊重古人古书，也时时不忘对得住今天的读者，所以译释工作是认真的，慎重的。当然，由于笔者学识有限，不当之处在所难免，所以诚恳地希望读者批评指正，以便今后做得更好。

有出版商打算重新出版本书，约笔者把本书译成白话，并要求在前言中多介绍一下本书，所以姑且写下这些作为前言。

孙正治

2007 年 12 月 6 日

自 序

【原文】

《穷通宝鉴》，原名《栏江网》，书名俚俗，词意不达，鲁鱼亥豕，不能卒读，久矣不为世重。予于书肆中偶得之，未之奇也；嗣研习命理，遇命造①之不可理解者，用其法辄验，始奇之。爰取其书，反复研读，不禁喟然而叹也。夫世人之怀才抱璞，悯愊无华，拙于口舌，不能见重于当世者，比比然也；穷而著述，又以拙于文笔，以至精理奥义，湮没不彰。夫口舌文笔，宣达之工具，于学理无涉也，乃因缺乏工具之故，以至毕生精力所萃，经验所得，无由自见，曲高和寡，没世无闻，世之类此者，又何可胜道？无惑乎人皆舍本而逐末也！

或以此书仅谈经验而无原理，知其然不知其所以然为憾。夫学术之发明，大都出于试验而偶得之。有其事必有其理，事已见而理未明者，学术界不胜枚举。如光线之能透视，至今以爱克斯（未知数）名之，其一例也。况乎命理所凭，十干十二支②，何以于人事有验，亦未能举其原理乎？是书于十干性质，生于十二月之用法，已举其大纲，穷理致用，正后人之事。愿读是书者，人人引为己责焉。

是为叙。

【注释】

①命造：指八字命局。因为人生于造化，故有此称。分为乾造和坤造，即男性的命造和女性的命造，这是乾为阳为男，坤为阴为女的缘故。

②十干十二支：十干，指十个天干，包括甲、乙、丙、丁、戊、己、庚、辛、壬、癸。其中甲、丙、戊、庚、壬属阳，乙、丁、己、辛、癸属阴；甲乙属木，丙丁属火，戊己属土，庚辛属金，壬癸属水。十二支，指十二地支，即子、丑、寅、卯、辰、巳、午、未、申、酉、戌、亥。其中子、寅、辰、午、申、戌属阳，丑、卯、巳、未、酉、亥属阴；寅卯属木，巳午属火，申酉属金，亥子属水，丑辰未戌属土。天干地支是表示年、月、日时的次序的符号，是用来推论命运的重要手段，所以是八字命理学的重要基础知识。

【今译】

《穷通宝鉴》，原来叫《栏江网》，书名鄙俗，词不达意，就像把“鲁”写成“鱼”，把“亥”字写成“豕”，令人无法读完，不为世人所重视，已经很久了。我从书肆中偶然得到它，也没有珍视；后来研习命理，遇到不可理解的命造，用其中的方法就能应验，才开始珍视。于是取来这本书，反复研究读诵，不禁喟然而叹息。世人中怀有美玉般的才能，内心丰富却朴素无华，拙于口舌，无法使世人看重的，比比皆是；在穷困中著书阐述所见，又因为拙于文笔，而使精微的道理、深奥的涵义湮没而不能昭彰。口舌和文笔是表达的工具，与学问和道理无关，却因为缺乏工具的缘故，而使毕生精力所萃聚，从实际经验所得到的东西无法展现，加上曲调越高，能够应和的人就越少，以至最终也没有人知道，世上类似的情况，又哪里说得完呢？难怪人们都舍本逐末去了！

有人以为这本书只是谈经验，而没有谈原理，属于知其然不知其所以然，并为此感到遗憾。学术上的发现，大都出于在试验中偶然得到的结果。有这样的事情就必然有这样的道理，事情已经出见而道理却没有阐明的情形，在学术界不胜枚举。例如光线的能透视，至今用爱克斯（未知数）来称呼，就是其中的一个例子。何况命理所凭借的十天干十二地支，为什么在人事上有应验，也没有阐明原理呢？这本书对十天干的性质，生于十二月的用法，已经列举了大纲，穷尽其中道理而加以运用，正是后人的事情。愿读这本书者，人人把这一点作为自己的责任。

以此为序。

民国二十六年，岁次丁丑

原序

【原文】

夫五行生克之论，创自汉儒。至唐李虚中[1]，乃以天干地支配成八字[2]，专取财官印绶，论人之得失。迨后诸贤，又著天官、紫微、神禽[3]等书，互会参用，纷纷不一，而命学灿若列星矣。但学者不潜心领悟，故其术皆不能中肯。

余于搜辑诗文之暇，亦颇涉猎命学诸书，乃友人持《栏江网》善本谓余曰："某欲著简易确切之说，以为后学之楷，此本秘之行箧久矣。以此权量人之富贵，往往有验，子可为梓之，以为子平书[4]之一小补。"

余披阅一过，审其议论精详，取舍恰当，实有得五行生克、八卦错综[5]之妙。因不揣謭陋，细加编辑，视其繁者汰之，略者增之，去其鲁鱼亥豕之讹，使阅者了然若诸指掌。

此真命学之指南，子平之模范也，乃更其名曰《穷通宝鉴》。因序其颠末于简端，以付梨枣，庶不没作者之初心，抑以广君子知命之学之意云尔。

【注释】

①李虚中（761～813）：字常容，唐魏郡（今河北大名）

人，祖籍陇西（今甘肃陇西南）。北魏侍中李冲的八世孙。贞元十一年进士及第，试书判入等，补秘书正字，后授监察御史，迁殿中侍御史。用四柱八字来算命，目前可以考证的就属唐朝李虚中比较早。世传《李虚中命书》，署名“鬼谷子撰，虚中注”。《三命通会·论年月日时》：“唐李虚中独以日干为主，却以年、月、时合看生克制化，旺相休囚，取立格局。此发前贤所未发，故今术家宗之。”

②乃以天干地支配成八字：一般认为李虚中时只用三柱六字，没有时柱二字，到宋代才加上时柱干支，发展为八字。《原序》的说法与此不符，故特加说明。

③天官、紫微、神禽：即古代的占星术、紫微斗数和星禽术。我国古代的占星术由来已久，《史记·天官书》就含有大量的星占特征，因此这里以“天官”二字指代占星术。紫微斗数是一种星命术，也是中国传统命理学中的一种。因为在它的星相分析的系统里以紫微星为诸星之首，故称紫微斗数。星禽术，是将五行和二十八宿与各种禽兽相配，用来占卜吉凶祸福的方术。传说此术始于张良，为兵家秘传，其实于一切人事得失趋避无所不占，著名的《禽星易见》用翻禽倒将之法推算时日吉凶。

④子平书：指命理书。子平：姓徐，名居易，字子平，北宋人，生平事迹不详。传闻他在五代末年与陈抟一起隐居华山，著有《徐氏珞琭子赋注》二卷，他在李虚中的三柱法（年、月、日推算法）的基础上，发明了四柱法（年、月、日、时推算法）。以四柱干支八字的生克制化关系推论人的命运。这套算命方法对后世影响尤为广泛，以致于八字命理学被称为子平法。

⑤八卦错综：明代易学家来知德，称阴阳相反的两卦为错

卦，称上下倒过的两卦为综卦。八卦之间的错综，为乾与坤、震与巽、坎与离、艮与兑相错，震与艮、巽与兑相综。在这里，八卦错综是用来形容本书所讲命理的错综有致。

【今译】

五行生克的理论，创始于汉代的儒师。到唐代的李虚中，才以天干地支配成八字，专取财、官、印绶，来推论人命运的得失。后来的诸多贤人，又写了天官、紫微、神禽等书，互相会通和运用，内容纷繁不一，而命理学从此就像天上的列星一样灿烂了。但学习的人不能潜心领悟，所以他们的技术都不能中肯綮。

我在搜罗编辑诗文的余暇，也多少涉猎到命理学的各种书籍，于是友人拿来《栏江网》的善本对我说："我想写作简易确切的书，作为后世学人的楷模，这本书秘藏在行囊已经很久了。用这本书权衡人的富贵穷通，往往应验，先生可以将它付梓，作为命理书的一个小小补充。"

我读了一遍，感到其议论精辟详细，取舍恰当，确实有得于五行生克、八卦错综的妙理，因此不隐藏自己的浅陋，细致地加以编辑，看到过于繁琐的地方就删去，过于简略的地方就增加，去掉其中鲁鱼亥豕之类讹误，使读者像看自己的指掌一样了然。

这本书真是命学的指南，子平术的模范啊！于是把书名改为《穷通宝鉴》。因而在书前叙述它的始末，以付诸印行，庶几不埋没作者的初心，也用来增广君子知命的学问。

春台氏序并书

凡 例

【原文】

一、《穷通宝鉴》，原名《拦江网》，不署撰人时代姓名。观其所引列之命造，多明代名人宰辅，可知此书为明人著作，而为清季余春台[1]所刻行。

一、此书看法，尽脱旧式命书之窠臼，四正四隅[2]，吉凶神煞[3]，概行屏除，专从十干性情[4]、理气进退[5]、配合喜忌[6]而定格局[7]之高下。其法出于经验，发前人所未发，义理精邃，阐发非易，而其文笔又不足以达之，阅者会其意，略其文辞可也（此书原名《栏江网》，书名俚俗，可知其出于江湖手笔。经验宏富，文笔不逮，亦固其所。原为秘本，倘非余春台为之刊行，失传久矣）。

一、此书原以十干分列十二月，每月各若干条，列举其经验心得。余春台氏编纂成书，删繁去芜，贯串成篇（见《原序》），无如繁简失当，以至意义前后重出，字句复叠，晦涩难明。兹为划分段落，略加评注，以畅其意；至于阐发义理，深愧未能（间或加以钩乙[8]，以不失原来面目为主旨）。

一、此书错字漏句，不一而作。盖自明代至清季，历数百年珍秘传抄，原文难免无误（《原序》云“其鲁鱼亥豕”，可知原文错字极多）。坊间木刻，仅得宏道堂巾厢本一种，及铅石印各一，遍求精刻善本不可得。除以三本互校外，不得已意为改正；其有未能释然者，仍列原文，而于评注中加以笺注，以待后之学者。

一、斯书义理深邃，因文字拙陋，为世所轻，甚为可惜。深恐湮没失传，勉为评注。学识不逮，屡经易稿，仍未洽意（初稿一部分，已尽更易）。同好催促，勉付排印，俟再版时，从事修正。

【注释】

①余春台：清末文人、命理学家，楚南人，曾编辑和印行本书（《穷通宝鉴》）并作序，其他事迹不详。

②四正四隅：四正方位和四隅方位。四正指东南西北；四隅指东南、西南、东北、西北。四正四隅都和八卦和天干地支相联系，如图：

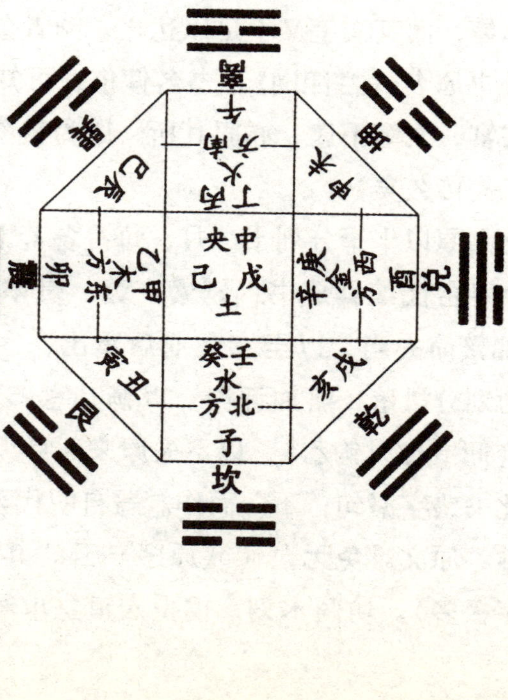

③神煞：又作星煞。原指天上的星宿或十二宫位，后来指年月日时天干地支间的不同配合。古人认为无论天上的星宿、十二宫的位置还是年月日时天干地支间的配合，都能够导致人们命运的吉凶。

④十干性情：《渊海子平》说：性情，是喜怒哀乐爱恶欲所发，仁义礼智信所布，父精母血所形成，都是金木水火土的关系。既然十干分属五行，就必须首先看五行各自的性情，然后再说十干性情。五行的性情是：

木称曲直，味酸，主仁。多恻隐之心，慈祥恺悌，济物利民，恤孤念寡，恬静清高。人物清秀，体长，面色青白。所以说木盛多仁。太过则折，执物性偏；不及则少仁，心生妒意。

火称炎上，味苦，主礼。多辞让之心，恭敬有威仪，质重淳朴。面部上尖下圆，印堂窄，鼻露窍，精神闪烁，言语辞急，意速心焦，面色或青赤，坐则摇膝。太过则足恭聪明，性燥须赤；不及则黄瘦，尖巧妒毒、有始无终。

金称从革，味辛辣，主义。多羞恶之心，仗义疏财，敢勇豪杰，知廉耻，主人中庸。骨肉相应，方面白色，眉高眼深，高鼻耳仰，声音清响，刚毅有决。太过则自无仁心，好斗贪欲；不及则多三思，少果决，为人悭吝，作事挫志。

水称润下，味咸，主智。从是非之心，智足多谋，机关深远，文学聪明，谲诈飘荡，阴谋倾覆。太过则孤介梗吝，不得众情，沉毒狠戾，失信颠倒；不及则胆小无谋，反主人物瘦小。

土称稼穑，味甘，主信。多诚实之心，敦厚至诚，言行相顾，好敬神佛，主人背圆腰阔，鼻大口方。眉目清秀，面如墙壁而色黄，处事不轻，度量宽厚。太过则愚朴，古执如痴，不及则颜色似忧，鼻低面扁，声音重浊，朴实执拗。

十天干分为阳干和阴干，因此在其属五行性情的基础上，又各有不同的性情，即：

甲为松柏巨树而非残枝，主仁爱；

乙为奇芭、芝兰而非乔木，主慈祥；

丙为太阳而非灯火，主热烈；

丁为灯火而非太阳，主达礼；

戊为大地、山岳、城堡而非小石，为燥土而非湿土，主忠信而固重；

己为田园之土，为湿土而非燥土，主忠信而轻柔；

庚为钢铁而非饰金，主重义；

辛为珠玉而非钢铁，主知恩；

壬为天河、江河而非雨露，主智慧；

癸为雨露、池塘而非江河，主聪敏。

⑤理气进退：十天干分属五行，五行又各分五种状态，即旺、相、休、囚、死。五行状态与季节的关系是：春季木旺，火相，水休，金囚，土死。夏季火旺，土相，木休，水囚，金死。秋季金旺，水相，土休，火囚，木死。冬季水旺，木相，金休，土囚，火死。五行还有因寄生十二宫而有十二种状态，即长生，沐浴，冠带，临官，帝旺，衰，病，死，墓，绝，胎，养。比如火长生在寅，从寅上起，顺行，卯上沐浴，辰上冠带。其余可以类推。不过天干在十二宫位的旺衰生死，与地支有所不同，详见《阴阳顺逆生旺死绝图》（表中的禄指临

官，败指沐浴）。

十天干的旺相休囚死和寄星十二宫，具体地说明了天干理气进退的情况。

<table>
<tr><td>巳
壬庚戊丙甲
绝生 禄 病
癸辛己丁乙
胎死 旺 败</td><td>午
壬庚戊丙甲
胎败 旺 死
癸辛己丁乙
绝病 禄 生</td><td>未
壬庚戊丙甲
养冠 衰 墓
癸辛己丁乙
墓衰 冠 养</td><td>申
壬庚戊丙甲
生禄 病 绝
癸辛己丁乙
死旺 败 胎</td></tr>
<tr><td>辰
壬庚戊丙甲
墓养 冠 衰
癸辛己丁乙
养墓 衰 冠</td><td colspan="2" rowspan="2">阴阳顺逆生旺死绝图</td><td>酉
壬庚戊丙甲
败旺 死 胎
癸辛己丁乙
病禄 生 绝</td></tr>
<tr><td>卯
壬庚戊丙甲
死胎 败 旺
癸辛己丁乙
生绝 病 禄</td><td>戌
壬庚戊丙甲
冠衰 墓 养
癸辛己丁乙
衰冠 养 墓</td></tr>
<tr><td>寅
壬庚戊丙甲
病绝 生 禄
癸辛己丁乙
败胎 死 旺</td><td>丑
壬庚戊丙甲
衰墓 养 冠
癸辛己丁乙
冠养 墓 衰</td><td>子
壬庚戊丙甲
旺死 胎 败
癸辛己丁乙
禄生 绝 病</td><td>亥
壬庚戊丙甲
禄病 绝 生
癸辛己丁乙
旺败 胎 死</td></tr>
</table>

⑥配合喜忌：指五行间互相配合的所喜和所忌。有人作出如下总结，很便于记忆：

甲木：最喜庚金伐，斫削成大才；辛为柔弱金，木坚金易折。见戊利经商，财大腰气粗；己来合甲木，命主手脚缚。壬为汪洋水，无寅随波逐；癸为云雨水，夏解炎燥苦。丙为太阳火，冬春可暖局；丁使甲外柔，无庚人虚伪。乙为透天刃，合庚失贵气。

乙木：丙能去阴柔，木火通明格；丁使乙萎蔫，见辛成武贵。戊为刚硬土，柔木无力伐；己土名田园，反哺乙木发。庚来性多疑，难有用武地；辛能绊丙火，难以发秀气。壬掀浪滔滔，弱木惧漂泊；癸水润花木，不惧燥火烈。见甲系藤萝，四时皆相宜。

丙火：逢甲愈刚烈，无庚多招祸；乙木具理智，木火通明格。丁为丙之刃，少金杀气重；戊来性过刚，取贵壬调节。己可去火燥，却失光明节；庚生壬抑丙，财富满仓筐。辛来投怀抱，忘义恋情色；壬可驱炎燥，显威居权要。乌云癸遮日，光芒难普照。

丁火：甲现须庚劈，事业可大成；乙生火微弱，丁难锻顽铁。丙可去忧郁，命主显生机；戊遇甲或金，以智成巨富。己为命主寿，心宽好口福；庚金须带甲，无甲命贫苦。辛透人慷慨，财来似潮涌；壬现合官贵，有甲富贵临。癸须甲或戊，七煞化权柄。

戊土：甲疏土有用，无甲枉费心；乙官性柔弱，难以成大贵。丙火照顽土，寸草不易生；丁火功在铁，星火难照明。己逢甲或丙，稼穑成富翁；有庚才华溢，立业建大功。辛须丙癸现，出入显门中；见壬成堤岸，虽苦事业成。癸财长流水，源源库能存；巳月禄当权，厌甲喜癸润。

己土：甲来贵合身，无甲性呆滞；乙乏克伐力，碌碌一无成。丙火照阴土，万物得滋生；丁为灯烛光，难得显大功。戊须甲来疏，无甲性顽冥；庚金可泄秀，豁达重信诚。见辛贪财色，处处留情种；见壬则智浊，邪道起歪风。癸水配丙甲，事业方发达。

庚金：甲财利润厚，劈之可发荣；乙却束手脚，吝啬守财奴。丙为太阳光，虽烈不炼金；丁火锻成器，显贵入公门。戊土性干爽，泄秀不污壬；己土阴而浊，貌丑性下品。见辛须甲丁，无则性毒狠；逢壬金水清，才貌最可人。癸来伤丁贵，叛逆成霸匪。

辛金：甲为刚硬木，日主遭反侮；乙木性柔弱，适制财丰厚。有丙恋财色，壮志被削磨；丁毁珠玉金，易成伤残身。戊硬不生身，才华受拘禁；己土污水浊，辛金失光泽。壬水金清白，冬生喜丙火；癸为云雨露，难列富贵格。庚来扶弱生，不惧泄耗克。

壬水：甲现好灌溉，慧质成大才；乙畏天河倒，随波不自在。丙火水既济，财富排天来；见丁酒色客，财从手中过。戊土堪作堤，威武镇邪恶；己混不清澈，一生昏噩噩。庚为水之源，不惧土木火，辛白水愈清，才华盖世歌。癸来劫财去，又将妻夫夺。

癸水：甲木参天树，雨露无奈何；乙木为花草，滴水不干渴。丙火映彩云，绚丽壮山河；丁火光微弱，有财能几何？戊来合俊秀，老翁或丑婆；见己水不清，智商打对折。庚生怕太过，金多水必浊；辛癸两相见，金白水清格。壬兄助身旺，不怕火土多。

⑦格局：也叫命格，指八字命理学不同形式的命局。人有生命就有八字，有作字就有格局；八字的有格局，正像人有姓名。上自达官贵人，下至贩夫走卒，八字没有不成格局的，只是格局有成败、太过、不及的区别。

判断四柱八字的格局，是四柱八字推命的基础和关键。格局的名目繁多，大体分为八格和外格两类。

八格即除比肩、劫财之外的正官、偏官、正印、偏印、食神、伤官、正财、偏财八者为主导的格局。比肩简称比，是与日元（即代表命主的时柱天干）同气、阴阳属性相同的天干；劫财简称劫，是与日元同气而阴阳属性不同的天干。正官简称官，是克制日元而与之阴阳属性不同的天干；偏官又称七煞、煞，是克制日元而与之阴阳属性相同的天干。正印是生扶日元而与之阴阳属性不同的天干，偏印又称枭，是生扶日元而与之阴阳属性相同的天干。食神简称食，是受日元生扶而与之阴阳属性相同的天干；伤官简称伤，是受日元生扶而与之阴阳属性不同的天干。正财是受日元克制而与之阴阳不同的天干，偏财是受日元克制而与之阴阳相同的天干。

八格的取法是：(一) 月支本气透出于天干，如寅月透甲、卯月透乙、辰月透戊，就取本气天干与日元的关系为格局。(二) 天干上未透月支本气，而透月支所藏的其他天干，即凭该天干取为格局。如寅月没有透出甲木，而透出丙或透戊，则可取丙或戊为格。若地支藏有的两个天神都透出天干，就斟酌选取其中一个，以有力而无克合者为上。(三) 月支本气没有透出，月支所藏的天干也不透出天干，就较量月支内人元的轻重，选择其中一个有力而无克合的为格局。(四) 如比肩和劫财不能取格，建禄和羊刃也不在八格之内。

根据命局中阴阳五行干支的生克，取八格与用神，命运的预测已经可以十得八九，但还有非八格所及的格局，也非加以具体的分析不可，于是设立外格作为补充。所谓外格，即八格之外的格局。外格虽然是八格的补充，却名目繁多，不是三言五语所能说清的，主要有从旺、从强、化气等类型，这些暂且留待正文中解释。

⑧勾乙：原意是在报刊或书籍的某些词句两端，画上像“乙”字的记号，表示要加以斟酌或抄录；在这里是指加以考订。

【今译】

一、《穷通宝鉴》，原来叫《栏江网》，没有注明作者的时代和姓名。看它所引用罗列的命造，多数是明代的名人大臣，可以知道本书是明朝人的著作，而由清代的余春台加以印行。

二、本书对命局的看法，完全脱开了旧式命书的窠臼。四正位、四隅位的吉凶神煞，一概屏除，专门根据十干的性情、理气的进退、配合的喜忌来决定格局的高低。其方法出于经验，阐发了前人所没有阐发的道理，但义理精深，阐发很不容易，其文笔又不足以表达，读者只须领会其中的意思，可以忽略其中的文辞（本书原来叫《栏江网》，书名鄙俗，可知它出自江湖人物的手笔。经验宏伟丰富而文笔不逮，也是自然现象。原属于秘本，倘若不是余春台加以印行，早就失传了）。

三、本书原来用十天干来分列十二月，每月各有若干条，来列举经验和心得。余春台编纂成书的时候，删去繁琐，去掉芜杂，贯串成篇（见《原序》），无奈繁简失去允当，以至意思前后重复出现，字句有重叠，晦涩而难以明了。现在为它划分段落，略加评注，使其意思表达通畅；至于阐发义理，深愧没有做到（间或加以考订，以不失原来面目为主旨）。

四、本书中的错字和漏句，不是发生在一处。因为从明代到清末，经历数百年珍藏和传抄，原文难免讹误（《原序》说"其鲁鱼亥豕"，可以知道原文中错字极多）。坊间的木刻本，只得宏道堂巾厢本一种，还有铅印、石印本各一种，到处搜求精刻的善本，但没有得到。除根据这三种版本互校之外，不得已时，只好根据自己的判断来改正。其中不放心的，仍然罗列原文，而在评注中加以笺注，以等待后来的学者。

五、这本书义理深邃，因为文字笨拙固陋而为世人所轻视，很是可惜。我深怕它湮没失传，尽力为它写评注，但由于学识不够，屡次易稿，仍不满意（初稿一部分，已经完全改变），只因共同爱好的人催促，劝我交付排印，只好等再版时再加以修订。

目　录

穷通宝鉴评注卷一

穷通宝鉴评注卷二

穷通宝鉴评注卷三

穷通宝鉴评注卷四

穷通宝鉴评注卷五

穷通宝鉴评注卷一

楚　南　余春台　原编
东　海　徐乐吾　评注

论　木[1]

【原文】

木性腾上而无所止，气重则欲金任使[2]。木有金，则有惟高惟敛之德。仍爱土重，则根蟠深固；土少，则有枝茂根危之患。木靠水生，少则滋润，多则漂流。甲戌乙亥，木之源；甲寅乙卯，木之乡；甲辰乙巳，木之生，皆活木也。甲申乙酉，木受克；甲午乙未，木自死；甲子乙丑，金克木，皆死木也。生木得火而秀，丙丁相同；死木得金而造，庚辛必利。生木见金自伤，死木得火自焚。无风自止，其势乱也；遇水返化其源，其势尽也。金木相等，格谓“断轮[3]”。若向秋生，反为伤斧，是秋生忌金重也。

［评注］总论木性。木为阳和之气，其性腾上而无所止。木重喜金气以收敛之，故云“有惟高惟敛之德”。喜土重以蟠根，土少则枝茂根危。甲戌乙亥，木气初生；甲寅乙卯，木之旺地；甲辰乙巳，木之余气，故云活木。甲申乙酉，木气绝；甲午乙未，木气死；甲子乙丑，纳音[4]金，皆死木也。活木得火而秀，见丙丁为木火通明[5]，见庚辛金则损其生气；死木见火自焚，见金克木，反造而成器。故活木喜火忌金，死木忌火喜金也。金木相制成格，名为“断轮”。若生于秋，宜有火制

金，非忌金而去之也。以火制金成器，方能断木成材。三秋金旺木枯，残枝败叶，喜金剪除。得火制金，不伤木性，相制而归于中和。故秋木喜金，不论官煞⑥，皆宜得火，乃成贵格，正谓此也。

【注释】

①木：这个“木”字，是就四柱八字中的日干而言。八字中的日干又称日元、日主、元神，代表命主，因而又简称身。各卷所论火、土、金、水类推。

②气重则欲金任使：气重，指过于旺盛。任使，即任用，其中还有修剪、砍削、雕琢的意思。木被金任使，才就成材。

③“断轮”：格局名，指柱中出现四个木和四个金，以五行中的两种成格，是最上等的命格。“断轮”二字，指五行生克，如循环往复，如同轮转，而金木之间缺少火、土、水，有所间断。

④纳音：术数预测的基本元素是五行。五行是可以根据数字推算的，而数字又是通过《河图》推衍出来的，所以说：“大衍之数五十，其用四十有九。以两干两支之合数于四十九内减之，余数满十去之，余一六为水，二七为火，三八为木，四九为金，五十为土，各取所生之五行为纳音。”以甲子、乙丑为例：甲九子九，乙八丑八，其数之和为三十四，于四十九内减之，余十五，去十不用而余五，五为宫音，属土，土能生金。所以甲子、乙丑的“纳音”所对应的五行（简称纳音五行）就是“金”。

天干与地支一一相配，可以有六十对组合，它们各有不同的五行属性，称为六十甲子纳音。请看《六十甲子纳音歌》：

甲子乙丑海中金，丙寅丁卯炉中火，
戊辰己巳大林木，庚午辛未路傍土，
戊寅己卯城头土，庚辰辛巳白腊金，
壬午癸未杨柳木，壬申癸酉剑锋金，
甲戌乙亥山头火，丙子丁丑涧下水，
甲申乙酉泉中水，丙戌丁亥屋上土，
戊子己丑霹雳火，庚寅辛卯松柏木，
壬辰癸巳长流水，甲午乙未沙中金，
丙申丁酉山下火，戊戌己亥平土木，

庚子辛丑壁上土，壬寅癸卯金箔金，
甲辰己巳覆灯火，丙午丁未天河水，
戊申己酉大驿土，庚戌辛亥钗钏金，
壬子癸丑桑柘木，甲寅乙卯大溪水，
丙辰丁巳沙中土，戊午己未天上火，
庚申辛酉石榴木，壬戌癸亥大海水。

⑤木火通明：指日元为木，四柱木火两旺的格局。因为木能生火，而火能发光，故有“木火通明”的说法。作为格局名，属伤官格或食神格一类。得到这种格局的主命会特别聪明灵俐，往往会成为文人。

⑥煞：“煞”字，原文多作“杀”，这里一律改作“煞”。还有原文中的“财”字多作“才”，这里一律改作“财”。

【今译】

木性向上生长，而没有一定的限度。木气过重的时候，适宜得到金的任用。木得到了金的任用，就有越长高越收敛的好处。也喜欢土多，可以把根扎得深而牢固；如果土少了，就有枝叶茂盛而根柢危险的忧患。木靠水生，水少则滋润，水多就会漂流。甲戌和乙亥是木的源根，甲寅和乙卯是木的本乡，甲辰和乙巳是木的余气，都是活木。值甲申和乙酉，木会受到克伤；值甲午和乙未，木会自己死掉；值甲子和乙丑，金会克木，都是死木。生木得到火就秀美，丙丁都是这样；死木得到金就制造成器物，条件是庚辛必须锐利。生木遇见金，自然受到伤害；死木得到火，自然会焚烧。没有风而木自己不再摇动，说明生命力已经衰落；遇到水而化归它的本源，说明其生命力已经穷尽。金木相等的格局，叫做“断轮”。如果生于秋天，会反过来受到金的斧子一样的伤害，所以秋天出生的木，忌金气过重。

［评注］这是总论木的性质。木为阳和之气，生性喜欢上升，而没有一定的限度。如果木气过重，就喜欢金气来收敛它，所以说有“越高越收敛的好处”。喜欢土重，以便于蟠根，土少则枝叶虽然茂盛，而根柢却不牢固。甲戌和乙亥，是木气初生的时候；甲寅和乙卯，是木气旺盛的地方；甲辰和乙巳，是木的余气，故说是活木。甲申和乙酉，木气已经断绝；甲午和乙未，木气已经死亡；甲子和乙丑，纳音属金，都是死木。活木得到火就秀美，遇见丙丁火，为“木火通明”；遇见庚辛

金，则损伤它的生气。死木遇见火，会自然焚烧；遇见金克木，反而会打造成器。所以活木喜欢火而忌讳金，死木忌讳火而喜欢金。金木相制约而成格，称为“断轮”。如果生于秋天，应当有火制伏金，但不是因为忌金而要克去它。用火制金而使金成器，才能削木而使它成材。秋季三个月金旺盛而木枯槁，那些残枝败叶喜欢金来剪除。有火制伏金而不伤木性，相制约而归于中和，所以秋木喜欢金，而不作官煞来看。所谓都适宜得到火来成就贵格，说的正是这一点。

【原文】

木生于春，余寒犹存。喜火温暖，则无盘屈之患；藉水资扶，而有舒畅之美。春初不宜水盛，阴浓则根损枝枯；春木阳气烦燥，无水则叶槁根干。是以水火二物，既济方佳。土多而损力，土薄则材丰。忌逢金重，伤残克伐，一生不闲；设使木旺，得金则良，终身获福。

［评注］春木喜火温暖，然用火不能缺水，用水不能无火。最宜火透水藏[①]，格成既济[②]；用土用金，皆非上格。详下。

【注释】

①火透水藏：火在天干上透出，水伏藏在地支中。透，指地支所藏天干在年、月、时柱上出现；反之则为藏。命理学认为，地支中的天干伏藏而不透出，就难以发挥作用。

②格成既济：格局达到水火既济。既济，《周易》六十四卦中的一卦，卦象上坎水，下离火，互相济助，六爻阴阳全部当位，表示理想状态。又作格局名，《三命通会》说：“经云：火若遇水成既济，兵权万里。如辛巳、辛丑、丙子、戊子，丙日临子，坐下正官被月时引旺，重逢奇仪。丙以癸为官，癸以戊为官，互换见官，丙合辛财生官，化为真水。戊子时，戊合子中癸，化为真火，入水火既济格，大贵。”

【今译】

木生于春季，因为余寒还在，喜欢火来温暖，这样才没有盘屈的忧患；靠水来生扶，而有舒畅的好处。春初不宜水势太盛，阴气浓重就会使根柢受损，使枝叶枯黄；不过春天的木阳气烦燥，无水就会枝叶枯槁，根柢干燥。所以水和火这两种东西，要达到既济才好。土多就会损耗力量，土薄则木材丰硕。忌遇到金气过重的情形，以至被克伐伤残，一生不得安闲；假如木旺，则得到金克才好，会终身有福。

[评注] 春木喜欢火来温暖，但用火时不能缺少水，用水时不能没有火。最好是火在干头透出而水伏藏，成为既济的格局；而用土或用金，都不是上等格局。详见下文。

【原文】

夏月①之木，根干叶燥，盘而且直，屈而能伸。欲得水盛而成滋润之力，诚不可少；切忌火旺而招焚化之忧，故以为凶。土宜在薄，不可厚重，厚则反为灾咎。恶金在多，不可欠缺，缺则不能琢削。重重见木，徒以成林；叠叠逢华，终无结果。

[评注] 夏木喜水。时逢火旺，根干叶燥，必须得水，方成滋润之功。用水不能离火，方成既济；水多以火为用，木火通明。切忌无水而火旺，则偏燥自焚也。用土用金，或为配合所需要，但非上格。

【注释】

①夏月：即三夏，指初夏、仲夏和暮夏。命理以日干为命主，以月令为命主出生时外在环境的主体，并主要通过月令来考察日干的强弱，故言月不言季。

月令是以二十四节气为准的。所谓二十四节气，是根据太阳在黄道（即地球绕太阳公转的轨道）上的位置来划分的。视太阳从春分点（黄经零度，此刻太阳垂直照射赤道）出发，每前进 15 度为一个节气；运行一周又回到春分点，为一回归年，合 360 度，因此分为 24 个节气。二十四节气的名称为：立春、雨水、惊蛰、春分、清明、谷雨、立夏、小满、芒种、夏至、小暑、大暑、立秋、处暑、白露、秋分、寒露、霜降、立冬、小雪、大雪、冬至、小寒、大寒。为了便于记忆，古人留下了这样四句歌诀：

春雨惊分清谷天，夏满芒至二暑连。

秋处露分寒霜降，冬雪雪冬小大寒。

立春阳历 2 月起，按月两节不改变。

上半年逢 6、21，下半年逢 8、23。

【今译】

夏月的木，根干叶燥，曲而能直，屈而能伸。希望得到盛大的水，而成滋润的功用，实在不可缺少；切忌火旺，以至招致焚烧的忧患，所以凶险。土宜微薄，而不可厚重，厚重则反而造成灾祸；厌恶金过多，但不可欠缺，欠缺就不能雕琢修削。重重地遇到木，白白地成了树林；天天都开花，终究不会结果。

［评注］夏木喜欢水。逢火旺的时令，根子干而枝叶燥，只有得到水，才能成就滋润的功用。用水不能离开火，才能成就既济的格局；水多则以火为用神，才有木火通明之象。切忌无水而火旺，会导致偏于烦燥，以至自焚的结果。用土用金，或许是五行配合所需要的，但不属于上等格局。

【原文】

秋月之木，气渐凄凉，形渐凋败。初秋之时，火气未除，尤喜水土以相滋；中秋之令，果已成实，欲得刚金而修削。霜降后不宜水盛，水盛则木漂；寒露节又喜火炎，火炎则木实。木多有多材之美，土厚无自任之能。

［评注］三秋的木，木性收敛，生气下达，所谓“果已成实”也。最喜刚金修削，木旺金强。得火以制之，必成上上格局。寒露节寒气渐增，得火温暖，功成反生①。用水以化金，不离火暖，不能专用水，亦不能专用土也。

【注释】

①功成反生：功，作用；反生，复生。木旺于春季，而冬季则是木伏藏的季节；但是有火来调和气候，就不同了，可以使木复生，故称反生。

【今译】

秋月的木，气息逐渐趋于凄凉，形态逐渐凋零衰败。初秋的时令，火气还没有消退，尤其喜欢水和土来滋养；中秋的时令，果实已经成就，就希望得到坚刚的金来修剪和斩削。霜降后不宜水盛，水盛木就会漂流；寒露节又喜欢火旺，火旺木才会坚实。木多有木材多的好处，土厚则没有自我任使的能力。

［评注］秋天三个月的木，木性收敛，生气下降，是所谓“果实已经成就”的时候。这时最喜欢坚刚的金来修剪斩削，表现为木旺而金强。有火制约金，必定成为上上等的格局。寒露节寒气逐渐增强，得到火的温暖，具有复生的作用。用水来化金，不能离开火的温暖，既不能专用水，也不能专用土。

【原文】

冬月的木，盘屈在地，欲土多而培养，恶水盛而忘形。金总多不能克伐，火重见温暖有功。归根复命之时[1]，木病安能辅助？须忌死绝之地，只宜生旺之方。

［评注］冬月木气枯槁，最宜用火，调和气候，功成反生。水旺用土以制水，随宜配合，金水非所宜也。更宜向东南生旺之方，切忌西北死绝之地。

【注释】

①归根复命之时：冬月即亥月，木虽然长生于亥，但在外形上却是枝月雕零之时，故有这样的说法。

【今译】

冬月的木，盘屈在地上，希望土多来培养，厌恶水盛以至得意忘形。金即使多也不能克伐，火气重则有温暖的功用。归根复命的时令木已经衰病，怎样才能得到辅助？须忌讳死绝的方位，只适宜生旺的方位。

［评注］冬月里木气已经枯槁，最适宜用火来调和气候，其作用是实现反生。水旺就用土来制伏水，要随所适宜，加以配合，不过金和水不是所宜。还适宜东南生旺的方位，切忌西北死绝的地点。

甲木喜用提要

月份	喜用神	说　明
正月	丙癸	【原文】调和气候为要。丙火为主,癸水为佐。 【今译】以调和气候为要点。以丙火为主,以癸水为辅佐。
二月	庚丙丁戊己	【原文】羊刃架煞①,专用庚金,以戊己滋煞为佐。无庚用丙丁泄秀,不取制煞。 【注释】①羊刃驾煞:格局名,指日元有羊刃扶持而强旺,月支中七煞透出天干的格局。羊刃,羊言其刚,刃取宰割之义。禄过则刃生,功成当退不退,则过越其分,如羊之在刃,必有伤害。甲禄到寅,卯为羊刃;乙禄到卯,辰为羊刃;丙戊禄到巳,午为羊刃;丁己禄到午,未为羊刃;庚禄居申,酉为羊刃;辛禄到酉,戌为羊刃;壬禄到亥,子为羊刃,癸禄到子,丑为羊刃。羊刃与七煞性情都比较刚烈,主不易屈服,突破逆境,所以古人称羊刃驾煞是英雄命,主兵权在握,掌生杀大权。 【今译】羊刃驾煞格,专以庚金为用神,以戊己土滋扶壬水七煞为辅佐。无庚金,就用丙丁火泄散木的秀气,不采取制伏七煞的办法。
三月	庚丁壬	【原文】用庚金必须丁火制之,为伤官制煞。无庚用壬。 【今译】用庚金必须有丁火来制伏它,属于伤官制煞的格局。没有庚金就用壬水。
四月	癸丁庚	【原文】调和气候,癸水为主。原局气润,庚丁为用。 【今译】周和气候,以癸水为主。原命局气候润泽,以庚金和丁火为用神。

五月	癸丁庚	【原文】木性虚焦,癸为主要。无癸用丁,亦宜运行北地。木盛先庚,庚盛先丁。 【今译】木性虚弱而枯焦,以癸水为主要用神。无癸水就用丁火,也适宜行北方运。木盛就先用庚金,庚金盛就先用丁火。
六月	癸庚丁	【原文】上半月同五月用癸,下半月用庚丁。 【今译】上半月和五月一样用癸水,下半月用庚金和丁火。
七月	庚丁壬	【原文】伤官制煞,无丁用壬。富而不贵。 【今译】用丁火伤官制伏辛金七煞,无丁就用壬水。富而不贵。
八月	庚丁丙	【原文】用丁制煞,用丙调候,丁丙并用为佐。 【今译】用丁火制伏壬水七煞,用丙火调和气候,丁和丙一并用作辅佐。
九月	庚甲丁壬癸	【原文】土旺者用甲木,木旺者用庚金,壬癸为佐。 【今译】土旺的用甲木,木旺的用庚金,以壬癸水为辅佐。
十月	庚丁丙戊	【原文】用庚金,取丁火制之,丙火调候。水旺用戊。 【今译】用庚金,以丁火制约它,用丙火调和气候。水旺就用戊土。
十一月	丁庚丙	【原文】木性生寒,丁先庚后,丙火为佐。必须支见巳寅,方为贵格。 【今译】木性产生寒气,所以先用丁,后用庚,而以丙火为辅佐。地支中出现巳和寅,才是贵格。
十二月	丁庚丙	【原文】丁火必不可少,通根[①]巳寅,甲木为助。用庚劈甲引丁。 【注释】①通根:指天干以地支为根,天干在地支中有根据,称通根。例如八字天干中出现丁,而地支中出现午、未或戌,其中伏藏着天干丁火,就属于通根。 【今译】丁火必不可少。丁火通根于巳和寅,以甲木为辅助。用庚金劈解甲木,引生丁火。

三春甲木总论

【原文】

春月之木，渐有生长之象。初春犹有余寒，当以火温暖，则有舒畅之美。水多变克[①]，有损精神。重见生旺，必用庚金斫凿，可成栋梁。春末阳壮水渴，藉水资扶，则花繁叶茂。初春无火，增之以水，则阴浓气弱，根损枝枯，不能华秀；春末失水，增之以火，则阳气太盛，燥渴相加，枝叶干枯，亦不华秀。是以水火二物，要得时相济为美。

［评注］三春甲木，必以水火为用。初春宜火，春末宜水，此言甲木性情之所喜也。若用庚金，以重见生旺为限；用戊土，以壬癸太多为限。皆为配合之所需，非上格也。水能生木，然在初春余寒未解之时，而见水多，则阴浓湿重，反生为克，即不至泛滥，亦不免有损精神，非所宜也。

【注释】

①水多变克：水能生木，但在初春余寒未解的情况下，水多就会导致阴气浓郁、湿气过重，以至反而把相生变成了类似相克的作用。

【今译】

春月的木，逐渐有生长的气象。初春还有余寒，应当用火来温暖，这样才有舒畅的好处。水多了，其作用就会变得类似相克，以至有损于木的精神。重叠遇到木而又生旺，必须用庚金来砍削和雕凿，可以成为栋梁。春末阳气壮盛而水少，靠水来生扶，就会花繁叶茂。初春无火，如果再增加水，就会阴气浓郁而生气衰弱，根柢受损，枝叶枯萎，而不能荣华秀美；春末缺少水，如果再增加火，就会阳气太盛，燥渴得更加严重，以至枝叶干枯，也不荣华秀美。所以水火这两种东西，以得时令、相济助为好。

［评注］春季三个月的甲木，必以水和火为用神。初春适宜用火，春末适宜用水，这是说甲木性情所喜。如果用庚金，须以重叠遇到木而又生旺的情形为限；用戊土，须以壬癸水太多的情形为限。这两种情况

都是配合的需要，不是上等的格局。水能生木，但在初春余寒还没有解除的情况下，水多就会导致阴气浓郁、湿气过重，以至反而把相生变成了类似相克的作用。这种情况即使不至于泛滥，也不免有损于木的精神，是不相宜的。

三春甲木

【原文】

正月甲木，初春尚有余寒。得丙癸透，富贵双全。癸藏丙透，名“寒木向阳①”，主大富贵；倘风水②不及，亦不失儒林俊秀③。如无丙癸，平常人也。

［评注］正月甲木以水火既济为正轨，余皆变局。但丙癸透干，不可相并。须中有间隔，使丙癸不相碍。或癸藏丙透，亦是不相碍。盖水火既济，为配合上之需要。水旺用火，火多用水，非水火并用也。丙透癸藏，支有印相生，而以丙火食神为用神。寒木向阳，有调候之用，更能泄木之秀，为木火通明之象也。

【注释】

①寒木向阳：冬天的木为寒木，需要丙火的温暖而遇到了丙火，为寒木向阳。

②风水：指住宅基地、坟地的地理形势，如地脉，山水的方向等。古人认为风水好坏可以影响其家庭、子女的盛衰吉凶。晋人郭璞传古本《葬经》说：“气乘风则散，界水则止，古人聚之使不散，行之使有止，故谓之风水。”这是风水一词的起源。在这里，风水指家族坟地和家宅的风水。

③儒林俊秀：原意是儒家学者中的出类拔萃者，在这里泛指读书人中的皎皎者。

【今译】

正月的甲木，时令属于初春，还有余留的寒气。有丙火和癸水透出干头，主富贵双全。癸水伏藏而丙火透出，称为“寒木向阳”，主大富大贵；即使祖坟或住宅的风水不理想，也不失为儒林中的俊秀人物。如果没有丙火和癸水，就只是平常人。

［评注］正月的甲木，以水火既济为正轨，其余都是变局。但丙火和癸水透出干头，不可并列在一处，必须有间隔，使二者不相妨碍；或者癸藏丙透，也属于不相碍。水火既济，是配合上的需要。水旺而用火，火多而用水，不属于水火并用。丙火透出而癸水伏藏，地支中有印绶相生，而以丙火食神为用神。寒木向阳，有调候的作用，更能泄散木的秀气，为木火通明的气象。

【原文】

正二月甲木，素无取从财、从煞、从化①之理。

［评注］正二月甲木，月令禄旺，自无从化之理。

【注释】

①从财、从煞、从化：从偏正财或从七煞、化神的格局。分述如下：

从财格的构成，是命局日主衰弱，生于财月，理应取正偏财为格局。而地支纯属财地，或结财局，天干再透出生财辅助财的字，日干却无一点生旺之气，不能任财，只得随从它。既已成从财格，则其秀气完全萃聚于日干所从之财，所以也以财为用神，喜欢伤官、食神、偏正财之帮扶，忌比肩劫财的剥夺，也忌印绶助身，逢正官则不妨。

从煞格的构成，是命局日主衰弱，七煞旺而多，无印绶生身，日元实在不能任用七煞，只得随从它。既已成从煞格，则其秀气完全萃聚于日干所从的七煞，所以又以七煞为用神，只是与八格的用煞不同，喜欢财煞滋生，忌讳印绶泄散七煞而生身，劫财和比肩抗煞也不相宜。

化气格的构成，是由于天干化合。天干化合有五种，即甲与己合而化土，乙与庚合而化金，丙与辛合而化水，丁与壬合而化木，戊与癸合而化火。天干相合有化有不化。古人说“遇龙则化”，龙即辰，甲己得戊辰，戊属土，故化土；乙庚得庚辰，庚属金，故化金。丙辛以下都是这样。所以，甲日己时、己日甲时、甲日己月、己日甲月、甲木生于辰戌丑未月，不见木，为化土格；乙日庚时、庚日乙时、乙日庚月、庚日乙月、乙木生于巳酉丑申月，不见火，为化金格。如此等等。例如命局戊辰、壬戌、甲辰、己巳，甲木生于九秋，土旺秉权，甲己合而化土，不见其他木，则无克破，而格局纯粹。甲申、癸酉、乙丑、庚辰，乙庚合而化金，时令在仲秋，化神得令，四柱无火克破，也是杰出的命造。

【今译】

正月和二月的甲木，从来没有取从财、从煞、从化的道理。

［评注］正月和二月的甲木，月令禄旺，自然无从化的道理。

【原文】

或一派庚辛，主一生劳苦，克子刑妻。再支会金局[①]，非夭即贫。

［评注］此言官煞旺而无制也。正月木方萌芽，生机蓬勃之时，不宜裁抑，故春木用金非上格。金多无制，非贫即夭。

【注释】

①支会金局：三会成局的一种。三会成局，又称“三合成局”，指亥卯未会成木局，寅午戌会成火局，巳酉丑会成金局，申子辰会成火局。三会成局中，四正方位子午卯酉中的一个字为中心，所以这个字不可或缺，其他两个字如果缺一，则待年月日时补足时而成局。

【今译】

或者一派庚辛金，主一生劳苦，克坏子女，刑伤妻室；再遇到地支会成金局，不是夭折就是贫寒。

［评注］这是说官煞旺而无制伏的情形。正月的木刚刚萌芽，是生机蓬勃的时候，不宜剪裁损抑，所以春木用金，不是上等的格局。金多而无制伏，不是贫寒就是夭折。

【原文】

如无丙丁，一派壬癸，又无戊己制之，名“水泛木浮，死无棺椁[①]”。

［评注］此言印绶太旺也。正月甲木，虽丙癸并用，但以丙火为主，既济为美。故云一派壬癸，无戊己制之，水泛木浮。即有戊己为制，无丙丁出干，亦非上格也。

【注释】

①水泛木浮，死无棺椁：指甲乙木日元衰弱，四柱中水多，特别是壬水过重的命局，比如乙木生于亥月，亥中壬水透出的命局。作为格局，多属于印绶格。据说这种命格的人，死后连棺木都得不到。

【今译】

如果无丙丁火，而是一派壬癸水，又没有戊己土来制伏，称为“水泛滥而木漂浮，死后连无棺椁都没有”。

[评注] 这是说印绶太旺的情形。正月的甲木，虽然丙火和癸水同时并用，但是以丙火为主，以水火既济为妙。所以一派壬癸水而没有戊己土来制伏，属于“水泛木浮”的命局。即使有戊己土的制伏，只要无丙丁火出现在天干，也不是上等格局。

【原文】

如一派戊己，支会金局，为“财多身弱，富屋贫人②”，终身劳苦，妻晚子迟。

[评注] 承上文正月无取从化之理。前言一派庚辛，不能从煞；此言一派戊己，即使支会金局，月垣①寅木受伤，亦不能从财，只作财多身弱论也。

【注释】

①月垣：十二次中月亮所在的位置，指月建。如农历正月建寅，二月建卯，乃至十二月建丑。

②财多身弱，富屋贫人：指正偏财过多过旺而日元衰弱，无法任财的情形。作为格局，通常是财格，或者是从财格。据说这种命局的人财产虽然多，却享受不到，就像富屋中的穷人。

【今译】

如果一派戊己土，地支会成金局，称为“财多身弱，属于富屋中的穷人”，以至终身劳苦，娶妻晚，生子迟。

[评注] 承上文正月无取从格和化格的道理而言。前面说一派庚辛金，不能从煞；这里说一派戊己土，即使地支会成金局，由于月垣寅木

受伤，也不能从财，只能以“财多身弱”论。

【原文】

或无庚金，有丁透，亦属文星①，为木火通明之象，又名“伤官生财格”，主聪明俊秀。一见癸水伤丁，但作厚道迂儒；或柱中多癸，滋助木神，伤灭丁火，其人奸雄枭险，曹操②之徒，言清行浊，笑里藏刀。

［评注］上言丙火，此言丁火。正月甲木，喜丙丁为用；无丙而有丁透，亦属文星。木火通明，食神伤官一也，但不可癸丁并透，并透则伤，仅为厚道迂儒。癸水仅须一二点，藏支为润，则免阳气燥渴；若柱中多癸，丁火之焰自灭。丁火与丙火不同。丙为太阳③之火，只要丙癸相隔，不能伤丙。丁为炉灶之火，木湿何能有焰？然虽不发焰，其用自在，发为性情④，为阴柔奸险之徒也。春月木火，无庚辛金间杂，则清纯取贵。

【注释】

①文星：即文曲星。本指北斗七星中位于斗柄与斗勺连接处的天权星。古人认为这颗星主文章，所以用来指代文才出众的人。在这里，文曲星不是指天权星，而是指木火伤官的格局，因为有这种格局的人通常聪明异常，往往成为文人。

②曹操（155～220）：字孟德，小名阿瞒、吉利，沛国谯县（今安徽亳州）人。东汉末年杰出的政治家、军事家、文学家、诗人。在政治军事方面，消灭了众多割据势力，统一了中国北方大部分区域，并实行一系列政策恢复经济生产和社会秩序，奠定了曹魏立国的基础。文学方面，在曹操父子的推动下形成了以三曹（曹操、曹丕、曹植）为代表的建安文学，在文学史上留下了光辉的一笔。魏朝建立后，曹操被尊为“武皇帝”，庙号“太祖”。

③太阳：四象之一，非指日月中的太阳。四象是太阳、少阳、少阴、太阴，其中太阳为纯阳，少阳为多阴少阳，少阴为多阳少阴，太阴为纯阴。四象的最明显体现，是一年中的春夏秋冬，它们依次从气候方面体现了少阳、太阳、少阴和太阴的特点。

④发为性情：指十天干表现为人的不同性格特征。十天干各有不同

的性情，这是毫无疑义的，但是不只是作为十天干本身来表现，还作为十神来表现。前文已经谈到十干性情，这里补充说明十神性情如下：

正官：光明正大，重理智，遵法守纪，有服务人群的精神，做事喜欢按步就班，厌恶激进手段，因而显得优柔寡断。

偏官：为人有志气，富进取心，勇敢果决，颇具革命性或叛逆性，容易偏激。易滥用权威，容易树敌招祸，甚至多年的朋友也会一下子反目成仇。有的还阴沉好杀。

正印：心地善良，禀性淡泊，重视名誉，注重精神或宗教信仰，思想有点天真而不切实际。有依赖心理。走上邪路会虚伪欺诈，贪赃枉法。

偏印：悟性高，敏感，心思细腻，重幻想，内向孤独，多思多疑，喜钻偏门、牛角尖。重直觉顿悟，做事喜走捷径，兴趣多，导致往往三心两意，多学少成。

比肩：自我意识较强，冷静，自信，意志坚定，交朋友重视实质性的情谊，所以多“君子之交”。行事多以自我为中心，易固执己见。即使有时外表显得谦虚，内心却往往不以为然，较强调自我价值。

劫财：性情较矛盾，有时外向好动，有时多愁善感。善于社交，较有表演天才，外表乐观；但内心却时常烦恼，往往自己理想过高，而又嫉妒他人成就，有较多的理想与现实的冲突。对外人关心慷慨，对家人却不够体贴。

伤官：较任性，乐观活跃，多才多艺，颇具创造性。也较骄傲，认为只要自己想学没有学不会的，也常想超越他人。但由于兴趣过多，导致博而不精，也易见易思迁，且恃才傲世，好批评是非，不拘世俗礼法，如不加克制，易与上司、同事相处不好。

食神：为人聪明精细，但较含蓄，不象伤官格的人锋芒毕露，禀性温和多情，气质清高，较有长远计划。但理想过高，有时喜欢胡思乱想，与现实脱节，做事有耐心但时感疲劳，易患神经衰弱。喜无拘无束。好美食，但不挑食。

正财：节俭，谨慎，较老实，守本份，刻苦耐劳，稳重有余。进取不足，更不敢冒险。重视家庭生活保障。如太过于重视金钱，则会变得斤斤计较、刻薄寡情。

偏财：外表慷慨大方，精力充沛，性情急躁，善于把握机会，一生也多机遇，喜交际，不大珍惜金钱，有时不惜一掷千金，易得易失。感情丰富，但可能用情不专。

【今译】

或者无庚金而有丁火透出，也属于文曲星，属于木火通明的气象，又称作“以伤官生财为用神的正财格”，主聪明俊秀。但是这种格局一遇到癸水克伤丁火，就只能成为厚道而迂腐的儒生；或者四柱中多癸水，滋扶木神，损伤丁火，主这人奸雄枭险，是曹操一类的人，言辞清高，行为浊恶，笑里藏刀。

［评注］上面是说丙火，这里是说丁火。正月的甲木，喜欢丙丁火为用神；没有丙而有丁透出，也属于文曲星。木火通明的格局，食神和伤官的作用是一样的，只是不可癸水和丁火一并透出，否则必定伤害格局，只可以成为厚道而迂腐的儒生。癸水只须一两点，藏在地支中，起润泽的作用，这样可以避免阳气过盛所导致的燥渴；如果柱中癸水多，丁火的势焰自然熄灭。丁火与丙火不同。丙为太阳之火，只要丙癸相隔，癸水就不能伤丙火。丁为炉灶之火，木湿怎么能生火焰？但虽然不能发为火焰，其作用自是存在，体现在人的性情上，是成为阴柔奸险之徒。春月的木和火，没有庚辛金的间杂，自然格局清纯，容易取得荣贵。

【原文】

若庚申、戊寅、甲寅、丙寅，一行金水运[①]，发进士[②]。或甲午日，庚午时，此人必贵。但要好运相催，不宜制了庚丁。或支成金局，多透庚辛，此又不吉，号曰“木被金伤”；若然丙丁破金，必主残疾。

［评注］上文言无金而贵，此言木旺见金，亦可取贵也。七煞不可无制。身旺煞轻，而原局制重，运宜煞印。如庚申一造，寅中甲丙戊[③]并透，用申中壬水，泄金生木。原局有丙火泄木之秀，故行金水运，发进士。或甲午日，庚午时，火旺，金轻，木燥，亦要金水运助之。不宜制了庚丁者，金轻；忌食伤克去庚金，喜水运；不宜见子冲去午中丁火也。此非喜庚金为用，特原局见庚金，而有丙丁为制，亦可取贵耳。与下文支成木局，得庚为贵，意义不同。若支成金局，多透庚辛，日主必弱；木被金伤，下格；得丙丁出救，仅免残疾耳。

【注释】

①运：与命相对。命主人整个一生的吉凶，运主人生各个阶段的吉凶。在命理学中，运分为大运和小运，但一般是指大运。大运是根据四柱中的月柱来排定的：阳年生的男性和阴年生的女性性顺排，阴年生的男性和阳年生的女性逆排。例如，甲子年的干支都属阳，假如月柱是戊戌，这年出生的男性就根据月柱的干支，顺排为己亥、庚子、辛丑等；这年出生的女性，则逆排为丁酉、丙申、乙未等。阴年生的男性和阳年生的女性，排法与此相反。大运的每一步运各管十年，十年的时间到了就要依次换运，直到生命的终结。

大运的排法并不是从一年的开始算起，也不是从生日算起，而是以节气为准。因此从个人的出生日时起，阳年出生的男性和阴年出生的女性，要顺推至未来的节气；阳年出生的女性和阴年出生的男性，要逆推到过去的节气，计算当中共有多少天和多少时辰，再依三日为一岁，一个时辰为十天计算，把它们加起来。这样计算出来的时间，就是命主起运的时间。

②进士：中国古代科举殿试及第者的称谓，意为可以进授爵位的人。隋炀帝大业年间开始设置进士科目，唐代也设此科，应试者叫举进士，中试者称进士。元、明、清时，贡士经殿试后，及第者皆赐出身，称进士，并且分为三甲：一甲 3 人，赐进士及第；二、三甲，分赐进士出身、同进士出身。

③寅中甲丙戊：指寅中藏有甲、丙和戊。地支中藏有天干，在天地人三才中象征人，称为支藏人元。十二地支所藏人元如表：

<table>
<tr><td>巳
庚戊丙</td><td>午
己　丁</td><td>未
乙丁己</td><td>申
戊壬庚</td></tr>
<tr><td>辰
癸乙戊</td><td colspan="2" rowspan="2">支藏人元表</td><td>酉
辛</td></tr>
<tr><td>卯
乙</td><td>戌
辛丁戊</td></tr>
<tr><td>寅
戊丙甲</td><td>丑
辛癸己</td><td>子
癸</td><td>亥
甲　壬</td></tr>
</table>

【今译】

例如庚申、戊寅、甲寅、丙寅这一命造，一行金水运，就发科成了进士。或者生在甲午日，庚午时，这人必定荣华贵显。但是要好运相催促，不宜制伏庚金和丁火。或者地支会成金局，透出多个庚辛金，这又不吉了，称为“木被金伤”；如果丙丁火克破金，一定主残疾。

［评注］上文说无金而取得荣贵，这里是说木旺而遇到金，也可以取得荣贵。七煞不可没有制伏的力量。本身旺，七煞轻，而原局中制伏过重，适宜行七煞运和印绶运。例如庚申这一命造，寅中的甲、丙、戊一并透出，用申中的壬水泄金生木。原局有丙火泄木的秀气，所以行金水运时成为为进士。或者甲午日，庚午时，火当旺，金轻微，木烦燥，也要金水运相助。不宜制伏了庚金和丁火，是金轻微的缘故，忌食神或伤官克去庚金；喜欢水运，但不宜遇到子水冲去午中丁火。这并不是喜欢以庚金为用神，只是原命局出现庚金而有丙丁火制伏，也可以取荣贵罢了。这与下文的地支会成木局，以得庚金为贵的涵义不同。如果地支会成金局，透出多个庚辛金，日主必然衰弱；木被金克伤，为下等的格局；得丙丁火出来相救，只能避免残疾罢了。

【原文】

或支成火局，泄露太过，定主愚懦，常有啾唧灾病缠身，终有暗疾。

［评注］正月甲木，不能缺火。木火伤官，木主聪颖。但支成火局，泄露太过，必须支有癸水滋木，方配得中和，否则，火旺木焚，偏枯[①]之局，常主疾病。既使木旺宜泄，亦嫌气不中和，贵多就武。

【注释】

①偏枯：指五行不全，气不中和，偏于一面。比如四柱火土太多而无水，就偏于炎燥；四柱中金水太多而无火，就会偏于寒冷。命理学继承了儒家文化的中庸学说，并把它当作评价命局的一个根本标准，因而以中和为贵，以偏枯为忌。所以高者抑之，低者举之，或益其不及，或损其太过，使无有余不足之累。

【今译】

或者地支会成火局，耗泄得太多，必主愚蠢而懦弱，并且常有令人忧愁叹息的灾病缠身，终究有暗疾。

［评注］正月的甲木，不能缺少火。木火伤官格，木主聪明颖悟。但地支会成火局，耗泄得太过分，地支中必须有癸水来滋养木，才能搭配出中和的格局，否则，火当旺，木焚烧，是偏枯的格局，常主疾病。既使木旺宜于泄散，也嫌五行的气象不中和，即使荣华贵显，也多半从就武从军得来。

【原文】

支成木局，得庚为贵，无庚必凶。若非僧道，男主鳏孤，女主寡独①。

［评注］正月甲木，支成木局，四柱不见庚辛，大都为曲直仁寿格②。如不成格，而生于雨水后，则以得庚为贵。所谓“重见生旺，必用庚金斫凿，可成栋梁”是也。特春木用金，不能缺火。原局有制，行财煞运必发。与上文煞轻制重，宜煞印者不同也。

【注释】

①男主鳏孤，女主寡独：男性成年而无妻为鳏，女性夫死为寡，男女少时无父母为孤，男女成年后单身生活为独。

②曲直仁寿格：格局名，指以木为主的命格，属于外格。木主曲直，五常主仁，而仁者长寿，故有这样的名称。命局日干甲乙木生于春月，地支全寅卯辰东方，或亥卯未木局，无庚辛申酉等字，就是曲直仁寿格。曲直仁寿格的秀气完全萃聚于日干木，所以以木为用神，忌金克伐，喜水木相助，见火吐秀也好，逢土为财，有火不妨。

【今译】

地支会成木局，以得到庚金为贵，无庚金必定凶险，不是成为僧人或道士，就是男性主鳏与孤，女性主寡与独。

［评注］正月的甲木，地支会成木局，四柱中不见庚辛金的，大都属于曲直仁寿格。如果不成格，而生于雨水后，则以得庚为贵。所谓“重叠遇木而又生旺，必须用庚金来砍削雕凿，可以成为栋梁”，说的

就是这一点。只是以春月的木用金，不能缺少火。原命局中木有制伏，行财运和煞运必然发达。与上文所说的七煞轻而伏制重，宜于七煞运和印绶运的情形不同。

【原文】

支成水局，戊透则贵；如无戊制，不但贫贱，且死无棺木。

［评注］支成水局，而无戊土制之，则水泛木浮。印多必以财为救，有救则贵，无救则贫。

【今译】

地支会成水局，戊土透出干头就荣贵；如果没有戊土制伏，不但贫贱，而且死后连棺木都没有。

［评注］地支会成水局，而没有戊土的制伏，就会水泛滥而木漂浮。印绶多必须用财来救援，有救援就尊贵，无救援就贫贱。

【原文】

故书曰："甲木若无根，全赖申子辰。干得财煞透，平步上青云。"

［评注］承上文支成水局而言，必以财煞为救。正月甲木，无取从化之理，无根者全赖申子辰之印生之。有根者不以此论。

【今译】

所以书中说："甲木如果无根，全靠申子辰合成水局。干头有正偏财和七煞透出，主平步登上青云。"

［评注］承上文地支会成水局而言，必以正偏财和七煞为救援。正月的甲木，没有取从格和化格的道理，无根的全靠申子辰合成局作为印绶相生。有根的不在此列。

【原文】

凡三春甲木，用庚者，土为妻，金为子；用丁者，木为妻，火为子。

［评注］用庚者，煞为用也，财为妻，官煞为子；用丁者，伤官为用也。比劫为妻，食伤为子。

【今译】

凡属春季三个月的甲木，用庚金的，以土为妻室，以金为子女；用丁火的，以木为妻室，以火为子女。

［评注］用庚金的，以七煞为用神，以正偏财为妻室，以正官七煞为子女；用丁火的，以伤官为用神，以比肩劫财为妻室，食神伤官为子女。

【原文】

总之，正二月甲木，有庚戌者，上命；如有丁透，大富大贵之命也。

［评注］总结上文，初春气寒，以丙癸为上命；春深木老，以庚戊为上命。用煞而身弱，以印化煞，不如身煞两强，以食伤制煞之为贵。故以丁透为上上之命也。

【今译】

总之，正月和二月的甲木，有庚戊的为上等命局；如果有丁火透出，是大富大贵的命。

［评注］总结上文，是初春气候寒冷，以有丙火癸水的为上等命局；春深木老以后，以有庚金戊土的为上等命局。用七煞而自身衰弱，以印绶来化煞，不如身煞两强，以食神伤官来制伏七煞为贵。所以，以丁火透出干头的为上上等命局。

【原文】

二月甲木，庚金得所，名“羊刃驾煞”，可云小贵，异途显达[①]，或主武职，但要财资之。柱中逢财，英雄独压万人；若见癸水，困了财煞，主为光棍。重刃必定遭凶，性情凶暴。

［评注］上文“春深木老，以庚戊为上命”，二月甲木，即是春深木老，与雨水后之甲木同看。特正月以丁火制煞为上上之命，而二月庚金，不须丁火制之。盖二月羊刃驾煞，煞刃暗合有情。仲春庚金，休囚无气，故必须有财资煞，方成大贵，否则，小贵而已。凡煞刃格[②]，不宜见食伤制煞，而须行身旺之运，则假煞为权。如乙亥、己卯、甲申、乙亥，萧耀南[③]命造是也。如见癸水，虽为煞印相生，而春木见阴浓湿

重为忌，是为困了财煞，失煞刃格之用矣！又要财资煞，并不要煞重，独煞为权。若重重庚金而刃轻，同正月一派庚辛节，主劳苦贫夭。重刃，谓地支重见卯木也。天干两透乙木，不为重刃。刃与禄同，以地支论也。书云："刃旺复行刃地，进禄得财处，必死于药石之间；煞旺复行煞地，建业立功处，必死于刀剑之下。"其言颇验。二月甲木与正月雨水后甲木，用法略同，所不同者，即煞刃一格耳。

【注释】

①异途显达：异途，另外的途径。封建时代以科举考试为进身仕途的正路，故这里的异途是指科考之外的途径，如纳粮为官、因战功得官等。

②煞刃格：格局名，指生月七煞透出天干而旺，身弱而有羊刃比助的格局。七煞与羊刃都很刚烈，主命主性情凶暴，武职操权，是典型的英雄命。凡煞刃格，不宜见食伤制煞，只有行身旺之运，才能假煞为权。

③萧耀南（1875～1926）：字珩珊、衡山。因其祖籍浙江兰陵，也常被人称为萧兰陵。1875年出生于黄冈县孔埠镇萧家大湾（今属武汉市新洲区）。北洋政府时期，历任第二十五师师长、湖北督军、两湖巡阅使、湖北省省长等职。

【今译】

二月的甲木，庚金得位，称为"羊刃驾煞"，可以断为小贵，通过科考之外的途径而荣显发达，或者担任武职，但要有财相生才行。柱中遇到正偏财，主英雄独自压过成千上万个人；若遇见癸水，困住了财和煞，主成为光棍。重叠遇到羊刃必定遭遇凶祸，并且性情凶暴。

［评注］上文说到"春深木老，以有庚和戊的为上等命局"，二月的甲木，就是春深木老，和雨水后的甲木一样看。只是正月以丁火制伏七煞为上上等命局，而二月的庚金不必用丁火制伏。二月羊刃驾煞，七煞与羊刃暗合有情。仲春庚金休囚无气，所以必须有财生七煞，才能成就大贵的格局，否则，小贵罢了。凡煞刃格，不宜见食神和伤官制伏七煞，而必须行身旺的运，则假煞为权。例如乙亥、己卯、甲申、乙亥，萧耀南的命造就是这样。如果遇见癸水，虽然属于煞印相生，而春木以

阴浓湿重为忌讳，这就困住了财和七煞，失去煞刃格的作用了。又要有财生助七煞，但是并不要煞重，而以独煞为权柄之星。如果重重庚金而羊刃轻微，同正月一派庚辛一节一样，主劳碌痛苦，贫寒夭折。重叠遇见羊刃，指地支又遇到卯木。天干两处透出乙木，不属于重叠遇到羊刃。羊刃与禄相同，都根据地支而言。书中说："羊刃当旺，又行羊刃方位的运，进禄得财处，必死在药石之间；七煞当旺，又行七煞方位的运，建业立功处，必死在刀剑之下。"这话颇为应验。二月的甲木与正月雨水后的甲木，用法大略相同，所不同的只是煞刃这一种格局罢了。

【原文】

书曰："木旺宜火之光辉，秋闱①可试。木向春生，处世安然有寿。日主无依，却喜运行财地。"

［评注］二月木旺，无庚克之，则用火泄之。木主仁，仁者寿，故云处世有寿。喜行财地者，食伤生财也，行财地则富。食伤泄旺木之秀，木火通明，人必颖异，故云"秋闱可试"也。《月谈赋》②云："木火伤官终显达。"春木喜火，宜其贵也。

【注释】

①秋闱：明清两代的科举制度，乡试在秋季举行，称为秋闱，也叫秋试。

②《月谈赋》：命理名著，作者不详，内容多是盲人口述整理而成。可能出于明朝，但直到清代才附在《穷通宝鉴》一书的后面而问世。该赋被江湖术士视为必读之篇，也是专家研究的必修课。

【今译】

书中说："木旺，宜于化为火的光辉，在秋闱考试中可以一试身手。木在春季出生，处世安然而长寿。日主无依傍，却喜欢行财地的运。"

［评注］二月木旺，如果没有庚克它，就用火来泄它。木主仁，仁者长寿，所以说"处世安然而长寿"。喜欢行财地运，是食神和伤官生财的缘故，行财地运就富裕。食神伤泄散旺木的秀气，木火通明，这人必定颖悟异常，所以说"秋闱考试可以一试身手"。《月谈赋》说："木

火伤官的格局，终究会荣显发达。”春天的木喜欢火，理应他尊贵。

【原文】

甲午、丁卯、甲寅、丁卯。乏庚，富而不贵，运入南离[①]，凶。两干不亲[②]，木火通明，为人清雅，子多而贤。

［评注］按：丁火为用，惜四柱不藏印，故富而不贵。初运戊辰己巳财地，泄火之气，为吉。若柱中藏一点癸水，运入南离，亦不为凶矣。

【注释】

①运入南离：行运进入南方离地。八卦各有方位，乾西北，坤西南，震东，坎北，艮东北，巽东南，离南，兑西。其中离卦位于南方，故有这样的说法。

②两干不亲：指四柱天干主要有两种，而这两种天干之间不能合化。

【今译】

甲午、丁卯、甲寅、丁卯。这一命造缺庚金，所以富而不贵，行运进入南方离地，凶险。两种天干不相亲近，木火通明，为人清秀雅致，儿子多而贤良。

［评注］按：以丁火为用神，可惜四柱不伏藏印绶，所以只富不贵。初运行戊辰己巳财地，泄散火的旺气，吉祥。只要四柱中藏有一点癸水，行运进入南方离地，也就不至于凶了。

【原文】

戊寅、甲寅、甲辰、乙亥。孝廉[①]。

［评注］此造虽生正月，与上造相似，以寅中丙火生财为用。支有亥水，辰藏癸水，气象中和；惜丙火不透，而寅又落空亡[②]，用神无力，故仅小贵耳。

【注释】

①孝廉：孝，对父母孝顺，对兄弟恺悌；廉，清廉。二安分别为统

治阶级选拔人才的科目，始于汉代，在东汉尤其是求仕者必由之路，后来往往合为一科。亦指被推选的士人。到明清两代，又成了对举人的称呼。

②空亡：十天干与十二地支一一相配合，每一轮都会有两个地支没有天干相配，这两个没有天干相配的地支就会叫空亡。比如甲子旬中戌亥空亡，丙寅旬中子丑空亡之类。

【今译】

戊寅、甲寅、甲辰、乙亥。被举为孝廉。

［评注］这一命造虽然生在正月，与上一造相似，但以寅中的丙火生财为用神。地支有亥水，辰中藏有癸水，气象中和；可惜丙火没有透出，而寅又落入空亡，用神无力，所以只得到小贵。

【原文】

己未、丁卯、甲戌、庚午。庚丁两透，选拔定然，为人色重招殃，兄弟无力。甲申、丙寅、甲寅、庚午。茂才①。

［评注］此两造用庚煞，惜丙丁火并透，制去庚金，劫刃肆逞，故兄弟无力。庚金生寅卯月绝地，临午火乡，须以财滋弱煞为用，不宜并见丙丁，制过弱煞也。

【注释】

①茂才：又作茂材，是汉代的另一种考察和推举的常科。西汉时原作秀才，到东汉时因避光武帝刘秀的讳而改为茂才。茂是美的意思。茂才即有美才的人，用现代的话说，即优秀人才。

【今译】

己未、丁卯、甲戌、庚午。庚金和丁火都透出干头，被选拔为官是一定的；为人色欲过重，以至招致祸殃，兄弟无扶持的力量。甲申、丙寅、甲寅、庚午。为秀才。

［评注］这两个命造都以庚金七煞为用神，可惜丙丁火也一并透出，克去了庚金，致使劫财和羊刃肆虐，所以兄弟无扶持的力量。庚金生于寅卯月绝地，临午火乡，须以正偏财为用神滋养衰弱的七煞，不宜

同时有丙丁火制伏过弱的七煞。

【原文】

三月甲木，木气相竭，先取庚金，次用壬水。庚壬两透，一榜堪图；但要运用相生，风水阴德①，方许富贵。

［评注］三月春深木老，重见生旺，宜用庚金。有火制之，可成梁栋。阳盛木渴，宜用壬水，泄庚润木，枝叶繁茂。故金水为配合上不可缺少之物也。

【注释】

①阴德：又叫阴骘，指不为人知的德行。古人极重阴德，认为它是人品的极至，能够左右人的命运。

【今译】

三月的甲木，木气即将枯竭，首先取庚金，其次用壬水。如果庚金和壬水一并透出，可以图谋一榜的功名；但要行运和用神相生，坟宅风水好，并且积有阴德，这样才能许为富贵。

［评注］三月春已深，木已老，再逢生旺，适宜以庚金为用神。有火制约它，可以成为栋梁之材。阳旺盛，木干渴，适宜以壬水为用神，耗泄庚金而润泽甲木，这样才能枝繁叶茂。所以金和水是五行配合上不可缺少的东西。

【原文】

或见一二庚金，独取壬水。壬透，清秀之人，才学必富。

［评注］此言取用之法。柱见一二庚金，而辰中壬水透出，以壬印化煞为用，最为秀气。

【今译】

或者出现一两个庚金，只取壬水。壬水透出，为清秀之人，才学必定丰富。

［评注］这是讲取用神的方法。柱中出现一两个庚金，而辰中的壬水透出干头，以壬水印绶化解七煞为用神，最为秀气。

【原文】

或天干透出二丙，庚藏支下，此钝斧无钢，富贵难求。若有壬癸破火，堪作秀才。

［评注］三月木坚金缺，不可过制七煞。干透二丙，庚藏支下，则煞被制太过，有救则吉，无救则凶。

【今译】

或者天干透出两个丙火，庚金藏在地支下面，这是钝斧子没有钢，主富贵难求。如果有壬癸水克火，可以成为秀才。

［评注］三月木质坚而金钢缺，不可过分伏制七煞。天干透出两个丙，庚金藏在地支下面，则七煞被制伏得太过，有救援的就吉，无救援的就凶。

【原文】

或柱中全无一水，戊己透干，支成土局，又作“弃命从财①”，因人而致富贵，妻子有能。

［评注］从格不可见印，有印即为木之根。盖辰为水库，木之余气，透印即能生木也。

【注释】

①弃命从财：命格的一种。《五言独步》说：“弃命从财，须要会财，若逢根气，命损无猜。”比如丁火生于酉月，四柱多庚辛，日干无气，只得弃命相从，运入北方财官旺地，才算入格，南行则有灾。古歌说：“日干无气满盘财，弃命相从是福胎，运旺财官皆皆福贵，如逢根助反为灾。”

【今译】

或者四柱中全无一点水，而戊己土透出干头，地支会成土局，又“作弃命从财”格，主因别人而致富贵，妻子有能力。

［评注］从格不可出现印绶，有印绶就是木的根子。因为辰为水库，是木的余气，透印绶就能生木。

【原文】

或见戊已，及比劫多者，名为“杂气[①]夺财”，此人劳碌到老，无驭内之权。女命合此，女掌男权，贤能内助；若比趋重见，淫恶不堪。

［评注］比劫多而见财，必以食神伤官为转枢。无食伤，则群劫争财，如原局无食伤，亦必运行食伤之地为美。所谓通关[②]是也。

【注释】

①杂气：杂气指辰戌丑未。辰中有乙戊癸，为水土库；戌中有辛戊丁，为火库；丑中有癸辛己，为金库；未中有丁己乙，为木库。四库各藏三件，乃天地不正之气，故称杂气。

②通关：指两干之间隔位，是相克的关系，而用中间的天干来受前者之生并生后者。比如甲乙比劫夺戊己财，有丙丁食伤，就可以使比劫、食伤与偏正财之间连续相生，这就是通关。

【今译】

或者出现戊己土，及比肩和劫财多，称为“杂气夺财”，主这人劳碌到老年，没有驾驭内人的权柄。女命这样，主掌握男人的权力，是贤能的内助；如果比肩劫财重重出现，主淫荡丑恶不堪。

［评注］比肩劫财多而出现财，必定以食神和伤官为转移的枢纽。无食神和伤官，成群的劫财就会争财。即使原命局无食神伤官，也以行食伤之地的运为好这就是所谓的通关。

【原文】

或支成金局，方可用丁，不然，三月无用丁之法，惟有先庚后壬取用。书曰：“甲乙生寅卯，庚辛干上逢，离南准富贵，坎地却为凶。”

［评注］支成金局，谓官煞太旺也。三月木坚，金绝，火相，若见一二点庚金，以壬印化煞为美。非支成金局，官煞太旺，无用丁火制煞之法（参阅二月己未甲申两造）；非谓丁火不能取用也。又，三月木气将竭，不能离壬水。如用丁火，须壬丁两不相碍，观下丙寅一造自明。甲乙生寅卯，干见庚辛，行运宜南忌北，正谓春木忌官煞，故宜用火制之也。

【今译】

或者地支会成金局，才可以用丁火，否则，三月没有用丁火的方法，只有先取用庚金，后取用壬水。书上说："甲乙生于寅卯月，天干上遇到庚辛金，行离地南方的运准能富贵，行坎地北方的运则凶。"

[评注] 地支会成金局，是说官煞太旺。三月里木坚实，金遇绝，火值相，若见一两点庚金，以用壬水印绶化解七煞为好。并不是地支会成金局，官煞太旺，就没有用丁火制煞的方法（参阅二月己未甲申两造）；也不是说丁火不能取为用神。另外，三月木气即将枯竭，不能离开壬水。如果取用丁火，必须壬水和丁火互不相碍，这一点看丙寅这一命造自然明了。甲乙生于寅卯月，干头出现庚辛金，行运宜南方，忌北方，这正是说春木忌讳官煞，所以适宜用火制伏。

【原文】

乙丑、庚辰、甲申、丙寅。此命乏丁，喜运入南方，富贵不大之命。

[评注] 乙庚相合，得禄于申，为煞旺宜制。特丙火制煞，不如丁火为有力。三月土旺金顽，宜洪炉之火也。又，此造当为女命，故运顺行南方。

【今译】

乙丑、庚辰、甲申、丙寅。这一命造缺少丁火，喜欢行运进入南方。主富贵不大的命局。

[评注] 乙庚相合，得禄于申，为煞旺宜制的格局。只是丙火制伏七煞不如丁火有力量。三月土当旺而金冥顽，适宜用洪炉大火。另外，这一命造应当是女命，所以大运顺行于南方。

【原文】

丙寅、壬辰、甲辰、庚午。尚书①命。

[评注] 此造支藏丙丁，月令透壬，以壬印化煞为用。贵命。

【注释】

①尚书：官名，隋以后为六部长官。隋、唐正三品，明正二品，清

末增设外务、邮传等部，主官也称尚书。

【今译】

丙寅、壬辰、甲辰、庚午。尚书的命造。

［评注］这一命造地支中藏有丙丁火，月令上透出壬水，以壬水印绶化解七煞为用神。属于贵命。

【原文】

丙寅、壬辰、甲辰、丁卯。此命用丁；乏丁，常人也。

［评注］此造月干透壬，丁壬之间，隔以甲木，印生身，身泄秀，丁火为用。

【今译】

丙寅、壬辰、甲辰、丁卯。这一命造以丁火为用神；若缺丁火，就只是常人。

［评注］这一命造月干透出壬水，丁壬之间隔有甲木，印绶生日元，日元泄散秀气，以丁火为用神。

【原文】

壬午、甲辰、甲寅、戊辰。四柱木旺金缺，非僧道即无子。

［评注］身旺用财，而丁藏午，远在年支，又为壬水所隔，不能生土，盖比劫多而用财，必以丙丁火为转枢也。

【今译】

壬午、甲辰、甲寅、戊辰。四柱中木旺盛而金缺乏，如果不是僧人或道士，就一定没有儿子。

［评注］身旺用财，而丁火藏在午中，远在年柱地支，又为壬水所间隔，不能生土。比肩劫财多而用财，必须以丙丁火为转移的枢纽。

穷通宝鉴评注

三夏甲木

【原文】

四月甲木退气①，丙火司权，先癸后丁。

［评注］此总论四月甲木取用之法也。木性枯焦，调候为急，故先用癸。若原局根润木强，须泄其气，为木火通明，故次用丁。四月庚金长生，若庚金七煞透出，身弱宜用水，泄金之气以生木；身强宜用火，制金之锐以为权，是以癸丁为辅也。故四月甲木，不能离癸丁。

【注释】

①退气：五行寄生十二宫，从长生到帝旺为进气，以帝旺到绝为退气。五六月月建为午未，在庚金为沐浴和冠带，故为进气。

【今译】

四月甲木退气，丙火掌权，须先用癸水，后用丁火。

［评注］这是总论四月甲木取用神的方法。木性枯焦，以调和气候为急务，所以先用癸水。如果原局根滋润木强旺，必须泄散它的旺气，实现木火通明，所以其次用丁火。四月庚金长生，如果庚金七煞透出干头，那么，身弱的适宜用水，来泄金气而生木；身强的适宜用火，来制伏金的锐利而为权柄。这是以癸水和丁火为辅佐，所以四月的甲木，不能离开癸水和丁火。

【原文】

庚金太多，甲反受病，若得壬水，方配得中和。此人性好清高，假装富贵；即荫袭显达，终日好作祸乱；善辨巧谈，喜作诗文。此理最验。

［评注］四月甲木退气，不宜克制太过，金多则受病。丙火司权，木气泄弱，根枯叶焦，必用壬水，方配得中和。然仍有性好清高、假装富贵等性情者，则以四月庚金长生，与寅月之丙、申月之壬、亥月之甲不同。寅申亥月，丙壬甲得当旺之气相生；四月丙戊司权，燥土不能生金，气不和协，故有好高之病。藉壬水以调和，壬水，印也。故云

"荫袭显达"。庚为阳金，泄庚，故言壬水。

【今译】

庚金太多，甲木受克而致病，只有得到壬水，才配得出中和的命局。这人生性好清高，假装富贵；即使靠祖上的福荫承袭了爵位而荣显发达，还是终日好作祸作乱；善于辨驳，巧于言谈，喜欢写诗作文。这个道理最灵验。

［评注］四月的甲木已经退气，不宜克制太过，金多就会被克伤。丙火掌权，木气因泄散而衰弱，根枯叶焦，必须用壬水，这样才配得出中和的命局。但是仍然是性好清高、假装富贵等性情的人，这是因为四月里庚金长生，与寅月的丙火、申月的壬水、亥月的甲木不同。寅月的丙火、申月的壬水、亥月的甲木得到了当旺之气相生，而四月丙火戊土掌权，燥土不能生金，气象不和谐，所以有性好清高的毛病。须借壬水来调和，而壬水属于印绶，所以说到"荫袭显达"。庚为阳金，泄庚，所以说到壬水。

【原文】

如一庚二丙，稍有富贵；金多火多，又为下格。

［评注］四月丙火，乃当旺之气。一庚二丙，克庚而去之，《滴天髓》①所谓"庚金虽强，力能煅之"也。专用丙火。然以木性枯焦，气不调润之故，虽用神得令，亦仅稍有富贵，不能显达也。若金多火多，克泄交加，斯为下格耳。

【注释】

①《滴天髓》：命理学名著，被推为命理学中的圣经。相传为宋人京图所著，明初刘诚意注。但本书的评注者徐乐吾认为原文和注都是刘基的作品。清代土人任铁樵疏。

【今译】

如果一个庚金而两个丙火，稍有富贵；而金多火多，却又为下格了。

［评注］四月的丙火，是当旺之气。一个庚金两个丙火，克制庚金

而去掉它，这就是《滴天髓》所谓“庚金虽然强旺，却能够锻炼”。专门用丙火。但由于木性枯焦，气象不调和润泽，即使用神得时令，也只是稍有富贵之意，而不能荣显发达。倘若金多并且火也多，克泄交加，就是下等格局了。

【原文】

或癸丁与庚齐透天干，此命可言科甲①，即风水浅薄，亦有选拔之才。癸水不出，虽有庚金丁火，不过富中取贵，异途官职而已。壬透可云一富。若全无点水，又无庚金丁火，一派丙戊，此无用之人也。

［评注］癸丁与庚齐透者，水至四月绝地，若无庚金生之，则无源之水，涸可立待。年月庚癸相生，甲木得润，地透丁火，泄其秀气，配合适宜，焉得不贵？若癸水藏支，则天干显于外者，少清纯之致，故仅能富中取贵，异途官职而已。癸为雨露之水，得天然之润泽，故可取贵；壬为江湖之水，虽泄庚气，仅可取富。总之木生于夏，调候为急，若无壬癸水，虽丙戊当令之气，透干为用，亦不为美。透丙而身强临禄，犹可取用；丙戊齐透，火炎土燥，即行水运，亦难救济，乃无用之人也。

【注释】

①科甲：明、清称科举为科甲。经科举考试中举人、进士者称科甲出身。

【今译】

或者癸水、丁火与庚金一并透出天干，这样的命局可以谈科甲，即使坟宅风水浅薄，也有被选拔的才能。癸水不出现，即使有庚金和丁火，也不过富中取贵，通过科考外的途径谋得官职罢了。壬水透出，可以断一个“富”字。倘若命局中全无一点水，又无庚金和丁火，而是一派丙火戊土，就是无用的人了。

［评注］说癸水、火丁与庚金一并透出，是因为水到四月属于绝地，如果没有庚金生扶它，那么无源的水，涸竭可以立在那里等待。年月二柱庚金和癸水相生，甲木得到润泽，地支透出丁火，泄它的秀气，配合适宜，怎么能不贵？如果癸水藏在地支中，那么显露在外的天干就

缺少清纯意趣，所以只能从富中取贵，通过科考外的途径得到官职。癸为雨露之水，得天然的润泽，所以可以取贵；壬为江湖之水，虽然也泄庚的旺气，却只可以取富。总之，木生于夏季，以调候为急务，如果没有壬癸水，即使丙火戊土当令之气透出天干而为用神，也不理想。透出丙火而身强临禄，还可以取用；丙火戊土一并透出，火炎土燥，即使行水运也难以救援，所以是个无用的人。

【原文】

丁卯、乙巳、甲寅、乙亥。明府①。

［评注］甲木临寅，身旺坐禄。亥中壬水得禄，甲木长生，木旺而润，以丁火泄秀为用。

【注释】

①明府："明府君"的略称。汉人用为对太守的尊称。唐以后多用于称县令。唐代别称县令为明府，称县尉为少府。后世相沿不改。

【今译】

丁卯、乙巳、甲寅、乙亥。官为县令。

［评注］甲木临地支寅，自身旺而坐在禄上。亥中的壬水得禄，甲木长生，木旺而滋润，以丁火泄秀为用神。

【原文】

丁卯、乙巳、甲辰、庚午。庚丁两透，进士。

［评注］甲木坐辰，通根印库，不至枯燥，故能取清贵也。

【今译】

丁卯、乙巳、甲辰、庚午。庚金和丁火都透出天干，为进士。

［评注］甲木坐在地支辰上，通根于印绶的墓库，不至于枯燥，所以能取得清贵。

【原文】

丙午、癸巳、甲戌、甲子。大贵。

［评注］癸水透出，通根时支，子戌拱[1]亥。较丁卯一造为胜，丙火令神为用。

【注释】

①拱：即下文提到的“星辰拱合”，指两个地支之间空着一个地支，虽然空白，却好像要被拱扶出来一样。例如这里有子和寅无丑，就属于拱。

【今译】

丙午、癸巳、甲戌、甲子。大贵。

［评注］癸水透出天干，通根于时支子，子与戌拱亥。比丁卯那一命造优胜，以当令的丙火为用神。

【原文】

丙午、癸巳、甲子、丙寅。此命火土熬干癸水，行午运损目，后作乞丐。

［评注］上造子戌拱亥印，此造拱丑贵[1]，然而一贵一贱，天渊之殊。可见八字所重，在于配合需要。夏木以调候为急，丑贵合去子水，反成火土熬干之局。“星辰拱合”之不足据，显然可见矣。

【注释】

①贵：贵人，全称天乙贵人。天乙贵人的推法有口诀，即：“甲戊并牛羊，乙己鼠猴乡，丙辛猪鸡位，壬癸兔蛇藏，庚辛逢马虎，此是贵人方。”如日干是甲或己，则贵人为丑牛和未羊。其余类推。

【今译】

丙午、癸巳、甲子、丙寅。这一命造，火土会熬干癸水，行午运瞎了眼睛，后来成为乞丐。

［评注］上一命造子和戌拱印绶亥，这一命造拱贵人丑。然而一贵一贱，有天渊的差别，可见八字所注重的是配合的需要。夏天的木以调和气候为急务，丑贵人合去子水，反而成了火土熬干癸水的命局。所谓“星辰拱合”的不足为据，显然可见了。

【原文】

五六月甲木，木性虚焦。一理共推，五月先癸后丁，庚金次之；六月三伏生寒，丁火退气，先丁后庚，无癸亦可。或五月乏癸，用丁亦可。要运行北地为佳。

［评注］五月甲木，取用之法，以夏至为分界。夏至前与四月相同，木性虚焦，调候为急，不能缺癸；夏至后与六月相同，一阴既生①，丁火之气渐退，则无癸亦可矣。然五六月总属炎燥之时，即使原局乏癸，不得已而用丁，仍宜运行北方水地，但宜支而不宜干耳。

【注释】

①一阴既生：在《周易》消息卦，十一月为复，是一个阳爻初生的卦；十二月为临，是两个阳爻浸长的卦；正月为泰，达到了三个阳爻，阴阳爻均等；二月为大壮，达到了四个阳爻，阳气已盛；三月为夬，即将决去最上面的一个阴爻；四月为纯乾；五月为姤卦，是一个阴爻初生的卦；六月为遁，两个阴爻浸长，阳爻即将退避；七月为否，下面有三个阴爻，阴阳爻又达到了均等，象征通泰的局面；八月为观，四阴壮盛；九月为剥，阴爻即将剥去唯一的阳爻；十月为坤，是纯阴的卦。阴阳这样彼此消长，周而复始。五月姤卦一阴已生，故说“一阴既生”。

【今译】

五六月的甲木，木性虚弱而枯焦。按同一个道理推论，五月先用癸水，后用丁火，庚金在其次；六月的三伏产生寒气，丁火已经退气，先用丁火，后用庚金，没有癸水也可以。或者五月缺癸水，用丁火也可以。以行北地的运为好。

［评注］五月甲木的取用方法，以夏至为分界线。夏至前与四月相同，木性虚焦，以调和气候为急务，不能缺少癸水；夏至后与六月相同，消息卦的一个阴爻既已产生，丁火之气逐渐退去，就没有癸水也可以了。但五六月终究属于炎热烦燥的时令，即使原命局缺癸水，不得已而用丁火，仍适宜行北方水地的运，只是适宜地支而不适宜天干罢了。

【原文】

总之，五六月用丁火，虽运行北地，不至于死；却不利运行火地，号曰“木化成灰[1]”，必死。行西程又不吉，号曰“伤官遇煞[2]”，不测灾来。惟东方则吉，北方次之。此五六月用丁之说也。

［评注］五六月丁火秉令，然其用法与春木秋金不同者，因有气候一重关系，不能不兼顾也（夏火冬水，均须兼顾气候）。用神喜向旺而忌衰绝，独有夏木用火，行南方旺地，为“木化成灰”，必死；而北方死绝之地，反不至死也。夏木用火，为“木火真伤官[3]”，行西方，木绝火死，“伤官见官”，主不测之灾，惟东北为吉也。原局癸透，宜东方；无癸，宜东北水木之地。随局配置可也。

【注释】

①木化成灰：夏季火旺，日元属木而以火为用神，衰弱的木会被焚烧，故有此说。

②伤官遇煞：指伤官格遇到七煞。天官与七煞同气，无官时煞就是官，官多时官就是煞。古人说，“伤官见官，为祸百端”，所以伤官格遇到七煞也很不利。

③木火真伤官：伤官格局的真假，其实是命局清浊的问题。身旺，月令透出的伤官，无官煞星和食神来杂，为泄秀喜神，就是真伤官格。木火伤官格日元为木，火为伤官，木主秀气而生火，火泄木秀而明达，木火通明，气势流通，命局清纯，故说木火真伤官。

【今译】

总之，五六月用丁火，即使行北方水地的运也不至于死；却不利于行南方火地的运，称为“木化成灰”，必死无疑。行西方金地的运也不吉，称为“伤官遇到七煞”，主有不测的灾祸到来。只有行东方木运吉祥，行北方水运次一等。这是五六月用丁火的理由。

［评注］五六月丁火执掌时令，但其用法与春木和秋金不同，这是因为有气候这一重关系，不能不兼顾（夏火冬水，均须兼顾气候）。用神喜欢生旺而忌讳衰绝，只有夏木用火蝦行南方旺地的运，为木化成灰，主必死；而北方死绝的地方，反而不至于死。夏木用火，为“木火真伤官”，行西方运，木绝火死，“伤官见官”，主不测的灾祸，只有

东北是吉祥的。原命局癸水透出，适宜行东方运；没有癸水，适宜行东北水木方位的运。只要随局配置就可以了。

【原文】

凡用神太多，不宜克制，须泄之为妙。

［评注］用神多者，非二三用神之谓也；用神重见，即谓之多。譬如伤官为用，而八字中见三四重伤官，是为太多。以财泄之为妙，若以印制之，反不宜也。

【今译】

凡用神太多的命局，不宜克制用神，而以消泄它为妙。

［评注］所谓用神多，不是指有两三个用神，只要用神重复出现，就称为多。譬如以伤官为用神，而八字中出现三四重伤官，这就是太多。须以正财消泄它，这样才妙，如果用印来制伏它，反不适宜。

【原文】

五六月甲木，木盛先庚，庚盛先丁。五月癸庚两透，为上上之格；六月庚丁两透，亦为上上之格。用神既透，木火通明，自然大富大贵；或丁火太多，癸水亦多，反作平人。

［评注］甲木太盛，宜庚金制之；但庚金过多，在五月宜癸庚并透。用癸水泄庚以生木，即上文用神太多，宜泄不宜克之理。五月丁火司权之时，火燥木枯，兼取润泽调候之意，故为上上之格。六月三伏生寒，庚金多，可用丁火制之，木火通明，亦为上上之格。五六月甲木，以用癸为正轨，特六月中无癸，则用丁亦可取贵耳，非必以用丁为美也。木盛先庚，庚盛先丁，为普通用法，而五月与六月有不同也。设或丁癸杂出，既有癸泄庚，又见丁火制庚，克泄并见，反作平常之人耳。

【今译】

五月六月的甲木，木盛就先用庚金，庚金盛就先用丁火。五月癸水和庚金都透出，是上上等的格局；六月庚金和丁火一并透出，也是上上等的格局。用神既透出干头，就木火通明，自然大富大贵；或者丁火太多癸水也多，反而是平常人。

[评注] 甲木太盛，应当用庚金制伏；但庚金过多，在五月适宜癸水与庚金一并透出。用癸水泄庚金而生木，即上文所说的用神太多，宜泄不宜克的道理。五月是丁火当权的时令，火燥而木枯，兼取润泽和调候的意思，所以为上上等的格局。六月三伏产生寒气，庚金多可以用丁火制伏，这样就有木火通明的气象，也是上上等的格局。五六月的甲木，以用癸水为正轨，只是六月中无癸水，用丁火也可以取贵，不一定以用丁火为好。木盛就先用庚金，庚金盛就先用丁火，这是普通的用法，而五月与六月是有所不同的。假使丁火和癸水夹杂出现，既有癸水泄庚金，又有丁火制庚金，克与泄同时出现，反而会成为平常的人。

【原文】

若柱中多金，名曰“煞重身轻①，先富后贫”；运不相扶，非贫即夭。或庚多，有一二丙丁制伏，又有壬癸透干，泄金之气，此又为先贫后富。

[评注] 上言木盛用庚，此言木衰而多金也。木至五六月，本为死绝地，庚金进气，若无壬癸之印，泄金生木，名为“煞重身轻”；更遇财运党煞，非贫即夭。若庚多，身强而有丙丁制伏（食伤），身弱而有壬癸滋扶（印绶），此又先贫后富之兆也。

【注释】

①煞重身轻：指七煞地过旺或过多，而日元衰弱，日元无法承受七煞的克害。

【今译】

倘若四柱中多金，称为“煞重身轻”，主先富后贫；如果行运又不相扶持，不是贫寒就是夭折；或者庚金多，有一两个丙丁火制伏，又有壬癸水透出干头，泄金的旺气，这又主先贫后富。

[评注] 上面说木盛用庚金，这里说木衰而多金的情形。木到五六月本是死绝的地方，而庚金进气，如果没有壬癸水作印绶泄金而生木，就称作“煞重身轻”，再遇到财运来与七煞作结党，不是贫寒就是夭折。倘若庚金多，身强而有丙丁火制伏（食神伤官），身弱而有壬癸水滋养扶持（印绶），就又是先贫后富的朕兆了。

【原文】

或满柱丙火，又加丁火，不见官煞，谓之“伤官伤尽最为奇①”，反成清贵，定主才学过人，科甲有望。但岁运不宜见水，若柱中有壬水，运又逢水，必贫夭死。

［评注］若满局丙丁，不见官煞（金），格成从儿②，行土运以泄火之旺气，即上文所谓“用神太多，不宜克制，须泄之为妙”也。局势偏旺，不宜逆其旺势，见水为杯水车薪，反激其焰。若柱中水有根，运又逢水，水火相战，必贫夭死。

【注释】

①伤官伤尽最为奇：伤官格以把正官伤尽为最奇异。伤官喜欢身旺，喜欢伤尽正官。四柱有伤官，并且伤官势盛，或得月令本气伤官，天干上又有伤官，或三合伤官成局，又无一点官煞混杂在其中，这就是伤官伤尽。若伤官成格，又有官星混杂，属于破格，即所谓“伤官见官，为祸百端”。官星透干为祸更烈，再行官运，不免有大祸。

②从儿：格局名。命局日主衰弱，无印绶生身，伤官食神当旺，或者天干又结党，地支合局，日元实在不能任其盗泄，只得顺从它。伤官食神为我所生，所以称为从儿格。从儿格的用神，是用伤官食神泄秀。

【今译】

或者满柱都是丙火，又加丁火而不见官煞，叫做“伤官伤尽最为奇”，反成清贵的格局，必定主才学过人，科甲大有希望。但岁运不宜遇到水，如果柱中有壬水，行运又遇到水，必定贫寒夭折而死。

［评注］如果满局丙丁火而不见官煞（金），成为从儿格，行土运来泄火的旺气，即上文所说的“用神太多，不宜克制，以泄散为妙”。局势偏旺，不宜违逆它的旺势，遇到水属于杯水车薪，反而激起它的势焰。如果柱中水有根，行运又遇到水，水火相克战，必定因贫寒夭折而死。

【原文】

但凡木火伤官者，聪明智巧，却是人同心异，多见多疑。虽不生事害人，每抱忌妒之想。女命一理同推。

［评注］凡伤官泄秀，人必聪明智巧，不仅木火为然。特夏季火旺木焦，无壬癸水以配合中和，不免偏枯，故主性情疑忌。《滴天髓》云："五行不戾，性正清和；湿气偏枯，性情乖逆。"正谓此也。

【今译】

只要属于木火伤官的格局，一定聪明机巧，只是人相同而心不同，多察多见又多疑。虽然不生事害人，但是往往怀有忌妒的心思。女性的命也依照这一道理推论。

［评注］凡伤官泄秀的格局，人必定聪明机巧，不只木火伤官格是这样。只是夏季火旺木焦，没壬癸水来配合，使命局达到中和，不免有偏枯的毛病，所以主性情多疑虑和忌讳。《滴天髓》说："五行不乖戾，性情就端正，清纯而和悦；湿气过重或者偏枯，性情就乖张而悖逆。"说的正是这一点。

【原文】

或四柱多土，干上有乙木，切勿作"弃命从财①"。

［评注］木至午月，为阳极阴生之地。未月为木之墓地，甲木通根身库，若再干见乙木，则不能从也。

【注释】

①弃命从财：指从财格。这里的"命"是指日元，财指正财和偏财。

【今译】

或者四柱中多土，天干上有乙木，千万不要作弃命从财格来看。

［评注］木到午月，为阳极阴生的时候。未月为木的墓地，甲木通根于自己的墓库，如果天干再出见乙木，就不能从财了。

【原文】

时月两透己土，名"二土争合①"，男主风流，女主淫贱；见二甲则不争矣，亦属平庸之辈。或四柱有辰，干见二己二甲，此人名利双全，大富大贵。

［评注］此言甲己化土格②。一甲两己为争合妒合，两甲两己则不争妒，但火炎土燥，虽化气成格，亦属平庸之辈。若四柱有辰，辰为湿土，“逢龙得润，化气斯真③”（凡化气必须见辰，见辰则化之元神透出。如甲己化土见辰，遁干为戊辰也。详《滴天髓征义》④。此处更带润泽之意），方为大富大贵之格。

【注释】

①争合：天干化合，有两个同样的天干与另一个天干化合的，属于争合。比如两甲争一戊，两戊争一甲都是。

②甲己化土格：化气格的一种。化气格有五种，即甲己合化土，乙庚合化金，丙辛合化水，丁壬合化木，戊癸合化火。

③逢龙得润，化气斯真：龙即辰，所以所谓“逢龙则化”，是指依“五鼠遁”求天干。五鼠遁是日上起时法，其口诀是：甲己还加甲，乙庚丙作初，丙辛从戊起，丁壬庚子居，戊癸何方发，壬子是真途。例如甲己遁到辰就是戊辰、乙庚遁到辰是庚辰。化气格必须有辰，这样所化的元神才能透出。

④《滴天髓征义》：本书作者重新编定、校正、增删而成的《滴天髓阐微》新版本。

【今译】

时柱和月柱两处透出己土，称为“二土争合”，在男性主风流，在女性主淫贱；出现两个甲就不争了，但也属于平庸之辈。或者四柱中有辰，天干出现两个己两个甲，主这人名利双全，大富大贵。

［评注］这是说甲己化土的格局。一个甲两个己为争合妒合，两个甲两个己则不争不妒，但火炎土燥，即使化气成格，也属于平庸之辈。如果四柱有辰，辰为湿土，“遇到辰龙得到滋润，化气才真确”（凡化气必须有辰，有辰则所化的元神透出。比如甲己化土而有辰，遁干为戊辰。详见《滴天髓征义》。此处还带有润泽的意思），才是大富大贵的格局。

【原文】

若在六月，见辰支，名为“逢时化合格[1]”，以癸水为妻，丁火为子。若二己一甲争合，取支中比劫为用。以甲为用者，壬癸为妻，甲乙为子。

［评注］凡化气格，必以生我化神者为用。甲己化土者，必以丁火为用也。以用神为子，故以丁火为子；以化神所克为妻，故以癸水为妻也。二己争合，财旺身弱，以比劫为用者，即以比劫为子，生用神之印为妻，故甲乙为子，壬癸为妻也。余仿此。

【注释】

①逢时化合格：格局名。天干地支中虽然具有可能化合的天干，但是只有遇到辰才是真化，故有此说此格。

【今译】

倘若在六月出现地支辰，称为“逢时化合格”，以癸水为妻室，丁火为子女。如果两个己和一个甲相争合，取地支中的比肩和劫财为用神。以甲为用神的，以壬癸为妻室，以甲乙为子女。

［评注］凡化气格，必定以生我化神的天干为用神。例如甲己化土，必定以丁火为用神。以用神为子女，所以以丁火为子女；以化神所克的天干为妻室，所以以癸水为妻室。两个己争合，财旺而身弱，以比肩劫财为用神的，就以比肩劫财为子女，以生用神的印绶为妻室，所以甲乙木为子女，壬癸水为妻室。其余依此类推。

【原文】

其余用庚者，土妻金子；用丁者，木妻火子。

［评注］用庚者，煞为用也。财为妻，官煞为子；用丁者，食神为用也，比劫为妻，食神为子。

【今译】

其余用庚金的，土为妻室，金为子女；用丁火的，木为妻室，火为子女。

［评注］用庚金，就是以七煞为用神，以财为妻室，以官煞为子

女；用丁火，就是以食神为用神，以比肩劫财为妻室，以食神为子女。

【原文】

女命以妻作夫，用作子，十干皆同。

［评注］女命与男命一例同看，特易妻星为夫星①耳。男命以生我用神者为妻星，用神为子星；女命以生用神者为夫星也。俗以财为妻，官为子，不知古法专重财官，以官为用，故以财为妻也。若拘执之，岂能无谬？此理惟本书发明之也。

【注释】

①易妻星为夫星：所谓夫星妻星，即代表夫妻的六亲。除此之外，父母、祖父母、儿女等，也都各有代表的六亲。以甲木日元的男命为例，以甲木比肩为兄弟，乙木劫财为姊妹，丙火食神为儿子或女婿、外祖父；以丁火伤官为女儿或祖母，戊土偏财为父母或情人、后妻，己土正财为妻子，庚金七煞为儿子或姐夫、妹夫，辛金正官为女儿或外祖母，壬水枭神为祖父或父亲、继母，癸水正印为母亲。相应地，乙木日元的女命，以甲木劫财为兄弟，乙木比肩为姊妹，丙火伤官为儿子，丁火食神为女儿或祖母，戊土正财为父亲，己土偏财为情人，庚金正官为丈夫，辛金七煞为情人或后夫、外祖母，壬水正印为祖父或父亲、继母，癸水枭神为母亲。

【今译】

女命以男命作妻星的六亲为夫星，以用神为子女星。十天干都是同样。

［评注］女命与男命，依同一体例来看，只是把妻星变为夫星罢了。男命以生我用神的天干为妻星，以用神为子女星；女命以生用神的天干为夫星。世俗以正财为妻室，以正官为子女，而不知道古法专重正财正官，以正官为用神，才以正财为妻星。倘若拘执于这一点，怎么能不悖谬？这个道理，只有本书阐发明白了。

【原文】

或是己土，不见戊土，乃为假从①，其人一生缩首，反畏妻子；若无印绶，一生贫苦。六月犹可，五月决不可。

［评注］此言从格。上言干见乙木，不能作从财论。此言即使不见乙木，四柱多己土而无戊土，亦为假从（参阅六月乙木），以甲木通根身库故也。如生于五月，为阳极阴生之地，亦同此论。财多身弱，富屋贫人，四柱再无印绶可依，必主一生贫苦。六月尚有身库微根可恃，五月丁火秉令，更不能缺印也。

【注释】

①假从：指日主衰弱，财官强旺，不能不从；而局中有比肩劫财暗中得生，致使从格不真实。但虽然是假从，却与真从大同小异，岁运到财官之地的时候，也可以取得富贵，只是这人不能免除祸患，或者心术不正。

【今译】

或者只见己土，不见戊土，属于假从的格局，主这人一生缩头做人，反而畏惧妻室和子女；如果没有印绶，主一生贫苦。六月还可以，五月决不可以。

［评注］这是说从格。上文说天干见乙木，不能作从财格看；这里说即使不见乙木，四柱多己土而无戊土，也属于假从（参阅六月乙木）。这是甲木通根身库的缘故。生于五月阳极阴生的时候，也这样推论。财多身弱，已经是富屋中的穷人，四柱再没有印绶可以依恃，必主一生贫寒痛苦。六月还有身库这微弱的根由可以依恃，五月丁火执掌时令，就更不能缺少印绶了。

【原文】

丁巳、丙午、甲寅、甲子。年月丙丁两透，支中有癸。癸运大发，官至侍郎①。

［评注］子中癸水调候为用，所谓“玄机暗里寻”也。

【注释】

①侍郎：官名。始于西汉，但与后来差别很大。明侍郎升至从二品，清侍郎升至正二品，与尚书同为各部堂官，只是为副职。

【今译】

丁巳、丙午、甲寅、甲子。丙和丁在年月柱两处透出，地支中有癸水。癸运大为发达，官职达到侍郎。

［评注］以子中的癸水为用神调和气候，即所说的“玄机暗里寻”。

【原文】

甲辰、辛未、甲子、辛未。两干不杂，专用丁火，一生富贵。

［评注］两干不杂，无关重轻，好在甲木坐子，官印相生为用。“丁火”两字，当是“子水”之误，决不能用丁火也。

【今译】

甲辰、辛未、甲子、辛未。两种天干，毫不夹杂，专用丁火，主一生富贵。

［评注］两种天干不夹杂无关轻重，好在甲木坐在子水上，以官印相生为用神。“丁火”两字，应当是“子水”的误写，因为这一命局决不能用丁火。

【原文】

乙巳、癸未、甲子、戊辰。支成水局，困了丁火，虽主富贵，乏子。

［评注］印旺用未中财官，丁火不透，癸水盖头①。虽在六月，水盛火衰，故云“困了丁火”也。

【注释】

①盖头：又称盖顶，指具有相克作用的天干压在地支的上面。

【今译】

乙巳、癸未、甲子、戊辰。地支会成水局，困住了丁火，虽然主富贵，但是没有子嗣。

［评注］印绶旺，用未中的财和官，但丁火没有透出，又有癸水盖头。虽然在六月，但水盛火衰，所以说“困住了丁火”。

【原文】

甲申、辛未、甲戌、丙寅。庚金得禄，官至尚书。

［评注］明崔呈秀①尚书命造，《三命通会》②误“甲申”为“甲戌”也。财生官为用，而贵气则在申中壬生庚禄也。丙合辛官，申冲寅禄，凶死固宜。

【注释】

①崔呈秀（？－1627）：明末蓟州（今天津市蓟县）人，著名的阉党分子。明神宗万历四十一年进士，熹宗天启初年擢升御史，巡按淮扬，赃私狼藉。都御史高攀龙彻底揭发了他的劣迹，御诏革职待查后，崔呈秀窘迫无路，夜投魏忠贤，叩头流涕，乞求为养子。当时的魏忠贤正受到朝臣的交攻，于是接纳为自己的党羽，并为他诉冤，恢复了他的官职。崔从此成为阉党中坚，结党营私，向魏忠贤进献“同志诸录”，都是东林党人，又进“天鉴录”，都是不依附东林党者，使正直的朝臣几乎全被贬谪，而暮夜乞怜者，都因而得到晋升。累迁兵部尚书，兼左都御史，加少傅，势倾朝野，为阉党“五虎”之魁。崇祯帝即位后，定为逆案，下诏逮捕治罪，崔于是自缢而死。死后被戮尸。

②《三命通会》：明朝进士万民英编著的命理专著，共十二卷，在子平命理学的历史上占有很高的地位，有《四库全书》本传世。

【今译】

甲申、辛未、甲戌、丙寅。庚金得禄，官位达到尚书。

［评注］这是明朝崔呈秀尚书的命造，《三命通会》把“甲申”误作了“甲戌”。以正财生正官为用神，而贵气在申中的壬水长生、庚金得禄。丙火合辛金正官，申金冲寅禄，凶横而死，固然相宜。

【原文】

辛巳、乙未、甲戌、戊辰。女命，三嫁，乏子。

［评注］土燥木枯，毫无生意。

【今译】

辛巳、乙未、甲戌、戊辰。女性的命造，曾三次出嫁，但没有子嗣。

［评注］土燥而木枯，毫无生机可言。

三秋甲木总论

【原文】

三秋甲木，木性枯槁。金土乘旺，先丁后庚，丁庚两全，将甲造为画戟。七月甲堪为戟，非丁不能造庚，非庚不能造甲，丁庚两透，科甲定然。庚禄居申，煞印相生，运行金水，身伴明君。或庚透无丁，一富而已，主为人操心太重，不能坐享；亦主青衿[①]小富。或庚多无丁，残疾病人；若为僧道，灾厄可免。

［评注］三秋木老，枝枯叶瘁，宜用金裁抑，方能成材。而金适秉令乘旺，故秋木见金，为真神得用，贵显为多。非如夏木见火、冬木见水、春木见木之为忌也，但亦须配合适宜。如甲木见庚为煞，非用丁火制之不可；火金相制以成器，非忌金而须克也。故丁庚两透，科甲定然。丙火虽亦可用，不如丁火之有力。盖丙为太阳之火，火旺则克庚而去之，火弱则照暖而已，不能锻炼以成器。丙丁之用有别。无丁，丙亦可用，特格局有高低耳。此言食伤制煞也。

“庚禄居申”云者，言四柱无丙丁，而用印化煞也。申中庚金得禄，壬水长生，煞印相生，金水皆得地得气[②]，亦为真神得用。其势至顺，故云运行金水之地，身伴明君（参阅《现代命鉴》[③]）。庚透无丁，金不成器，不能取贵，虽有丙火制煞，其力不足，不过一富而已，且主劳碌，不能安享（参阅《现代命鉴》蒋驴子[④]造）。

丁透庚，则制过七煞，环境束缚，不能大有发展，青衿小富而已。庚多无丁，谓支成金局，干透庚金，则木被金伤，必至残病，乃孤苦贫困之命。

总之，秋木喜金克制，不畏金旺。秋木要盛，庚辛金要透出天干，四柱要有火制之，必然大富大贵；若火多，克制太过，又为庸碌之人；金多用印化煞者，虽贵不足。此理至验（参阅《现代命鉴》）。

【注释】

①青衿：语出《诗经·郑风·子衿》：“青青子衿，悠悠我心。但

为君故，沉吟至今。”衿指衣领，指代衣服。青衿是周代学子的服装，指读书人。

②得地得气：得地，得到了适当的位置；得气，得到生助。

③《现代命鉴》：作本书评注者的另一部命理著作。

④蒋驴子（1829～?）：名寿山，人称蒋百万，是晚清南京著名富商。淮阴清江浦人，生于清道光八年，家中贫寒，小时候给人家看驴子，后来靠赶毛驴发家致富。蒋驴子虽然成了百万富翁，但是为人善良，常常捐资修桥铺路，赈济灾民，也曾冒险资助太平军死难将士的遗属。

【今译】

秋季三个月的甲木，木性已经枯槁。金和土当旺，必须先用丁火，后用庚金。如果丁火和庚金两者俱全，会将甲木打造成画戟。七月的甲木足以为戟，但是非丁火不能打造庚金，非庚金不能打造甲木，中人丁火和庚金都透出天干，发科甲就确定不移。庚禄居申，七煞与印绶相生，运行金水之地，主伴随明达的君主做事。或者有庚金透出而无丁火，只是一个富人罢了，并且主为人操心太重，不能坐享财富；也主秀才和小富。或者庚多而无丁，主残疾或重病的人；如果是僧人道士，灾厄可以避免。

［评注］秋季三个月的木已经太老，枝枯叶瘁，适宜用金裁抑，这样才能成材。而金正当令乘旺，所以秋木遇到金，为真正的用神得到了运用，命运以荣贵显耀的为多。虽然不像夏天的木遇到火、冬天的木遇到水、春天的木遇到木那样属于忌讳，但也必须配合适宜。比如甲木遇到庚金为七煞，非用丁火制伏不可；火和金相制约才能成器，不是忌讳金而必须克制。所以丁火和庚金两者透出，科甲一定成功。丙火虽然也可以用，但不如丁火有力，因为丙为太阳之火。火旺就会克去庚金，火弱则只能照耀和温暖，不能锻炼使它成器。丙和丁的用法有区别。无丁，丙也可以用，只是格局有高低罢了。这是说食神和伤官制伏七煞。

所谓“庚禄居申”，是指四柱中没有丙丁火，而用印绶化解七煞。申中的庚金得禄，壬水长生，七煞与印绶相生，金和水都得地得气，也属于得到了真用神。它的形势最顺，所以说运行金水之地，伴随明君做事（参阅《现代命鉴》）。庚透出而无丁，金不能成器，也不能取贵。

虽然有丙火制伏七煞，但是力量不足，不过一个富人罢了，而且主劳碌，不能安然地享受财富（参阅《现代命鉴》蒋驴子造）。

用丁火而透庚金，就会制过七煞，主受环境的束缚，不能大有发展，只能成个秀才，取得小富。庚金多而无丁火，指地支会成金局，天干透出庚金，使木被金伤害，必定至于残疾或重病，是孤苦贫困的命。

总之，秋木喜欢金的克制，不怕金旺。秋木要盛，庚辛金要透出天干，四柱要有火制伏，这样必然大富大贵；如果火多，克制得太过分，又主成为庸碌的人；金多而用印绶化煞的，虽然荣贵，但是程度不够。这个道理最灵验（参阅《现代命鉴》）。

【原文】

或四柱庚旺，支内水多，不作“弃命从煞①”；见土多，可作从财而看。

［评注］承上文“庚多无丁”而言。生于七月，申宫壬水长生，故不能作从煞论，以其煞印相生也；土多反能从财者，以土能制水也。三秋甲木，气势临绝，从煞从财，理本相同，以其煞印相生，所以能从财而不能从煞也。

【注释】

①弃命从煞：格局名。从煞格，因为七煞太重，日元无所依归，不得已而从它。要行七煞旺地及财乡，四柱无一点比肩和印绶才行，如遇到扶身旺，与煞为敌的运，从煞而不专，就会成为祸患。经上说“弃命从煞论刚柔”，是说弃天干从地支，随五行性情。阴干从地支，煞纯者多贵显，因为阴柔能从物；阳干从地支，煞纯者也贵显，但次于阴干，因为阳干不受制伏。水火金土都能从，只有阳木不能从，这是死木受到斧子的砍削，反会遭到伤害的缘故。《玄理赋》说：“平生为富且贵，皆因煞重身柔。”鬼多了反而等于无鬼，不成其为凶了。

【今译】

或者四柱中庚金旺，地支内水多，不作“弃命从煞”格看；出现的土多，可以作从财格来看。

［评注］这是承上文的“庚多无丁”而说。生于七月，申宫的壬水

长生，所以不能作从煞格推论，因为格中七煞与印绶相生；土多反而能从财，是由于土能制伏水。秋季三个月的甲木，气势已经濒临绝地，从煞或从财，道理本来相同，但是因为七煞与印绶相生，所以能从财而不能从煞。

【原文】

庚多无癸，而壬水多，戊己亦多，此则专用一点丁火，方可制金以养群土，此命大富。丁藏，富小，不显；丁露，定作富豪；得二丁，不坐死绝，必然富贵双全，即风水不及，亦可富中取贵，纳粟奏名①。或癸叠叠制伏丁火，虽满腹文章，终难显达；得运行火土，破癸，略可假就功名；岁运皆背，刀笔②之徒。支成水局，戊己透干，制去癸水，存其丁火，又可云科甲。但此等命，主为人心奸巧诈，好讼争非，因贪致祸。奸险之徒，决非安分之人也。

［评注］三秋木老，若财官印皆备，专用一点丁火，不特制金养土，且为调候所必需，配合中和，必然富贵。丁露定作富豪；丁藏而配合适宜，丁火无伤，亦必富豪也。不但甲木如此，乙木亦然。如杜月笙③命造，戊子、庚申、乙丑、壬午，乙木生七月，壬、戊、庚并透，专用午中一点丁火也（详见《现代命鉴》）。若原局癸水伤丁，则难显达；虽运行火土，不过补救一二，盖根在苗先，不能挽救原局之病也。若原局有戊土出干制癸，为有病有药，又可取贵，但格局混杂，吉凶互见，藉财破印，因贪致祸，终非上等格局耳。以上虽论甲木，乙木亦大致相同也。

【注释】

①纳粟奏名：“异路功名”的一种，指缴纳钱粮，上奏朝廷，以求官职。

②刀笔：古代在竹简上刻字记事，用刀子刮去错字，因此把有关案牍的事叫做刀笔。

③杜月笙（1888～1951）：江苏川沙（今属上海市浦东新区）人，近代上海青帮中最著名的人物。原名月生，后改名镛，号月笙。母父早逝，十四岁到上海当学徒，不久加入青帮。借助当时法租界华探头目、黑社会头面人物黄金荣的势力，由佣差上升为鸦片提运，并负责经营法

租界三大赌场之一——公兴俱乐部。1925年在租界与军阀当局庇护下成立“三鑫公司”，垄断法租界鸦片提运，势力日大，成为与黄金荣、张啸林并称的“上海三大亨”之一。善于笼络社会上各种人物，从政治要人、文人墨客到帮会骨干，无所不有。南京政府成立后，担任陆海空总司令部顾问，军事委员会少将参议和行政院参议。1929年任公董局华董，这是华人在法租界最高的位置。同年杜月笙创办中汇银行，银行业务颇为兴旺。抗日战争中，曾组织一万余人的游击队参战，并协助军统除奸，还曾大力帮助八路军。1951年在香港病逝。

【今译】

庚金多，无癸而壬多，戊己土也多，这样的命局，只有专用一点丁火，才能制伏金而培养众多的土，主大富。丁火伏藏在地支中，富小，不显达；丁火露出干头，注定成为富豪。得两个丁火而又不坐在死绝之地，必然富贵双全，即使坟宅风水不够好，也可以从富裕中取荣贵，通过缴纳粮米而得到官职。或者癸水重重，来制伏丁火，虽有满腹文章，终究难以荣显发达。得行火土运克去癸水，约略可以得到功名；如果岁运都背，只能做个刀笔小吏。地支会成水局，戊己土透出天干，制去癸水，保存其中的丁火，又可以断为科甲得名。但这样的命局，主为人心奸巧诈，好争讼是非，因贪婪而导致灾祸。这是奸险之徒，决不是安分的人啊！

[评注] 秋季三个月的木已经过老，如果财、官、印都具备，就专用一点丁火，这样不但制伏金而长养土，而且为调和气候所必须，配合达到中和，必然富贵。丁火出露，一定会成为富豪；丁火伏藏而配合适宜，不受伤害，也必定成为富豪。不但甲木是这样，乙木也是这样。例如杜月笙的命造，为戊子、庚申、乙丑、壬午，乙木生七月，壬、戊、庚一并透出天干，专用午中的一点丁火（详见《现代命鉴》）。如果原命局中癸水伤害了丁火，就难以显达；即使行火土运，也只不过补救一二罢了，因为命与运就像根与苗，而根在苗先，所以行运不能挽救原局的病。倘若原命局有戊土在干头而制伏癸水，则属于有病有药，又可以取贵，只是格局混杂，吉凶互有体现，借财破印，主因贪财而导致灾祸，终究不是上等的格局。以上虽然是论甲木，乙木也大致相同。

【原文】

乙未、甲申、甲子、乙亥。孝廉，辰运灾。

［评注］此造子申会局，煞化为印。水木相生，木旺而无丁火泄其秀，非佳造也。至辰运三合会齐，灾晦宜矣。

【今译】

乙未、甲申、甲子、乙亥。举孝廉，辰运有灾。

［评注］这一命造子申半会水局，七煞化为印绶。水木相生，木旺而无丁火泄秀，不是好的命造。到辰运三合水局会齐，遇灾倒霉，理所当然。

三秋甲木

【原文】

七月甲木，丁火为尊，庚金次之。庚金不可少，火隔水不能熔金，故丁火熔金，必赖甲木引助，方成洪炉，若有癸水阻隔，便灭丁火。壬水无碍，且能合丁，但须见戊土，方可制水存火。

［评注］初秋木老，喜见裁制。庚金七煞秉令，不能不用庚金也。用庚不能无丁，庚金透出，丁火制之，便为上格。庚金不可少者，言天干不可无庚也。若申宫庚金，藏而不透，丁火隔水，不能熔金，必赖甲木比助，方成洪炉。若见癸水阻隔，破了丁火，便难显达；更见戊土制癸，又可成名。见上《三秋木总论》。

【今译】

七月的甲木，以丁火为尊长，而庚金次一等。庚金不可缺少，而火隔着水，不能熔铸金，所以丁火要熔铸金，必须依赖甲木的引助，才能成就洪炉。如果有癸水阻隔，就会熄灭丁火；壬水则无妨碍，而且能合丁，只是必须遇到戊土，才能制伏水而保存火。

［评注］初秋的木已经过老，喜欢遇到剪裁和制伏。庚金七煞执掌时令，不能不用，而用庚就不能无丁火。庚金透出干头，有丁火制约它，就属于上等格局。所谓庚金不可少，是说天干不可无庚。如果申宫庚金伏藏而不透出，丁火隔着水不能熔铸金，必须依赖甲木的帮助，才

能成就洪炉。如果有癸水阻隔，熄灭了丁火，就难以显达；而再遇到戊土制约癸水，却又可以成名。见上文的《三秋木总论》。

【原文】

丙午、丙申、甲寅、丁卯。用庚金，行戊运连捷，庚运转侍郎。

［评注］此造制过七煞，喜行财滋煞旺之运。身强煞旺而丁透，格局甚美也。

【今译】

丙午、丙申、甲寅、丁卯。用庚金，行戊运连连奏捷，庚运升为侍郎。

［评注］这一命造过分地制约了七煞，喜欢行财滋煞旺的运。身强煞旺而有丁火透出，格局很理想。

【原文】

己亥、壬申、甲戌、丁卯。茂才。

［评注］丁壬合，丁火受制，原局有病，仅为茂才。

【今译】

己亥、壬申、甲戌、丁卯。茂才。

［评注］丁壬相合，丁火受制，原命局有病，所以只是个秀才。

【原文】

戊午、庚申、甲寅、丙寅。县令，丑运去官。

［评注］身煞两旺而有制，美格也；惜为丙火而非丁火，贵不足。

【今译】

戊午、庚申、甲寅、丙寅。身为县令，丑运丢掉官职。

［评注］身煞两旺而有制伏，是理想的格局；可惜干头是丙火而不是丁火，所以贵不足。

【原文】

八月甲木，木囚金旺，丁火为先，次用丙火，庚金再次。

［评注］八月甲木，木气休囚，金旺乘权。用丁所以制金，用丙所以调候。月令金神气旺，故以丁火为先。无丁用丙。煅金，丁火之力强；调候，丙火之力足，各有优点。若庚金透干，非有丙丁制之不可；辛金虽为官星，太旺亦宜制之也。若比劫多见，支成木局，最喜金制，更宜有火制金（详下），故云庚金为次。

【今译】

八月的甲木，木囚金旺，以丁火为先，其次用丙火，庚金为再次。

［评注］八月的甲木，木气休囚，金旺当权。用丁是为了制伏金，用丙是为了调和气候。月令上的金神气象正旺，所以以用丁火为先。无丁就用丙。锻炼金，丁火的力量强；调和气侯，丙火的力量足，各有优点。如果庚金透出干头，非有丙丁火制伏它不可；辛金虽然是官星，但是太旺也应该加以制伏。倘若比肩和劫财多现，地支会成木局，最喜欢金来制伏，更应当有火来制伏金（详见下文），所以说庚金为再次。

【原文】

一丁一庚，科甲定显；癸水一透，科甲不全。

［评注］一丁一庚，火金相制以成器，故科甲定显。癸水一透，克去丁火，庚金无制矣。言科甲不全者，成器不足。此外富贵贫贱，另视其配合而定也。

【今译】

一个丁，一个庚，科甲一定荣显；癸水一透出干头，科甲就不全了。

［评注］一个丁，一个庚，火金相制约而成器，所以科甲一定荣显。癸水一透出而克去丁火，庚金就失去制伏了。所说的科甲不全，是指不足以成器。此外的富贵贫贱，另看命局的配合来确定。

【原文】

丙庚两透，富大贵小；丙丁全无，僧道之命。

[评注] 丙火制庚，炼金之力，不及丁火，而兼有调候之用，故云“富大贵小”。若庚金透而无丙丁制之，则木被金伤，僧道之命也。与下文支成金局同看。

【今译】

丙火和庚金都透出，富大而贵小；丙和丁都没有，僧人道士的命。

[评注] 丙火制伏庚，炼金的力量不如丁火，并且兼有调和气候的作用，所以说“富大贵小”。倘若庚金透出，而没有丙丁来制伏，使木被金伤，就是僧人道士的命了。与下文的地支会成金局的看法一样。

【原文】

丙透无癸，富贵双全；有癸制丙，寻常之人；支成火局，可许假贵①；戊己一透，可作富翁。

[评注] 丙透无癸，食神为用，木火通明，富贵双全。丙透干而癸藏支，两不相碍，亦不失富贵。若癸水透干制丙，用神受伤，为寻常之人矣；支成火局，亦以木火为用，惟气势不及丙火透干之清，故云可许假贵。戊己一透，食神生财，富可求矣；略嫌偏于枯燥，故取富而不取贵也。

【注释】

①假贵：指由用神之假而导致的假贵显。假与真相对，真神是得时当令的天干，假神是失时退气的天干。日主的用神在提纲执掌时令，又透出天干，叫做会聚得真，只要不为假神破损，就会生平富贵。假神虽然失时无力，只要安顿得好，不与真神紧贴，或被闲神合住，或遥隔无力，也无害处，就怕与真神紧贴，或相克相冲，或合真神暗化忌神，终究是碌碌的庸人。所以，古人以假神带来的贵显为假贵。

【今译】

丙火透出而无癸水，富贵双全；有癸水制伏丙火，寻常人；地支会成火局，可以许为假贵；戊己一经透出，可以成为富翁。

[评注] 丙火透出而无癸水，以食神为用神，有木火通明的气象，主富贵双全。丙火透出干头，癸水藏在地支中，二者不相妨碍，也不失

富贵；如果癸水透出干头而制伏丙火，使用神受伤，就是寻常的人了。地支会成火局，也以木火为用神，只是气势不如丙火透出来得清纯，故说可以许为假贵。戊己土一经透出，成为食神生财格，富就可以求了；只是略嫌偏于枯燥，所以取富而不取贵。

【原文】

或支成金局，干露庚金，为木被金伤，必主残疾；得丙丁破金，亦主老来暗疾。

［评注］八月木气休囚，金神乘权，支成金局而庚金煞透，木被金伤，非夭折必残疾。单见庚金而无金局，不见丙丁，已非佳朕，况金又成局乎？即得丙丁破金，亦嫌木气暗伤，主老来疾病。如行运制丙丁，必不禄①。

【注释】

①不禄：士人死亡的讳称。《礼记·曲礼下》："天子曰崩，诸侯曰薨，大夫曰卒，士曰不禄。"郑玄注：不禄，不终其禄。"

【今译】

或者地支会成金局，干头露出庚金，使木被金伤，必主残疾；即使有丙丁火克制金，也主老年有暗疾。

［评注］八月木气休囚，金神当权，地支会成金局，庚金七煞透出，导致木被金伤，不是夭折就是残疾。单见庚金而无金局，也不见丙丁火，已经不是好兆，何况金又会成局呢？即使有丙丁克破金，也嫌木气已被暗伤，主老年时的疾病。如果行制伏丙丁火的运，必定死去。

【原文】

或支成木局，干透比劫，反取庚金为先，次用丁火。

［评注］八月秋深木老，生气内敛，外象枝叶凋枯，窒碍生机，此宜用斧柯之时也。故支成木局，干透比劫，咸为无用枯枝，反取庚金为先，此秋气以杀为生也。但用庚金，必以丁火为佐，庚金得丁火，乃成斧柯之用。身有根，煞旺有制，必贵之格也。

【今译】

或者地支会成木局，天干透出比肩劫财，反而以用庚金为先，其次是用丁火。

［评注］八月秋深木老，生气内敛，看去枝叶凋零枯萎，窒碍生机。这是应该用斧头砍削的时候，所以地支会成木局，干头透出比肩劫财，都属于无用的枯枝，反而以取用庚金为先。这是秋天的金气以杀为生。但用庚金必定以丁火为辅佐，庚金得到丁火才能成就斧子的作用。这样，自身有根柢，煞旺而有制伏，是必贵的格局。

【原文】

乙未、乙酉、甲子、丁卯。丁火高照，太守命①。

［评注］丁火高照者，言配合之美也。甲子坐印，木有癸水滋扶；丁火高照，木得阳气融和。以月令官星为用神，运行辛巳庚辰，官星得地，焉得不贵乎！

【注释】

①太守：官名。原为战国时代郡守的尊称。西汉景帝时，郡守改称为太守，为一郡最高行政长官。南北朝时期，新增州渐多，郡之辖境缩小，郡守权为州刺史所夺，州郡区别不大，至隋初遂存州废郡，以州刺史代郡守之任。此后太守不再是正式官名，仅用作刺史或知府的别称。明清则专称知府。

【今译】

乙未、乙酉、甲子、丁卯。丁火高照，是太守的命造。

［评注］所谓“丁火高照”，是说五行配合之完美。甲子属于日元坐在印绶，木有癸水来滋扶；丁火高照，木得到阳气的融和。以月令中的官星为用神，行辛巳庚辰运，官星得地，怎么能不贵呢！

【原文】

庚寅、乙酉、甲子、丁卯。支藏丙火，时逢乙丁，参政①命。

［评注］此造与上造相同，特年逢庚寅，干透煞，支内多一重丙火耳。内而参政，外而太守，品秩亦相等也。

【注释】

①参政：官名，即参知政事，原为宰相的副手。唐宋时期最高政务长官之一，与同平章事、枢密使、框密副使合称宰执，地位高低不一。元中书省设参政，位于平章政事、左右丞之下，为丞相的副手。明在各省布政使下设左右参政，分领各道，为地方长官的副手。清入关前六部、理藩院有承政、参政。顺治元年（1644）改为尚书、侍郎，参政地位类似侍郎。清初各省布政使下酌置参政、参议，多由道员兼任。

【今译】

庚寅、乙酉、甲子、丁卯。地支藏有丙火，时柱遇到乙丁，是参政的命造。

［评注］这一命造与上一命造相同，只是年柱为庚寅，天干透出七煞，地支内多了一重丙火罢了。在朝内为参政，在外任为太守，品级也彼此相等。

【原文】

乙巳、乙酉、甲子、甲子：朱文端[①]公造。

［评注］巳酉会局，甲子坐印，煞印相生之局也。好在巳中有丙火暗藏，岂不为贵乎。

【注释】

①朱文端（1791～1863）：满族，字仰山，号木堂，云南通海人，著名清朝重臣。清嘉庆二十四年（公元1820年）中进士，同年入翰林院任编修。清道光皇帝时任礼部侍郎，旋又升户部尚书，后转任礼部、工部、吏部尚书。由于为官勤冕，政声卓著，累迁太和殿军机处行走，最后官位升至内阁大学士。

【今译】

乙巳、乙酉、甲子、甲子。朱文端公的命造。

［评注］巳酉为会局，甲子为坐印，是煞印相生的格局。好在巳中有丙火暗藏，怎么能不贵呢？

【原文】

丙戌、丁酉、甲寅、丁卯。孝廉，卯终。

［评注］身强，丙丁并透，官星被制太过，幸运行金水之地，得举孝廉以终。

【今译】

丙戌、丁酉、甲寅、丁卯。孝廉，卯终。

［评注］自身强，丙丁火一并透出，官星被制伏太过；幸而行金水之地的运，得以举为孝廉而命终。

【原文】

九月甲木，木性凋零，独爱丁火，壬癸滋扶。丁壬癸透，戊己亦透，此命配得中和，可许一榜；庚金得所，科甲定然。

［评注］九月秋深气寒，甲木凋残，月垣又为燥土，不能养木之根，故四柱喜有丁壬癸为配合也。戊己为当令之神，透出得用，虽不富贵，亦有相当地位。若问科甲贵显，则非庚金得所不可。得所者，通根有制，配合适宜也。详见下文。

【今译】

九月的甲木，木性已经凋零，偏爱丁火的温暖、壬癸水的滋润和扶助。丁、壬、癸透出，戊己也透出。这一命局的配合达到中和，可以许为一榜题名；只要庚金得所，发科甲就是一定的。

［评注］九月秋深气寒，甲木凋零残败，月支又为燥土，不能培养意木的根，所以四柱喜欢有丁、壬、癸相配合。戊己为当令的干神，透出而得到任用，虽然不能富贵，也有相当的地位。若问科甲贵显，非庚金得所不可。所谓得所，是指通根而有制伏，配合适宜。详情见于下文。

【原文】

或见一二比肩，无庚金制之，平常人也。倘运不得用，贫无立锥。一命甲辰、甲戌、甲辰、甲戌，身伴君王，富贵寿考①。此为“天元一气”，又名“一财一用”②。遇比用财，专取季土，或见庚、丙、甲，可许入泮[3]，白手成家。用火者，木妻火子，子肖妻贤。

［评注］九月月建戌宫，食神入墓。甲木临于火墓，木性枯槁，虽财星当旺，而木土无情，见比肩多而无庚金制之，衣禄平常。如甲辰、甲戌、甲辰、甲戌，比肩多，无庚制，而得富贵寿考者，乃例外，非常理也。比肩多而以财为用，唯季月之土，可以如此用法。非比多用财，乃财多用比也，故云专取季土。此造天干一气，而甲木生辰，辰为湿土，水之墓，木之余气也。根株既润，木自繁荣，树大根深，土旺秉令。用比制之，一财一用，局势清纯，宜乎富贵寿考矣。此为例外之格局。若寻常遇比用财，必须有庚金制比，丁癸为佐，方许贵显。如见丙火制庚，虽逊于丁，贵气不足，亦可许入泮；月令财旺，故可白手成家也。九月甲木，月垣戌宫藏火，见庚金而取火制之，乃以火为用也。以比劫木为妻，以食伤火为子，喜见火制金，故子肖妻贤也。

【注释】

①富贵寿考：富贵：有钱有势；寿考：长寿。旧指既能升官发财又享有高龄。

②“天元一气”，又名“一财一用”：指四柱天干相同。天元即天干，一气即相同。“一财一用”，指只有地辰戌中的戊土为财，也只有它作为用神。

③入泮：清代称考中秀才为入泮。泮，古代学宫前的水池，引申为泮宫，即古代的学校。

【今译】

或者出现一两个比肩，而没有庚金制伏它们，为平常人；如果行运也没有用，将贫困而无立锥之地。有一个命造，为甲辰、甲戌、甲辰、甲戌，主伴随君王，富贵长寿。这叫做“天元一气”，又称为“一财一用”。遇比肩而用财，专门用四季月的土。或者遇到庚金、丙火、甲木，可以许为秀才，白手成家。用火的，木为妻室，火为子女，子女肖而妻室贤。

［评注］九月月建在戌宫，食神入墓。甲木临于火墓，木性枯槁。虽然财星当旺，木和土却没有情义，比肩多而无庚金制伏，衣禄平常。例如甲辰、甲戌、甲辰、甲戌，比肩多而无庚金制伏，得富贵寿考的，

属于例外而不属于常理。比肩多而以财为用神，只有四季月的土可以这样做。但认真说来，不是比肩多而用财，而是财多用比肩，所以说“专取用四季月的土”。这一命造天干一气，而甲木生于辰，辰为湿土，是水的墓库、木的余气。根株既然滋润，木自然繁荣。树大根深，土旺当令，用比肩制伏它，一个正财，一个用神，局势清纯，当然富贵长寿。这是例外的格局。如果寻常遇比肩而用财，必须有庚金制伏比肩，以丁和癸为辅佐，这样才能许为贵显。如果是丙火克制庚金，虽然因为逊色于丁火而贵气不足，但也可以许为秀才；月令上财当旺，所以可以白手成家。

九月的甲木，月建戌宫藏有丁火，出现庚金而取丁火制伏，是以火为用神。以比肩劫财为妻室，以食神伤官为子女，喜欢有火制伏金，所以子女优秀而妻室贤惠。

【原文】

或四柱木多，用丙用丁，皆不足异，专用庚金为妙。凡四季甲木，总不外乎庚金。譬如木为犁，能疏季土，非庚为犁嘴，安能疏土？虽用丙丁，癸庚决不可少也。九月却不取土妻金子，当取水妻木子。凡甲木，多见戊己，定作“弃命从财”而看；从财格，取火妻土子。

［评注］九月甲木，四柱比劫多，无庚克制，用丙丁以泄木气，为命造所常有，但不及用庚金之美，非庚金不能取贵也。下申述必须用庚金之理，譬如以木疏土，不能无犁嘴也。此喻未甚明显，要知深秋木老枝枯，不加剪裁，反窒生机。天地生克之理，木盛于夏，杀于秋。秋季木气内敛，剪除枝叶而整理之，为木之所需要。杀之正所以生之，《易》以兑为万物所悦[①]，正是此理。故九月甲木，虽以木多而用火以泄之，然论配合，癸庚皆不可缺：癸水以润其根株，庚金以剪其枝叶，方为配合适宜也。以金制木，乃是以金为用；取金为用者，当以土为妻，金为子。然九月甲木之需金，取其助木疏土而已，乃是木为用神，非金为用神也。月令财旺，必以比劫分财为用，乃一定之理。以木为用神者，当以水为妻，木为子（即上文遇比用财，专取季土之局，以比为用）。

【注释】

①《易》以兑为万物所悦：《易》，《周易》，我国周代的占卦书，也是中国文化的元典，可以说诸子百家、古代哲学和科学都源于它。兑是其中的一卦，位在西方，属金，在季节为秋，在五常主义，在五情为悦，故为万物所喜悦。

【今译】

或者四柱木多，用丙用丁都不值得奇怪，但以专用庚金为妙。四季甲木，总不外乎用庚金。譬如以木为犁，能疏四季的土，不以庚为犁嘴怎么能行？虽然在用丙丁，癸和庚却是决对不可缺少的。九月却不取土为妻室，金为子女，而应当取水为妻室，木为子女。凡甲木遇到多个戊己，一定要作“弃命从财”格来看，而从财格，取火为妻室，土为子女。

［评注］九月的甲木，四柱中比肩劫财多而无庚金克制，用丙丁火来泄木气是命造所常有的，但是不如用庚金理想，因为非庚金不能取贵。下面申述必须用庚金的理由。譬如用木来疏土，不能没有犁嘴，这个比喻没有十分明显。要知道，深秋木老而枝枯，不加以剪裁，反而会窒息木的生机。天地生克的道理，是木盛于夏，杀于秋。秋季木气内敛，剪除枝叶而加以整理，是木所需要的，杀它正是为了生它。《周易》以兑卦为万物之所喜悦，正是这个道理。所以九月的甲木，虽然因为木多而用火来泄散，但是论配合，癸水和庚金都不可或缺：癸水用来滋润它的根株，庚金用来剪除它的枝叶，这样才算配合适宜。用金制木，是以金为用神；取金为用神，就应当以土为妻室，以金为子女。但九月甲木需要金，只是取其助木疏土罢了，仍是以木为用神，而不是以金为用神。月令上财旺，必须以比肩劫财分财为用神，这是一定的道理。以木为用神，就应当以水为妻室，以木为子女（即上文遇比用财，专取季土的格局，以比为用神）。

【原文】

或见一派丙丁伤金，不过假道斯文①；有壬癸破了丙丁，技艺之流；无壬癸破火，支又成火局，乃为枯朽之木，有庚亦何能为力？定作孤贫下贱之辈。男女一理。

［评注］上文言配合之法，虽用丙丁，必须癸庚为佐。庚不可缺，已见上文，此申述癸庚不可或缺之理。秋木见火，泄木之秀，木非当旺，不过假道斯文；有壬癸破丙丁而护庚金，亦不过技艺之流。若无壬癸破火，又支成火局，乃是枯朽之木，虽有庚金，无所用之。秋木无气，见火旺则成枯木矣，故秋木之用，必须先有癸水润其根，以保其生机。用庚丁去其凋残之枝叶，丙火调和其气候，方成有用之木，若徒见一派丙丁，又何所用乎？

【注释】

①假道斯文：斯文，语出《论语·子罕》："天之将丧斯文也，后死者不得与于斯文也。"斯：此。文：礼乐制度。后来指文化或文人。假道，借道，借路，即把读书当作实现个人目的的敲门砖。

【今译】

或者出现一派丙丁火来伤金，不过借读书这条路罢了；有壬癸水克破丙丁火，不过是技艺之流；无壬癸水克破火，地支又会成火局，属于枯朽之木，有庚又怎能发挥作用？一定成为孤贫下贱之辈。男命与女命是一个道理。

［评注］上文说配合的方法，虽然用丙丁火，但必须以癸水和庚金为辅佐。庚金不可缺少，已见于上文，这里申述癸水和庚金不可或缺的理由。秋木遇到火，泄木的秀气，木不属于当旺的时候，不过借读书这条路来达到升官发财的目的罢了；有壬癸水克破丙丁火而护持庚金，也不过是技艺之流而已。倘若没有壬癸破火，地支又会成火局，属于枯朽之木，即使有庚金也没有用。秋木无气，火旺就成枯木了，所以秋木的运用，必须先有癸水滋润它的根株，以保护它的生机。用庚金和丁火除去它凋零残败的枝叶，用丙火调和它的气候，才能成为有用之木；如果只见一派丙丁火，那有什么用呢？

【原文】

或有假伤官①，得地逢生，此正合"甲乙秋生贵玄武②"之说。用水制伤官者，以金为妻，水为子。

［评注］假伤官者，木火伤官也。甲木秋生，干透丙丁，而地支有

水暗藏，甲木之根得润，而秀气透泄，正合“甲乙秋生贵玄武”之说。上文“壬癸破了丙丁，技艺之流”者，为天干水火并透，破火存金也。此言得地逢生，正水藏支而火透干，两不相碍，各得其用也。戌宫丁火藏库，透出为用，而根又得润，木不枯凋，故可取贵。用水制火者，伤官佩印[3]，印为用神，故官煞为妻，印为子。

【注释】

①假伤官：格局名，指日元强旺，以伤官泄秀为用神，但伤官却不在月令上的格局。

②甲乙秋生贵玄武：玄武在这里是指水，因为它们的方位都是北方。甲乙属木，生于秋天金旺的时候，日元衰弱，故以得到水的生扶为贵。

③伤官佩印：伤官格日主衰弱，需要有印绶扶持，而伤官强旺，不畏其克，故以印绶为用神，故称伤官佩印。

【今译】

或者有假伤官，得地而逢生，这正合“甲乙秋生贵玄武”的说法。用水制伏伤官的，以金为妻，水为子。

［评注］所谓假伤官，就是木火伤官。甲木在秋天出生，天干透出丙丁，而地支有水暗藏，甲木的根得到滋润，而秀气透泄出来，正合乎“甲乙秋生贵玄武”的说法。上文所说的“壬癸破了丙丁，为技艺之流”，是指为天干上水火一并透出，而克破火，保存金；这里是说得地逢生，正是水藏于地支而火透出干头，两不相碍，各有各的用处。戌宫丁火藏在墓库中，透出干头为用神，而根株又得到滋润，使木不枯槁凋零，所以可以取贵。用水制火，伤官佩印，以印绶为用神，所以以正官和七煞为妻室，以印绶为子女。

【原文】

或丁戊俱多，总不见水，又为伤官生财格，亦可云富贵。此格取火为妻，土为子。

［评注］戌宫戊土为当旺之气，丁火为入墓之神。透出为用，为伤官生财格，身强而配合适宜，亦可富贵。“总不见水”者，谓不见水透

出天干也。伤官生财格，以财为用，故以伤官为妻，财为子。

【今译】

或者丁和戊都多，总是不见水，又为伤官生财的格局，也可以说富贵。这种格局以火为妻室，以土为子女。

[评注] 戌宫戊土为当旺之气，丁火为入墓的干神，透出为用神，为伤官生财格，只要身强而配合适宜，也可以富贵。所谓“总不见水”，指不见有水透出天干。伤官生财格以正财为用神，所以以伤官为妻室，以正财为子女。

【原文】

凡甲多庚透，大贵；庚藏，小贵。若柱中多庚，则又以丁为奇，富贵人也。如庚申年、丙戌月、甲申日、壬申时，此主功名显达，有文学。若无庚丙年月，又无火星出干，虽曰好学，终困名场。

[评注] 申述上文，言四柱甲多专用庚金之旨。无庚制比劫，为平常之人。用庚制劫者，庚透大贵，庚藏小贵。若四柱庚金多，则又以丙丁制庚为要。庚申一造，戌宫火透出，以食神制煞为用。《滴天髓》云：“局中显奋郁之机者，神舒意畅。”丙庚之透，即奋郁之机也，所以主功名显达；否则，终归于沉埋耳。

【今译】

凡甲多而庚透出的命局，主大贵；庚藏于地支，主小贵。如果四柱中多庚，则又以丁为奇异，主成为富贵的人。例如庚申年、丙戌月、甲申日、壬申时，主功名显赫发达，有文才和学问。如果没有庚金和丙火在年月二柱，又无火星出现在干头，那么即使好学，也终究要困在科场。

[评注] 这是申述上文，说的是四柱甲多须专用庚金的宗旨。无庚金制伏比肩劫财，就是平常人。用庚金制伏劫财的，庚金透出主大贵，庚金伏藏主小贵。如果四柱中庚金多，则又以丙丁火制伏庚金为要点。庚申这一命造，戌宫的火透出天干，以食神制伏七煞为用神。《滴天髓》说：“局中显示振奋或沉郁之机的，精神舒展，意气畅达。”丙火与庚金的透出，就是振奋或沉郁之机，所以主功名显达；否则，终究要

归于沉沦埋没。

【原文】

九月甲木，专用丁癸，见戊透必贵。如戊戌、壬戌、甲子、甲申，支成水局，干有壬水，正合“贵玄武”之说。配得中和，一榜之命，家计丰足。但庚丁未透出干，不能馆选①。

［评注］九月甲木，爱丁庚滋扶，见首节。所谓戊己透，配得中和，可许一榜者，如戊戌一造，支成水局，而透壬水，水多以戊为奇。戌宫戊土透干，用财损印，配得中和，一榜之命；但以丁庚不透，不能得科甲致显贵也。

①馆选：明清时期，从新科进士中经过考试（如清代的朝考）选出庶吉士，称作馆选，俗称点翰林。

【今译】

九月的甲木，专用丁癸，见戊透出干头，必定尊贵。如戊戌、壬戌、甲子、甲申这一命造，地支会成水局，天干有壬水，正合“贵玄武”的说法。配置达到中和，是一榜得中的命，并且家庭生计丰足；但庚金和丁火没有透出干头，所以不能进入翰林院。

［评注］九月的甲木，受丁火和庚金的温暖和滋扶，见第一节。所谓戊己透出，配置达到中和，可以许一榜得名，例如戊戌这一命造，地支会成水局而透出壬水，水多以戊土的作用为奇。戌宫戊土透出干头，用财来克损印绶，命局配置中和，所以有一榜得名的命运；但是因为丁火和庚金没有透出，不能通过科甲而显贵。

【原文】

壬午、庚戌、甲午、庚午。庚丁两旺，一品当朝。

［评注］詹○○丞相①命造。午戌会局，丁火因会而动，庚金透干，七煞有制也。

【注释】

①詹○○丞相：原文如此，本来缺字。丞相，封建官僚机构中的最高官职，是秉承君主旨意综理全国政务的人。有时称相国，常与宰相通

称，简称相。洪武十三年（1830），明太祖（朱元璋以“图谋不轨”的罪名诛杀了丞相胡惟庸，并下令撤中书省，废除丞相，亲自掌管六部，直接管理国家政事，丞相制度从此在中国废除。

【今译】

壬午、庚戌、甲午、庚午。庚金和丁火都旺，当朝一品官员。

［评注］这是明代詹〇〇丞相的命造。午戌会局，丁火因会局而动，庚金透出干头，七煞得到了制伏。

【原文】

庚戌、丙戌、甲戌、戊辰。武庠[①]，富而且寿。

［评注］此造丙戊两透，幸地位配置合宜，以丙去庚，专用戊土偏财，故富。火土偏燥，仅取武庠。

【注释】

①武庠：武科学校，在这里指武校的学生。庠，又称乡序，古代的乡学，泛指学校，在这里引申为庠生。生即生员，通称秀才。

【今译】

庚戌、丙戌、甲戌、戊辰。武校的秀才，富有而又长寿。

［评注］这一命造，丙火和戊土透出，幸而位置配置得宜，以丙火克去庚金，专用戊土偏财，所以富有；火土偏于燥，所以只得到武校生员的功名。

【原文】

己丑、甲戌、甲子、甲子。乏庚，丁火入墓。早贫贱，晚景大发，但庸人耳。

［评注］此造甲子坐印，树老根润。比肩多，乏庚克制，不能取贵。丁火入墓，秀气不泄，愚人。以己土财为用神，晚行己巳戊辰运，财星得地，致富宜矣。

【今译】

己丑、甲戌、甲子、甲子。四柱缺少庚金，丁火入墓于戌宫。早年贫贱，晚景大为发达，只是一个庸人。

［评注］这一命造，甲子坐于印绶，树虽然老了，根株却滋润。比肩多，无庚金克制，所以不能取得贵显。丁火入墓，秀气不能发泄，所以是个愚人。以己土正财为用神，晚年行己巳戊辰运，财星得地，致富是当然的。

【原文】

甲乙比肩①，又逢比劫运，主弟兄劫财争讼，刑妻损子。甲乙生正二月，无制无泄，主长发师姑②。

［评注］此释己丑一造也。己丑造幸所行者为财运，故得致富，若再逢比劫运，必主弟兄劫财争讼，刑妻损子。又幸生于九月，若生于正二月而无庚丁，主为长发师姑，言离家孤苦也。

【注释】

①甲乙比肩：甲木权乙为劫财，而非比肩，所以此句文字恐怕有误，似乎应为“甲乙劫财”。

②长发师姑：指道姑，即女道士。

【今译】

甲乙比肩，又遇到比肩劫财运，主弟兄之间因财物而争讼，刑伤妻室，损丧子女。甲乙木生于正月和二月，无制伏也无泄散，主出家做女道士。

［评注］这是解释己丑那一命造。己丑命造幸而行的是财运，才得以致富，如果再遇到比肩劫财运，必定主弟兄因财物而争讼，刑伤妻室，损增子女；又幸而生于九月，如果生于正月或二月，柱中又没有庚金和丁火，主成为长发师姑。所谓长发师姑，是说离开家人，生活孤苦。

穷通宝鉴评注

三冬甲木

【原文】

十月甲木，庚丁为要，丙火次之；忌壬水泛身，须戊土制之。

［评注］十月甲木，以庚、丁、戊为要。亥宫壬水得禄，木方萌孽，不须壬透；已嫌水旺泛身，故须以戊土制之也。

【今译】

十月的甲木，以庚金和丁火为紧要，丙火次一等；忌壬水泛起甲木日元，必须用戊土来制伏。

［评注］十月的甲木，以庚、丁、戊为紧要。亥宫的壬水得禄，木才能萌动滋孽，不必透出壬水；已经嫌水旺泛起日元了，所以必须用戊土来制伏它。

【原文】

若庚丁两透，又加戊出干，名曰“去浊留清”，富贵之极，即乏丁火，亦稍有富贵。或甲多制戊，庚金无根，平常人也。庚戊若透，虽出比劫，必定富而寿。

［评注］十月甲木，承秋令之后，以一丁一庚相制以取贵，与三秋同。壬水当旺，加以戊土，为去浊留清也。有庚无丁，富而不贵。甲多制戊，为比劫争财，若有庚金出干，制住比劫，富寿可必；无庚制劫，则为平常之人耳。

【今译】

如果庚金和丁火都透出，再加上戊土出现在干头，称为“去除混浊，保留清纯”，主富贵到极点；即使没有丁火，也稍有富贵。或者甲木多而克制戊土，使庚金无根，则是平常人。庚金和戊土如果透出，即使出现比肩劫财，也一定富有而长寿。

［评注］十月的甲木，承秋令之后，凭一个丁一个庚的相互制约来取贵，这一点与秋季三个月相同。壬水当旺，加上戊土，为去除混浊，保留清纯。有庚金而无丁火，主富而不贵。甲木多而制伏戊土，为比劫

争财，如果有庚金出现在干头，制住比劫，富有和长寿就是一定的；若没有庚制住比劫，则只是平常的人罢了。

【原文】

或多比劫，只一庚出干，坐禄逢生，乃为舍丁从庚，略富贵。或支见申亥，戊己得所，以救庚丁，可许科甲。若单己透，其力弱小，不过贡监①而已。

［评注］比劫多，一庚出干，为身强煞弱，须以财滋弱煞为用，不能再以丁火制煞，故云舍丁从庚。如支见申亥，煞印有根，戊己得所，制壬护丁，可许科甲，不止略富贵矣。“以救庚丁”者，救庚金或丁火也。庚丁相制，并用为贵，舍丁用庚，为不得已之法。如支见申亥，干见戊己，必以并用为贵矣；若单见己土，力量薄弱，不足以生金、制水、护丁而培甲木，故不过贡监，不能取科甲也。

【注释】

①贡监：监生的一种。监生是在明清两代指在国子监读书或取得进国子监读书资格的人，其中的贡监是从各地选拔上来的，有以人才贡献入监之意。

【今译】

或者多比肩劫财，只有一个庚金出现在干头，坐禄逢生，这是舍丁火而从庚金，主略得富贵。或者地支出现申和亥，戊己土得地，来救庚金和丁火，可以许为科甲。如果只是单个的己土透出，其力量弱小，不过做个贡监罢了。

［评注］比劫多，而一个庚金出现在干头，为自身强而七煞弱，必须以财滋养衰弱的七煞为用神，不能再用丁火来克制七煞，所以说“舍丁火而从庚金”。如果地支出现申和亥，七煞和印绶有根，戊和己得所而制伏壬水，保护丁火，可以许为科甲，而不只是略得富贵了。所谓“来救庚金丁火”，是指救援庚金或丁火。庚金和丁火相制约，以同时并用为贵，而舍丁用庚，是不得已的做法。如果地支出现申和亥，天干出现戊己，必须以并用为贵；如果单独遇见己土，力量薄弱，不足以生扶金、制伏水、护持丁火和培植甲木，所以不过做个贡监，而不能取

得科甲。

【原文】

用庚，土妻金子；用丁，木妻火子。

[评注] 初冬之木，不外乎用煞用伤两途。用煞者，财为妻，煞为子；用伤者，比劫为妻，食伤为子。

【今译】

用庚，以土为妻室，以金为子女；用丁，以木为妻室，以火为子女。

[评注] 初冬的木，不外乎用七煞或用伤官两个办法。用七煞的，以财为妻室，以煞为子女；用伤官的，以比肩和劫财为妻室，以食神和伤官为子女。

【原文】

己巳、乙亥、甲子、甲子。金土得位，官至一品。

[评注]"金土得位"句待考。此造水旺木浮，专用巳宫丙戊，用财损印，用丙调候，以成反生之功。中年之后南方运，宜乎富贵；早年金水，不免贫困。"金土"两字，或是"火土"之误也。明钱丞相命造。

【今译】

己巳、乙亥、甲子、甲子。金土得位，官至一品。

[评注]"金土得位"一句有待考察。这一命造水旺木浮，专用巳宫的丙戊，用正偏财来克损印绶，用丙来调和气候，以成就反生的功用。中年之后行南方运，理当富贵；早年行金水运，不免贫困。"金土"两字，或许是"火土"二字的误刻。这是明代钱丞相的命造。

【原文】

壬辰、辛亥、甲戌、丙寅。专用戊土，先贫后富。

[评注] 辛壬并透，水旺木浮，喜时上丙寅。寅宫甲丙戊皆得用，为食神生财格，宜乎利在晚年矣。

【今译】

壬辰、辛亥、甲戌、丙寅。专用戊土，主先贫后富。

[评注] 辛金和壬水一并透出，水旺而木浮，喜欢时柱上的丙寅。寅宫甲木、丙火、戊土都得到运用，为食神生财格，理应利在晚年。

【原文】

辛丑、己亥、甲辰、丙寅。此为“灯火拂剑”，异路恩封，妻贤子肖。

[评注] 壬申癸酉为剑，甲辰乙巳生人，得壬申癸酉时，为灯火拂剑。见《杂格一览》[①]。

【注释】

①《杂格一览》：本书评注者所著命理著作，专讲正格以外的合理格局。

【今译】

辛丑、己亥、甲辰、丙寅。这是灯火拂剑格，主从另外的途径得到皇帝垂恩封爵，并且妻室贤，子女肖。

[评注] 以壬申癸酉为剑锋金，甲辰乙巳为覆灯火；甲辰乙巳日生人，遇壬申癸酉时，为灯火拂剑格。见《杂格一览》。

【原文】

戊辰、癸亥、甲子、乙亥。戊出天干止流水，号曰“六甲趋乾[①]”，官至封侯。

[评注] 亥为乾宫，六甲日生亥月亥时，为趋乾格，戊出天干止流水，为用财损印也。

【注释】

①六甲趋乾：格局名，指甲日主生在亥时的命局。六甲指甲子、甲寅、甲辰、甲午、甲申、甲戌。乾地是戌和亥所临之位。戌是甲的财和进气位，亥是甲的印绶和长生位；亥为天门之位，是北极之垣，能邀合出甲木的禄神寅木来。六甲趋乾成格，主仁慈正直，刚毅果断，气静神

怡，有润泽生民之德，怀任重志远之才。《真宝赋》说：“六甲趋乾，透印绶为佳，财星不见，位列名卿。”《千里马》说：“壬趋艮，甲趋乾，入朝参事。”可见成此格局的人，官贵职权者多，谋利求财者少。

【今译】

戊辰、癸亥、甲子、乙亥。戊土透出天干，截止流水，称为“六甲趋乾格”，官位达到封侯。

[评注] 以亥为乾宫。六甲日出生，遇亥月亥时，为趋乾格。戊土透出天干而截止流水，属于用偏财克损印绶。

【原文】

壬辰、辛亥、甲子、己巳。化土失令，略有衣食，但孤寡多疾。

[评注] 化神喜行旺地。甲己化土，必须以火为用也。壬辛并透，水多土荡，破格明矣。

【今译】

壬辰、辛亥、甲子、己巳。甲己化土而失于时令，虽然略有衣食，但是孤寡而多病。

[评注] 化神喜欢行旺地。甲己化为土，必须以火为用神。壬辛一并透出，水多则土荡，破格是明显的。

【原文】

十一月甲木，木性生寒，丁先庚后，丙火佐癸。癸水司权，为火金之病。庚丁两透，支见巳寅，科甲有准；风水不及，选拔有之。若癸透伤丁，无戊己辅救，残疾之人。或壬水重出，丁火全无者，庸人也。得丙方妙。

[评注] 秋冬甲木，乃归根复命之时。不离庚丁，以庚金劈甲引丁，则木显其用也。十月庚先丁后，而十一月丁先庚后，木性生寒故也。寒木向阳，更宜丙火佐之。丙为太阳之火，调和气候，而丁火引木之性，故丙丁以并用为美也。十一月癸水司令，癸不宜透，透则泄庚制丁，为火金之病也。干透庚丁，支见巳寅，木火皆通根，可许科甲。癸透必须戊己为救，壬透则丁火不能用，必须有丙火透出方妙，所谓

"寒木向阳"也。

【今译】

十一月的甲木，木性产生寒气，以用丁火为先，以用庚金为后，以丙火辅佐癸水。癸水掌权是火和金的病。庚金和丁火透出，地支出现巳和寅，发科甲确定无疑，即使坟宅风水不够好，也可以被选拔。如果癸水透出而克伤了丁火，又无戊己土来辅助救援，则是残疾人。或者壬水重叠出现，而丁火完全没有，主庸人。得到丙才妙。

[评注] 秋天和冬天的甲木，属于归根复命的时候。不离庚金和丁火，是因为用庚金劈解甲木而引生丁火，木就显示出作用了。十月以用庚金为先，以用丁火为后，而十一月以用丁火为先，以用庚金为后，这是木性生寒气的缘故。寒木向阳，更需要丙火来辅佐它。丙为太阳之火，可以调和气候；而丁火可以引木之性，所以丙和丁以同时并用为好。十一月癸水当令，癸不宜透出，透出就会泄庚金而制丁火，成为火和金的病。天干透出庚金和丁火，地支出现巳和寅，木和火都通根，可以许为科甲。癸水透出，必须以戊己土为救援；壬水透出，丁火就不能再用，必须有丙火透出才妙，这就是所谓"寒木向阳"。

【原文】

或支成水局，加以壬透，名为"水泛木浮"，死无棺木。

[评注] 壬水有奔放之性，支成水局，而壬水透干，则水泛木浮矣。流离颠沛之象也。

【今译】

或者地支会成水局，加上壬水透出，称为"水泛木浮"，主死无棺木。

[评注] 壬水有奔放的性情，地支会成水局，而壬水透出干头，就水泛滥而木漂浮了。这是颠沛流离的征象。

【原文】

总之，十一月甲木为寒枝，不比春木清茂，专取庚丁。透壬无丙，不过刀笔异途，武职有验。

［评注］冬木与春木不同。春木阳和发育之时，见丙丁为木火通明之象；冬木木性收敛，用丁制庚，用庚劈甲，故春木用火忌金，而冬木火金并用也。透壬合丁，则必须丙火为救方妙；如透壬而无丙，则虽有庚丁，不过刀笔异途，或武职而已，非清贵也。

【今译】

总之，十一月的甲木为寒枝，不比春木的清纯茂盛。专取庚丁为用神。如果透出壬水而无丙火，不过凭刀笔求得科考之外的功名，或担任武职罢了。

［评注］冬木与春木不同。春木正当阳和之气发育的季节，遇到丙丁火，为木火通明之象；冬木木性收敛，必须用丁火制伏庚金，用庚金克甲木，所以春木用火忌金，而冬木火金同时并用。透出壬来合丁，以丙火为救援才妙；如果透出了壬而无丙，则即使有庚和丁，也不过凭刀笔求得异路功名，或担任武职罢了，不属于清贵。

【原文】

用庚，土妻金子；用火，木妻火子。

［评注］庚丁相制为用，义有先后，用庚，丁为佐；用丁，庚为佐也。用庚者，煞为子，财为妻；用丙丁者，食伤为子，比劫为妻。

【今译】

用庚，土为妻室，金为子女；用火，木为妻室，火为子女。

［评注］以庚和丁相制约为用神，而在义理上有先有后。用庚，丁为辅佐；用丁，庚为辅佐。用庚的，以七煞为子女，以财为妻室；用丙丁的，以食神伤官为子女，以比肩劫财为妻室。

【原文】

乙亥、戊子、甲寅、甲子。印绶格。

［评注］以财损印为用，喜日临寅宫，甲戊皆有气也。

【今译】

乙亥、戊子、甲寅、甲子。属于印绶格。

［评注］以正偏财克损印绶为用神，喜欢日主临寅宫，使甲和戊都有气。

【原文】

丙子、庚子、甲午、丁卯。庚丁两透，又加丙除寒气，官至王侯。

［评注］煞刃格也。喜日临午宫，丙丁通根，以印为用。

【今译】

丙子、庚子、甲午、丁卯。庚金和丁火都透出干头，再加上丙火消除寒气，官位达到王侯。

［评注］属于煞刃格。喜欢日主临午宫，丙丁火通根，以印绶为用神。

【原文】

乙巳、戊子、甲辰、庚午。大将军①命。

［评注］庚金透干，丙丁藏者，亦以印为用。

【注释】

①大将军：古代领兵之最高统帅。始于战国，是将军的最高封号，汉魏沿置，但后世多为空衔。明清两代于战争时由皇帝特派大将军统兵，或于大将军上再加称号，皆统兵作战，战后即废。

【今译】

乙巳、戊子、甲辰、庚午。大将军的命造。

［评注］庚金透出天干，丙丁伏藏者，也以印绶为用神。

【原文】

乙巳、戊子、甲辰、壬申。一派水局，申运溺死。

［评注］壬透干，支成水局，水泛木浮之象也。

【今译】

乙巳、戊子、甲辰、壬申。一片水局，到申运被淹死。

［评注］壬水透出干头，地支会成水局，是水泛木浮的征象。

【原文】

十二月甲木，天气寒冻，木性极寒，无发生之象。先用庚劈甲，方引丁火，始得木火有通明之象，故丁次之。庚丁两透，科甲恩封；庚透丁藏，小贵；丁透庚藏，小富贵；无庚者，贫贱；无丁者，寒儒。

［评注］秋冬甲木，木性枯槁，非用庚金劈甲，不能引丁火；非用丁火，木性不活动，无发展之可能。故必以庚丁为用，丁为主要，庚金劈甲为助。庚丁两透，富贵之造；无庚，则丁火之力不足，不能贵显；无丁，则水冻木枯，贫寒之命。

【今译】

十二月的甲木，天气寒冷冰冻，木性极寒，没有生发的可能。先用庚金劈解甲木，再用丁火引化，得到木火有通明的气象，所以丁火次于庚金。庚金丁火两者透出，主因科甲而受恩封官；庚金透出而丁火伏藏，主小贵；丁火透出而庚金伏藏，主小富贵；无庚金的，一生贫贱；无丁火的，一介寒儒。

［评注］秋冬的甲木，木性枯槁，不用庚金劈解甲木就不能引生丁火；不用丁火木性就不活动，就没有发展的可能。所以必以庚金和丁火为用神，以丁为主要，庚金劈解甲木为辅助。庚金和丁火透出天干，是富贵的命造；无庚金，丁火的力量就不足，所以不能贵显；无丁火，就会水冻木枯，是贫寒的命。

【原文】

或有丁透重重，亦是富贵中人，但须比肩，能发丁之焰，自有德业才能；如无比肩，寻常之士，稍有衣食而已。或支多见水，即有比肩，亦属平常。

［评注］无庚金劈甲，丁火之力，嫌其不足，故不能取贵。若丁透重重，比肩叠叠，自能发丁火之焰，无庚亦可取贵矣。多见丁火而无比肩，力量犹嫌其轻。支多见水，湿木无焰，虽多无益。

【今译】

或者有丁火重重透出，也是富贵中人，但必须有比肩生发丁火的势焰，这样自然有道、事德业和才能；如果没有比肩，则是寻常的士人，只是略有衣食罢了。或者地支多出现水，即使有比肩，也只是平常。

［评注］没有庚金劈解甲木，丁火的力量嫌不足，所以不能取贵。如果丁火重重透出，比肩叠叠出现，自然能发丁火的势焰，这样就无庚也可以取贵了。多见丁火而无比肩，力量还嫌轻；地支多水，则湿木不生火焰，木多也没有用处。

【原文】

总之，腊月甲木，虽有庚金，丁不可少。乏庚略可，乏丁无用。经云："甲木无根，男女夭寿"。

［评注］无庚不能取贵，无丁不能取富，故庚丁必须并用。冬季木性枯槁，生气内敛，若不通根，必至夭折。干见比劫无用，同为冻木，不能为助也。"无根"，坊本改作"无庚"，似误。

【今译】

总之，腊月的甲木，虽然有庚金，但丁火不可缺少。缺庚金大致还可以，缺丁火就没有用神了。经上说："甲木无根，男女都短命"。

［评注］无庚金不能取贵，无丁火不能取富，所以庚和丁必须并用。冬季木性枯槁，生气内敛，不通根一定会夭折。干头出现比劫也无用，因为同属冻木，不能作为辅助。"无根"二字，坊本改作"无庚"，似乎有误。

【原文】

己丑、丁丑、甲辰、甲子。此命有丁不贵，因支下多水，湿木不能生焰。

［评注］丁火无根，湿木不能生焰，一富造耳。

【今译】

己丑、丁丑、甲辰、甲子。这一命造有丁火而不贵，因为地支下多水，而湿木是不能生火焰的。

［评注］丁火无根，湿木不能生火焰，一个富有的命造罢了。

【原文】

癸亥、癸丑、甲午、乙亥。孤贫，寿至百岁。

［评注］年时长生，印临旺地，寿者之象；惜午中丁火不透，癸水伤之，孤贫之象。

【今译】

癸亥、癸丑、甲午、乙亥。孤而又贫，但寿命达到一百岁。

［评注］甲木在年时地支上长生，印绶临于旺地，是长寿者的征象；可惜午中的丁火没有透出，癸水伤害它，是孤贫的征象。

【原文】

己亥、丁丑、甲戌、庚午。财旺生官格。庚丁两透，火又会局，鼎甲①。

［评注］午戌会局而透丁己，财旺生官，寒木向阳，必贵之征。此造虽生于十二月，以财官为取贵之象，而食伤太旺，必以印为用也。

【注释】

①鼎甲：指殿试一甲前三名状元、榜眼、探花，它们如一鼎之三足，故称鼎甲。状元居鼎甲之首，因而别称鼎元。

【今译】

己亥、丁丑、甲戌、庚午。财旺生官的格局。庚金和丁火透出，火又会合成局，主高中科甲前三名。

［评注］午戌会局而透出丁火和己土，属于财旺生官，寒木向阳，是必贵的征象。这一命造虽然生在十二月，以财官为取贵的征象，但是食神和伤官太旺，必须以印绶为用神。

【原文】

己丑、丁丑、甲辰、癸酉。癸水伤丁，贫而且贱。

［评注］此造与上己丑一造，仅一时之差。前造丁火无伤，以伤官

生财为用，虽不贵而境况必裕；此造癸水伤丁，埋根有铁，贫贱之征。

【今译】

己丑、丁丑、甲辰、癸酉。癸水伤丁，贫寒而又卑贱。

［评注］这一命造与上文己丑那一命造，只有时辰上的差别。前一命造丁火无伤，以伤官生财为用神，虽然不贵，但是境况必然充裕；这一命造癸水克伤丁火，根下埋有铁，是贫贱的征兆。

【原文】

己丑、丁丑、甲辰、庚午。富贵双全，由午中丁火帮助月干也。

［评注］丁火通根于午，伤官有气，亦财旺生官格也。

【今译】

己丑、丁丑、甲辰、庚午。富贵双全，这是由于午中的丁火帮助了月的天干。

［评注］丁火通根于午，伤官有气，也是财旺生官的格局。

乙木喜用提要

月份	喜用神	说明
正月	丙癸	**【原文】**取丙火解寒,略取癸水滋润,不宜困丙。火多用癸。 **【今译】**取丙火解除局中寒气,略取癸水滋润,不宜使丙火受困。火多就用癸水。
二月	丙癸	**【原文】**以癸滋木,以丙泄秀。不宜见金。 **【今译】**用癸水滋扶木,用丙火泄乙木的秀气。不宜遇到金。
三月	癸丙戊	**【原文】**若支成水局,取戊为佐。 **【今译】**如果地支会成水局,就以戊土为辅佐。

四月	癸	【原文】月令丙火得禄，专用癸水，调候为急。 【今译】丙火在月令得禄，专以癸水为用神，以调和气候为急务。
五月	癸丙	【原文】上半用专用癸水，下半月丙癸并用。 【今译】上半月专以癸水为用神，下半月丙火和癸水一并运用。
六月	癸丙	【原文】润土滋木，喜用癸水。柱多金水，先用丙火。夏月壬癸，切忌戊巳杂乱。 【今译】喜欢用癸水润泽土，滋扶木。四柱中多金水，就先用丙火。六月的壬癸水，千万不要有戊己土的杂乱。
七月	丙癸己	【原文】月垣庚金司令，取丙火制之，或癸水化之。不论用丙用癸，皆己土为佐。 【今译】月建庚金当令，用丙火制伏它，或者用癸水化解它。不论用丙火还是用癸水，都以己土为辅佐。
八月	癸丁丙	【原文】上半月癸先丙后，下半月丙先癸后，无癸用壬。支成金局，又宜用丁。 【今译】上半月先用癸水，后用丙火；下半月先用丙火，后用癸水。无癸就用壬。地支会成金局，又适宜用丁火。
九月	癸辛	【原文】以金发水之源，见甲名“藤萝系甲”①。 【注释】①藤萝系甲：局中甲木透出或遇甲申时，乙木为日元，生于秋冬时令，依附于甲。乙为藤罗，甲为大树，故有此名称。 【今译】以金发动水源，遇到甲木，称为“腾萝系甲”。
十月	庚丙戊	【原文】乙木向阳，专取丙火。水多以戊为佐。 【今译】乙木向往阳和之气，专取丙火为用神。水多，就以戊土为辅佐。
十一月	丙	【原文】寒木向阳，专用丙火，忌见癸水。 【今译】寒冷的乙木向往阳和之气，专以丙火为用神，忌讳遇到癸水。

十二月	丙	**【原文】**寒谷回春,专用丙火。 **【今译】**要想寒谷回春,要专以丙火为用神。

三春乙木总论

【原文】

三春乙木，为芝兰蒿草之物，丙癸不可离也。春乙见丙，卉木向阳，万象回春，须癸滋养根基；丙癸齐透天干，无化合制克，自然登科及第。故书曰：“乙木根荄种得深，只须阳地不宜阴；漂浮只怕多逢水，克制何须苦用金。”

［评注］乙为木之质。三春卉木发荣之时，丙火癸水，缺一不可。得丙照暖，枝叶繁生；得癸滋养，根株润泽。配合中和，无有不贵。独忌金水多见，阴浓湿重，根损枝萎；顽铁埋根，根枯叶槁。故金水二者，尤以金为忌也。

【今译】

春季三个月的乙木，为芝兰或蒿草之类，丙火与癸水不可离开。春天的乙木遇到丙火，属于草木向阳，有万象回春的气象，但必须有癸水滋养根株；丙火和癸水一齐透出天干，而无化合和制克，自然登科及第。所以书上说：“乙木的根种得深，只适宜阳地，不适宜阴地；只怕遇到水多而导致漂浮，何苦用金来克制?”

［评注］乙是木的形质。春季三个月是草木发荣的时候，丙火和癸水缺一不可。得到丙火的照耀和温暖，就会枝叶繁生；得到癸水的滋养，就会根株润泽；配合达到中和，没有不显贵的。只忌金和水多处出现，使阴气浓，湿气重，根株受损，枝叶枯萎；或顽铁埋在根部，使根枯叶槁。所以金水两者中，尤其忌金。

三春乙木

【原文】

正月乙木，必须用丙，因天气犹有余寒，非丙不暖。虽有癸水，恐凝寒气，故以丙火为先，癸水次之。

[评注] 甲乙木生于正月，其理相同，可以参用。太阳照暖，则花木繁荣；雨雾滋培，则根润叶茂。用火不能缺水，用水不能缺火，相资为用，最为上格。

【今译】

正月的乙木，必须用丙火，因为天气还有余寒，没有丙火就不能温暖。虽然有癸水，还是怕凝结寒气，所以以用丙火为先，以用癸水为次。

[评注] 甲乙木生于正月，其道理相同，可以参互运用。太阳照耀温暖，花木就会繁荣；雨雾滋培，就会根株润泽，枝叶茂盛。用火不能缺水，用水不能缺火，二者相资为用，为最上等的格局。

【原文】

丙癸两透，科甲定然；或有丙无癸，门户阐扬[①]；或丙多乏癸，名曰“春旱”；独阳不长，浊富之人。

[评注] 有丙无癸，如支多寅卯，身旺，亦可专用丙丁火泄其秀，但究嫌配合不中和，不能取贵。运行财地，浊富之人。

【注释】

①门户阐扬：形容只能坐在家里阐扬道理，而不能推行到天下去。

【今译】

丙火和癸水都透出，科甲一定成功；或者有丙火而无癸水，只能在家中论说道理；或者丙火多而缺癸水，称为“春旱”，由于孤独的阳不能生长，主成为污浊而富有的人。

[评注] 有丙火而无癸水，如果地支中多寅卯，而自身又旺，也可

以专用丙丁火发泄它的秀气，但是终究嫌命局的配合不中和，所以不能贵显。运行财地，会成为污浊而富有的人。

【原文】

或丙少癸多，又为困丙，终为寒士；或癸己多见，为湿土之木，皆下格。

［评注］丙癸並透，或丙少癸多，则火为水困，不能显其用。或癸己多见，而无丙火照暖，则阴湿之土，不能使木繁荣，故皆为下格。

【今译】

或者丙火少而癸水多，又会困住丙火，终究是个寒士；或者癸水和己土多重出见，属于湿土上的木，都是下等格局。

［评注］丙火和癸水一并透出，或丙火少而癸水多，火就会被水困住，不能发挥作用。或者癸水和己土多重出现，而无丙火温暖，那么阴湿的土就不能使木繁荣，所以都属于下等的格局。

【原文】

用丙者，木妻火子；用癸水见火多者，金妻水子。

［评注］以丙火为用者，比劫为妻，食伤为子；以癸水为用，官煞为妻，印为子。用癸水者，必因火多，以印制伤也。若正月官煞多而无火制，以印化煞，亦非上格。

【今译】

用丙的，以木为妻室，以火为子女；用癸水而火多的，以金为妻室，以水为子女。

［评注］以丙火为用神的，以比肩劫财为妻室，以食神伤官为子女；以癸水为用神的，以官煞为妻室，以印绶为子女。用癸水的，必定是因为火多，意在以印绶制伏伤官。如果正月官煞多而无火制伏，以印绶化煞，也不是上等格局。

【原文】

丁丑、壬寅、乙卯、丙子。贵在丙子，尚书。

［评注］丁壬一合，两俱无用，贵在时逢子水，丙火透干，水火不相碍。

【今译】

丁丑、壬寅、乙卯、丙子。贵在时柱为丙子，官为尚书。

［评注］丁和壬一合，两者都无用了，贵在时辰遇到子水，丙火透出天干，而水和火不相妨碍。

【原文】

戊子、甲寅、乙亥、己卯。归禄格①，丙癸得所，官至大学士②。

［评注］寅亥六合，寅中透戊土制印护伤，四柱无金，木气纯粹为贵也。丙癸得所者，丙生于寅，癸禄在子也。

【注释】

①归禄格：格局名，指日元得禄于地支的格局。其中得禄于年支，因为距日元远，不甚得力，其他得禄于月、日、时支，都很好。得禄于月，日主当令强旺，无论任财当官，还是泄秀为文，都没有问题；得禄于日为日禄或坐禄，尤其亲切；得禄于时，若又是日禄，叫做日禄归时，大富大贵，直到老年。

②大学士：官名。从唐代开始设置。明成祖选翰林官入直文渊阁，参预机务，称为内阁，有人渐升为大学士，但官阶仅五品。仁宗增置谨身殿（后改建极殿）大学士，后大学士常以三孤兼任尚书，地位尊崇，为皇帝起草诏令，批答奏章，虽无宰相之名，而有宰相实权，号称辅臣。

【今译】

戊子、甲寅、乙亥、己卯。属于归禄格，丙癸得所，官职达到大学士。

［评注］寅亥六合，寅中透出戊土，制伏印绶，护持伤官，四柱中没有金，以木气纯粹为贵。所谓丙癸得所，指丙生于寅，癸禄在子。

【原文】

甲寅、丙寅、乙卯、庚辰。御史①。

［评注］辰藏癸水，乙木不燥，丙火食神为用，时上庚金为病，喜其去病为贵也。若无丙火，则与明崇祯帝②类矣。

【注释】

①御史：官名，职掌监察。始于秦朝，历代延续。到明清二代。专设监察御史，隶都察院，另有派遣监察御史巡察地方者，明称巡按、清称巡按御史等。

②崇祯（1610～1644）：即明思宗朱由检，明王朝的最后一个皇帝，崇祯是他的年号。十八岁登位，努力挽救频临灭亡的明王朝命运，但明末的吏治已至无可救药的地步，他不断地加税，民间称呼他为“重征”以代替“崇祯”。1644年，李自成西安称王，建国号“大顺”，一个月后攻进北京，崇祯皇帝自杀，明王朝从此灭亡。

【今译】

甲寅、丙寅、乙卯、庚辰。御史的命造。

［评注］辰中藏有癸水，乙木不燥，以丙火食神为用神，以时上庚金为病，喜欢局中去病为贵。如果没有丙火，就与明代崇祯帝的命造相类似了。

【原文】

二月乙木，阳气渐升，木不寒矣。以丙为君，癸为臣，丙癸两透，不透庚金，大富大贵。

［评注］二月乙木，与正月同看。甲乙木生于初春，以水火为配合上之需要。丙为太阳之火，癸为雨露之水，丙癸具备而无合化克制，大富大贵之造。无丙癸而见丁壬，虽亦可用，其力较逊，其贵亦差。此则阴阳配合之妙也。透庚金则杂。

【今译】

二月的乙木，阳气逐渐上升，木不寒了。以丙火为君，以癸水为臣，丙火主癸水透出天干，而不透庚金，是大富大贵的命。

［评注］二月的乙木，与正月同样看。甲乙木生于初春，以水火为配合上的需要。丙为太阳之火，癸为雨露之水，丙和癸具备而无合化克制，就是大富大贵的命造。无丙癸而出现丁和壬，虽然也可以用，但是其力量较逊色，其致贵的能力也差。这就是阴阳配合之妙。如果局中透庚金，那就夹杂了。

【原文】

或天干透庚，支下无辰，不能化金，得癸透养木亦贵。若见水库，则为假化，平常人也。

［评注］乙为柔木，二月木正发荣之时，不宜庚金伤残，所谓“克制何须苦用金”也。故以癸印化官为美。时当阳气渐升，得癸印泄庚养木，即可取贵。

甲乙木生于正二月，无取从化之理。辰为化气元神，化气见辰，方为真化。然二月乙木，月垣得禄，乘权秉令之时，决不能从金而化。见辰，化之条件俱备，又有化之倾向，欲化不能，不化不可，无所适从，决为平常人也。水库，辰库也。化气之中，乙为庚所克，从化最易，故云。

【今译】

或者天干透出庚金，地支下无辰，不能化金，有癸透出而养木，也贵；遇到水库则为假化，只是平常人。

［评注］乙为柔木，二月正是木发荣的时候，不宜被庚金伤害，所以说“克制何须苦用金”，而以癸水印绶化官为好。时令正当阳气渐升，得癸水印绶来发泄庚金而滋养木，就可以取贵。

甲乙木生于正月和二月，没有取从化格的道理。辰为化气的元神，化气见辰才是真化，但二月的乙木在月令上得禄，正是当权掌令的时候，决不能从金而化。出现了辰，化的条件俱备了，又有化的倾向，却欲化而不能化，不化又不可以，无所适从，所以一定是平常人。水库即辰库。化气当中，乙木为庚金所克，从化最容易，所以这样说。

【原文】

二月乙木，专用丙癸，或支成木局，有癸透，乃作贵命；更得丙泄木气，上上之命。但须透癸。或水多困丙，多戊化癸，皆下格。

［评注］二月乙木，丙癸两字为配合上不可缺少之物。支成木局，谓曲直仁寿格也。然同一曲直格，透癸者贵，更得丙泄其旺气，上上之命。透丙者不可无癸，丙癸具备，以不相碍为最要条件（观段祺瑞[1]、吴经熊[2]造更足证明）。若癸丙并透，则丙为水困，虽透戊为救，亦为下格。

【注释】

①段祺瑞（1865～1936）：字芝泉，安徽合肥人。北洋武备学堂毕业，历任湖广总督，湖北、河南都督，北洋政府陆军部总长、国务卿、国务总理等职。1924年为北洋政府临时执政。

②吴经熊（1899～1986）：一名经雄，字德生，浙江省鄞县人。1920年毕业于上海东吴大学法科，次年赴美留学，1925年获密西根大学法学院法学博士学位。后历任法国巴黎大学、德国柏林大学、美国哈佛大学研究员及国内东吴法学院教授，一度任上海临时法院代院长。1939年当选美国学术院名誉院士，1941年任国民政府立法委员，1946年任罗马教廷驻中国特命全权大使。1949年后，历任美国夏威夷大学、新泽文化学院、台湾中国文化学院教授、博士班主任，台湾司法、立法、外交部门要职及总统府资政、国民党中央评议委员。著有《法律哲学研究》、《哲学与文化》、《孙中山先生其人格及其思想》等。

【今译】

二月的乙木，专用丙火和癸水。或者地支会成木局，有癸水透出才是贵命；更得丙火发泄木气，为上上等的命局。但必须透出癸水。或者水多而困住丙火，多戊化癸，都属于下等命中格。

［评注］二月的乙木，丙火和癸水是配合上不可缺少的。地支会成木局，叫做曲直仁寿格。但同一个曲直仁寿格，透癸就贵，更得丙火发泄它的旺气，为上上等的命。透丙的不可无癸，丙癸都具备，以不相妨碍为最重要条件（看段祺瑞、吴经熊的命造足以证明）。如果癸和丙同时并透，丙火就会为水所困，即使透出戊土为救援，也属于下等格局。

【原文】

用丙者，木妻、火子；用癸者，金妻、水子。

［评注］丙火为用者，比劫为妻，食伤为子；癸水为用者，官煞为妻，印为子。

【今译】

用丙的，以木妻室，以火为子女；用癸的，以金妻室，以水为子。

［评注］丙火为用神的，以比肩劫财为妻，以食神伤官为子女；癸水为用神的，以正官七煞为妻室，以印绶为子女。

【原文】

壬午、癸卯、乙丑、己卯。此乃夹禄格，贵小富大，但子女多刑。

［评注］丑卯夹寅为夹禄也。惜无丙火，午中丁火相隔太远，救应不及，故富大贵小。

【今译】

壬午、癸卯、乙丑、己卯。这是夹禄格，贵小富大，但子女多刑。

［评注］以丑卯夹寅为夹禄。可惜没有丙火，午中丁火又相隔太远，来不及救应，所以富大贵小。

【原文】

甲寅、丁卯、乙未、丙子。此乃曲直格，加丙照癸滋，官至总兵①。

［评注］曲直仁寿格，癸藏丙透，不相碍为贵。

【注释】

①总兵：官名。明初，镇守边区的统兵官有总兵和副总兵，无定员。总兵官本为差遣的名称，无品级，遇有战事，总兵佩将印出战，事毕缴还，后渐成常驻武官。清代总兵为绿营兵正，官阶正二品，受提督统辖，掌理本镇军务，又称总镇。

【今译】

甲寅、丁卯、乙未、丙子。这是曲直仁寿格，加上丙火照耀温暖，癸水滋润，官职达到总兵。

［评注］曲直仁寿格，癸水伏藏，丙火透出，以不相妨碍为贵。

【原文】

癸亥、乙卯、乙未、庚辰。曲直仁寿格，无东方运，一介寒士，惜哉！

［评注］支全亥卯未，癸水透出，曲直仁寿格，较上造尤纯；惜时上庚金破格，又行西北运，颠沛宜矣。

【今译】

癸亥、乙卯、乙未、庚辰。属于曲直仁寿格，无东方运，以至成为一介寒士，可惜啊！

［评注］地支亥卯未俱全，癸水透出天干，为曲直仁寿格，比上一命造更加纯粹；可惜时柱上庚金破格，又行西北运，一生颠沛流离，是当然的。

【原文】

丙子、辛卯、乙卯、丙子。出将入相。

［评注］年上丙火，合去辛金，不支全方局，而气势纯粹。时上丙照癸滋，宜乎贵矣。

【今译】

丙子、辛卯、乙卯、丙子。出朝则为将，入朝则为相。

［评注］年柱上的丙火合去辛金，地支方位不全，但气势纯粹。时柱上丙火照温，癸水滋润，理应取得荣贵。

【原文】

亥卯未逢于甲乙，富贵无疑；木全寅卯辰方，功名有准。活木忌埋根之铁，支下有庚辛，戕贼其根，木则朽矣。

［评注］此言曲直仁寿格也。春木成象，最忌庚辛破格。丙子一

造，辛金无根，支无财生，浮露之金，见丙火而去。若支见金，即无去法，破格必矣。

【今译】

亥卯未遇到甲乙木，富贵没有疑问；木全东方寅卯辰，功名一定成就。活木忌埋在根下的铁，地支下有庚辛金，伤害根株，木就要朽了。

［评注］这是说曲直仁寿格。春木成了气象，最忌庚辛金来破格。丙子这一命造，辛金无根，地支又没有财生扶，这种浮露的金，见丙火就消熔了。如果地支中有金，则无法消熔，所以破格是必然的。

【原文】

三月乙木，阳气愈炽，先癸后丙。

［评注］甲为阳木，春深木盛，宜用庚金裁抑；乙为阴木，虽在季春，亦不能用庚金。阳盛宜癸水滋之，木盛宜丙火泄之，此甲乙木性质刚柔之不同也。

【今译】

三月的乙木，阳气越发炽盛，先用癸水，后用丙火。

［评注］甲为阳木，春深木盛，宜于用庚金剪裁和制伏；乙为阴木，即使在季春也不能用庚金。阳盛应该用癸水来滋润，木盛应该用丙火消泄，这是甲乙木性质刚柔的不同处。

【原文】

癸丙两透，不见己庚，玉堂之客[①]；见己庚者，平常之人。或一乙逢庚，不见己者，亦主小富贵，但不显达。或多水见己，只恐高才不第；见戊堪发异途。或庚己混杂，丙癸全，则为下格。

［评注］三月乙木，用伤官佩印，无财官混杂者，为玉堂清贵之人。乙为柔木，宜滋培不宜裁损，用伤印为贵，用财官不为贵。用癸丙，不宜见己庚混杂。或有庚而无己土，用印化煞，虽不显达，小富小贵可期。若有己而无庚金，只恐高才不第。即使水多，只宜戊土制之，不宜己土。以上释用丙癸而见庚或己混杂，为平常人之意。水多戊制，亦仅异途耳。若庚己丙癸全见，官伤财印混杂，决为下格。

【注释】

①玉堂之客：玉堂指官署，世人用来指翰林院。

【今译】

癸水和丙火都透出，不见己土和庚金，为官场中人；遇到己土和庚金铁，是平常人。或者一个乙木遇到庚金，不见己土，也主小的富贵，但不显要发达。或者水多而遇到己土，只怕才能高而不登第；遇到戊土坷以通过科甲外的途径发达。或者庚金己土混杂，丙火和癸水俱全，属于下等格局。

［评注］三月的乙木，以伤官佩印为用神，无财官混杂的，为玉堂上的清贵之人。乙为柔木，适宜滋培不适宜克损，以取伤官佩印的格局为贵，用财和官则不贵。用癸水和丙火，不宜遇到己土才庚金混杂。或者有庚金而无己土，用印绶化解七煞，虽然不能显达，小富小贵还是可以期待的。倘若有己土而无庚金，只怕才能高而不登第。即使水多，也只宜用戊土制伏，而不宜用己土。以上释用丙火和癸水而有庚金或己土混杂，为平常人的意思。水多用戊土制伏，也只是异途功名罢了。如果庚金、己土、丙火、癸水全都出现，正官、伤官、正财、印绶混杂，决定属于下等格局。

【原文】

或见水局，丙戊高透，亦主科甲。或柱中全无丙戊，支合水局，此离乡之命。

［评注］承上“水多见戊”之意。天干多水，见戊仅能发异途；若支成水局，而丙戊高透，亦可主科甲。盖水局得戊制，使水不泛，反以培木之根，而丙火泄秀故也。故无丙戊而支成水局，则水泛木浮，离乡之命也。

【今译】

或者出现水局，丙火和戊土高高透出天干，也主科甲成名。或者四柱中全无丙和戊，地支合成水局，这是背井离乡的命。

［评注］承上文“水多见戊”的意思而说。天干多水，遇到戊土只能通过科甲外的途径求功名；如果地支会成水局，而丙和戊高高透出，

也可以主科甲成名，这是水局得到戊土制伏，使水不泛滥，反而培植木的根，而丙火又泄木之秀的缘故。所以无丙火戊土而地支会成水局，就会水泛木浮，是离乡的命。

【原文】

或见一派癸水，又有辛金，则作旺看，得一戊己制癸，亦可云小富贵。若一派壬癸，不特贫贱，而且夭折；有一戊己，方云有寿，但终为技术之人。

［评注］一派癸水而见辛金，则金从水势，煞印相生。癸在土旺之月，亦作旺看，盖辰为水墓，不同戌未也。癸水旺得戊己制之，成反生之功；兼见壬水，则有冲奔之性，无戊己制之，则不寿也。

【今译】

或见一派癸水，又有辛金，则作旺水看，得到一个戊己土制伏癸水，也可以断为小的富贵。如果一派壬癸水，那就不但主贫贱，而且主夭折了；这时有一个戊土或己土，才可以说长寿，但终究为九流技艺之人。

［评注］一派癸水而见辛金，金就会顺从水势，导致煞印相生。癸水在土旺的月份也作旺看，因为辰为水墓，不同于戌未。癸水旺而得到戊己土的制伏，会成就反生的功用；同时出现壬水，则有冲奔的性质，如果无戊己制伏它，就不长寿。

【原文】

又或庚辰时月，名二庚争合，乃贫贱之辈；如年见丁破庚，可云从化，亦不失武职之权。

［评注］乙为柔木，见庚金势盛，则从之而化。庚辰月庚辰时，二庚争合，其情不专，化气破格，故为贫贱之辈。若年干见丁火，克去一庚，亦得从化。但究系三春之木，气不纯粹，从化非真，即使成格，亦为假化，运程得助，不失武职之权而已。

【今译】

又或者遇到庚辰时、庚辰月，称为“二庚争合”，是贫贱之辈；如果年柱出现丁火而克破庚金，可以看作从化格，也不失武职的权柄。

[评注] 乙为柔木，见庚金势力强大，于是从庚而化。庚辰月与庚辰时，两个庚争合，用情不专，属于化气而破格，所以为贫贱之辈。如果年干出现丁火，克去一个庚金，也可以从庚而化，但终究是春三月的木，气不纯粹，从化不真，即使成格也属于假化，得到运程相助，不失武职的权柄罢了。

【原文】

用癸者，金妻水子；癸多用丙者，木妻火子。

[评注] 以癸水为用者，官煞为妻，印为子；支成水局，丙戊高透者，以土制水，反以生木，丙火泄透为用，故以木为妻，火为子。

【今译】

用癸水的，以金妻室，以水为子女；癸水多而用丙火的，以木妻室，以火为子女。

[评注] 以癸水为用神的，以正官七煞为妻室，以印绶为子女；地支会成水局，丙火和戊土高高透出的，以土制伏水，反而生木，以丙火泄透为用神，所以以木为妻室，以火为子女。

【原文】

庚午、庚辰、乙酉、丁亥。此作从化格，但不逢时，一富翁耳。

[评注] 乙从庚合，辰从酉合，不能不化；年月二庚，不争不妒；年午时丁，逆金之势，为假化，非真化。

【今译】

庚午、庚辰、乙酉、丁亥。这作为从化格，但是不逢时令，只是个富翁罢了。

[评注] 乙从庚合，辰从酉合，不能不化。年月上的两个庚不争不妒，年上的午与时上的丁逆金之势，是假化而不是真化。

【原文】

甲寅、戊辰、乙亥、丙子。六乙鼠贵格[①]。丙火高透，戊土制水，官至按院[2]。

［评注］子辰水局，戊土制水，固乙木之根，反以生木，以丙火泄木之秀为用，为六乙鼠贵格也。

【注释】

①六乙鼠贵格：指六乙日生子时的格局。乙以子和申为贵人，用子而不用猴。乙木以庚金为官，而庚金死于子；遇到丙火为伤官，而丙火暗邀辛金，化煞为权。柱中不见庚辛金，无丑绊住午的冲击，才成格而贵显。

②按院：按察院的简称，又作提刑按察使司。明、清时一省的司法和检察机关，隶属于都察院。在这里用作官名，指提刑按察使。

【今译】

甲寅、戊辰、乙亥、丙子。为六乙鼠贵格。丙火高高透出，戊土制伏水，官职达到提刑按察使。

［评注］子辰会水局，戊土制水，巩固乙木的根，反而生木，以丙火泄木的秀气为用神，为六乙鼠贵格。

【原文】

丁酉、甲辰、乙巳、甲申。拔贡[1]，但刑妻损子，兄弟全无，因支中戊土太多。

［评注］三月阳气炽盛，必以癸水为用也。金妻水子，支中火土多，故刑妻损子。

【注释】

①拔贡：由地方选入国子监的生员中的一种，经过朝考合格，可以充任京官、知县或教职。

【今译】

丁酉、甲辰、乙巳、甲申。是一位拔贡，但刑伤妻室，损丧子女，兄弟一个也没有，这是地支中戊土太多的缘故。

［评注］三月阳气炽盛，必须以癸水为用神。金为妻室，水为子

女，地支中火土在多，所以刑伤妻室，损丧子女。

三夏乙木总论

【原文】

三夏乙木，木性枯焦。四月专尚癸水，五六月先丙后癸，夏至前仍用癸水。

［评注］夏木干枯，调候为急，专用癸水。即使四柱配合，别取用神，癸水亦不可离。五六月丙癸并用，但仲夏上半个月属阳，仍以癸水调候为要；下半个月阳极阴生，三伏生寒，方可并用丙癸。

【今译】

夏季三个月的乙木，木性枯焦。四月专门崇尚癸水，五六月先用丙火，后用癸水，夏至前仍用癸水。

［评注］夏季的木干枯，以调候为急务，所以专用癸水。即使四柱配合，另取用神，癸水也不可离开。五六月丙火和癸水并用，但仲夏上半个月属阳，仍然以用癸水调候为要点；下半个月阳极阴生，三伏产生寒气，才可以一并用丙火和癸水。

【原文】

先得丙透，支下又有丙火，名曰“木秀火明”。得一癸透，科甲中人；或透二丙一癸，可许采芹①。

［评注］此言用丙不能缺癸也。必须有癸润泽，方能用食伤泄秀；否则，火旺木枯，木性自焚，不能为用也。

【注释】

①采芹：出语《诗经·鲁颂·泮水》：“思乐泮水，薄采其芹。古时学宫有泮水，入学后可以采水中的芹为菜，故称入学为采芹。后亦指考中秀才，成了县学生员。

【今译】

先得丙火透出天干，地支下又有丙火，称为“木秀火明”。这时有一个癸水透出，就是科甲中人；或者透出两个丙一个癸，可以许作秀才。

［评注］这是说用丙不能缺少癸。必须有癸水润泽，才能用食神伤官泄秀，否则火旺木枯，木性自焚，就不能作用神了。

【原文】

或一派癸水，有丁无丙，平常之人；或一癸透干，异途显宦，难由科甲；癸居子辰，异路小职；或丙藏支下，癸透年干，己出月上，虽非科甲，异路功名。

［评注］丙为太阳之火，癸为雨露之水，丙癸相济为用。以丁易丙，难以显荣；用壬易癸，亦鲜效用。丙藏癸透，而己土出干，癸水虽嫌被制，调候之用，未全消失；若透戊土，则合去癸水，效用尽失矣。

【今译】

或者一派癸水，有丁而无丙，为平常的人；或者一个癸水透出干头，则是异路成就的显要官宦，而难以从科甲成名；癸水藏子辰中，为异路成就的小官；或者丙火伏藏在地支下，癸水透出年干，己土出现在月干，虽然不能发科甲，却能在科考之外得到功名。

［评注］丙为太阳之火，癸为雨露之水，丙与癸相济为用，用丁替换丙就难以荣显，用壬替换癸也很少效用。丙火伏藏，癸水透出，己土也透出干头，癸水虽然有被制伏之嫌，但是调候的作用不会完全消失；如果透出戊土，就会合去癸水，效用就全部失去了。

【原文】

又或重重癸水，或支藏癸水，由行伍得功名。

［评注］时值夏令，火炎土燥，木性枯焦。癸为雨露之泽，虽多不至浮木。局无丙火，气不融和，故功名起于行伍。若为壬水，不作此论。

【今译】

又或重重癸水，或地支中藏有癸水，主由行伍而得功名。

［评注］时值夏令，火烈土燥，木性枯焦。癸为雨露之水，再多也

不至于浮起木。命局中没有丙火，气象不融和，所以功名得自行伍。如果是壬水，不作这样的推论。

三夏乙木

【原文】

四月乙木，自有丙火，专取癸水为尊。四月乙木专癸水，丙火酌用，虽以庚辛佐癸，须辛透为清。

［评注］四月丙火司权。月令中自有丙火，故专用癸水；但水至巳为绝地，如无庚辛生之，则水无源。沟渠之水，其涸立待，故必以庚辛为佐。特庚金有合乙之嫌，不能夺情辅癸，似辛透为清。此取用之法也。

【今译】

四月的乙木，自身带有丙火，以专取癸水为贵。四月乙木专取癸水，丙火也要酌情而用；虽然以庚辛金辅佐癸水，但是只有辛金透出，格局才算清纯。

［评注］四月丙火掌权。月令中自有丙火，所以专用癸水。但水到巳月为绝地，如果没有庚辛金相生，水就无源。沟渠里的水，涸竭立时可待，所以必须以庚辛金为辅佐。只是庚金有合乙的忌讳，不能剥夺私情而辅助癸水，格局似乎以辛金透出为清纯。这是选取用神的方法。

【原文】

癸透，庚辛又透，科甲定然。独一点癸水，无金，是水无根，虽出天干，不过秀才小富，须要大运相扶。或土多困癸，贫贱之人。丙戊太多，支成火局，瞽目之流。

［评注］癸水无庚辛相生，无根之水易涸，故不过秀才小富而已；更须运行西北金水之地，扶助癸水用神，方能发达。若原局土多，以燥土掩滴水，立见干涸，虽有如无，决为贫贱之人。或运行火土，为财破印，亦立见灾晦。若原局丙戊太多，支成火局，即有一二点癸水，亦无所用之。盖癸见戊合化，不能收润泽之效，故决为残疾之人。

【今译】

癸水透出，庚辛金又透出，科甲一定成名。只有一点癸水而无金，这水无根，即使出现在天干，也不过中秀才、致小富罢了，大的发达必须有大运相扶持。或者土多而困住癸水，为贫贱的人。丙火和戊土太多，地支又会成火局，是瞎眼人之流。

［评注］癸水没有庚辛金相生，就是无根的水，容易干涸，所以不过中秀才、致小富罢了；只有运行西北金水方位，扶助癸水用神，才能发达。如果原命局中土多，以燥土掩滴水，立刻就会干涸，有也和没有一样，注定是个贫贱的人。或者行火土方位的运，属于财破印，也主立刻遇到灾殃。如果原命局中丙火和戊土太多，地支又会成火局，即使有一两点癸水也没有用，因为癸遇戊就会合化，收不到润泽的效果，所以一定是个残疾人。

【原文】

用癸者，金妻水子。

［评注］用癸水者，以官煞为妻，癸印为子，官煞生印也。

【今译】

用癸的，以金为妻室，以水为子女。

［评注］用癸水的，以官煞为妻室，以癸印为子女，这是官煞生印绶的缘故。

【原文】

乙逢双女木伤残，若见辛金寿必难，不得丙丁来制伏，当知安乐不久长。

［评注］双女，星名，居巳宫，四月星次也。书云“木不南奔”。乙生四月，木气泄弱，不能再见克伐，若单见辛金，无癸水引化，或丙丁制伏，必至夭折，岂特安乐不长哉！

【今译】

乙木遇到双女星，就会导致伤残；如果遇到辛金，寿命必定难以长久。得不到丙丁火来制伏，应当知道，安乐的日子不会长久。

［评注］双女，星座名，居巳宫，在十二次主四月。书中说“木不往南方去”，乙木生于四月，木气因耗泄而衰弱，不能再遇到克伐。如果只遇到辛金，无癸水来引化，或者丙丁火来制伏，一定会夭折，哪里只是安乐不长呢！

【原文】

五月乙木，丁火司权，禾稼俱旱。上半月属阳，仍用癸水；下半月属阴，三伏生寒，丙癸齐用。柱多金水，丙火为先，余皆用癸水为先。

［评注］五月乙木与甲木同，以夏至为分界。取用之法，上半月同四月，专用癸水；若下半月同六月，兼用丙火。四柱多金水，丙火为先，余皆用癸水为先。木生三夏，同以调候为急也。

【今译】

五月的乙木，丁火掌权，庄稼都干旱。上半月属阳，仍用癸水；下半月属阴，因为三伏生寒气，而丙癸一起用。四柱中多金水，就以丙火为先，其余都以用癸水为先。

［评注］五月的乙木，与甲木相同，以夏至为分界线。取用的方法，是上半月与四月相同，专用癸水；下半月与六月相同，兼用丙火。四柱中多金和水就以丙火为先，其余都以用癸水为先。木生在夏季三个月，同样以调候为急务。

【原文】

乙木重逢火位，名为“气散之文①”。支成火局，泄乙精神，须用癸滋。癸透有根，富贵双全。或庚辛年上，癸透时干，定许科甲；无癸者，常人。

［评注］“乙木重逢”句，见《继善篇》②。木奔南而软怯，至巳午未月，根株干枯，木气尽泄，非癸水滋培，调和气候，必至偏枯。若癸透有根，富贵可期。但水无金生，为无根之水，得庚或辛透年月，时透癸水，则贵显之局也。

【注释】

①气散之文：火为乙木的食神或伤官，食神和伤官都有泄秀的作

用，主文章。但是食伤过重，就食伤太多，格局就不清纯，并且泄气太过，所以有这样的说法。

②《继善篇》：明代命理学名赋，见万民英《三命通会》。

【今译】

乙木重逢火位，称为“气散的文章”。地支会成火局，耗泄乙木的精神，必须用癸水滋润。癸水透出而又有根，主富贵双全。或庚辛在年柱，癸水透出于时柱，一定会发科甲；无癸的，只是平常人。

［评注］“乙木重逢”一句，见于《继善篇》。木到南方火地就会衰弱而畏怯，到巳午未月就会根株干枯，木气泄尽，如果没有癸水滋培，调和气候，必定导致偏枯。倘若癸水透出而又有根，富贵可以预期。但水无金相生，为无根之水，有庚或辛透出于年月柱，时柱上透出癸水，就是贵显的命局了。

【原文】

若见丙透，支成火局，阳焦木性，此人残疾，无癸必夭，见壬可解。或火土太多，其人愚贱，或为僧道门下闲人。

［评注］丙透天干，支成火局，乙木枯焦，若无癸水滋培，非残疾即夭折。仲夏乙木，必用癸水，方可取贵。壬水虽可解炎，仍为平常之人，仅免残疾夭折之祸而已。盖癸为雨露之水，有润泽滋培之功；壬水冲奔之性，灌溉虽解炎焦，而于乙木为无情也。

【今译】

如果有丙火透出，地支又会成火局，阳气就会使木焦枯，主这人残疾；无癸水的话，必主夭折，有壬水可以化解。或者火和土太多，主这人愚蠢卑贱，或许成为僧人道士门下的闲人。

［评注］丙火透出天干，地支会成火局，使乙木枯焦，如果没有癸水的滋润养，不是残疾就是夭折。这是仲说夏天的乙木只有用癸水才能取贵的道理。壬水虽然可以化解炎热，但仍为平常人，只是避免了残疾或夭折的祸患罢了。因为癸为雨露之水，有润泽滋养的功用；壬水有冲奔的性情，虽然能通过灌溉而解枯焦，但对乙木没有感情。

【原文】

六月乙木，木性且寒，柱多金水，丙火为尊。支成水局，乙得无伤，癸水透干，大富大贵。无癸定作常人，运不行北，困苦一生。

［评注］六月三伏生寒，丁火退气，其性情正与甲木相同。原局多金水，则当以丙火为尊；用丙须有癸水润其根株，故用丙不能离癸。若支成水局，癸水透干，乙木得润，然后透丙火而用伤官，必大富贵。或四柱火旺而用癸水，亦必贵显。所以乙木生于夏令，四柱配合，不能缺癸，无癸必是平庸之人。运程亦以亥子丑北方为美，否则，困苦一生。

【今译】

六月的乙木，木性带寒，如果四柱多金水，就以用丙火为先。地支会成水局，乙得以不受伤害，又有癸水透出干头，主大富大贵。无癸水，一定是个常人；又不行北方水地的运，必将困苦一生。

［评注］六月三伏生寒气，丁火退气，其性情正与甲木相同。原命局中多金水，就应当以用丙火为先；如果用丙火，必须有癸水润泽它的根株，所以用丙时不能离开癸。如果地支会成水局，癸水透出干头，乙木得到润泽，然后透出丙火而用伤官，必定大为富贵。或者四柱中火旺而用癸水，也必定尊贵荣显。所以乙木生于夏令，四柱的配合不能缺癸水，无癸水一定是平庸的人。运程也以亥子丑北方为好，否则会困苦终生。

【原文】

凡五六月乙木，气退枯焦，用癸水切忌戊己杂乱，则为下格。或甲木高透，制伏土神，名为“去浊留清”，可许俊秀。土多乏甲，秀气脱空，庸人而已。

［评注］五六月乙木，以癸水为调候之神，不论其是否为用神，在配合上总不可缺。若见戊己克制癸水，失调候之用，则为下格。甲木透出制土，为有病得药，可许俊秀；土多乏甲，乃有病无药也，非庸人而何？

【今译】

凡五六月的乙木，已经气退枯焦，用癸水时切忌戊己土的杂乱，那样就属于下等格局了。或者甲木高高透出，制伏土神，称为“去浊留清”，可以许为儒林俊秀。土多而缺甲木，木的秀气就会脱空，只是庸人罢了。

［评注］五六月的乙木，以癸水为调候之神，不论它是不是用神，在配合上都是不可缺少的。如果戊己土克制癸水，失去调候的作用，就是下等的格局了。甲木透出天干而制伏土，属于有病而得到了药，所以可以许为儒林俊秀；土多而缺甲木，则属于有病而无药，不是庸人是什么？

【原文】

或丙癸两透，加以甲透制戊，选拔定然。若不见丙癸，只有丁火，亦属常人。有壬，可充衣食。

［评注］此言丙癸与丁壬之不同也。丙如太阳，乃天然阳和之气；丁为人间之火，喻如灯烛。故无丙有丁，亦属常人。癸如雨露之功，壬如灌溉之力，虽同为润泽，而非出于自然，故无癸有壬，仅充衣食而已。且丁壬并透，合而不清，决不能取贵也。“甲透制戊”见上节。戊己杂出，宜有甲木制之；无戊己，甲木非需要也。

【今译】

或者丙火和癸水都透出干头，加上甲木透出而制伏戊土，被选拔为官是一定的。如果不见丙火癸水而只有丁火，也属于常人。有壬水，可以维持衣食。

［评注］这是说丙癸与丁壬的不同。丙如太阳，是天然的阳和之气；丁为人间之火，比喻为灯烛。所以无丙而有丁，也属于常人。癸的作用像雨露，壬的功能像灌溉，虽然同属润泽，但后者并非出于自然，所以无癸而有壬，只能维持衣食罢了。况且丁火和壬水一并透出，相合而不清纯，是决不能取贵的。“甲透制戊”见上一节。戊己土夹杂出现，适宜有甲木制伏；没有戊己土，甲木是不需要的。

【原文】

或柱中无水，又无比劫出干，乃为“弃命从财”，富大贵小，能招贤德之妻。从财格以火为妻，土为子。

［评注］此论从格，乙木与甲木不同也。阳干从气不从势，阴干从势无情义[1]。六月虽为土旺之时，而未为木库，如四柱土多，甲木虽弱，不能从也，须行印绶扶身之地为美；而乙木阴干则不然，如见四柱土多，即可以从财论。但从格不可见印，比劫无根，犹可言从；若见印，则相生有情，决不能以从论，故以无水为首要也。从财格即以财为用神，故以食神为妻，才为子。

【注释】

①阳干从气不从势，阴干从势无情义：语出《滴天髓》，其原注说：五阳干得到阳气，就能成就阳刚之势，不畏惧财煞的势力，所以从气不从势。五阴干得到阴气，则能成就阴顺的性情，所以阴干木盛就从木，火盛就从火，土盛就从土，金盛就从金，水盛就从水，而对于情义之所在的天干，见其势力衰弱就忌讳了，类似于妇人。话虽如此，得气顺义理正的阴干，也未必从势而忘义，即使从也一定要正。这段话应当有助于我们的理解。

【今译】

或者四柱无水，又无比肩劫财出现在干头，这属于“弃命从财格”，富大而贵小，能娶到贤德的妻室。从财格以火为妻室，以土为子女。

［评注］这是论从格，乙木与甲木不同。属阳的天干从气象而不从势力，属阴的天干从势力而没有情义。六月虽然是土旺的时令，但是未为木库，如果四柱土多，甲木即使衰弱也不能从，而以行印绶扶身的运为好；乙木阴干则不是这样，所以只见四柱土多，即可按从财看。但从格不可出现印绶，比肩劫财无根还可以说从，如果出现印绶，就会相生有情，决不能按从格看，所以以无水为首要条件。从财格既以财为用神，自然以食神为妻室，以正财为子女。

【原文】

或一派戊土出干，不见比肩，名为“财多身弱”，终为富屋贫人。

［评注］甲木见己土多而不见戊土，虽从不真；乙木见戊土多而不见己土，亦然。此阳从阳、阴从阴之义也。不从，则为财多身弱，终于

贫困也。

【今译】

或一派戊土透出干头，而不见比肩，称作“财多身弱”，终究是富屋中的贫人。

［评注］甲木见己土多而不见戊土，即使相从也不真确；乙木见戊土多而不见己土，也是这样。这是阳从阳、阴从阴的义理。不从，就属于财多身弱的格局，主贫困到底。

【原文】

或丙辛化水，嫖赌破家，终非承受之儿。

［评注］六月乙木，柱多金水，则当以丙火为尊；若丙辛并透，合而化水，羁绊用神，终非克家之子①。

【注释】

①克家之子：能够搞好家庭的儿子。语出《周易：蒙卦九二爻辞：“包蒙吉，纳女吉，子克家。”克，堪任，能搞好。

【今译】

或者丙辛化水，主因嫖娼或赌博败家，终究不是承受祖产的儿孙。

［评注］六月的乙木，柱中多出现金水，应当以用丙火为先；如果丙火和辛金一并透出，相合而化为水，绊住用神，则终究不是能继承祖业的儿子。

【原文】

或一派乙木，不见丙癸，名为“乱臣无主①”，劳碌奔波；又加多支辛金，僧道之辈。

［评注］六月乙木，癸丙不可离。如一派乙木，不见丙癸，无可取用，为乱臣无主；再加支多辛金，乃孤苦之命。

【注释】

①乱臣无主：用神为君，日元外的其他天干为臣。如果命局中找不

到用神，那么其他天干就没有统属，只是一片散沙，类似乱臣，故有这样的话。

【今译】

或者一片乙木，不见丙火和癸水，称为“乱臣无主”，主劳碌奔波；再加上地支多含有辛金，主为僧人道士之辈。

［评注］六月的乙木，癸水和丙火不可相离。如果一派乙木，不见丙火和癸水，就无用神可取，类似“乱臣无主”；再加上地支多含有辛金，是孤苦的命。

【原文】

或一派甲木，无癸无丙，又无庚金，此人一生虚浮，总不诚实。有庚制甲，乃有谋之人，但嗜酒贪花，多欲败德，不修品行。男女一理。

［评注］甲木虽可帮身，而无癸无丙，木无生意，即有庚制甲，亦无可取。

【今译】

或者一片甲木，无癸无丙又无庚金，主这人一生虚伪浮泛，总是不诚实。有庚金制伏甲木，是有谋略的人，但是嗜酒好色，因为欲望太多而败坏德，不修品行。男命和女命是一个道理。

［评注］甲木虽然可以帮身，但是无癸水和丙火，木就没有生机，即使有庚金制伏甲木，也没有可取之处。

【原文】

总之，夏月乙木，专用癸水，丙火酌用，庚辛次之。

［评注］夏月乙木，专以癸水为重。如四柱金水多，则用丙火，庚辛为癸水之佐而已。盖夏木枯燥，调侯为急，无别种用法也。

【今译】

总之，夏月的乙木，专以癸水为用神，酌情运用丙火，庚辛次一等。

［评注］夏月的乙木，专以癸水为重。四柱金水多就用丙火，庚辛

只是癸水的辅佐罢了。夏月的木枯燥，以调候为急务，没有别的办法。

三秋乙木

【原文】

三秋乙木，金神司令，先丙后癸，惟九月专用癸水，恐丙暖戊土为病也。

［评注］三秋金神秉令之时，用火制煞为上，次者用癸水化煞。九月土燥木枯，宜水滋培，故专用癸水。

【今译】

秋天三个月的乙木，金神执掌时令，先用丙火，后用癸水。只有九月专用癸水，这是怕丙火温暖戊土为病的缘故。

［评注］秋季三个月金神掌令的时候，以用火制伏七煞为上策，其次是用癸水化泄七煞。九月土燥而木枯，应当用水滋养，所以专用癸水。

【原文】

七月乙木，庚金秉令，庚虽输情于乙妹[1]，怎奈干乙难合支金。柱见庚多，乙难受载。或丙透干，又加己出埋金，此格可云科甲。有己透，加丙，亦是上命。七月喜己土为用，或不见丙癸，己土决不可少。此则以火为妻，土为子。

［评注］七月庚金秉令，官多化煞[2]。若乙木盛而见食伤制煞，必为上格。详见《三秋甲木》论。若四柱多金，乙木衰弱，难以受载，所谓“活木忌埋根之铁”是也，虽有丙火出干相制，亦嫌克泄交加。际此场合，必须用己土。己为卑湿之土，培植乙木之根，晦火存金，反生乙木，调剂中和，最为巧妙。在支为丑未之土，在干为己土。如丙透而支见丑未，或己透而丙藏寅巳，皆为上命。故七月喜己土为用者，以克为生也。即不见丙火制庚，癸水化庚，而有己土，则乙木之根固，方能有所树立，故己土为不可少也。以己土为用者，以火为妻，土为子。

【注释】

①庚虽输情于乙妹：庚为阳干，乙为阴干，二者相合，类似男女之间多情，故说庚传情于乙妹。输，传。

②官多化煞：正官与七煞作用虽然相似，但正偏不同，性情也相异。正官类似官府，而七煞类似黑社会。正官以一位为佳，过多则不专一，反而会把命局搞乱，所以有官多化煞的说法。

【今译】

七月的乙木，庚金执掌时令。庚金虽然多情于乙木这个妹妹，怎奈天干乙木难以与地支中的金相合？四柱中出现的庚金多，乙木难以承受。或者丙火透出干头，再加上己土出现而埋金，这样的格局可以科甲成名。有己土透出，加上丙火，也是上等的命造。七月喜欢己土为用神，或许可以不出现丙火和癸水，但是己土决不可少。这样，就以火为妻室，以土为子女。

［评注］七月的庚金当令，正官太多而化为七煞。如果乙木茂盛，而出现食神伤官来制伏官煞，必定是上等的格局。详见《三秋甲木》论。如果四柱多金，而乙木衰弱，难以承受，即所说的“活木忌埋根之铁”，即使有丙火出现在干头相制伏，也嫌克泄交加。在这种情况下，必须用己土。己为卑湿的土，可以培植乙木的根，使火晦暗而金得以保存，反生乙木，调剂到中和，最为巧妙。在地支为丑未土，在天干为己土。如果丙火透出而地支出现丑未，或己土透出而丙火在藏寅巳中，都是上等的命造。所以七月喜欢己土为用，其实是以克为生，即不见丙火制伏庚金，癸水化泄庚金，而是用己土使乙木的根本牢固，这样才能有所建树，所以己土是不可缺少的。以己土为用神的，以火为妻室，以土为子孙。

【原文】

或癸透，丙藏，庚少，此不用己，可许贡拔[①]；无丙有癸透者，不失刀笔门户；有支下庚多，癸又藏者，无丙己二神，平常人物。

［评注］上言丙透庚多，故须用己土；此言丙藏庚少，则不必用己土，但秋气渐肃，丙为阳和之气，亦为配合所不可少也。同以癸印化煞为用，丙藏可许贡拔，无丙不过刀笔门户，格局高低有别也。若支下庚

多，癸又藏，又无丙己二神，则平常人物耳。

【注释】

①贡拔：从贡生中选拔出来做官的人。贡生相当于举人副榜，做了贡生以后理论上可以当官了。

【今译】

或者癸水透出，丙火伏藏，庚金少见，这种情况下不用己土，可以许为贡拔；无丙火而有癸水透出的，不失为刀笔门户；地支下庚金多，而癸水又伏藏的，只要无丙火己土二者，就是平常人物。

［评注］上文是说丙火透出而庚金多，所以必须用己土；这里是说丙火伏藏而庚金少，所以不必用己土。但秋气逐渐肃杀，而丙为阳和之气，也是配合上所不可缺少的。同样是以癸水印绶化泄七煞为用神，丙火伏藏的可以许为贡拔，无丙火的却不过刀笔门户，格局的高低，判然有别。如果地支下庚金多，癸水又伏藏，又无丙火和己土，就只是平常人物了。

【原文】

或生辰时，此为从化，反主富贵。凡化合格，皆以所生之神为用。化金者，戊为用神，特忌丙丁锻炼破格。从化者以火为妻，土为子。其余以金为妻，妻必贤美；以水为子，子必克肖，但忌刑冲。凡命皆然，不特此也。

［评注］承上文“庚多癸藏，无丙己二神，决为平常人物”而言。但生辰时，乙木遁干见庚辰，乙从庚化，格成化金，反主富贵也。凡从化格，全局气势偏旺一方，只能顺其气势为用，此与从旺从强[1]一理。在日干为从化，在别柱为强众敌寡，势在去其寡，而以逆其旺气为忌，则相同也。化金最忌丙丁，以其逆化神之气也。刑冲亦为逆其旺神，如申宫以寅为冲，以寅巳为刑，逆金之气势，其理一也。凡论命，以用神为子星，生我用神者为妻星，惟化合格以生我化气之神为用。如乙庚化金，以生金之土为用神，故以土为子，而以生土之火为妻。其余指以癸印化煞者而言。以水为用，即以水为子星，以金为妻星，喜金水旺，故妻贤子肖也。

【注释】

①从旺从强：从强格和从旺格。从旺格的构成是：命局四柱皆比劫，绝无官煞的制伏，或有印绶的生扶，是旺极了的，只得从其旺神。如：癸卯、乙卯、甲寅、乙亥，甲木生于仲春，支逢两卯之旺，寅上得禄，亥上长生，天干有乙木劫财和癸水印绶，强旺极了。这种命局无财官伤食可取，只有作从旺格论。既已格成从旺格，即以比劫为用神。喜欢印绶比劫的生助；逢官煞叫作犯旺，凶祸立至；遇财星众利相争，九死一生；若局中印绶轻微，逢食神伤官不妨。

从强格的构成是：命局四柱印绶重重，比劫亦多，日主又不失令，绝无一点财星官煞之气，叫作“二人同心”，宜顺而不宜逆，所以从强。例如壬子、癸卯、甲子、甲子，甲生卯月，值最旺之乡，在干遇壬癸印绶，地支又有三个子水，财官都绝迹，强旺极了，除从强之外，没有其他办法策。既已格成从强格，即以强为用神（可以印绶与比劫并用）。逢比劫印绶顺其强神，最为吉利。食伤以有印绶神克而必凶，见官煞财星，叫做“触怒强神”，尤其危险。

【今译】

或者生在辰时，这是从化格，反而主富贵。凡化合格，都是以所生的天干为用神。化金的，以戊土为用神，只是忌丙丁火锻炼破格。从化的，以火为妻室，以土为子女。其余以金为妻室，妻室必定贤惠美丽；以水为子女，子女必定贤良能干，就是忌刑冲。所有命局都是这样，不只这样的命局。

［评注］这承上文“庚多癸藏，无丙己二神，决定是平常人物”来说的。但生在辰时，乙木遁干后为庚辰，于是乙从庚化，成化金格，反而主富贵。凡是从化格，全局气势偏旺于一方，只能顺着它的气势选择用神，这与从旺从强是一个道理。在日干为从化，在别的柱则为强众敌寡，势必除去寡的一方，而以逆命局的旺气为忌讳这一点则是相同的。化金最忌丙丁火，因为它们逆化神的气势。刑冲也属于逆旺神的气势，比如申宫以寅为冲，以寅巳为刑，逆金的气势，其中道理是一样的。凡论命，以用神为子女星，以生用神的为妻星，只有化合格，以生我化气的天干为用神。比如乙庚化金，以生金的土为用神，所以以土为子女，而以生土的火为妻室。其余是指以癸水印绶化泄煞的格局而说。以水为

用神，就是以水为子星，以金为妻星；喜欢金水旺，所以妻贤而子女肖。

【原文】

庚午、甲申、乙卯、丁丑。富僧，此庚旺无丙之故。

[评注] 僧道离世绝缘，苦行修持者，八字必极清纯，而近于偏枯。《滴天髓》云“一局清枯”也，若人是也。若说法度生，信仰恭敬，随命运转移，与世俗无异。此造庚旺无丙，贵气不足。卯申相合，申宫庚金，输情于乙，乙木坐卯，秋木有根；庚金透出，而有丁火制之。配合适当，宜其虽为僧人而富矣。

【今译】

庚午、甲申、乙卯、丁丑。富裕的僧人，这是庚金旺而无丙火的缘故。

[评注] 僧人道士中那些离开世俗，杜绝众缘，苦行修持的，八字必定极为清纯，甚至近于偏枯。《滴天髓》说“一局清枯”，是清苦的人。但如果说法度众生，信仰而恭敬三宝，那么随着命运的转移，就与世俗没有什么不同。这一命造庚旺而无丙，贵气不足。卯申相合，申宫的庚金多情于乙木，而乙木坐在卯上，使秋木有了根柢；庚金透出天干，而有丁火来制伏。四柱配合适当，理应他身为僧人而富裕。

【原文】

戊午、庚申、乙丑、戊寅。知县[1]。此化格，妻贤子肖。

[评注] 此造乙庚化金，而年时寅午逆其旺气，乃假化，非真化也。土为用神，丑宫金水，助旺去忌，故妻贤子肖。

【注释】

①知县：官名，知县事的简称。唐称佐官代理县令为知县事。宋常派遣朝官为县的长官，管理一县行政，也称知县事。元代县的主官改称县尹，明、清以知县为一县的正式长官，正七品，俗称七品芝麻官。

【今译】

戊午、庚申、乙丑、戊寅。身为知县。这是从化格，主妻室贤良，子女优秀。

［评注］这一命造乙庚化金，而年时柱上的寅午逆金旺气，属于假化而不是真化。以土为用神，丑宫金水助长旺金而去忌神，所以妻室贤良，子女优秀。

【原文】

秋乙逢金，非贫即夭。秋生乙木忌根枯，根既枯槁，贫苦到老。

［评注］秋乙至申，木临绝地，若四柱无比印生扶，而见庚金多，非贫即夭也。根枯者，谓地支金多也。"活木见埋根之铁"，最以为忌，决为贫苦。此盖指乙木身弱而言也。

按三秋甲乙，木性内敛，如支逢亥卯，植根深固，外象枝叶凋残，最宜裁剪，方成梁栋之材。故春木身旺，宜火泄秀；秋木身旺，宜金克制，亦因时制宜之法，一定之理也。且甲宜庚，乙宜辛。制煞，丁火为上，丙火次之。如身弱，只要有癸水透出，不畏克制，非取癸水泄金，以有癸水滋助甲乙，即有恃而无恐也。《子平真诠》①云："秋木以杀为生，实含至理。"又云"秋木盛，七煞透而有制，无有不贵"，盖金神七煞，与众不同，详三秋木论。

【注释】

①《子平真诠》：清代命理学著作，沈孝瞻著，本书的评注者曾加以评注。此书以月令用神为经，以诸神为纬，特别是对用神成败，用神与喜神忌神的生克制化，用神的透与会、有情无情、有力无力等等的解析，极为透辟，系命理学中典范著作之一。

【今译】

秋天的乙木遇到金，不是贫贱就是夭折。秋天的乙木忌根枯，根既枯槁，贫苦到老。

［评注］秋天的乙木到申，木临绝地，如果四柱没有比肩和印绶生助，而是庚金出现得多，那么不是贫贱就是夭折。所谓根枯，指地支金多，活木遇到埋在根部的铁器，最为忌讳，注定贫苦。这是指乙木身弱

而言。

按，秋季三个月的甲乙，木性内敛，如果地支遇到亥和卯，植根深而牢固，而外表上枝叶凋零，最适宜裁剪，经过裁剪才能成梁栋之材。所以春木身旺，适宜用火来泄秀；秋木身旺，适宜用金克制。这也是因时制宜的方法、一定不移的道理，何况且甲木适宜用庚，乙木适宜用辛金。制煞，以丁火为上，丙火次于它。比如身弱，只要有癸水透出就不怕克制，但不是取癸水泄金，因为有癸水滋助甲乙，就有恃无恐。《子平真诠》说“秋木以杀为生”，实含至理。又说“秋天木盛，七煞透出而有制伏，没有不显贵的。”因为金神中的七煞，与其他不同，详见三秋木论。

【原文】

八月乙木，芝兰禾稼均退，以丹桂为乙木。在白露之后，桂蕊未开，专用癸水以滋桂萼；若秋分后，桂花已开，却喜向阳，又宜用丙，癸水次之。丙癸两透，科甲名臣。

［评注］乙木在春如芝兰，在夏如禾稼，在秋则喻如丹桂也。秋分之前，火气未除，喜水土以相滋，七月用己土，八月用癸水，皆以滋扶乙木也。秋分之后，秋气渐深，用癸水滋其根，更宜有丙火太阳照暖，水火既济，木自繁荣，故得丙癸两透者，必为科甲名臣也。

【今译】

八月的乙木，芝兰和禾稼均已经退去，以丹桂为乙木。在白露之后，桂花的花蕊未开，专用癸水来滋润花萼；而秋分后桂花已开，却喜欢向阳，又适宜用丙火，而癸水次之。丙火癸水两者都透出，一定是科甲出身的名臣。

［评注］乙木在春天如芝兰，在夏天如禾稼，在秋天用丹桂来比喻。秋分之前，火气没有心消尽，喜欢水土相滋扶。七月用己土，八月用癸水，都是为了滋扶乙木。秋分之后，秋气逐渐加深，用癸水滋养它的根，更宜于有丙火太阳的温暖。水火既济，木自然繁荣，所以得丙火癸水两者都透出的，必定是科甲名臣。

【原文】

或支成金局，宜暗藏丁；无丁制金，恐木被金伤。若无水火，此人劳碌；或得癸水，为子得母，其人一生丰盈。或丙癸两透，戊土杂出，亦主异路功名。

［评注］支成金局，所谓“活木忌埋根之铁”也，必须有丁火制之，癸水化之。辛丁癸并透，又为大贵之格；若无水火，则木被金伤，不仅劳碌，且防损寿。得癸水者，为子得母，再得丙丁透，必主功名显达也。

【今译】

或者地支会成金局，宜于暗藏丁火；无丁火制伏金，恐怕木被金伤。若无水火，这人劳碌；或者有癸水，如同儿子遇到了母亲，这人一生衣食丰盈。或者丙火癸水两者一齐透出，而戊土又夹杂而出，也主科举之路以外的功名。

［评注］地支会成金局，即所谓“活木忌埋根之铁”，必须有丁火制伏它，癸水引化它。辛金、丁火、癸水一齐透出，又为大贵的格局；如果没有水和火，就会导致木被金伤，不仅劳碌，而且必须防止损寿。有癸水的，如同儿子遇到母亲，再有丙丁火透出干头，注定功名显达。

【原文】

生秋分后，有丙无癸，亦略富贵；若有癸无丙，名利虚花；若四柱不见丙癸，下格。

［评注］此承上文“支成金局”而言。秋分前以癸水为主要，丙为佐；秋分后以丙火为主要，癸为佐。寒木向阳，无丙则名利皆虚而不实。不见丙癸，谓水火俱无也，乃贫贱夭折之命。

【今译】

生于秋分之后，有丙火而无癸水，也略为富贵；有癸水而无丙火，则名利如同空花；倘若四柱不见丙和癸，就是下等格局。

［评注］这是承上文“地支会成金局”而说。秋分前以癸水为主要用神，以丙火为辅佐；秋分后以丙火为主要用神，以癸水为辅佐。寒木一定要向阳，没有丙火，那么名利都虚而不实。不见丙癸，为水火都没

有，是贫贱夭折的命。

【原文】

或癸在年（月）干，丙透时干，名为“木火文星”，定主上达。生于秋分后方佳。

［评注］此言不用酉煞也。癸在年月之干，丙透时干，则癸印化煞，以生乙木，时干丙火泄秀，名为“木火文星”。生于秋分后，寒木向阳，丙火得用，必主上达。

【今译】

或者癸水在年（月）干，丙火透出时干，称为“木火文星”，一定主向上和发达，但要生于秋分后才好。

［评注］这是说不用酉金七煞。癸水在年月的天干，丙火透出于时的天干，癸水印绶化泄七煞而生乙木，时干的丙火泄秀，称为“木火文星”。生于秋分之后，寒木向阳，丙火得到用处，必主向上和发达。

【原文】

或生上半月，无癸，姑用壬水，不然，枯木无用，必作贫人。又，四柱多见戊己，下格。

［评注］上半月以癸水为主要之神，无癸姑用壬水，虽非天然雨露之泽，亦得滋润根株。无水则乙木根枯，多见戊己，癸水被制，同为贫贱下格。少见或见辰丑湿土，均无碍，宜注重“多见”两字。

【今译】

或者生于上半月，因为无癸，姑且用壬水，不然的话，枯木无用，必定成为穷人。另外，四柱多见戊己土的，为下等格局。

［评注］上半月以癸水为主要天干，无癸就姑且用壬水。壬水虽然不是天然的雨露之泽，也可以滋润根株。无水乙木的根就会枯，多见戊己，癸水被制伏，同样是贫贱的下等格局。少见或者只见辰丑湿土，都无妨碍。应当注重“多见”两个字。

【原文】

用癸者，金妻，水子；用丙者，木妻，火子；用壬者，金妻水子。

［评注］八月乙木，不外乎用癸用丙。如以壬癸为用，则以生壬癸之金为妻，壬癸为子；丙火为用，则以生丙火之木为妻，火为子。

【今译】

用癸的，以金为妻室，以水为子女；用丙的，以木为妻室，以火为子女；用壬的，以金为妻室，以水为子女。

［评注］八月的乙木，不外乎用癸水和用丙火。如果以壬癸水为用神，就以生壬癸的金为妻室，而以壬癸为子女；以丙火为用神，就以生丙火的木为妻室，而以火为子女。

【原文】

甲乙遇强金，魂归西土；青龙逢兑旺①，且贱且贫。

［评注］甲乙至秋，气值休囚，如无印劫生扶，而遇金旺，非夭折即贫贱。青龙，木也；兑，金也。

【注释】

①青龙逢兑旺：甲乙木遇到强旺的申酉金。青龙，中国传统文化中的四象之一，是中国二十八宿中东方七宿（角、亢、氐、房、心、尾、箕）的总称。五行属木，代表的方位是东，季节是春，性情善良，主吉祥喜庆的事。兑，《周易》八卦中的一卦，卦名的意思是悦，五行属金，代表西方、秋季，其灵兽为白虎。在这里，兑是是金的代名词。

【今译】

甲乙遇到强旺的金，就会死在金旺的西方；青龙遇到兑卦而兑又当旺，则又卑贱又贫穷。

［评注］甲乙木到秋天正值休囚，如果没有印绶劫财来生扶，而是遇到金旺，不是夭折就是贫贱。青龙指木，兑指金。

【原文】

乙木生居酉，莫逢巳酉丑，富贵坎离宫①，贫穷申酉守。木逢金旺已伤，再过金乡，岂不损寿？

［评注］生居酉，生于八月也；坎离者，水火也。有水火配合则富贵，无水火而重逢申酉，则贫穷夭折。意同上文。

【注释】

①富贵坎离宫：富贵在坎离二卦的方位。坎为水，方位为北；离为火，方位为南。

【今译】

乙木生于酉月，不要遇到巳酉丑会成的金局，富贵在坎离二宫，贫穷在申酉二金。木逢金旺已经受伤，岁运再到金的方位，怎么能不减损寿命？

［评注］生于酉月，指生于八月；坎离二宫，指水和火。有水火配合才能富贵，无水火而再遇到申酉，就会贫穷乃至夭折。意思略同于上文。

【原文】

九月乙木，根枯叶落，必赖癸水滋养。如见甲申时，名为“藤萝系甲”，可秋可冬。

［评注］九月秋气萧萧，燥土秉令，乙木非得癸水滋养不可，不比甲木，丁癸并重。乙木虽亦喜见丁火，而以癸水为尤重也。见甲申时，名“藤萝系甲”。言甲申者，以申中有金水，官印相生以取贵也。如见寅时亦同，特无官印，须另取用神耳。

【今译】

九月的乙木，根枯叶落，必须靠癸水来滋养。如遇到甲申时，称为“藤萝系甲”，可以经秋，也可以历冬。

［评注］九月秋气萧萧，燥土执掌时令，乙木非得到癸水的滋养不可，因为它不像甲木那样，可以丁火和癸水并重。乙木虽然也喜欢遇到丁火，但癸水尤其重要。遇到甲申时，称为“藤萝系甲”。说甲申，是因为申中有金水，可以使官印相生而取贵。遇到寅时也是这样，只是没有正官和印绶，必须另取用神罢了。

【原文】

若见癸水，又遇辛金发水之源，定主科甲；或有癸无辛，常人；有辛无癸，贫贱；或四柱壬多，水难生乙，亦是寻常之辈。

［评注］乙木喜癸水滋扶，而九月燥土当旺，癸水易涸，宜有辛金以生之，故癸辛两透主科甲。有癸缺辛，癸水无源；有辛无癸，乙木枯槁，皆难显达。壬为江湖之水，水多则木浮，故云“水难生乙”。若一二点壬水，未始不可用，特不如癸水之滋润适用。配合无情，寻常之人耳。

【今译】

若遇到癸水，又遇到辛金这癸水的源头，一定主科甲成名；或者有癸水而无辛金，为常人；有辛金无癸水，主贫贱；或者四柱壬水多，难以生扶乙木，也是寻常之辈。

［评注］乙木喜欢癸水滋扶，而九月燥土当旺，癸水容易干涸，应当有辛金来生扶它，所以癸水和辛金都透出，主科甲成名。有癸而缺辛，癸水就无源；有辛无癸，乙木就会枯槁，都难以显达。壬为江湖之水，多了木就会漂浮，所以说“难生乙木”。如果是一两点壬水，则未尝不可使用，只是不如癸水的滋润适用。四柱配合无情，寻常的人罢了。

【原文】

或支多戊土，又透天干，作从财看。无比劫方妙，一逢比劫，富屋贫人。

［评注］三秋木气休囚，土多从财，乃一定之理；但不可有比劫，一见比劫，只作财多身弱看，不作从论。

【今译】

或者地支中多戊土，又透出天干，作从财格来看。要无比肩劫财才好，一遇到比劫，就是富屋中的贫人。

［评注］秋季三个月木气休囚，土多就要从财，是一定的道理；但是不可有比肩和劫财，一见比劫，只能作财多身弱看，不能作从格论。

【原文】

用癸者，金妻水子，但子女艰难，季土克制故也。

［评注］必以癸为用，故金妻水子。

【今译】

用癸的，以金为妻室，以水为子女，但子女难得，这是四季土克制的缘故。

［评注］必须以癸为用神，所以金为妻室，水为子女。

【原文】

甲寅、甲戌、乙酉、丙子。名“藤萝系甲”。癸水得禄，科甲名臣。

［评注］癸水得禄，酉金生之，仍用辛癸也。

【今译】

甲寅、甲戌、乙酉、丙子。格局叫“藤萝系甲”。癸水得禄，是科甲出身的名臣。

［评注］癸水得禄，酉金生扶它，仍然是用辛金和癸水。

【原文】

辛丑、戊戌、乙卯、癸未。辛癸两透，木局破戊，行酉运选拔，位至尚书。

［评注］戊土制癸为病，木局破戊为药，亦以辛癸为用也。

【今译】

辛丑、戊戌、乙卯、癸未。辛金和癸水都透出，木局克破戊土，行酉运被选拔，官位达到尚书。

［评注］以戊土制癸为病，以木局破戊为药，也以辛癸为用神。

【原文】

庚辰、丙戌、乙亥、庚辰。支见辰可云化合，但非其时，孤贫有寿。

[评注] 不但化合失时，且透丙火破格也。

【今译】

庚辰、丙戌、乙亥、庚辰。地支遇到辰，可以说化合，但不是时候，主孤独贫困，只是长寿。

[评注] 不只是化合失时，而且透出丙火，属于破格。

三冬乙木

【原文】

十月乙木，木未受气，而壬水司令。取丙为用，戊土为次。

[评注] 乙木与甲木不同。小阳春①之候，外象凋残，内气已动，皮内发青，渐生萌孽，此木气长生之候也。甲为木之气，乙为木之质。气已动而质未形，故云乙木未受气也（阳动而阴未动）。然虽未受气，喜得阳和而发荣，寒木向阳，必取丙火为用。壬水秉令，水旺木浮，以戊土为制病之药，故以戊土为次。壬水乃当令之神，虽不透而旺也。

【注释】

①小阳春：指农历十月即从立冬到小雪这段时间，一些果树会开第二次花，呈现出好似春三月的阳和天气。

【今译】

十月的乙木还没有进气，而由壬水执掌时令。取丙火为用神，戊土为其次。

[评注] 乙木与甲木不同。小阳春的气候，外表虽然凋零残败，内气却已经发动，以至树皮内发青，逐渐发生萌孽，这是木气长生的情形。甲为木的气息，乙为木的形质。气息已动而形质还没有表现，所以说乙木没有进气（阳动而阴未动）。但是虽然没有进气，且喜得到阳和之气而发荣，所谓寒木向阳，必须取丙火为用神。壬水执掌时令，水旺木就漂浮，以戊土为治病的药，所以以戊土为其次。壬水是当令的天干，不透出干头也旺。

【原文】

丙戊两透，科甲定然；有丙无戊，虽不科甲，亦人儒林；支多丙火，运入火乡，亦主显达。

［评注］丙戊二者之中，以丙为主要用神，戊为去病之药。有丙而壬水不透，虽无戊土，亦必贵显也。

【今译】

丙火和戊土两者透出，科甲一定成名；有丙火而无戊土，虽不能发科甲，也能进入儒林；地支多丙火，行运地入火乡，也主显达。

［评注］丙火和戊土二者当中，以丙为主要用神，以戊为去病的药。有丙火而壬水不透出干头，即使没有戊土也必定显贵。

【原文】

或水多无戊，乙性漂浮，流荡之徒；若不见丙巳，妻子难全。或一点壬水，即多见戊土，亦为不妙，得甲制戊，可许能干；但为人好生祸乱，构讼争非。男女一理。

［评注］乙为木之质，喻如卉草，人冬则枯，水多则漂浮，若无丙巳为救，流离颠沛之象，此乃印多以财损印为救也。反之，一点壬水，多见戊土，为财旺破印，亦不为妙，须以甲为救，所谓“藤罗系甲”是也。但乙木有所恃而无恐，人虽精明干练，不免多生是非，才有余而德不足也。

【今译】

或者水多而无戊土，而乙性漂浮，主流荡之徒；如果不遇到丙和巳，妻室和子女难以全备。或者一点壬水，却遇到多个戊土，也属不妙，得到甲木制伏戊土，可以许为能干；但为人喜欢生祸作乱，构置诉讼，争论是非。男女是一个道理。

［评注］乙为木的形质，比如花草，入冬就会枯萎，水多就会漂浮，若无丙巳火为救援，难免颠沛流离。这是印绶多，而以正财克损印绶为救援。反过来，一点壬水，却多见戊土，为正财旺而破印绶，也不妙，须以甲木为救援，所谓“藤罗系甲”就是。但乙木有恃无恐，人虽然精明干练，不免多生是非，才有余而德不足。

【原文】

支成木局，时值小阳，此又如春木同旺。若有癸出，须取戊为尊，加以丙透，科甲之人。若无丙戊二字，自成自败，终非承受之辈。

［评注］支聚亥卯未木局，则在小阳春时，与春木同一旺相也。所不同者，月令印旺，干头见丙，自成水火既济，不比春木之须水火并见也（参阅《滴天髓补注》方局节）。若有癸出，则印绶太旺，湿重阴浓，反见损害。必须戊出合癸，加以丙透，木自然发荣滋长；若无丙戊，则癸水阴湿之气，反生为克，终不能有所建树也。

【今译】

地支会成木局，时值小阳春，这时的乙和春木乙一样旺。如果有癸水出现，须取戊土为主要用神，加上丙火透出，主科甲之人。倘若无丙火、戊土，则自成自败，终究不是承受祖业之辈。

［评注］地支会聚亥卯未木局，就虽然在小阳春时，而与春木同一旺相了。所不同的是，月令上印绶旺，干头出现丙火，自然成就水火既济的局面，不像春木那样必须水火同时出现（参阅《滴天髓补注》方局节）。如果有癸水透出，那么印绶太旺，阴湿重浓，反而有损害。必须戊出现而合住癸，加上丙火透出，乙木才能自然发荣滋长；若无丙和戊，则癸水阴湿之气，会变生为克，终究不能有所建树。

【原文】

己亥、乙亥、乙巳、丁亥。丙戊禄在巳，惜不透干，可许一榜。

［评注］丙戊禄在巳，惜三亥冲巳，用神受伤，丙戊又不透出，是为成中有败，败而无救也。

【今译】

己亥、乙亥、乙巳、丁亥。丙和戊禄在巳，可惜没有透出天干，可以许作一榜得中。

［评注］丙和戊禄在巳，可惜三个亥冲巳，用神受伤，丙戊又不透出，这是成中有败而无救。

【原文】

戊戌、癸亥、乙酉、丁卯。丙戊两透，御史。

［评注］此造有误，六乙日为己卯时，非丁卯也。又，坊本戊戌作戊子，未知孰是。

【今译】

戊戌、癸亥、乙酉、丁卯。丙和戊两者透出，官为御史。

［评注］这一命造有失误：六乙日为己卯时，而不是“丁卯”时。另外，坊本“戊戌”作“戊子”，不知哪一个正确。

【原文】

十一月乙木，花木寒冻，一阳来复。喜用丙火解冻，则花木有向阳之意；不宜用癸以冻花木，故专用丙火。

［评注］十一月乙木，与十月略同，不能缺丙戊。丙以解冻，戊以去癸水之病。如壬癸透干，不可无戊以制之；不见壬癸，则戊土亦可不用。寒木向阳，丙火为不可缺少之物；无丙火，乙木毫无生机。调和气候，非丙不可，特冬至前后，略有小异。冬至前，阳气未动，虽用丙火，不过安富尊荣；冬至后，一阳来复，丙火得用，显贵可期。此则节候之关系也。

【今译】

十一月的乙木，花木寒冷冰冻，而消息卦有一个阳爻复来。喜欢用丙火解冻，这样花木就有向阳的意向；不宜用癸水来冻花木，所以专用丙火。

［评注］十一月的乙木，与十月大相略同，不能缺少丙火和戊土。有丙火解冻，用戊土消除癸水的病。如果壬癸水透出干头，不可无戊土的制伏；若不见壬癸水，那么戊土也可不用。寒木向阳，丙火是不可缺少的东西；倘无丙火，乙木将毫无生机。调和气候非丙火不可，只是冬至前后略有小的差异。冬至前阳气尚未发动，虽然用丙火，却只不过安富尊荣；冬至后一阳复来，丙火得到任用，显贵才可以预期。这是由节令气候决定的。

【原文】

有一二点丙火出干，无癸制者，可许科甲。即丙藏支内，亦有选拔恩封，得此不贵，必因风水薄。或壬癸出干，有戊制，可作能人；即丙在支内，亦是俊秀。若壬透无戊，贫贱之人。

［评注］申述上文之意，丙火出干，无壬癸克制，可许科甲；丙藏寅巳，无申亥刑冲，亦贵。或壬癸出干，而有戊土为权，亦为秀气；即使壬癸透而丙藏，亦是优秀之士。特恐壬透无戊，为有病无药，则为贫贱之人耳。

【今译】

有一两点丙火出现在天干，而无癸水制伏的，可以许为科甲的功名；即使丙火藏在地支内，也有选拔恩封的机会。得到这样的命局而不贵，一定是因为风水浅薄。或者壬癸水出现在天干，有戊土制伏，可以成为能人；即使丙火藏在地支内，也是儒林俊秀。如果壬水透出而无戊大，则是贫贱的人。

［评注］申述上文的意思，丙火出现在天干，无壬癸来克制，可以许为科甲；丙火藏在寅巳中，无申亥的刑冲，也主贵。或者壬癸出现在天干而有戊土掌权，也属于秀气；即使壬癸透出而丙火伏藏，也是优秀的士人。只恐怕壬水透出而无戊土，为有病无药，那就是贫贱的人了。

【原文】

支成水局，干透壬癸，丙丁全无，虽有戊制，贫乏到老。运至南方，稍有衣食。丁火有亦如无，丁乃灯烛之火，岂能解严寒之冻？设无丙丁，戊己多见，金水奔流，下贱；或有戊己无火，亦属常人，但不至下贱。或一派丁火，大奸大诈之徒；如无甲引丁，孤鳏到老；丁火见甲，必主麟趾振振[①]，芝兰绕膝[②]。

［评注］丙丁为主要之物，戊土为救应之神。有戊制壬而无丙丁，乙木虽不冰冻，亦无生机，平常之人也。根在苗先，原局无丙丁为根，即运至南方，亦不过稍有衣食而已，无显达之望也。丙为太阳之火，丁为灯烛之光。调和气候，必须用丙，丁火虽有若无。原局无丙，不得已用丁，丁火须通根于午未，附丽于甲，则亦可用，特力量微薄耳。若一派丁火，力量充足，自以丁为用，但阴木阴火，性情自必阴沉。木火又

为聪明，故云大奸大诈之徒。丁火以甲为嫡母[3]，乙木又得藤萝之系，甲木能生丁火，乙木不能生丁火也。故丁火见甲生之，主麟趾振振；无甲引丁，主孤鳏也（丁见乙木，名“枯草引灯”，能引火不能生火）。

【注释】

①麟趾振振：《诗．周南．麟之趾》：“麟之趾，振振公子。”郑玄笺注：“喻今公子亦信厚，与礼相应，有似于麟。”后以麟趾比喻有仁德、有才智的贤人。在这里，麟趾比喻子孙昌盛而优秀。振振，盛多的样子。

②芝兰绕膝：芷和兰是两种香草，在这里比喻优秀子弟。

③丁火以甲为嫡母：甲为阳木，丁为阴火，二者不仅有相生关系，而且阴阳相亲，故有嫡母的比喻。嫡母：生母。

【今译】

地支会成水局，天干透出壬癸水，丙火丁火全无，虽然有戊土制伏水，却必将贫穷到老，运行南方才稍有衣食。丁火有也像没有一样，因为丁是灯烛之火，怎么能解除严寒的冰冻？而如果无丙丁火，戊己土却有多个出现，就会导致金水奔流，主下贱；或者有戊己土而无火，也属于常人，只是不至于下贱罢了。或者一派丁火，主大奸大诈之徒；如果没有甲木引生丁火，必定孤鳏到老；丁火遇到甲，必主儿子奋发，女儿亲爱。

[评注] 丙丁火是主要的东西，戊土为救应的干神。有戊土制伏壬水而无丙丁，乙木虽然不至于冰冻，但也没有生机，主平常人。根在苗前，如果原局无丙丁为根，即使行运到南方，也不过稍有衣食而已，没有显达的希望。丙为太阳之火，丁为灯烛之光。调和气候，必须用丙，丁火虽然有，也像没有一样。但因为原局无丙，不得已而用丁。丁火要通根于午未，附丽于甲木，这样也可用，只是力量微薄罢了。如果一派丁火，力量充足，自然以丁为用神；不过阴木阴火，性情必然阴沉。木火又主聪明，所以说大奸大诈之徒。丁火以甲为嫡母，乙木又得以系藤萝，甲木能生丁火，乙木不能生丁火。所以丁火遇到甲来生它，主儿子像麒麟一样振奋；无甲木引生丁火，主孤鳏（丁见乙木，称为“枯草引灯”，只能引火而不能生火）。

【原文】

或成水局，壬癸两逢，则木浮矣，不特贫贱，而且夭折。得一戊救方可。

［评注］壬癸透干，必以戊土为救；己土不能止水，亦如丁火之不能解冻也。得戊救应，可免夭折；不见丙火，终为平常之人也。

【今译】

或者会成水局，壬癸又都遇到，木就要漂浮了，主不但贫贱，而且夭折，要得到一个戊土作救援才行。

［评注］壬癸水透出天干，必须以戊土为救援；己土不能止水，也像丁火不能解冻一样。得到戊土的救应，可以免于夭折；但不见丙火，终究还是平常的人。

【原文】

冬月乙木，虽取戊制水，不可作用，专取丙火则可。用火者，木妻，火子；用土者，火妻，土子。

［评注］冬月兼取戊土，不过为去病之药，非以为用。冬月乙木，调候为急，专取丙火为用。用火者，食伤为子，比劫为妻。原局无丙而见壬癸，不得已取戊土为用，则以财为子，食伤为妻。

【今译】

冬月的乙木，即使用戊制伏水，也不可以戊为用神，要专取丙火才行。用火的，以木为妻室，以火为子女；用土的，以火为妻室，以土为子女。

［评注］冬月兼取戊土，不过是作为去病的药罢了，并不是作为用神。冬月的乙木，以调候为急务，专取丙火为用神。用火的，以食神伤官为子女，以比肩劫财为妻室。原局无丙火而出现壬癸，不得已而取戊土为用神，就以正财为子女，以食神伤官为妻室。

【原文】

庚申、戊子、乙巳、丙子。丙戊两透，词林[1]。

［评注］丙戊得禄于巳，喜用有情；惜乙木无根，否则，当不止词

林也。

【注释】

①词林：翰林或翰林院的别称。

【今译】

庚申、戊子、乙巳、丙子。丙火与戊土透出，为翰林。

［评注］丙和戊得禄于巳，喜欢用神有情；可惜乙木无根，否则应当不止于翰林。

【原文】

乙木生于冬至之后，坐下木局，得丙透干者，富贵之造；即丁出干，亦有衣禄，须忌癸制丁。乙木生于冬月，己土透干，又有丙透，大富大贵之造。

［评注］生于冬至后者，一阳来复也，不特丙火可用，丁亦可用矣。日元旺见丙，寒木向阳，必富贵。见丁力量虽薄，亦有衣禄。唯不可见癸水也。己土透干，又有丙透，乃从财格，地支有丑合子才妙。见十二月从财节。

【今译】

乙木生于冬至以后，坐下有木局，得丙火透出天干的，是富贵的命；即使丁火透出天干，也有衣禄，但必须忌癸水制伏丁火。乙木生于冬月，己土透出天干，又有丙火透出，是大富大贵的命。

［评注］生于冬至后的，一阳复来，不但丙火可以用，丁火也可以用了。日元旺而遇到丙火，寒木向阳，必定富贵；遇见丁火，力量虽然微薄，也有衣禄，只是不可见癸水。己土土透出天干，又有丙火透出，是从财格，地支要有丑合子才妙。见十二月从财一节。

【原文】

十二月乙木，木寒宜丙，有寒谷回春之象。得一丙透，无癸出破格，不特科甲，定主名臣显宦。丙火藏支，食饩①而已；干支无丙，一介寒儒。

［评注］十二月乙木，不能缺丙，与十一月同。严冬冰结之时，日照大地，寒谷回春，其力倍显，故不特科甲，定主名臣显宦也。特不可有癸水破格。丙火藏支，而运行东南，引出丙火，亦可贵显，盖原局有丙，运行木火，为有根也。若行西北运，不过食饩而已。原局无丙，寒木冻结，一生清贫的读书人。

【注释】

①食饩：指明清时期廪生享受国家的廪膳补贴，也指成为公费生员。

【今译】

十二月的乙木，木寒而适宜用丙火，这样才有寒谷回春的气象。有一个丙火透出，无癸水出现在天干破格，不但可以发科甲，一定会成为名臣显官。丙火藏于地支，享受廪膳补贴的禀生罢了；干支中都没有丙火，主一介寒儒。

［评注］十二月的乙木，不能缺少丙火，这一点与十一月相同。严冬冰结的时候，太阳照耀大地，寒谷返回春意，其力量倍加明显，所以不但可以发科甲，一定会成为大官名臣，只是不可有癸水破格。丙火藏在地支中，而运行东南方引出丙火，也可以显贵，因为原局中有丙，运行木火方位为有根。如果行西北方的运，则不过享受廪膳补贴的禀生罢了。原局中无丙火，寒木冻结，主一生清贫。

【原文】

或四柱多己，不逢比劫，乃为从财，富比王侯；若见比劫，贫无立锥。

［评注］此为从财格，然亦以见丙火方妙。有丙火则大富大贵，无丙一富而已。见比劫破格。

【今译】

或者四柱多己土，而不逢比肩和劫财，属于从财格，富有可比王侯；而一出现比肩劫财，就会贫无立锥之地。

［评注］这是从财格，但也以出现丙火为妙。有丙火就能大富大

贵，无丙火则只是富罢了。见比肩劫财为破格。

【原文】

虽或一派戊己，见甲颇有衣禄。专以丙火为用方妙。

［评注］此为财多用劫，亦以见丙火方妙。冬月用丙，调和气候而成反生之功，非取其泄也。

【今译】

虽然或许一派戊己，但是遇到甲就颇有衣食俸禄。专以丙火为用神才妙。

［评注］这是财多用劫，也以见丙火为妙。冬月用丙火调和气候，而成就反生的功用，不是取它泄木的作用。

【原文】

壬午、癸丑、乙卯、辛巳。巳中丙戊得所，一榜，官至太守。

［评注］此造乙木专禄①，丙戊巳宫得禄，运行南方，必得意也。

【注释】

①专禄：格局名，以日元天干与地支五行相同，并在地支得禄为特征，比如日元为甲寅、庚申的命局。

【今译】

壬午、癸丑、乙卯、辛巳。巳中的丙火和戊土各得其所，一榜得中，官职做到太守。

［评注］这一命造乙木专禄，丙和戊在巳宫得禄，又行南方运，必然得意。

【原文】

壬午、癸丑、乙酉、辛巳。巳酉丑会金局，带丙不得禄，一富而已。

［评注］巳酉丑三合金局，丙火被其合住，逢辛反怯，丙火减其力量，巳宫化为金之生地，故云“带丙不得禄”。究之丙火力量犹存，惟

用神羁绊，不能显达，一富而已。若巳丑合，无酉，则不至羁绊也。

【今译】

壬午、癸丑、乙酉、辛巳。巳酉丑会成金局，带丙火，不得禄，一位富人罢了。

［评注］巳酉丑三合成金局，丙火被它合住，遇到辛反而畏怯。丙火减少了力量，巳宫就化为金的生地了，所以说“带丙，不得禄”。说到底，丙火的力量还是存在的，只是用神羁绊，使命主不能显达，所以说一个富人罢了。若巳丑合而无酉，就不至于羁绊了。

【原文】

庚子、己丑、乙巳、庚辰。此名“煞重身轻”，贫而且夭。

［评注］庚金两透，官多化煞。乙木坐巳，暗藏丙戊；时逢辰，木亦通根。坏在己土透出，党煞克身也。

【今译】

庚子、己丑、乙巳、庚辰。这一命造称为“七煞重而自身轻”，贫穷而夭折。

［评注］庚金从两处透出，正官多而化为七煞。乙木坐在巳宫，暗藏丙火戊土；时柱逢辰，木也通根。坏在己土透出，与七煞结党而克日元。

穷通宝鉴评注卷二

楚 南 余春台 原编
东 海 徐乐吾 评注

论 火

【原文】

炎炎真火，位镇南方，故火无不明之理；辉光不久，全要伏藏，故明无不灭之象。火以木为体，无木则火不长焰；火以水为用，无水则火太酷烈。故火多则不实，火烈则伤物。木能藏火，到寅卯方而生火；不利于西，遇申酉而必死。生居离位，果断有为；若居坎宫，谨畏守礼。

［评注］总论火性。火之真性，为热与光。以木为主体，则火有所附丽，而显其光辉之德；以水为对象，则火有蒸发，而显其炎烈之用。丙火不离壬水，丁火不离甲木，其故可长思也。火性炎上，行于东南，则有欣欣向荣之象；行于西北，逆火之性，渐次灭绝。故丙丁之用虽不同，而其性则同。生居离位，性质果断，向上有为；生居坎宫，小心谨慎，拘守礼法。此由于火之性情，视其生月地位而发现之用有不同也。

【今译】

炎烈的真火，位置镇于南方，所以火没有不光明的道理；光辉不久，全靠伏藏，所以光明没有不灭的情形。火以木为本体，无木火就不生焰；火以水为作用的对象，无水火就过于酷烈。所以火多不草木就不能成实，火烈就会伤害草木。木能藏火，到寅卯方位就会生火；不利于西方，遇到申酉就必定死亡。人生于离位，就果断而有作为；如果居坎宫，则谨慎畏怯，拘泥礼法。

［评注］这是总论火的性质。火的真性是热和光，以木为主体，火才有所附丽，从而体现它光辉的品德；以水为对象，火才能蒸发，而发挥它炎热酷烈的作用。丙火离不开壬水，丁火离不开甲木，其原因值得深长思考。火性炎上，行于东南方，就有欣欣向荣的气象；行于西北方，逆火的性质，则会逐渐熄灭。所以丙丁的作用虽然不同，而其性质却相同。出生于离位，性格果断，奋发向上，有所作为；生于坎宫，小心谨慎，拘泥礼法。这是由于火的性情，因人出生月份所在方位而发挥的作用有所不同。

【原文】

金得火和，而能熔铸；水得火和，则成既济；遇土不明，多主蹇塞；逢木旺处，决定为荣。木死火虚，难得永久，纵有功名，必不久长。春忌见木，恶其焚也；夏忌见土，恶其暗也；秋忌见金，金难克制；冬忌见水，水旺则灭。故春火欲明不欲炎，炎则不实；秋火欲藏不欲明，明则太燥；冬火欲生不欲杀，杀则歇灭。

［评注］此段可与《滴天髓》十干性情节参看。丙火猛烈，欺霜侮雪，不畏水克也。水火相和，则成既济之功；逢木旺地，则显通明之象（坊本作“逢水难生”，误）。最怕戊土，晦火之光，火失其明，土偏于燥。《滴天髓》云：“土众生慈。”火性猛烈而曰生慈，则失其性矣，故多主蹇塞也。生于春，喜其通明，不欲炎烈，故忌见木多；生于秋冬，休囚之地，须有木以生之，不宜金水气旺。火值衰微，金旺，力难克制；水旺，气势歇灭，非中和之道也。详下。

【今译】

金得到火而相和，才能熔铸；水得到火而相和，才成既济；遇土就晦暗不明，多主淹蹇滞塞；遇到木的旺地就一定发荣，木死之地则虚弱，即使有功名也不能长久。春天忌见木，厌恶它的焚烧；夏天忌见土，厌恶它的晦暗；秋天忌见金，秋金难以克制；冬天忌见水，水旺火就会熄灭。所以春天的火要光明而不要炎烈，炎烈则万物不能成实；秋天的火要伏藏而不要光明，光明则太干燥；冬天的火要生而不要杀，杀就会熄灭。

［评注］这一段可以与《滴天髓》论十干性情一节相参看。丙火猛烈，欺凌霜，侮慢雪，不怕水克。水火相和睦，就会成既济的功用；遇到木的旺地，就会显现通明的形象（坊本作“逢水难生”，误）。最怕戊土，使火光晦暗，火失去它的光明，土偏于干燥。《滴天髓》说：“土众则产生慈爱。”火性猛烈而说产生慈爱，说明火失去它的本性了，所以多主淹蹇滞塞。人生于春季，喜欢它的通明，而不要它的炎烈，所以忌见木多；生于秋冬这火的休囚之地，必须有木来生扶，不适宜金和水强旺。火值衰微而金旺，力量就难以克制；水旺，气势就会熄灭，都不是中和之道。详见下文。

【原文】

生于春月，母旺子相，势力并行。喜木生扶，不宜过旺，旺则火炎；欲水既济，不愁水盛，盛则沾恩。土多则蹇塞埋光，火盛则伤多烈燥。见金可以施功，纵重见，用财犹逐。

［评注］火之喜用，不离水木。春月木旺之时，丙火见壬水，则成既济之功。只要有木能化，不畏水旺，水猖反显火之节，故云“不愁水盛，盛则沾恩”也。丁火喜木生扶，则有木火通明之象。木多则塞，更宜用金以损木；木疏则明，功成反生。春金微弱，虽多见，可以施功，丙丁之力，皆足以煅之。惟忌见土，土盛则晦火之光，土少亦不免燥烈之病。

【今译】

生于春月，木母旺而火子相，势力并行。喜欢木的生扶，但不宜过旺，过旺火就燥烈；要水既济，不愁水盛，水盛可以沾得恩泽。土多则淹蹇滞塞，埋没光明；火盛则伤于过于燥烈。见金可以施加功用，即使重复出现，只要以财为用神，就还是要追逐。

［评注］火的喜用神，离不开水和木。春月木旺的时候，丙火遇到壬水，就能成就既济的功用。只要有木能化，就不怕水旺，水猖狂反而能显出火的节操，所以说“不愁水盛，盛则沾得恩泽”。丁火喜欢木来生扶，这样才有木火通明的气象。木多则滞塞，更适宜用金来克损木；

木疏则火明，从而成就反生的功用。春天的金微弱，即使多见也可以发挥作用，丙和丁的力都足以锻炼它们。只是忌遇到土，土盛就会使火光晦暗，土少了又不免燥烈的毛病。

【原文】

夏月之火，秉令乘权，逢水制则免自焚之咎，见木助必招夭折之患，遇金必作良工，得土遂成稼穑[1]。金土虽为美利，无水则金燥土焦；再加木助，太过倾危。

［评注］夏月火当旺之时，不能缺水，无水制而得木助，必招自焚之患，所谓"虎马犬乡（寅午戌），甲来成灾"是也。见金多，为"火长夏天金叠叠"，必为巨富；见土多，格成稼穑，但晦火无光于稼穑，亦不能缺水润之也。用金宜得湿土以生之，用土宜得水以润之，否则土焦金脆，福泽不全。如以水为用，必须见庚辛发水之源；水临绝地，无金为源，滴水叹干，依然无济也。

【注释】

①稼穑：格局名，以土多土旺为特点。稼穑格日干为戊己，地支要辰戌丑未全，无木克制，有水为用神，才能成格。行运喜欢西南，忌东北。

【今译】

夏月的火，掌令当权，遇到水的制伏，可以免除自焚的灾咎；遇到木的扶助，必招致夭折的祸患；遇到金，必定成为良好的工匠；得到土，可以成就稼穑的格局。金土虽然属于美利，无水却金燥而土焦；再加上木的扶助，那就太危险了。

［评注］夏月火当旺的时候，不能缺水，无水制伏而有木的扶助，必定招致自焚的灾患，所谓"虎马犬乡（寅午戌），甲来成灾"就是。遇到金多，为"火长夏天金叠叠"，必定成为巨富；遇到土多，为稼穑格，但是晦暗的火不能借光给稼穑，也不能缺少水的润泽。用金，适宜得到湿土的生扶；用土，适宜得到水的滋润，否则土焦而金脆，福泽不圆全。如果以水为用神，必须有庚辛金发动水源；水临绝地，无金作为泉源，点滴的水马上就干，依然无济于事。

【原文】

秋月之火，性息体休，得木生则有复明之庆，遇水克难免殒灭之灾，土重而掩息其光，金多而损伤其势。火见火以光辉，纵叠见而必利。

［评注］火至申酉，为死绝之地，必须有木以生之，比劫以助之。见水旺，难免殒灭之忧。书云：“丙临申位逢壬水，难获延年。”月令印绶，则安富尊荣。丙火不怕壬水，临申位，本身气衰，怕见克制。土多掩光，金多损势，气弱故也。三秋金神秉令，财旺身衰，多见比劫帮身，分财旺之势，反为有利。凡身弱者，煞旺必须用印，财旺必须用劫，一定之理也。

【今译】

秋月的火，体性休息，得到木的生扶，就有复明的喜庆；遇到水的克制，难免殒灭的灾咎。土重会掩息它的光明，金多会损伤它的势焰。火见火则光辉，即使重叠遇到，也必定有利。

［评注］火到申酉的方位，为死绝之地，必须有木来生扶，比劫来协助。遇水旺，难免殒灭的忧患。书中说：“丙临申位而逢壬水，难得长寿。”月令为印绶，则可以安富尊荣。丙火不怕壬水，但临申位，本身的气已经衰弱，所以怕被克制。土多掩息光辉，金多损伤势焰，是气弱的缘故。秋季的三个月金神当令掌权，财旺而身衰，多遇到比肩劫财帮身，分去旺财的势力，反而有利。凡身弱的，七煞旺必须用印绶，正财旺必须用劫财，是一定的道理。

【原文】

冬月之火，体绝形亡，喜木生而有救，遇水克以为殃，欲土制为荣，爱火比为利。见金为难任财，无金而不遭害。天地虽倾，火水难成。

［评注］冬月火势绝灭之时，水旺秉令，一面以木为救，一面须有戊土制水，或己土混壬水以反生木。但寒冻收缩之时，木无生意，更须有火融和。木得生机，方能生火，故火比为利，非以帮身敌煞也。冬月之火已绝，必以印劫食伤，互相调制，方成上格。见金则党煞攻身，贪财坏印，格局尽破，不仅身弱难任其财而已。故天地虽倾，若无木为

救，亦不能使水火并存，而成既济之功也。

【今译】

冬月的火，气绝形消，喜欢木的生扶而有救，遇水克则属于灾殃，希望有土制伏而发荣，爱好火的比助为有利。遇到金则难以任用财，而无金并不受害。纵使天地倾覆，火水也难以成就既济的功用。

［评注］冬月火势绝灭的时候，水旺当令，一面以木为救援，一面必须有戊土来制伏水，或用己土混合壬水而反过来生木。但寒冻收缩的时令木无生机，更须有火融和。木得到生机才能生火，所以以火的比助为利，不是用来帮身或抵挡七煞。冬月的火已到绝地，必须以印绶、劫财、食神、伤官互相调和制约，才能配成上等的格局。遇到金就会与七煞结党，而攻身、贪财、坏印，使格局破尽，不只是身弱难以任用财。所以天地纵使倾覆，如果没有木为救援，也不能使水火并存，而成就既济的功用。

丙火喜用提要

月份	喜用神	说明
正月	壬庚	【原文】壬水为用，庚金发水之源为佐。 【今译】以壬水为用神，以庚金发动水源为辅佐。
二月	壬己	【原文】专用壬水，水多用戊制之，身弱用印化之。 【今译】专用壬水，水多就用戊土来制伏，身弱就用印绶化解。
三月	壬甲	【原文】专用壬水，土重以甲为佐。 【今译】专用壬水，土重就以甲为辅佐。
四月	壬庚癸	【原文】以庚为佐，忌戊制壬。无壬用癸。 【今译】以庚金为辅佐，忌戊土制伏壬水。无壬就用癸。

五月	壬庚	【原文】壬庚以通根申宫为妙。 【今译】以壬水和庚金通根于申宫为妙。
六月	壬庚	【原文】以庚为佐。 【今译】以庚金为辅佐。
七月	壬戊	【原文】壬水通根申宫,壬多必取戊制。 【今译】壬水通根于申宫,如果壬多,必须用戊土来制伏。
八月	壬癸	【原文】四柱多丙,一壬高透为奇。无壬用癸。 【今译】四柱多丙火,以一个壬水高高透出为奇异。无壬就用癸。
九月	甲壬	【原文】忌土晦光,先取甲疏土,次用壬水。 【今译】忌讳土使火光晦暗,先用甲疏通土,再用壬水。
十月	甲戊庚壬	【原文】月垣壬水秉令,水旺用甲木化之;身煞两旺,用戊制之;火旺用壬;木旺宜庚。 【今译】月建壬水当令,水旺,就用甲木化解;日元和七煞两者都旺,就用戊土制伏;火旺就用壬水;木旺适宜用庚金。
十一月	壬戊己	【原文】气进二阳,丙火弱中复强。用壬水,取戊制之。 【今译】按照易卦,进气已经达到了两个阳爻,丙火从衰弱中强旺起来。以壬水为用神,取戊土制约它。
十二月	壬甲	【原文】喜壬为用,土多不可少甲。 【今译】喜欢以壬水为用神,如果土多,不可缺少甲木。

三春丙火总论

【原文】

三春丙火,秉象至威,阳回大地,侮雪欺霜。专用壬水,为扶阳,名曰“天和地润，既济功成”。正月用壬，庚辛为佐；二月专用壬水；三月土重晦光，取甲佐之为妙。

［评注］承上总论“三春丙火，母旺子相，势力并行”，言木与火，势力同时而至也。丙为太阳之火，气势纯阳，所秉之象，具有阳威之德。春回大地，层冰悉解，霜雪全融，阳威之象，可见一斑。丙火无壬水，气势不清，故以见壬为贵。丙火无壬，为孤阳失辅，以有壬为扶阳。正月甲木得禄，月垣自有木气，通水火之情，名“地润天和，既济功成”。特水至寅为绝地，故用壬水，须以庚辛为佐。二月可专用壬水。三月土旺，如戊土透而晦光，须有甲木为救；戊己不透，仍以壬水甲乙为用也。

【今译】

春季三个月的丙火，气象最权威炽烈，使阳气回归大地，欺霜傲雪。专用壬水为扶阳，称为“天和地润，既济功成”。正月用壬水，而以庚辛金为辅佐；二月专用壬水；三月土重，火光晦暗，以取甲木作辅佐为妙。

［评注］承上面的总论的“春三月丙火，木母旺，火子相，势力并行”，说木与火势力同时到来。丙为太阳之火，气势纯阳，所秉持的形象，具有阳刚威烈的特点。春回大地以后，层冰和霜雪全部融解，其阳刚、威风、热烈的形象可见一斑。丙火无壬水，气势就不清，所以以见壬水为贵；丙火无壬，属于孤阳失辅，以有壬为扶阳的力量。正月甲木得禄，月建本来有木气沟通水火的情谊，称为“地润天和，既济功成”。只是水以寅月为绝地，所以用壬水必须以庚辛金为辅佐。二月可以专用壬水。三月土旺，如果戊土透出而使火光晦暗，就必须有甲木为救援；戊己不透出，仍以壬水和甲乙木为用神。

【原文】

癸丙春生，不晴不雨之天。丙日春生，时月出癸，云雾迷蒙，不显不达，非若壬水辅丙也。

【今译】

癸丙日元在春天出生，类似不晴不雨的天气。丙日元在春天出生，时柱和月柱出现癸水，主云雾迷蒙，不显不达，不像壬水辅助丙火那样。

三春丙火

【原文】

正月丙火，三阳开泰，火气渐炎，取壬为尊，庚金佐之。壬庚两透，科甲定然；即壬透庚藏，亦有异途显达。

[评注] 正月甲木得禄，月令自有木气。丙火长生，日元向旺，必取壬水为对象，方显阳盛之德。寅宫水临绝地，故取庚金为佐。壬庚两透，则水火既济，而得财印相随，配合最为适宜，自然显达。财印以不相碍为条件。壬庚并透，木藏金露，财不损印；若庚金藏申，寅申相冲，则为财印相碍，损清纯之气，故为异途显达。

【今译】

正月的丙火，在消息卦为三个阳爻开出了通泰的局面，火气逐渐炎热，必须以用壬水为先，以庚金辅佐它。壬水和庚金都透出天干，科甲一定成名；即使壬水透出而庚金伏藏，也会通过科甲外的途径而显达。

[评注] 正月甲木得禄，月令自有木气。丙火长生，日元向往生旺，必定以壬水为对象，这样才能显出阳盛的特点。寅宫水临绝地，所以取庚金为辅佐。壬水和庚金两者透出，则水火既济，而得以财印相随，配合最为适宜，自然显达。财和印绶以不相妨碍为条件。壬水和庚金一并透出，木伏藏而金出露，财不会损害印绶；而如果庚金藏在申宫，寅申相冲，则属于财印互相妨碍，损害格局清纯的气象，所以主异途显达。

【原文】

若一庚高透，支藏一二丙火，纳粟奏名，主为人慷慨英雄，有才迈众。

[评注] 一庚高透而无壬，则以财为用也。《滴天髓》云："异路功名莫说轻，日元得气遇财星。"寅宫丙火长生，甲木生之，又藏一二点丙火，日元得气也。一庚高透，遇财星也；纳粟奏名，为异路功名。丙

火阳刚之性，庚为阳金，故主慷慨英豪，有才迈众。

【今译】

倘若一个庚金高高透出干头，地支藏有一两个丙火，主通过缴纳粟米而得到功名，主为人英雄慷慨，才干出众。

［评注］一个庚金高高透出而无壬水，就以偏财为用神。《滴天髓》说："异路功名不要说轻，要日元得气并遇到财星。"丙火在寅宫长生，甲木生扶它，又藏有一两点丙火，属于日元得气；一个庚金高高透出，为遇到了财星。纳粟奏名，为异路功名。丙火有阳刚的性质，而庚又是阳金，所以主英豪慷慨，才干超越众人。

【原文】

或一派庚辛混杂，常人。得时月两透庚金，无辛者，定主清贵；或辛年辛时，名为贪合，酒色之徒。女命一理。

［评注］偏正财不宜混杂，丙火逢辛而合，失其阳刚之性为忌也。两透庚金，同上"一庚高透"，主贵。两透辛金，丙火贪合，失其本性，迷途忘返，势所然也。以上两节，言以财为用。

【今译】

或者一派庚辛相混杂，为常人。得时柱和月柱两处透出庚金，无辛的，一定主清贵；或者生于辛年辛时，称为贪合，为酒色之徒。女命也是一样的道理。

［评注］偏正财不宜混杂，因为丙火逢辛而合化，失去其阳刚的性情，这是忌讳的。两处透出庚金，同上文的"一个庚金高透"一样，主贵；两处透出辛金，丙火贪合，失去本性，迷途忘返，势所必然。以上两节，是说以偏财为用神。

【原文】

或丙少壬多，而无戊制，名"煞重身轻"，斯人笑里藏刀，寻非痞棍；或见一戊制壬，反成富贵。宜见一二比肩方妙。

［评注］正月木旺火相，丙火得气，见壬水多，可用戊土制之，反成富贵；更得一二比肩帮身，更妙。若无戊土，则为七煞无制，煞重身

轻，斯人秉性不入于正轨也。此节言以煞为用。

【今译】

或丙火少而壬水多，而无戊土制伏，称为“煞重身轻”，这人笑里藏刀，几乎等于痞棍。或者出现一个戊土制伏壬水，反而能成就富贵；宜见一两个比肩，这样才妙。

［评注］正月木旺火相，丙火得气，出现的壬水多，可以用戊土来制伏，反而能成就富贵；再得一两个比肩帮身就更妙。如果无戊土，则属于七煞无制，煞重身轻，主这人秉性不入正轨。这一节谈以七煞为用神。

【原文】

或一片戊土，甲不出干，终非大器，且恐孤贫。正月之丙，忌戊晦光，或支成火局，专取壬水为贵；无壬，癸亦姑用。若壬癸俱无，取戊以泄火气，但属平人。

［评注］此节言伤官为用。正月丙火，寅宫自有木气生之，本无需甲木出干也。若一片戊土晦光，则不得不藉甲木出干，制土为救，为“伤官佩印”也。伤官格局，以火土伤官，为格最次。火土炎燥，缺乏秀气，若支成火局，专取壬水为贵。春江水暖，气势最和，为“天和地润，既济成功”，详《总论》。无壬水，取癸水之润泽，亦为可用。若壬癸俱无，不得已用戊土泄火之气，此为无法之法，总非上格（火局，坊本误“水局”）。

【今译】

或者一片戊土，而甲木没有透出天干，终究不是大器，而且恐怕孤贫。正月的丙火，忌戊土使火光晦暗。地支会成火局，以专取壬水为贵；无壬水，癸水也姑且用它。如果壬癸都没有，可以取戊土来泄火的旺气，但属于平常人。

［评注］这一节说以伤官为用神。正月的丙火，寅宫自有木气生它，本来不需要甲木透出天干，但如果一片戊土使火光晦暗，则不得不凭借甲木透出天干，制伏戊土为救援，形成“伤官佩印”的格局。伤官格中，火土伤官是格中最差的，火炎土燥，缺乏秀气。如果地支会成

火局，就以专取壬水为贵。春江水暖，气势最融和，为“天和地润，既济功成”，详见《总论》。无壬水，癸水的润泽也可以用。倘若壬癸都没有，不得已而用戊土泄火的旺气，这是没办法的办法，总不是上等格局（火局，坊本误“水局”）。

【原文】

或支成火局，又作炎上而推，但不逢时耳；若不见东南岁运，反致孤贫。

［评注］上文支成火局，专取壬水，为偏官格；壬癸俱无，则用戊土泄火之气，为伤官格。设或壬癸戊土俱无，而支成火局，则为炎上格[①]也。但炎上格生于三春，专旺非时，必须行东南岁运助之，则可富贵；否则，反致孤贫（东南，坊本作“东西”，亦误）。此言丙火专旺也。

【注释】

①炎上格：炎上是火的特征，所以也就是从火偏旺的格局。丙丁日干，生临夏月，地支全巳午未南方，或寅午戌结成火局，无壬癸亥子等字，即为炎上格。炎上格的秀气完全萃聚于日干之火，即以火为用神。忌水克灭，喜木水相助，见土吐秀也好，逢金为财，有土财不妨。

【今译】

或者地支会成火局，又作炎上格来推论，只是不逢时罢了。如果若不见东南方的岁运，反而导致孤贫。

［评注］上文“地支会成火局，专取壬水”，为偏官格；“壬癸都没有，则用戊土泄火的旺气”，为伤官格。假使壬癸和戊土都没有，而地支会成火局，则为炎上格。但炎上格生于春三月，专旺而不得时令，必须行东南方的岁运来比助它，才可以富贵；否则，反而会导致孤贫（“东南”，坊本作“东西”，也误）。这是说丙火专旺的格局。

【原文】

或四柱有甲木，得庚金暗制，可作秀才。

［评注］此言以印为用。正月甲木得禄，若四柱多见甲木，则木盛

火塞，必须用财损印，须得庚金暗制方妙；但格非上等，儒林秀士而已。

【今译】

或者四柱中有甲木，得到庚金在暗中制伏，可以成为秀才。

[评注] 这是说以印绶为用神。正月甲木得禄，如果四柱中多见甲木，则木盛火塞，必须用财克损印绶，有庚金暗中制伏才妙；但命格不属于上等，只能做个儒林秀士罢了。

【原文】

无壬用癸者，略富贵，且官煞亦要旺相有根。丙火无壬，多主贫贱，屡征屡验。或火多无水，一至水乡必死，不然定有灾咎。惟五月丙火，合炎上格，则不喜水破格；用癸无根，定主目疾。

[评注] 此节补述上文之意，支成火局，专取壬水为用；无壬者、癸亦可用。用壬水者，贵显；用癸者，略富贵。不论用壬用癸（官煞），皆要通根旺相为妙，否则，无根之水叹干，难以取贵。用癸无根，定主目疾，即癸水干涸故也。丙火必取壬水为用，气势始清，无壬总不为美，此经验心得也。若原命无水，运至水乡，滴水激火之焰，不死必灾。与五月炎上格忌水破格，其理相同，运至水乡，必陨寿命也（参阅五月节）。

【今译】

无壬而用癸的，略为富贵，而且官煞也要旺相有根。有丙火无壬水，多主贫贱，屡次验证，屡次应验。或者火多而无水，一到水乡，必死，不然一定有灾咎。只有五月的丙火合乎炎上格，不喜欢水来破格；用癸而无根，必主眼睛有病。

[评注] 这一节补述上文的意思。地支会成火局，专取壬水为用神；无壬的，癸也可以用。用壬水的贵显，用癸的略为富贵。不论用壬还是用癸（正官七煞），都以通根旺相为妙，否则无根之水容易干涸，难以取贵。用癸而无根，一定主眼睛有病，就是癸水干涸的缘故。丙火必须以壬水为用神，这样气势才清纯，无壬水总是不理想，这是经验和心得。如果原命局中无水，行运到了水乡，点滴的水激起火的势焰，不

死也一定有灾难。与五月炎上格忌水破格，其道理相同，行运到水乡，必定减损寿命（参阅五月一节）。

【原文】

用壬者，金妻水子；用庚者，土妻金子。

［评注］正月丙火，以用壬为正轨。用壬者，财为妻，官煞为子；用庚者，食神为妻，财为子。

【今译】

用壬的，以金为妻室，水为子女；用庚的，以土为妻室，金为子女。

［评注］正月的丙火，以用壬水为正轨。用壬的，以财为妻室，官煞为子女；用庚的，以食神为妻室，财为子女。

【原文】

丙午、庚寅、丙午、庚寅。两间不杂，按察。

［评注］两干不杂，格局取清而已。庚金无根，喜得寅中藏土，为食神生财也。

【今译】

丙午、庚寅、丙午、庚寅。两干之间不夹杂，官职达到按察使。

［评注］两干不夹杂，格局取清罢了。庚金无根，喜欢得到寅中所藏戊土，为食神生财格。

【原文】

庚寅、戊寅、丙寅、壬辰。庚壬两透，词林。

［评注］庚壬两透，喜得丙火坐寅，木火向旺。财生煞而得戊制，安得不贵？

【今译】

庚寅、戊寅、丙寅、壬辰。庚金和壬水两者透出，身为翰林。

［评注］庚金和壬水都透出，喜欢丙火坐在寅宫。木火向往生旺，

偏财生七煞而得到戊土的制伏，怎么能不贵？

【原文】

辛亥、庚寅、丙子、丁酉。状元。

［评注］庚辛并透，而日元坐官，寅亥会印，财、官、印相生，不碍为贵也。

【今译】

辛亥、庚寅、丙子、丁酉。高中状元。

［评注］庚辛二金一并透出，日元坐于子中的癸水正官，寅与亥合成印绶，财、官、印相生，不妨碍为贵。

【原文】

丁酉、壬寅、丙子、戊戌。假借斯文，先贫后富，但子息艰难。

［评注］丁壬合煞，戊土制煞，子水官星被制，故子息艰难也。

【今译】

丁酉、壬寅、丙子、戊戌。假借读书这条路，先贫后富，但子嗣难得。

［评注］丁与壬合为七煞，戊土制伏七煞，子水官星被制伏，所以子嗣难得。

【原文】

二月丙火，阳气舒升，专用壬水。壬透天干，不见丁化，加以庚、辛、己亦透，壬水有根，定主科甲。

［评注］丙火喜用壬水。二月阳春气暖，四柱配合，尤以壬水为必需。月垣卯木，通水火之气，定主贵显。见丁火与壬合化，失和润之用，故以丁为忌。官煞以财为引，喜庚辛为佐。壬水冲奔，非己土所能制（制壬必用戊土，见下）。月令卯木，阴柔之质，不能纳水。水旺木浮，用己土混壬，可成反生之功，使乙木能泄壬化煞，则可以取贵。

【今译】

二月的丙火，阳气舒展上升，专用壬水。壬透出天干，而不见丁来合化，加上庚、辛、己也都透出，使壬水有根，必主科甲成名。

[评注] 丙火喜欢用壬水。二月阳春，气候温暖，壬水在四柱的配合中尤其必须。月建卯木通水火之气，一定贵显。出现丁火会与壬水合化，失去和润的作用，所以以丁火为忌讳。官煞以财为引子，喜欢以庚辛金为辅佐。壬水冲奔，不是己土所能制伏的（制壬必须用戊土，见下文），而月令卯木，以阴柔的形质，不能纳水。水旺木浮，用己土混杂壬水，可以成就反生的功用，使乙木能泄壬水而化泄七煞，这样才可以取贵。

【原文】

或无壬水，己土姑用，主有才学，虽不能成名，必衣食充足。

[评注] 无壬水而用己土，为火土伤官，泄丙火之气，与上透壬用己不同。食伤泄秀，皆主聪明有才学。印在月令，伤在时上，或印在支，伤透干，两不相碍为美。四柱无壬，气不和润，故不能取贵，仅衣食充足而已。

【今译】

或无壬水，姑且有己土为用神，主有才学，虽然不能成名，但必衣食充足。

[评注] 无壬水而用己土，为火土伤官格，目的是泄丙火的旺气，与上面透壬水而用己土的不同。食神和伤官泄秀，都主聪明而有才学。印绶在月令上，伤官在时柱上，或者印绶在地支中，伤官透出干头，以两者不相妨碍为好。四柱中无壬水，气象不和润，所以不能取贵，只是衣食充足罢了。

【原文】

或一派壬水，被一戊制，虽不科甲，亦有恩庇。或无戊透，则有辰戌丑未之土，但辰宫癸水，贪合成火，不能制壬，此平常衣禄。若支下全无一戊，此系奔流之人；加以金多生水，下贱之命。

[评注] 一派壬水，必须用戊土制伏，有制则贵，无制则贱。辰戌

丑未之土，辰丑皆湿土，不能制水；未见卯会木局，可泄壬水而不能制，惟戌与戊土同功。丙火阳干，月令正印通根，无从财从煞之理。七煞无制，必为奔流之人；财多党煞，更为下贱之命。又辰宫戊土，虽是本气，但与癸水化合，辰为水之墓，故不能制壬水也。

【今译】

或者一派壬水，被一个戊土制伏，即使不能科甲成名，也定得到恩泽和庇佑。或者无戊土透出，而有辰戌丑未之土；但辰宫的癸水，贪合而成火，不能制伏壬水，这主平常的衣禄。如果地支下全无一个戊土，主为奔流浪荡的人；加上金多生水，为下贱的命。

［评注］一派壬水，必须用戊土来制伏，有制伏就贵显，无制伏就卑贱。辰戌丑未虽然属土，但是辰和丑都是湿土，不能制伏水；未遇见卯则会成木局，可以泄壬水，但不能制伏；只有戌与戊土功用相同。丙火为阳干，月令上正印通根，没有从财或从煞的道理。七煞无制伏，必定成为奔流浪荡的人；财多而与七煞结党，更属于下贱的命。另外，辰宫的戊土虽然是本气，但是与癸水化合，而辰为水的墓库，所以不能制伏壬水。

【原文】

或一派戊土，亦用壬水。运喜行木，见土不祥，行火亦不利。

［评注］一派戊土，火炎土燥，亦必用壬水，方配合中和。盖月令正印，可以制食护煞，以成润泽之功，又可泄煞生身，通水火之气，故运喜行木，见火土均不利也。

【今译】

或者一派戊土，也用壬水。喜欢行东方木运，遇土则不祥，行火运也不利。

［评注］一派戊土，火炎土燥，也必须用壬水，才能配合出气象中和的命局。月令为正印，既可以制伏食神而护持七煞，而成就润泽的功用，又可以泄七煞的旺气而生身，沟通水火之气，所以喜欢行木运，行火运和土运都不利。

【原文】

或丙子日辛卯时，乃从化格，但不逢时，贪财坏印，难招祖业。若得一二重丁火破辛，壬水得位，亦主富贵，虽不科甲，亦有异途，名传郡邑。合此格，主妻妾多子。或月时见二辛卯，日乃丙子，各为争合，年不透丁制辛，此人昏迷酒色；年透丁火，反吉。或支成木局，反因奸得财，因酒得名。

［评注］《玄理赋》[①]云："丙子辛卯相刑，荒淫浮浪。"盖丙子日辛卯时，化不逢时，干合支刑，徒然牵绊日主，食财坏印。见丁火克辛，去病为贵；或壬水间隔，使辛不合于丙，而泄气于壬，则与用壬以辛为佐相同，亦可显达。壬水得位，故主多子。或两辛争合，既不能化，徒使日主依恋于财；子卯又为无礼之刑，无丁去病，必主荒迷。若支成木局，则以财损印为美，故反主得财得名。

【注释】

①《玄理赋》：明代著名命理学赋文，见《三命通会》。

【今译】

或者丙子日辛卯时，是从化格，只是不逢正时，因而贪财坏印，难以继承祖业。如果得到一两重丁火来破辛，使壬水得位，也主富贵，即使不能科甲成名，也会异途显达，使名声传播于郡县。合于这个格局，主多妻妾和子女。或者月柱和时柱出现两个辛卯，日柱为丙子，各自争合，年柱不透出丁火来制伏辛金，主这人昏迷于酒色，年柱透出丁火反而吉祥。或者地支会成木局，反而因奸诈而得财，因嗜酒而得名。

［评注］《玄理赋》说："丙子和辛卯相刑，荒淫浮浪。"因为丙子日辛卯时化合不逢时，天干相合而地支相刑，白白地牵绊住日元，使食神和正财败坏印绶。遇到丁火克制辛金，以去病为贵；或者壬水间隔，使辛不能合丙，而泄壬之气，则与用壬而以辛为辅佐相同，也可以显达。壬水得位，所以主多子女。或者两个辛相争合，既不能化，徒然使日主依恋正财；子和卯又为无礼之刑，而无丁去病，必主荒淫迷惑。如果地支会成木局，则以用财克损印绶为妙，所以反主得财得名。

【原文】

凡用壬者，金妻水子；用壬者，财为妻，官煞为子也。

乙亥、己卯、丙申、己亥。用申中庚壬，孝廉。

己亥、丁卯、丙申、己亥。武举，但子息惟艰。

［评注］此两造丙临申位，庚壬藏支，亥卯会局，当以卯木正印为用。

【今译】

凡用壬水的，以金为妻室，以水为子女；用壬水的，以财为妻，以官煞为子女。

乙亥、己卯、丙申、己亥。用申中的庚金和壬水，被举为孝廉。

己亥、丁卯、丙申、己亥。为武举人，只是子嗣太难得。

［评注］这两个命造丙火临于申位，庚金和壬水藏于地支，亥卯会成木局，应当以卯木正印为用神。

【原文】

三月丙火，气渐炎升，用壬水。或成土局，取甲木为辅，壬不可离，壬甲两透，科甲定宜。惟忌庚出制甲，则秀才而已。

［评注］三月丙火向旺，四柱配合，不可缺壬，取甲印化煞为用，上格也。或支成土局，制煞晦火，则用甲夺食以化煞，壬甲两透，定主贵显。用甲为辅，忌庚出制甲，有病无药，一介寒儒。

【今译】

三月的丙火，气息逐渐炎热，应当用壬水。或者会成土局，以甲木为辅助，但不可离开壬水。壬水和甲木一并透出，科甲一定成功，只是忌出现庚金来制伏甲木，这样的话，只是秀才罢了。

［评注］三月的丙火向往旺气，在四柱配合中不可缺少壬水，取甲木印绶化泄七煞为用神，属于上等的格局。或者地支会成土局，制伏七煞而晦暗火光，就用甲木克去食神而化煞，这样壬水和甲木透出，一定主贵显。以甲木为辅助，忌庚金出现而制伏甲木，这样有病而无药，为贫寒的儒生。

【原文】

无甲用庚，助壬水泄土气。

［评注］支成土局，无甲疏土，助用庚金，泄土生水，以庚为佐，但为不得已之用法，非上格也。

【今译】

无甲木就用庚金，来助壬水而泄土气。

［评注］地支会成土局，没有甲木疏土，以庚金为辅佐，泄土而生水。以庚金为辅佐只是不得已的用法，不是上等的格局。

【原文】

壬透甲藏，富大贵小；有甲无壬，劳碌浊富；壬藏无甲，一介寒儒；壬甲两无，愚贱之辈；乙丁杂乱，定属凡夫。

［评注］三月取用，不离壬甲。透谓透干，藏谓藏支也。壬甲两透，富贵兼全；壬透而甲藏支，运行东方木地，亦可富贵；有甲无壬，一富而已，且主劳碌；有壬无甲，穷居在下，有志难伸。盖丙壬为坎离相对之象，必用甲木通其气，方能既济，无壬则不秀，无甲难望得志也。“乙丁杂乱”句，兼指用壬用庚而言。乙合庚，丁合壬，则失其用，故言定属凡庸。

【今译】

壬水透出而甲木伏藏，富大而贵小；有甲木而无壬水，劳碌而浊富；壬水伏藏而无甲木，一介寒儒；壬水和甲木都没有，愚蠢卑贱之辈；乙木格丁火相杂乱，一定属于凡夫。

［评注］三月用神的取用，离不开壬水和甲木。透指透出干头，藏指伏藏在地支中。壬水和甲木都透出，富贵俱全；壬水透出而甲木藏在地支中，行东方木地运也可以富贵；有甲木而无壬水，只是富有罢了，并且主劳碌；有壬水而无甲木，沉滞在下层，有志气也难伸展。丙火和壬水为坎离相对的象征，必须用甲木来沟通它们的气息，才能水火既济。无壬水则不秀气，无甲木则难以得志。“乙木格丁火相杂乱”一句，兼指用壬和用庚而说。乙木合于庚，丁火合于壬，就会失去作用，所以说一定属于凡庸之辈。

【原文】

用壬者，金妻水子；用甲者，水妻木子。

［评注］用壬者，财为妻，官煞为子；用甲者，官煞为妻，印为子也。

【今译】

用壬的，金为妻室，水为子女；用甲的，水为妻室，木为子女。

［评注］用壬的，以财为妻室，以官煞为子女；用甲的，以官煞为妻室，以印绶为子女。

【原文】

癸丑、丙辰、丙午、壬辰。壬出天干，太守。

辛卯、壬辰、丙戌、癸巳。明经[①]。

［评注］此两造皆壬透而无甲，日元虽旺，仍当以辰中乙木余气化煞为用也。

【注释】

①明经：汉代以明经射策取士。隋炀帝置明经、进士二科，以经义取者为明经，以诗赋取者为进士。明清用作对贡生的尊称。

【今译】

癸丑、丙辰、丙午、壬辰。壬水现出于天干，官职达到太守。

辛卯、壬辰、丙戌、癸巳。身为贡生。

［评注］这两个命造都是壬水透出而无甲木，日元虽然旺，仍然应当以辰中的乙木余气化泄七煞为用神。

三夏丙火总论

【原文】

三夏丙火，阳威性烈，专用壬水；若亥宫壬水无力，回克泄气故也，仍用申宫长生之水，方云富贵。

［评注］三夏丙火，必须壬水解炎。亥为壬水禄地，四柱见亥，壬水通根禄旺，宜可用矣。然生于四月，巳亥相冲，巳中戊土，回克壬水；生于五月，午中丁己，与亥中壬甲相合；生于六月，亥未会成木局，泄水之气，亥宫壬水无力，不如仍用申宫长生之水。申中庚金禄旺，又能生水，源远流长，不虞其涸，方可云富贵也。

【今译】

夏季三个月的丙火，阳刚而威猛，性形炽烈，必须专用壬水；如果亥宫壬水无力，那是戊土回克或泄水之气的缘故，仍要用在申宫长生的水，这样才谈得上富贵。

［评注］夏三月的丙火，必须以壬水来解除炎热。亥为壬水的禄地，四柱中出现亥，壬水通根禄旺，就应当可以用了。但是生于四月，巳亥相冲，巳中的戊土回头克壬水；生于五月，午中的丁己与亥中壬甲分别相合；生于六月，亥未会成木局，泄水气，使亥宫的壬水无力，所以不如仍然用申宫的长生之水。申中庚金禄旺，又能生水，源远流长，不忧虑干涸，这样才谈得上富贵。

【原文】

四月专用壬水，金为佐；五月亦专用壬。四五月壬透者富贵。丁多，兼看癸水。六月用壬，但借庚金为佐。

［评注］承上文，言四五六月用壬之法也。

【今译】

四月专用壬水，而以金为辅佐；五月也专用壬水。四五月壬水透出的，富贵。丁火多，兼看癸水。六月用壬水，但要以庚金为辅佐。

［评注］承上文，说四、五、六月用壬水的方法。

【原文】

羊刃合煞，威权万里。丁火羊刃太旺，正谓“羊刃倒戈，无头之鬼”。丙火用壬，生旺坐实方好。壬水太多，名“煞重身轻”。

［评注］丙见午为刃。干透丁火，再见壬水七煞透干，合制羊刃，为“羊刃合煞”；若有丁无壬，羊刃无制，为“羊刃倒戈”。三夏火旺

之时，用壬须有金为佐。通根于申，为生旺坐实，方为可用，但忌太多，则“煞重身轻”。

【今译】

羊刃合七煞，威权千万里。丁火羊刃太旺，正是所谓“羊刃倒戈，定成无头之鬼”。丙火用壬水，要生旺坐实才好。壬水太多，称为“煞重身轻”。

［评注］丙以见午为羊刃。天干透出丁火，再遇到壬水七煞透出干头，相合而制伏羊刃，为“羊刃合煞”；如果有丁而无壬，羊刃没有制伏，为“羊刃倒戈”。夏三月火旺的时令，用壬水必须有金为辅佐。通根于申，为生旺坐实，这样才可以用，只是忌太多，太多则“煞重身轻”。

三夏丙火

【原文】

四月丙火，建禄于巳，火势炎炎，宜专用壬水，解炎威之力，成既济之功；如无壬水，孤阳失辅，难透精光。得庚发水源，方为有根之水。壬庚两透，不见戊土，号曰“湖水汪洋”，广映太阳，光辉显著，文明之象。人合此格，不但科甲峥嵘，必有恩谥封荣，若不验，必暗损阴德。

［评注］此言三夏丙火取用之意也。丙为太阳之火，不畏水克，况生于四月，火旺秉令，炎上之性，非见壬水解炎，不能成既济之功。丙火无壬，光辉不著，其用不显；但壬至巳，非庚金发水之源，则无根之水易涸，故必壬庚两透，不见戊制，未有不贵者也。壬庚坐申宫尤妙。

【今译】

四月的丙火，建禄在巳，火势炎炎，适宜专用壬水，来解炎烈的势力，而成就既济的功用；如果没有壬水，孤阳失去辅佐，就难以透出精光。有庚金发动水源，才是有根的水。壬水和庚金都透出干头，而不见戊土，称为“湖水汪洋”，广映太阳，光辉显著，是文明的象征。人命合乎这一格局，不但科甲峥嵘，而且必有恩谥和封荣，如果不应验，一定是暗中损害了阴德。

［评注］这是说夏三月丙火取用的意思。丙为太阳之火，不怕水克，何况生于四月，火旺掌令，酷烈炎上，没有壬水解除炎热，就不能成就既济的功用。丙火无壬水，光辉就不昭著，作用就不明显；但壬水到巳地，没有庚金发动水源，则无根的水容易干涸，所以必须壬水庚金都透出，而不见戊土制伏，这样没有不贵的。壬水和庚金坐在申宫，尤其奇妙。

【原文】

或无壬水，癸亦姑用，见庚透癸，不富必贵，但心性乖僻，巧谋善辩。

［评注］癸水与壬水同一功用，特气不协耳。丙为纯阳之火，见庚壬阳金阳水，体用皆阳，人命合此，必然秉性英豪，毫无私曲。若见癸水，虽同为既济成功，不免有机谋之用。此性质之别也。

【今译】

或者无壬水，癸水也可以姑且使用。出现庚金而透也癸水，不富就一定贵，只是心性乖僻，并且巧于谋划，善于辩驳。

［评注］癸水与壬水同一功用，只是气息不协和。丙为纯阳之火，出现庚壬阳金阳水，体用都属阳，人的命局这样，必然英雄豪迈，毫无私心和邪曲。如果出现癸水，虽然同样成就既济的功用，但是不免有机谋的作用。这是壬癸二者性质上的区别。

【原文】

或壬癸俱无，愚顽之辈；火炎无制，僧道之流。不然，须防夭折。

［评注］四月丙火，不能缺水，用水不能无金为佐。此节言金水俱无也。若见甲乙可成炎上格（见五月节），否则，火旺无依，必为孤苦贫夭之命。

【今译】

或者壬和癸都没有，为愚顽之辈；火炎烈而无制伏，为僧道之流。不然的话，就要防止夭折。

［评注］四月的丙火不能缺水，而用水不能没有金的辅佐。这一节说的是金水都没有的情形。如果出现甲乙木，可以成为炎上格（见五月一节），否则火旺而无依，一定是孤苦贫夭的命。

【原文】

或一派庚金，不见比劫，有富无贵。

［评注］此言有金而无水也。“火长夏天金叠叠”，为火遇真金格①，身财两旺，必为巨富，但富而不贵也。

【注释】

①火遇真金格：指火旺金旺的命格。真金指乙丑、乙未、庚辰、庚戌（《看命口诀》），但这里似乎以众多并在巳月得长生的金为真金。

【今译】

或者一派庚金，不见比肩劫财，富而不贵。

［评注］这是说有金而无水的情形。“火长夏天金叠叠”，为火遇真金格，身财两者都旺，必定成为巨富，只是富而不贵。

【原文】

或丙午日干，四柱多壬，不见戊制，名曰“阴刑煞重①”，光棍之流；或支成水局，加之重重壬透，一无制伏，盗贼之命；如见己土，下贱鄙夫。

［评注］此言有水而无金也。壬癸所以要庚金为佐者，以夏月之水易涸也。若四柱多壬，或支成水局，则汪洋之水，不虞其涸矣；特无堤防，水必泛滥而不入正轨。四月丙火建禄，加以丙午日坐羊刃，身煞两旺，水火相争，必为光棍盗贼之命，不得善终。若得戊制，又为贵命；无戊见己，不能制水，反致晦火浊水，故云下贱鄙夫。

【注释】

①阴刑煞重：在这里，阴刑指午火为日元丙的羊刃，煞重指四柱多壬。

【今译】

或者丙午为日柱，四柱多壬水，而不见戊土制伏，称为“阴刑煞重”，为光棍之流；或者地支会成水局，加上重重壬水透出，而全无制伏，是盗贼的命；如果出现己土，则是下贱而鄙野的人。

［评注］这是说有水而无金的情形。壬癸水之所以要庚金为辅佐，是因为夏月的水容易干涸。如果四柱中多壬水，或者地支会成水局，成为汪洋之水，就不忧虑其干涸了；只是没有堤防，水必定泛滥而不能进入正轨。四月丙火建禄，加上丙午日坐于羊刃，身煞两者都旺，水火相争，必定是光棍或盗贼的命，不得善终。如果有戊土制伏，又为贵命；无戊而遇见己，不能制水，反而使火晦暗，使水混浊，所以是下贱而鄙野的人。

【原文】

用壬者，金妻水子。

［评注］壬水用神，财滋弱煞，故以财为妻，官煞为子。

【今译】

用壬的，以金为妻室，以水为子女。

［评注］以壬水为用神，而以财滋养衰弱的七煞，所以以财为妻室，以官煞为子女。

【原文】

丁巳、乙巳、丙子、戊子。庚运乡魁。

［评注］此以子中癸水为用也。癸禄于子，虽无金佐之，亦不至涸，行运喜财生官。《独步》云：“建禄生提月，财官喜透天，不宜身再旺，惟喜茂财源。”惜原局无金，故贵不大也。

【今译】

丁巳、乙巳、丙子、戊子。行庚运成为乡试的魁首。

［评注］这是以子中癸水为用神。癸得禄在子，虽然没有金辅佐它，也不至于干涸，行运喜欢以财生官。《五言独步》说：“建禄生提的月份，喜欢财官透出天干，不宜本身再旺，只喜欢财源茂盛。”可惜

原命局无金，所以不能大贵。

【原文】

乙未、辛巳、丙午、甲午。炎上格。火临巳午未之域，官至太尉[①]。

［评注］此炎上格也。有木以生之，无土以塞之，火虚有焰，宜从其旺神，顺其气势以取用；见水，祸必不测。

【注释】

①太尉：中国秦汉时中央掌军事的最高官员。后逐渐成为虚衔或加官。自隋撤销府与僚佐，便渐次演化成表示优宠的加官、赠官。元代不常置，明代废而不设。

【今译】

乙未、辛巳、丙午、甲午。属于炎上格。火临巳午未方位，官职达到太尉。

［评注］这是炎上格。有木来生扶它，无土来窒塞它，火虚而有焰，宜于从旺，顺它的气势来取用神，遇到水，一定祸患难测。

【原文】

庚子、辛巳、丙寅、丙申。申宫壬水，解丙火之炎，申运会元[①]。

［评注］用申宫壬水，长生之水也。

【注释】

①会元：考中会试的首名贡士。

【今译】

庚子、辛巳、丙寅、丙申。申宫的壬水，解除了丙火的炎烈，申运得中会元。

［评注］用申宫的壬水，这是长生的水。

【原文】

五月丙火愈炎，得壬庚高透，方为上命；或一壬无庚，亦主贡监；犹防戊己出干，丁壬化合，则为平人。即不透庚壬，或有申宫长生之水，济之以坐禄之金，至妙，必入词林。又怕己杂乱，则为异路。

［评注］五月丙火，月令羊刃，火气愈炎，壬庚并透，配合为宜，必为贵命。一壬无庚，虽水无根源，亦为一种清气，《滴天髓》云："清气还嫌官不起"是也，故主贡监。惟忌戊己克制壬水，则成无用之命；如有庚金透出，间于戊壬之间，则可不忌。至于丁壬化合，为羊刃合煞，何以亦忌？正以一壬无庚，壬水无助无泻，见丁火化合，非但不能制火，反而化木生火，失解炎之功也。不透庚壬而见申，申中有长生之水，更有坐禄之金，金水相生，其用与庚壬并透相同；亦忌戊己杂乱，使水失其清，则为异路功名矣。

【今译】

五月的丙火越发炎烈，得壬水和庚金高高透出天干，才是上等的命局；或者有一个壬水而无庚金，也主贡监；还要防止戊己出现在天干，丁壬化合，则为平常人。即使不透庚金壬水，或者有申宫长生的水，又以坐禄的金助益它，这样最妙，一定地进入词林。又怕己土来杂乱，主通过科举以外的路途径得功名。

［评注］五月的丙火，以月令为羊刃，火气越发炎烈。壬水和庚金一并透出，配合得宜，一定是贵命。有一个壬水而无庚金，虽然水无根源，但也属于一种清气，《滴天髓》所谓"清气还嫌官不起"就是，所以主贡监。只忌戊己克制壬水，主成为无用的人；如果有庚金透出，隔在戊土和壬水之间，则可以不忌。至于丁壬化合，属于羊刃合煞，为什么也忌讳？正因为有一个壬水而无庚金，壬水无所助也无所泻，遇到丁火化合，不但不能制伏火，反而化木而生火，失去解除炎烈的作用。不透庚金壬水而出现申，申中有长生的水，更有坐禄的金，金水相生，其作用与庚金壬水并透相同；也忌戊己土混杂淆乱，使水失去清澈，而主异路功名。

【原文】

或成火局，不见滴水者，乃僧道鳏独之命；即有一二癸水，多遇火土，用之无力，瞽目之人。得戊己透泄火气，也主刑克孤寡，行北运多凶。何也？所谓燥烈水激反凶。

[评注] 支成火局，不见滴水，燥烈偏枯。有一二点癸水而无庚金以生之，多见火土，滴水叹干，亦无所用。得戊己虽能透泄火气，而火炎土燥，毫无生机，孤独之命，主多刑克。若原局无金水，行北方运反多凶者，正以火土过于燥烈，滴水入之，反激其焰，杯水舆薪，未有不反遭凶祸者也。按火日主，土为用，运行北地，不至有祸；若土日主，火为用，行北地，必致凶祸。伤用为重，参阅《滴天髓补注》“火炎土燥”节。

【今译】

或者地支会成火局，而不见一滴水的，是僧人、道士、鳏夫、独身的命；即使有一两个癸水，而多遇火和土，用来无力，这是瞎眼的人。得到戊己土透泄火气，也主刑克以至孤寡，行北运多有凶险。为什么？所谓火土燥烈，用水激它反而凶险。

[评注] 地支会成火局，不见一滴水，属于燥烈偏枯的命局。有一两点癸水而无庚金来生扶它，却多遇见火和土，滴水令人慨叹干涸之快，也没有用。有戊己土虽然能透泄火气，但火炎土燥，毫无生机，是孤独的命，主多刑克六亲。如果原命局中没有金水，行北方运反多凶险，正是由于火土过于燥烈，用滴水淋它，反会激起它的势焰，这样杯水车薪，没有不反遭凶祸的。按，火为日主，土为用神，行北地的运不至于有祸；如果土为日主，火为用神，行北地之运必然导致凶祸。不伤用神的重要性，请参阅《滴天髓补注》的“火炎土燥”一节。

【原文】

或成炎上格，柱运不见庚辛，多见甲乙者，反主大富贵；然亦不可见水运。

[评注] 四柱无金水，支成火局，或聚南方，则为炎上格。喜甲乙木生之，则为火虚有焰，主大富贵；若见土泄之，则为火燥土焦，非炎上也，偏枯之象，反主困厄。炎上格虽有木引化，亦不可见水运。成方成局①，气势偏于一面，见水激之则破格，主有不测之祸。

【注释】

①成方成局：成方，也叫成方位一气，指某一方位的地支在四柱中全部出现。东方寅卯辰，南方巳午未，西方申酉戌，北方亥子丑。成局即三会成局。

【今译】

或者成为炎上格，四柱和行运不见庚辛金，而多见甲乙木，反主大富大贵；但也不可遇到水运。

［评注］四柱无金水，地支会成火局，或聚会南方，就是炎上格。喜欢甲乙木生它，这样就火虚而有焰，主大富大贵；如果遇土泄它，则火燥土焦，不属于炎上格，而属于偏枯之象，反而主困厄。炎上格虽然有木引化，但也不可遇水运。成方位一气或三会成局，气势偏于一面，见水激就会破格，主有不测的祸端。

【原文】

或有庚癸透者，衣禄充足；支火轻，无目疾；支见水者，异途。或成土局，又为泄太过，得壬滋甲出干，土被制而火得生扶，此必富贵寿考之格也。

［评注］此总结上文。五月丙火，以壬水为主，庚金为佐，乃一定之法。无壬有癸，得庚金生之，亦主衣禄充足。无庚则癸水无力，遇土制癸，则主瞽目；若支下火轻，可无目疾。若支下见水，主异途功名。若四柱土太多，兼其晦火泄火，非有壬水滋助，甲木透出干头，不足以为救。既可制土，又可以生扶丙火，则富贵寿考之造。无水滋助，甲木自焚；土多木折，无能为力也。

【今译】

或者有庚金和癸水透出的，衣禄充足；地支火轻，眼睛无病；地支遇水的，异途功名。或者地支会成土局，又为发泄太过，得到壬水滋扶甲木并透出天干，土被制伏而火得生扶，这是一定富贵长寿的格局。

［评注］这是总结上文。五月的丙火，以壬水为主要，以庚金为辅佐，是一定的方法。无壬而有癸，得到庚金生它，也主衣禄充足。无庚金，癸水就无力，遇到土制伏癸水，主眼瞎；如果地支下火轻微，可以

无眼病。若地支下遇见水，主异路功名。如果四柱中土太多，既晦暗火光又耗泄火气，没有壬水滋助甲木透出干头，就不足以为救援。既可以制伏土，又可以生扶丙火，则是富贵订寿的命造。无水滋助，甲木自然焚烧；而土多木折，必然无能为力。

【原文】

庚寅、壬午、丙戌、己亥。此命水土破格，难作炎上。取壬水庚金，亦主贵。

［评注］此庚壬并透也，壬为用，金为佐。

【今译】

庚寅、壬午、丙戌、己亥。这一命造以有水和土为破格，难以作炎上格看。但取壬水和庚金为用神，也主贵。

［评注］这是庚金和壬水一并透出，水为用神，金为辅佐。

【原文】

戊戌、戊午、丙午、己丑。土晦无光，奴仆。

［评注］火炎土燥，偏枯之局，不作炎上论。

【今译】

戊戌、戊午、丙午、己丑。土多使火晦暗无光，为人做奴仆。

［评注］火炎而土燥，是偏枯的命局，不作炎上格推论。

【原文】

戊申、戊午、丙辰、甲午。火土混杂，取甲木制土，壬水制火。是杨姓县令的命造。

［评注］丙火坐辰，土厚而不燥，甲木方能制土，否则火旺木焚，木化成灰，无能为力。申辰之会，虽不能成水局，得力非浅也。

【今译】

戊申、戊午、丙辰、甲午。火土混杂，取甲木制伏土，取壬水制伏火。是一位姓杨的县令的命造。

［评注］丙火坐在辰宫，土厚而不干燥，而甲木刚好能制土，否则火旺木焚，木化成灰，就会无能为力。申与辰虽然不能会成水局，但是得力不少。

【原文】

六月丙火退气，三伏生寒，壬水为用，取庚辅佐。

［评注］六月火炎土燥，与四五月一理，以壬水为主要用神，庚金为佐也。

【今译】

六月丙火退气，三伏产生寒气，取壬水为用神，以庚金为辅佐。

［评注］六月火炎土燥，与四五月是一个道理。以壬水为主要用神，以庚金为辅佐。

【原文】

庚壬两透，贴身相生，可云科甲名宦；若无庚有壬，不见戊出，小富小贵；见戊制壬，则为乡贤而已。或己土出干混杂，此必庸夫俗子；或壬水浅，己土出干，其人贫困；无壬，下格，贱而且顽。男女一理。

［评注］庚壬两透，富贵兼全，为上格；有壬无庚，壬水无源，故富贵皆小；若无庚相生，壬水轻而见戊相制，有病无药，难期发展，仅为乡贤而已。此言戊土，若己土则不足以制水，反足以浊水。水土混浊，必为庸夫俗子；无壬，则愚顽下贱之人也。

【今译】

庚金和壬水透出，贴身相生，可以说是科甲出身的名臣；如果无庚金而有壬水，不见戊土出现，只是小富小贵；遇戊土制伏壬水，成为乡贤罢了。或者己土出来混杂，必定是凡俗的人；或者壬水浅，己土透出天干，主这人贫困；无壬，为下格，卑贱而且顽劣。男女命局，一个道理。

［评注］庚金壬水两者透出，富贵俱全，为上等格局；有壬水而无庚金，壬水无源，所以富贵都小；如果无庚相生，壬水轻而遇到戊土相制伏，属于有病而无药，难以期望发展，仅是乡里的贤人罢了。这是说

戊土，说到己土，则不但不足以制伏水，反而会混浊水。水土混浊，一定是个俗人；无壬水，则是愚顽下贱的人。

【原文】

或天干一派丙火，阳极生阴，干支两见庚壬，登科及第。

［评注］结上文，言六月丙火，除壬庚并透之外，无别种取用之法也。

【今译】

或者天干一派丙火，阳极而生阴，干支两处出现庚和壬，主登科及第。

［评注］结上文，说六月的丙火，除壬庚并透之外，取用神没有别的方法。

【原文】

总之，六月丙火用壬，不同余月用壬，喜运行西北；六月用壬，喜运行西南。

［评注］此言六月用壬，与余月不同之点。既以壬水为用，自喜北方水旺之地；然而六月用壬，喜行西南者，何也？喜申宫长生之水也。换言之，喜金生水，若行水地，水火相争，水土混浊，反有种种顾忌也。

【今译】

总之，六月丙火对壬水的运用，不像其余月那样，喜欢行西北方的运；六月用壬水，喜欢行西南方的运。

［评注］这是说六月用壬水与其余月的不同点。既以壬水为用神，自然应当喜欢北方水旺之地，而六月用壬水，却喜欢行西南运。为什么呢？因为喜欢申宫长生之水，换句话说，喜欢金生水。如果行水地的运，水火相争，水土混浊，反而有种种顾忌。

【原文】

壬寅、丁未、丙申、壬辰。一丁见柱，二壬出干，位至尚书。

[评注] 丁壬合去一煞，而用时上独煞。通根申宫，财藏煞露，源远流长，富贵宜矣。此明代夏言[1]命造也。

【注释】

①夏言（1482～1548）：字公谨，明代贵溪（今江西贵溪）人。正德十二年（1517）进士，官至吏部尚书，华盖殿大学士。谥文愍。以才隽居首揆的地位，书法为天下所重。

【今译】

壬寅、丁未、丙申、壬辰。一个丁火出现在月柱，两个壬水透出天干，官职达到尚书。

[评注] 丁壬合去一个七煞，而用时柱上那个七煞。这个七煞通根于申宫，财藏而煞露，源远流长，富贵是理所当然的。这是明代人夏言的命造。

【原文】

戊午、己未、丙戌、己亥。名火土伤官用印格。先贫后富，死于寅运。

[评注] 火土伤官，泄气太重，喜得亥宫壬，滋甲木，制土，生扶丙火。虽云用印，须煞印相生也。参阅五月丙火节。

【今译】

戊午、己未、丙戌、己亥。称为“火土伤官用印格”。主先贫后富，死于寅运。

[评注] 火土伤官，泄气太重，且喜得到亥宫壬水，滋养甲木，制伏土，生扶丙火。虽说用印绶，还要七煞与印绶相生。参阅五月丙火一节。

【原文】

壬寅、丁未、丙申、戊戌。土重身轻，为乞丐而死。

[评注] 此亦火土伤官，泄气太重。无木制土，申宫壬水，反为土所塞，不能透出，故无可用也。

【今译】

壬寅、丁未、丙申、戊戌。土重身轻，为乞丐而死。

［评注］这也属于火土伤官泄气太重。无木制土，以至申宫的壬水反为土所窒塞，无法透出，所以没有可用的天干。

三秋丙火

【原文】

七月丙火，太阳转西，阳气衰矣。日近西山，见土皆晦，惟日照湖海，暮夜光天，故仍用壬水辅映光辉。

［评注］丙火至申为病地，如太阳之过午转西，阳气衰矣。日近西山，见土则晦光，不比日丽中天时之不易晦也，故不能用食伤。申宫庚金得禄，壬水长生，如四柱印比多，身强用财滋煞，为七月丙火之正格也。

【今译】

七月的丙火，像太阳转到了西方，阳气已经衰退了。日近西山般的丙火，遇到土就会晦暗，只有日照湖海，才能在夜晚也光映苍天，所以仍用壬水来辅佐丙火的辉映。

［评注］丙火到申为病地，如同太阳过午之后转向西方，阳气衰退了。也如日近西山一样，丙火遇到土就会晦暗，不像日丽中天时那样不容易晦暗，所以不能用食神和伤官。申宫庚金得禄，壬水长生，如果四柱中印绶和比肩多而身强，就用正财滋益七煞，这是七月丙火的正格。

【原文】

如壬多，取戊制方妙。有壬透干，又见戊土出干，可云科甲；如戊藏支内，不过生员；多壬无戊，平常人也；或戊多壬少，亦属常人。或多壬，一戊出制，所谓“众煞猖狂，一仁可化”，必主显达，有权职。

［评注］上文言七月丙火，不宜用戊土。然如壬水多，则不能不取戊土制之，但须身强。七煞旺而有制，运行制煞之乡，方能贵显。七煞无制，固不可；制过七煞，亦不可也。

【今译】

如果壬水多，取戊土制伏才好。有壬透出天干，又见戊土出现，可以得科甲；如果戊土藏在地支内，不过生员罢了；多壬水而无戊土地，平常的人；或者戊土多而壬水少，也属于常人。或者多壬水，一个戊土出天干来制伏，即所谓“众多的七煞猖狂，一个仁人就可以化解”，必主显达，有职有权。

［评注］上文说七月丙火不宜用戊土。但如果壬水多，却不能不取戊土来制伏，只是必须身强。七煞旺而有制伏，行制煞方位的运才能显贵。七煞无制伏固然不可以，制伏太过同样不可以。

【原文】

一派辛金，又为弃命从财，奇特之造。虽不科甲，亦得恩荣，但多依亲戚而为进身之阶。从财者，水妻木子。

［评注］丙火至申，气已衰竭。见一派辛金，则弃命从财，非丙辛化水也。凡从格多主依附他人而得恩荣。从财者，或因妻而致富贵。格局无破，自多显达。“水妻木子”，恐有误字。从格以所从之神为用，即以用为子，生用为妻。丙火从辛，当以金为子，土为妻也。

【今译】

一派辛金，又为弃命从财格，属于奇特的命造，即使不能发科甲，也主得到恩泽和荣耀，只是多半依靠亲戚为进身之阶。从财的，水为妻室，木为子女。

［评注］丙火到申已经衰竭，出现一派辛金，就是弃命从财的格局，而不是丙辛化水。凡从格多主依附他人而得到恩荣。从财的，或许因妻室而导致富贵，格局不破，自然多半显达。“水妻木子”，恐有误字。从格以所从的天干为用神，即以用神为子女，以生用神者为妻室。丙火从辛，应当以金为子女，以土为妻室。

【原文】

壬戌、戊申、丙申、壬辰。二壬出干，有戊出制，太史。

［评注］此造犹待考量。虽云七煞有制，而丙临申位，生于申月，身弱极矣，能否用戊，为一问题。行运一派金水，恐是从煞格。戊戌之

土，虽逆气势，而有申金。土金水三象顺序，无碍于从。见《子平四言集腋》[1]。

【注释】

①《子平四言集腋》：清代命理著作，廖冀亨撰。作者早年嗜好星命学，精于五星，从五星研究到命理，穷源竟委。有感于子平书帙浩繁，难以记诵和检阅，特摘录各家精华，四言编撰成书，其搜集之博，编纂之精，堪称命理学的大成著作之一。

【今译】

壬戌、戊申、丙申、壬辰。两个壬水出现在天干，有戊土出来制伏，官为太史。

[评注] 这一命造还有待考量。虽说七煞有制伏，而丙火临申位，生于申月，身弱极了，能不能用戊是个问题。行运一派金水，恐怕是从煞格。戊戌土虽然逆它的气势，但其中有申金。土、金、水三者顺序相生，不妨碍从煞。见《子平四言集腋》。

【原文】

乙未、甲申、丙申、庚寅。财资七煞格，参政。

[评注] 此为七月丙火之正格。虽两申冲寅，而干透甲乙，有印相生，日元不弱，以财生煞为用。

【今译】

乙未、甲申、丙申、庚寅。财生七煞格，官为参政。

[评注] 这是七月丙火的正格。虽然有两个申冲寅，而天干透出甲乙，有印相生，日元不弱，以财生七煞为用神。

【原文】

八月丙火，日近黄昏，丙之余光，存于湖海。仍用壬水辅映。

[评注] 七八月丙火，气势衰竭，总以原局有支神会合，身强通根，用财生煞方妙。若身弱，则须用印劫；而木火至秋，乃是死绝之地，休退之气，勉强用之，总非佳造。若用财，必须食伤为引，而日近

西山，见土晦光，亦须身强，方能用之，为富而非贵。故惟有身强用煞，方为贵格也。

【今译】

八月的丙火，如同日近黄昏，丙火的余光还存在于湖海。仍用壬水来辅助丙火的映照。

［评注］七八月的丙火，气势衰竭，总以原局有地支会合，身强通根，用财生煞才好。如果身弱，就必须用印绶和劫财；而木火到了秋天，就进入死绝之地，勉强用这样的休退之气，总不是好的命造。倘若用财，必须以食神伤官为引导，而日近西山，遇土晦暗火光，也必须身强才能用，并且只能富而不能贵。所以只有身强而用煞，才是贵格。

【原文】

四柱多丙，一壬高透为奇，定主登科及第，富贵双全；一壬藏支，亦主秀才。或戊多困水，则假作斯文；若无壬水，癸亦可用，但功名不久。

［评注］用壬，必以四柱多丙为先决要件，即原局身强之意也。不特八月如此，七月亦同。身强用财生煞，定主富贵。壬水藏而不透，用神力薄，行运引出，亦可显达；若不引出，困于青衿；最怕戊多困水，制过七煞，则无用之人耳。丙火用壬，太阳照于湖海，气象伟大，故主功名显达；癸水雨露之泽，虽亦可用，总嫌配合无情也。

【今译】

四柱多丙火，以一个壬水高高透出为奇异，必主登科及第，富贵双全；一个壬水伏藏在地支，也主秀才。如果戊多而困住了水，则属于假作斯文；如果无壬水，癸水也可以用，只是功名不能长久。

［评注］用壬水必须以四柱中多丙火为先决要件，即原命局要身强的意思。不但八月是这样，七月也不例外。身强而用财生煞，一定主富贵。壬水伏藏而不透出，用神势力单薄，被行运引出来，也可以显达；如果不引出，则困于青衿学子的的身份；最怕戊多而困住水，过分地制伏七煞，这样就是无用的人了。丙火用壬水，如同太阳照耀于湖海，气象伟大，所以主功名显达；癸水为雨露之水，虽然也可以用，但总嫌配

合没有情义。

【原文】

或见辛透，不能从化，贫苦到老；或见一丁制辛，为人奸诈，不识高低。女命合此，长舌淫贱。

［评注］丙火见辛反怯，必以从财为美；或四柱水多，格成化气，亦佳。若有微根，不能从化，为财多身弱，必主贫苦到老。或见丁出干，助丙制辛。酉宫为丙火死地，丁火长生，阳极阴生，非真生也。丙火无气，而丁火助之，故见丁出干，不能言从；但又制辛无力，为进退失据之象，故男主奸诈，女主淫贱。

【今译】

或者辛金透出而不能从化，主贫苦到老；或者一个丁火制伏辛金，主为人奸诈，不识高低。女命如果这样，主长舌而淫贱。

［评注］丙火见辛反而怯懦，以从财为理想；或得四柱水多，成化气格，也好。如果有微少的根基，不能从化，则为财多身弱的格局，必定贫苦到老。或者有丁火出现在天干中，比助丙火而制伏辛金（酉宫为丙火死的地，丁火长生，阳极阴生，不是真生），丙火无气，而丁火比助它，所以遇到丁火出现，就不能说从；但是又无力制伏辛金，属于进退失据，所以在男性主奸诈，在女性主淫贱。

【原文】

或成金局，无辛出干，此非从财，乃朱门饿莩[①]；如辛出干，不见比劫，此从财格，反主富贵，亲戚提拔，妻贤内助。用水者，金妻水子；从财者，水妻木子。

［评注］承上文，言支成金局，而辛金不透，不能以从财论；乃财多身弱，虽在朱门，同于饿莩。如辛出干，支成金局，不见比劫，此为真从财格；格真局正，必主显达。从格主因人而致富贵，从财故主得内助力。用水，谓四柱多丙而用壬水也，以金为妻，水为子。从财水妻木子，恐有误字，见上七月。

【注释】

①朱门饿莩：虽然身在富贵人家，但是和饿死的人一样。朱门，漆成红色的大门，多指富贵人家。饿莩：饿死者的尸体。

【今译】

或者地支会成金局，无辛金出现在天干中，这不是从财格，主富厚人家的饿死者；如果有辛金出现，不见比肩劫财，这是从财格，反主富贵，得力于亲戚的提拔，贤妻的内助。用水的，以金为妻室，以水为子；从财的，以水为妻室，木为子女。

［评注］承上文，说地支会成金局，而辛金没有透出，不能看作从财格，而属于财多身弱，虽然在富家，却等同于饿死的人；如果辛金出现在天干中，地支会成金局，而不见比肩劫财，这是真正的从财格；格真而局正，必主显达。从格主因别人而得到富贵，从财，所以主得内助的力量。用水，指四柱多丙火而用壬水，这样就要以金为妻室，以水为子女。从财格水妻木子，恐怕有错字，见上文七月一节。

【原文】

丙子、丁酉、丙午、丁酉。两间不杂。财资七煞格，出将入相；生子时，不贵。

［评注］八月酉金秉令，财资子水官星，以官制刃护财，官刃为用。出将入相，为富贵双全之造。八月丙火退气，所恃全在午火；如生子时，冲破午刃，不仅贵气消失，并恐不得善终。

【今译】

丙子、丁酉、丙午、丁酉。两种天干，毫不夹杂，为财生七煞格，主出朝则为将帅，入朝则为宰相，但出生在子时的不贵。

［评注］八月酉金执掌时令，正财生扶子水官星，以正官制伏羊刃，护持正财，以正官和羊刃为用神。出将入相，是富贵双全的命造。八月丙火退气，依恃全在午火；如果生在子时，子水冲破午火羊刃，不仅贵气消失，还恐怕不得善终。

【原文】

丙寅、丁酉、丙辰、丁酉。两间不杂，位至尚书。

［评注］此造专用财星，好在坐辰，食神通财刃之气。更喜年逢丙寅，丙火长生，日元有根也。

【今译】

丙寅、丁酉、丙辰、丁酉。两种天干，毫不夹杂，官位达到尚书。

［评注］这一命造专用财星。好在日元坐在辰宫，食神沟通正财和羊刃之气；更喜欢在年柱遇到丙寅，使丙火长生，日元有根。

【原文】

己卯、癸酉、丙子、戊子。伤官生财格，参戎[①]；但阴刑煞重，卯运阵亡。

［评注］癸水官星，为己土伤官所克，故用伤官生财，而不用财官也。子午卯酉四冲，柱备子卯酉，而运逢午卯，皆有生命之危。原有卯酉冲，印绶被伤，再逢卯运，衰神冲旺，财破印显然矣。

【注释】

①参戎：明清两代对武官参将的俗称。

【今译】

己卯、癸酉、丙子、戊子。为伤官生财格，为参将的命造；但子卯相刑，七煞过重，于卯运阵亡。

［评注］癸水官星爱己土伤官的克制，所以用伤官生正财，而不用正财生官星。子午卯酉四冲当中，四柱中具备子卯酉，而行运遇到午和卯的方位，都有生命危险。原命局有卯酉相冲，使印绶被伤，再遇到卯运，衰弱的地支冲旺支，正财冲破印绶就显然了。

【原文】

九秋丙火，火气愈退。所忌土晦光，必须先用甲木，次取壬水。

［评注］九月土旺秉令，丙火退气，忌土晦光，宜甲制土；丙火休囚，更宜用甲生扶，所以取甲为先也。戊燥土，丙阳火，火炎土燥，必

须有水润之。在九月，壬癸之用略同。

【今译】

九月的丙火，火气越发衰退，忌的是土使火光晦暗，必须先用甲木，其次用壬水。

[评注] 九月土旺当令，丙火退气，忌土来晦暗火光，应当用甲木制伏土；丙火休囚，更要用甲木生扶，所以以用甲木为先。戊是燥土，丙是阳火，火炎土燥，必须有水滋润它们。在九月，壬与癸的取用大略相同。

【原文】

甲壬两透，富贵非凡；若无壬水，得癸透干亦可，虽不科甲，异路功名；壬癸藏支，贡监而已；甲藏壬透，无庚破甲，可许秀才。或庚戊困了水木，定是庸才；无甲、壬、癸者，下格。

[评注] 九月万物收敛之时，壬水癸水，其用略同，但不可有戊困癸。戊透，则非有甲制戊不可；若甲木藏支，制戊力薄，再见庚金破甲，则戊困壬癸矣。戊庚困了水木，则与原局无甲、壬、癸相同，虽有若无，定为下格也。

【今译】

甲木和壬水一并透出，富贵非凡；如果无壬水，有癸透出干头也可以，虽然不能发科甲，但主异路功名；壬癸水藏在地支，只是贡监罢了；甲木伏藏而壬水透出，无庚金来克甲木，可以许为秀才。或者庚金戊土困住了水和木，一定是庸才；无甲木和壬癸水的，属于下等格局。

[评注] 九月是万物收敛的时候，壬水和癸水的作用大略相同，只是不可有戊土困住癸水。戊土透出，则非有甲木制伏不可。如果甲木藏于地支，制戊的力量薄弱，再遇到庚金克甲木，就是戊土困住壬癸水了。戊土庚金困住了水和木，与原局无甲木和壬癸水的情形相同，有也等于没有，一定是下等格局。

【原文】

或一派火土，虽不太旺，亦自燥矣，如不离乡过继，亦主奔流；加以无庚、辛、壬、癸出干，必为夭命。

［评注］戌宫戊土丁火，本为燥土，加以丙火日干，故云“虽不太旺，亦已燥矣”。偏枯之象，主离乡奔流。若一派火土，而无庚辛壬癸救济，必为夭折也。

【今译】

或者一派火土，虽然不太旺，也已经是干燥的了，即使不背井离乡或过继给别人为子，也主奔走迁徙和流荡；加上无庚辛金、壬癸水出现，一定是夭折的命。

［评注］戌宫有戊土和丁火，本来就是燥土，加上丙火为日干，所以说“虽不太旺，也已经是干燥的了”。偏枯的气象，主背井离乡，奔走迁徙。如果一派火土而无庚辛壬癸救援，一定夭折。

【原文】

或支成火局，炎上失时，若运入南方，一贫彻骨。

［评注］支成火局，虽云戊土化火，究为九秋土旺之时。若云炎上格，则非其时，乃火炎土燥之局，运入南方，偏枯之极。炎上格喜南忌北，而火土炎燥之局，则以南方为忌，北方亦未必为喜，比较西方最利。终以格局太低，虽佳运，无善配也。

【今译】

或者地支会成火局，作炎上格而失于时令，行运进入南方的话，主一贫彻骨。

［评注］地支会成火局，虽说戊土化火，但毕竟是九秋土旺的时候。若说是炎上格，却不逢其时，属于火炎土燥的命局，行运进入南方，偏枯到了极点。炎上格喜欢难南方运，忌讳北方运，而火土炎燥的命局却以南方为忌讳，而北方也未必为喜欢；比较起来，西方最有利。终于因为格局太低而贫困至极：虽然遇到好运，但没有好的配合。

【原文】

用甲者，水妻木子；用壬者，金妻水子。

［评注］戊土出干，必须用甲去病为贵也；壬透甲藏，则用壬水，

而以甲印化煞也。用甲者，印为子，官煞为妻；用壬者，官煞为子，财为妻。

【今译】

用甲的，水为妻室，木为子女；用壬的，金为室，水为子女。

［评注］戊土出现在天干，以用甲木去病为贵；壬水透出而甲木伏藏，则用壬水而以甲印化解七煞。用甲的，以印绶为子女，官煞为妻室；用壬的，官煞为子女，偏正财为妻室。

【原文】

己亥、甲戌、丙子、戊子。甲出天干，又逢生地，孝廉。

［评注］用印制伤存官为用。

【今译】

己亥、甲戌、丙子、戊子。甲木出现在天干，又逢生扶之地，被举为孝廉。

［评注］以印绶为用神，制伏伤官、保存正官。

【原文】

丙申、戊戌、丙午、戊戌。两间不杂，支成火局，专用壬水，先贫后富。

［评注］午戌会局，戊土出干，用申中金水。

【今译】

丙申、戊戌、丙午、戊戌。两种天干，毫不夹杂，地支会成火局，专用壬水，先贫后富。

［评注］午戌会火局，戊土出现在天干，以申中的金水为用神。

【原文】

戊戌、壬戌、丙寅、壬辰。富大贵小，因甲藏壬透故也。

［评注］壬水出干，用印化煞为用。

【今译】

戊戌、壬戌、丙寅、壬辰。富大贵小，这是甲木伏藏而壬水透出的缘故。

［评注］壬水出现在天干，以印绶化煞为用神。

三冬丙火

【原文】

十月丙火，太阳失令，得见甲戊庚出干，可云科甲；主为人性好清高，斯文领袖。

［评注］十月丙火，值休囚之时，气势极弱，宜用甲木以生之；水旺，宜戊土以制之，木旺宜庚金以裁节之。亥宫甲木长生，若亥卯未会局，非用庚金裁抑不可也。丙不离壬，水旺以甲引化，亥月壬水得禄，甲木长生，故以甲为先。

【今译】

十月的丙火，太阳失令，得见甲木、戊土、庚金出现在天干，可以论科甲；主为人性好清高，是文人中的领军人物。

［评注］十月的丙火，正值休囚的时候，气势极弱，应当用甲木来生扶；水旺，应当用戊土来制伏；木旺，应当用庚金来裁剪和节制。亥宫甲木长生，如果亥卯未会成木局，就非用庚金裁抑不可。丙火不能离开壬水，水旺以甲木引化，而亥月壬水得禄，甲木长生，所以以用甲木为先。

【原文】

如辛透见辰，名"化合逢时"，主大贵。

［评注］化气之中，丙火见辛，最不易合化，较甲木见己为尤甚。盖丙火阳刚之性，以我克化而为克我，非地支全见金水，丙火气势死绝，不易化也。生于亥月水旺之时，年或时见壬辰，方为真化。化合得其时，主大富贵。

【今译】

如果辛金透出而遇到辰，称为“化合逢时”，主大贵。

［评注］化气的格当中，丙遇辛最不容易合化，比甲遇己更难。因为丙火有阳刚的性情，以我所克而化为克我者，只要不是地支全遇金和水，丙火气势死绝，就不容易化。生于亥月水旺的时令，年或时柱出现壬辰才是真化。化合得其时宜，主大富大贵。

【原文】

或壬多无甲，乃作弃命从煞，即不科甲，亦是宦僚。

［评注］从格不能见印，有印则生机不绝，不作从论，况亥宫甲木，本有根气？壬透无甲，亥宫甲木微根，含藏不发，故可从煞；若甲透，则木气动，自能生火，即见庚金制之，亦不能作从论也。或壬多无甲而有戊己，亦不能从。非仅逆水气势，盖壬水得土制之，能反生木。亥宫甲木有生意，即可为丙火之根也。

【今译】

或者壬水多而无甲木，作为弃命从煞格，即使不发科甲，也是官宦臣僚。

［评注］从格不能见印绶，有印绶生机就不绝，所以不作从格论，何况亥宫的甲木本来有根有气？壬水透出而无甲木，亥宫甲木的微根就含藏不发，所以可以从煞；只要甲木透出，木气就会发动，自然能够生火，即使有庚金制伏它，也不能作从格看。或者壬水多，无甲木而有戊己土，也不能成从格，因为它不仅逆水的气势，还因为壬水受到土的制伏，能够反过来生木。亥宫甲木有生机，就可以成为丙火的根基。

【原文】

或壬多有甲无戊，却非从煞，宜用己土混壬。

［评注］壬多有甲无戊，有己亦不能从。混，非制也，壬水冲奔，非己土所能制。然己土混壬，即能生木，为丙火之根。所谓“有甲”者，甲透更佳，不透即取亥宫之甲为用。木有生机，故可用也，观下辛巳一造自明。水旺木浮，有土混之，培木之根，即《滴天髓》“反生”之意也。

【今译】

或者壬水多而有甲无戊，却不是从煞，应当用己土来混壬水。

［评注］壬水多而有甲无戊，有己也不能成从格。混不等于制伏，壬水冲奔，不是己土所能制伏的。但己土混壬水，就能生木而作为丙火的根。所谓“有甲木”，是说甲木透出更好，不透出就取亥宫的甲木为用神。木有生机，所以可用，看下面辛巳一造自然明了。水旺木浮，有土混壬而培木根，即《滴天髓》所说“反生”的意思。

【原文】

总之，十月丙火，木旺宜庚，水旺宜戊，火旺用壬，随宜酌用可也。

［评注］木旺宜庚，用财损印也；水旺宜戊，反生甲木印也。好在亥宫甲木有气，只须戊土制水，便成反生之功；否则，克泄交集，非所宜也。火旺用壬，亦以印为通关之神，故以甲木为主要关键，庚戊壬随时损益可也。

【今译】

总之，十月的丙火，木旺则适宜用庚金，水旺则适宜用戊土，火旺则适宜用壬水，随宜酌情取用就可以了。

［评注］木旺则适宜用庚金，是用偏财克损印绶；水旺适宜用戊土，是反生甲木印绶的缘故。好在亥宫的甲木有气，只须戊土制伏水，就会成就反生的功用；否则，克制与耗泄交集，是不适宜的。火旺适宜用壬水，也以印绶为通关的用神，所以以甲木为主要关键，庚、戊、壬则随时损益就行了。

【原文】

甲申、乙亥、丙戌、庚寅。庚甲两透，廉使[①]。

［评注］虽生于十月，印旺身强，以庚金财滋官为用。

【注释】

①廉使：官名，指唐观察使、宋元廉访使以及后世的按察使。

【今译】

甲申、乙亥、丙戌、庚寅。庚金甲木两者一并透出，廉使。

［评注］虽然生于十月，但是印旺身强，以庚金正财滋扶正官为用神。

【原文】

壬辰、辛亥、丙戌，戊子。孝廉。

［评注］此造身弱，以戊土制水为用，丙火通根身库。喜用均不得令，平常格局也。

【今译】

壬辰、辛亥、丙戌，戊子。身为孝廉。

［评注］这一命造身弱，以戊土制伏水为用神，丙火通根于日主的墓库。喜用神均不得令，是平常的格局。

【原文】

辛巳、己亥、丙子、壬辰。此命水多，取己土，大富贵，亦寿考。

［评注］此造用己土混壬以生甲木，妙在年支巳火为助，木得水土而生，宜有阳和之气助之，方能滋长。用在甲木，辅佐得力也。陈调元①造：丙戌、己亥、丙子、壬辰，亦是己土混壬，反生甲木。好在丙火透干，太阳普照，甲木得其生助，格外有力。故同一用印，辅佐配合，大相悬殊。格局高下，洵不易辨也。

【注释】

①陈调元（1886～1943）：字雪暄，直隶安新（今属河北）人，陆军速成学堂毕业。1913 年任冯国璋部参赞，南下参与镇压“二次革命”。后历任宪兵司令、陆军第四十七旅旅长、徐海镇守使。1923 年升安徽省省长。第二次直奉战争爆发后投靠奉系，任第六师师长。1925 年为皖军总司令、安徽省督办，曾率部抗拒国民军北伐。1927 年依附国民党，任国民革命军第三十七军军长，又任武汉国民政府委员。1928 年后相继任安徽、山东省政府主席。1932 年调任南京军事参议院参议长。?

【今译】

辛巳、己亥、丙子、壬辰。这一命局水多，取己土为用神，大富大贵，并且长寿。

［评注］这一命造，用己土混壬而生甲木，妙在年支的巳火为辅助，木得水土而生旺，宜于有阳和之气相助，这样才能滋长。用神为甲木，属于辅佐得力。陈调元的命造：丙戌、己亥、丙子、壬辰，也是己土混壬，反过来生甲木。好在丙火透出干头，太阳普照，甲木得到生助，格外有力量。所以同样是用印绶，辅佐的配合大相悬殊，格局的高低实在不易辨析。

【原文】

十一月丙火，冬至一阳生，弱中复强。壬水为最，戊土佐之。

［评注］十一月丙火，冬至之前，与十月同看；冬至之后，一阳来复，弱中复强。日主强，方能用食神制煞。丙火用壬，水火既济，为最适宜之用，特非身强不可耳。

【今译】

十一月的丙火，因为冬至一阳复生而由衰转强。以用壬水为最妙，而以戊土辅佐它。

［评注］十一月的丙火，冬至前的与十月同样看；冬至后一阳复来，从衰弱中转为强旺，这样才能用食神制伏七煞。丙火用壬，水火既济，属于最适宜的用神，只是非身强不可。

【原文】

壬戊两透，科甲可许；无戊见己，异路功名。

［评注］身强，壬戊两透，以食神制煞为用，可许科甲；无戊见己，力量不足，异途功名。

【今译】

壬水戊土两者透出，科甲可以肯定；无戊土而出现己，主异路功名。

[评注] 身强而壬水和戊土透出，以食神制伏七煞为用神，可以许为科甲得名；无戊土而遇到己，力量不足，主异路功名。

【原文】

或无壬水，有癸出干，得金滋无伤，又有丙透以解冻，可许衣衿①。

[评注] 无壬有癸，用在官星。用官必须财生，以得金滋生为美，不可见戊土伤官；更须有比肩透出，帮助日元，方能任财官也。

【注释】

①衣衿：衣带，喻指秀才。衿，衣裳的带子。

【今译】

或者无壬水，而有癸水出现在天干，得到金的滋扶而无伤害，又有丙火透出解冻，可以成为秀才。

[评注] 无壬水而有癸水，用神在于官星。用官星必须有财相生，以得金滋生为好，不可遇到戊土的伤官；更须有比肩透出天干帮助日元，这样才能承受财官。

【原文】

或一派壬，则专用戊土，此人虽不成名，文章迈众，但名利虚浮。何也？因戊晦光，又须甲木为药也。或无壬水，癸亦可用，但不甚显。

[评注] 一派壬水，则不能不用戊土；用戊土则克泄交集，非用甲木为救不可。丙火不畏壬水之克，如日照湖海，光明倍增；见戊土则尘埃障天，晦日之光。用甲木，可以化壬、制戊而生丙火，三得其用也。丙火见壬水，而得甲木引化，水火既济，显达无疑；若癸水，则不及壬水之显，盖癸为雨露之水，其用不同也。

【今译】

或者一派壬水，就专用戊土，这人虽然不能成名，但是文章出众，只是名利虚浮。为什么？因为戊土使火光晦暗，又必须以甲木为药。或者无壬水，癸水也可以用，只是不太显达。

［评注］一派壬水，就不能不用戊土了，而用戊土就会克泄交集，非以甲木为救援不可。丙火不怕壬水的克制，反而像日照湖海一样光明倍增；遇戊土则如同尘埃障天蔽日，使日光晦暗。用甲木可以化壬水、制戊土而生丙火，三得其用。丙火遇壬水而得到甲木引化，会发挥水火既济的功用，显达毫无疑问；用癸水则不像用壬水那么显达，因为癸为雨露之水，其作用是不同的。

【原文】

或四柱多壬无甲，乃作弃命从煞，亦有云路。

［评注］丙临子申，气势垂绝，四柱无甲，乃作弃命从煞。

【今译】

或四柱中多壬水而无甲木，就作弃命从煞格来看，也有青云之路。

［评注］丙火临子申位，气势即将断绝，而四柱中又无甲木，所以作弃命从煞格看。

【原文】

或水多，有甲无戊，却非从煞，宜用己土浊壬。十一月丙火，与十月颇同。

［评注］浊壬，即混壬，用法与十月同。但十月亥宫甲木有气，如甲木不透，可用亥宫之甲；若十一月甲木不透，非见寅不可。更须有丙火比肩助之。水土寒冻，无丙火，木无生机也。

【今译】

或者水多，有甲木而无戊土，却不属于从煞格，应当用己土来混浊壬水。十一月的丙火，与十月颇为相同。

［评注］浊壬即混壬，用法与十月相同。但十月亥宫甲木有气，如果甲木不透出，可以用亥宫的甲；而十一月甲木不透，则非有寅不可。更要有丙火比肩生助它，因为水土寒冷冰冻，无丙火木就无生机。

【原文】

辛亥、庚子、丙寅、庚寅。布政[①]。

［评注］年月金水气旺，喜得日时两寅。寅中暗藏甲木，更有丙火助之，运行南方，宜乎贵矣。

【注释】

①布政：全称承宣布政使。明洪武九年开始，陆续分为十三个承宣布政使司，全国府、州、县分属于它，每司设左、右布政使各一人，与按察使同为一省的行政长官。清代始正式定为督、抚的属官，专管一省的财赋和人事，与专管刑名的按察使并称两司。康熙六年后，每省设布政使一员，不分左右，均为从二品。

【今译】

辛亥、庚子、丙寅、庚寅。官为布政使。

［评注］年月柱金水气旺，且喜得到日时柱上的两个寅。寅中暗藏甲木，更有丙火辅助，运行南方，理应显贵。

【原文】

辛丑、庚子、丙子、癸巳。丙癸见干，小富贵。

［评注］喜得日禄归时①，日元有根，而运程中年之后，乙未、甲午木火相生，宜得善其终矣。

【注释】

①日禄归时：《三命通会》说：日禄归时而没有官星，号称青云得路。这种格局有七日：甲寅、丁午、戊巳、己午、庚申、壬亥、癸子。日主之禄归于时位。喜欢日干坐旺，印绶生扶，月柱透财，无伤神食官，有天德月德，主大富贵。忌刑冲破害，空亡死绝及劫财分禄，倒食作合，官煞克制，虽然可以取用，但不纯粹。

【今译】

辛丑、庚子、丙子、癸巳。丙癸出现于天干，小有富贵。

［评注］且喜得日主得禄于时支，使日元有根，而运程在中年之后，乙未、甲午木火相生，理应得到善终。

【原文】

辛酉、庚子、丙戌、戊子。金寒水冻，戊晦丙光，贫而且夭。

［评注］上造日元得禄于巳，此造通根于戌，较为弱矣；上造癸水透千干，此造癸水藏子，相等也。总之水火相持之局，非用甲木不可；无木相生，而运程西北，木火死绝之地，决无善况也。

【今译】

辛酉、庚子、丙戌、戊子。金寒水冻，戊土晦暗了丙火的光明，贫穷而且夭折。

［评注］上一命造日元得禄于巳，这一命造通根于戌，比较衰弱；上一命造癸水透出天干，这一命造癸水伏藏于子，相等。总之，水火相持的命局，非用甲木不可；无木相生，而运程又行西北木火死绝之地，决没有好结果。

【原文】

十二月丙火，气进二阳，侮雪欺霜，喜壬为用。己土司令，土多，又不可少甲。壬甲两透，科甲堪宜；甲藏则秀才而已；或无甲，得一壬透，富中取贵。

［评注］丙火不畏水克，独畏土泄。十二月见壬水，为雪后阳光，非壬无以取贵。不论土之有无多寡，皆不能无甲为辅也。壬甲两透，必为科甲之贵；甲藏而运程东南，木火引出，亦可取贵也；无甲得壬透。须身强，坐下会局，则富中取贵也。

【今译】

十二月的丙火，按消息卦已经进气到两个阳爻，欺霜傲雪，喜欢为壬水所用。己土司令，土多，又不可缺少甲木。壬水甲木两者透出，科甲没有问题；甲木伏藏，得个秀才罢了；或者无甲木而有一个壬水透出，富中取贵。

［评注］丙火不怕水克，只怕土泄。十二月丙火遇到壬水，为雪后阳光，没有壬水就无法取贵。不论土有没有、有多少，都不能无甲木为辅助。壬水甲木透，必定为科甲中的贵人；甲木伏藏而行东南运，木火被引出，也可取贵；无甲木而有壬水透出，必须身强，这样只要坐下会

成局，就可以富中取贵。

【原文】

如见一派己土，不见甲乙，名假伤官，聪明性傲，名利虚浮。

［评注］一派己土，为火土伤官。伤官格性情必聪明而傲，唯生于冬令，虽云二阳进气，究非春夏可比。寒火冻土，格非上乘。

【今译】

如果出现一派己土而不见甲乙木，称为假伤官格，聪明而生性高傲，名利虚浮。

［评注］一派己土，为火土伤官格局。伤官格人性情必然聪明而高傲，只有生于冬令的，虽说已经进气两个阳爻，终究不是春夏可以比拟的。寒火冻土，格局不属于上乘。

【原文】

或一派癸水，得己出干，必主自创基业。若制伏太过，又取辛金作用，得见癸透，此人即不成名，必清雅文墨之士。

［评注］一派癸水，为官多化煞。身强取己土制之，身弱用甲木化之，同上壬水。若癸水弱，或土多水少，制伏太过，必取辛金生之，为财生官旺。若癸水透出，辛金生助，虽非得时秉令之比，格局亦清纯可喜，不失为清雅之士也。

【今译】

或者一派癸水，有己土出现在天干，必定主自己创立基业。如果制伏太过，又要取辛金作用神，癸水透出，这人即使不成名，也必定清明雅致，为舞文弄墨的人。

［评注］一派癸水，为官多化煞。身强就取己土来制伏，身弱就用甲木化导，这一点与上文的壬水相同。如果癸水衰弱，或者土多水少，制伏太过，必须取辛金生水，达到财生官旺；如果癸水透出天干，有辛金生助，虽然比不上得时秉令的格局，却也清纯可喜，不失为清明雅致之士。

【原文】

癸卯、乙丑、丙午、壬辰。总河[①]。

［评注］日元坐刃，七煞透干，煞刃格也。妙在乙木正印透干得禄，行金水之运，有印化之，宜为大贵之格。

【注释】

①总河：官名，总理何道的简称，负责黄河和运河河道及工程。

【今译】

癸卯、乙丑、丙午、壬辰。官为总理河道。

［评注］日元坐于羊刃，七煞透出天干，属于煞刃格。妙在乙木正印透出天干而得禄，行金水运有印绶化泄，理应是大贵的格局。

【原文】

己丑、丁丑、丙寅、庚寅。一甲制土，按察。

［评注］火土伤官佩印也，非印何以取贵？

【今译】

己丑、丁丑、丙寅、庚寅。一个甲木制伏土，官为按察。

［评注］这是火土伤官佩印格，没有印绶凭什么取贵？

【原文】

乙酉、己丑、丙寅、己丑。木神得禄制土，状元[①]。

［评注］用神取寅中甲木。火土伤官太重，必以印为制也。

【注释】

①状元：科举时代最高级别的考试——殿试的第一名。

【今译】

乙酉、己丑、丙寅、己丑。乙木得禄而制伏土，高中状元。

［评注］取寅中甲木为用神。火土伤官太重，必须用印绶来制伏。

【原文】

乙巳、己丑、丙申、癸巳。用辛得金局，白手成家。

［评注］丙临申位，气势不足；幸年时两己得禄。火土伤官用财，商界人物。

【今译】

乙巳、己丑、丙申、癸巳。用辛而得到金局，白手成家。

［评注］丙临申位，气势不足；幸而年时柱上的两个己土得禄。火土伤官格而用正财，为商界人物。

【原文】

乙丑、己丑、丙午、庚寅。用甲制己，又庚制甲，拾芥而已。

［评注］火土伤官而寅午会局，亦是伤官用财。

【今译】

乙丑、己丑、丙午、庚寅。用甲木制伏己土，又用庚金制伏甲木，能取得官位而已。

［评注］火土伤官格而有寅午会火局，也是伤官用财的格局。

丁火喜用提要

月份	喜用神	说　明
正月	甲庚	【原文】用庚金劈甲引丁。 【今译】用庚金劈解甲木,引生丁火。
二月	庚甲	【原文】以庚去乙,以甲引丁。 【今译】用庚金去除乙木,引生丁火。

三月	甲庚	**【原文】**用甲木引丁制土，次看庚金。木盛用庚，水盛用戊。 **【今译】**用甲木引丁火，制伏土，再看庚金。木盛就用庚金，水盛就用戊土。
四月	甲庚	**【原文】**取甲引丁，甲多又取庚为先。 **【今译】**用甲木引生丁火；如果甲多，又先用庚金。
五月	壬癸庚	**【原文】**火多，以庚壬两透为贵。无壬用癸，为独煞当权。 **【今译】**火多，以庚金壬水两者都透出天干为贵。无壬就用癸，是独煞当权的命局。
六月	甲壬	**【原文】**以甲木化壬引丁为用。用甲不能无庚，取庚为佐。 **【今译】**以甲木为用神，来化导壬水，引生丁火。用甲不能没有庚，取庚金为辅佐。
七月	甲丙庚戊	**【原文】**庚取劈甲，无甲用乙。用丙暖金晒甲。无庚甲而用乙者，见丙为枯草引灯。水旺用戊。 **【今译】**用庚金劈解甲木，无甲就用乙。用丙火温暖金，晒干甲。没有庚和甲就用乙，因为遇丙火属于枯草点灯。水旺就用戊土。
八月	甲庚丙戊	**【原文】**庚取劈甲，无甲用乙。用丙暖金晒甲。无庚甲而用乙者，见丙为枯草引灯。水旺用戊。 **【今译】**用庚金劈解甲木，无甲木就用乙。用丙温暖金，晒干甲。没有庚和甲就用乙，因为遇到丙火属于枯草点灯。水旺就用戊土。
九月	甲庚戊	**【原文】**一派戊土无甲，为伤官伤尽。 **【今译】**一派戊土而无甲木，属于伤官伤尽了官星。
十月	甲庚	**【原文】**庚金劈甲引丁。甲木为尊，庚金为佐。戊癸权宜酌用。 **【今译】**庚金劈解甲木而引生丁火。以甲木为首要，以庚金为辅佐，戊和癸斟酌运用。

十一月	甲庚	**【原文】**庚金劈甲引丁。甲木为尊。庚金为佐。戊癸权宜酌用。 **【今译】**用庚金劈解甲木而引生丁火。以甲木为首,以庚金为辅佐,戊和癸酌情运用。
十二月	甲庚	**【原文】**庚金劈甲引丁。甲木为尊。庚金为佐。戊癸权宜酌用。 **【今译】**庚金劈解甲木而引生丁火。以甲木为首要,以庚金为辅佐,戊和癸酌情运用。

三春丁火

【原文】

正月丁火，甲木当权，乃为母旺。非庚不能劈甲，何以引丁？姑用庚金。

［评注］正月丁火，月令正印主事，非用庚金劈甲，不能引丁，此言其配置也。丁火不能离甲，无甲丁无所附丽。不特日元如此，取用亦同。

【今译】

正月的丁火，甲木当权，属于母旺。没有庚金就不能劈解甲木，这样怎么引丁火？所以姑且用庚金。

［评注］正月的丁火，月令正印主事，非用庚金劈解甲不能引丁火，这是说命局的配置。丁火不能离开甲木，无甲木丁就无所附丽。不但日元是这样，取用也与此相同。

【原文】

或一派甲木，无庚制之，非贫即夭；或只一甲木，多见乙木者，必离乡之客，焉问妻儿？或见甲乙，生庚子时，又主妻早子早，且可采芹。

[评注] 一派甲木，木盛火塞，无庚制之，贫夭之象；多见乙木，为枯草引灯，旺气及身而止，无泄无克，必为离乡之客，无妻儿之奉。丁日遁干①，惟庚子庚戌两时。正月甲木，必须癸水润泽，庚子支藏癸水，木得水润，而有庚金劈甲引丁，故虽甲乙多见而不碍，虽不能取贵，亦有相当成就也。

【注释】

①遁干：指年上起月法，又称"五虎遁"，即从地支寅开始推求月份天干的方法。其口诀为：甲己之年丙作首，乙庚之年戊为头，丙辛之岁寻庚土，丁壬壬寅顺水流，若问戊癸何处起，甲寅之上好追求。例如甲己年五月，地支是午，天干以丙为首，配正月寅，顺推到午为庚午。其余类推。

【今译】

或者一派甲木，无庚金制伏，不是贫穷就是夭折；或者只有一个甲木，而多遇乙木，必定离乡客居，还怎么问妻儿？或者出现甲乙居木，生在庚子时，又主娶妻早、得子早，而且可以成为秀才。

[评注] 一派甲木，木过盛则火窒塞，无庚金制伏，是贫穷和夭折的征象；多遇乙木，为以枯草引灯，旺气刚及身就止息，既谈不上泄，也说不到克，一定成为离乡客居之人，没有妻儿的侍奉。丁日通过五鼠遁求天干，只有庚子和庚戌两个时辰。正月的甲木，必须癸水润泽，而庚子的地支中藏有癸水，木得水润，而有庚金劈解甲木引生丁火，所以甲乙多现也有妨，即使不能取贵，也有相当的成就。

【原文】

得壬化木，弱极复生，合此必主大贵；但此化合，反以不见庚破格为妙。

[评注] 丁壬化木喜逢寅，以得寅月寅时为妙，合此者必主大贵；见庚金，逆其旺气，破格。

【今译】

得遇壬化为木，弱极而又生，合于这个要求，必主大贵；但这种化合，反而以不见庚金破格为妙。

［评注］丁壬化木，喜欢逢寅，以得寅月寅时为妙，合于这个要求，必主大贵；遇到庚金，逆它的旺气，则属于破格。

【原文】

或有庚金壬癸，得己出干制之，此命不由科甲，亦有异途。

［评注］此言化木不成，别取用神也。有庚金则化木破格，壬癸出干则以官煞为用，须己土制之。败中有成，亦能显达，惟非正途耳。

【今译】

或者有庚金和壬癸水，得到己土出来制伏，这样的命局，即使不走科甲之路，也有异途功名。

［评注］这是说化木不成，另取用神。有庚金就会克破化木的格局，壬癸出现在天干，就以官煞为用神，但须用己土加以制伏。这样的格局败中有成，也能显达，只是不属于正路。

【原文】

或一派壬癸，不得寅时，又无庚金，必主穷困。

［评注］一派壬癸，不得寅时，化木不成；又不见庚金劈甲，无别种用神可取，必主穷困也。月令为时令之旺气，时为一日之旺气，故化气以月时得气为要。壬合丁化木，癸为化神之印，化神喜生助，故言壬兼言癸也。

【今译】

或者一派壬癸水，不得寅时，又无庚金，必主穷困。

［评注］一派壬癸水，不得寅时，化木就不成；又不见庚金劈解甲，没有别的用神可取，所以必主穷困。月令是时令的旺气，时辰是一日的旺气，所以化气以月令和时辰得气为关键。壬合丁而化木，癸为化神的印绶，化神喜欢生助，所以说壬也就兼说了癸。

【原文】

或丁年、壬月、丁日、壬时。男主大贵，女则不宜。此格以土为妻，金为子，但子女艰难。女命合此，淫贱，刑夫克子。

［评注］化神看其旺弱。丁年、壬寅月、丁日、壬寅时，化神之旺极矣；旺气及身而止，不免子息艰难。日主相，主创建事业，掌握威权。男命以旺相为贵；女命日主旺相，必夺夫权。旧社会非刑夫克子，不能握家政，故不宜也；现在时代变迁，当不以此论。土者，化神之财也；金者，化神之官煞也。“金为子”，恐有误字。化气以生我化神为用，当以金为妻、水为子也。官煞为子，或为子女艰难之征耳。

【今译】

或者丁年、壬月、丁日、壬时。男性主大贵，女性则不宜。这种格局以土为妻室，以金为子女，但子女艰难。女命合于这种格局，主淫贱，并且刑伤丈夫，克害子女。

［评注］化神要看它的旺弱。丁年、壬寅月、丁日、壬寅时，化神旺极了，但旺气刚及身就止息，不免子嗣难得。日主旺相，主创建事业，掌握威权。男命以旺相为贵，女命日主旺相，必夺夫权。旧社会不刑夫克子就不能握家政，所以不宜；现在时代变迁，应当不依照这个说法推论。土是化神的财，金是化神的官煞。“金为子”一句，恐怕有误字。化气以生我化神的天干为用神，应当以金为妻室，以水为子女。官煞为子女，或许天是子女艰难的征兆。

【原文】

或支会火局，无滴水解炎，僧道之命。见甲出略可，总不可无水，水多亦不宜。

［评注］正月丁火，支成火局，炎上失时，必须有水以成既济之功。无水，日主旺极无依，偏枯之象。有甲透干，亦不可无水，特不可太过耳。

【今译】

或者地支会成火局，无点滴的水解除炎燥，是僧人道士的命。遇甲出现略为可以，但总不可没有水，而水多也不相宜。

［评注］正月的丁火，地支会成火局，炎上而失时，必须有水来成就既济的功用。无水，日主旺极无依，属于偏枯的气象。有甲透出天干

也不可无水，只是不可过多罢了。

【原文】

庚辰、戊寅、丁未、壬寅。庠生，酉运终。

［评注］此造丁壬化木，得寅月寅时，又见辰，化才成象；惜庚金透出破格，仅为庠生，不能取贵。木局主仁寿，行运至酉，古稀之年矣。

【今译】

庚辰、戊寅、丁未、壬寅。为庠生，到酉运寿终。

［评注］这一命造丁壬化木，得到寅月寅时，又遇见辰，化合成就；可惜透出庚金属于破格，只是乡校的学生，不能取贵。木局主仁爱长寿，到行酉运时，已经是古稀的年纪了。

【原文】

辛卯、庚寅、丁酉、癸卯。女命，贫贱。

［评注］此造女命，财官临死绝之地，贫贱之象。

【今译】

辛卯、庚寅、丁酉、癸卯。为女命，贫贱。

［评注］这是女命，财官临死绝的方位，是贫贱的征象。

【原文】

二月丁火，湿乙伤丁，先庚后甲。非庚不能去乙，非甲不能引丁。庚甲两透，科甲定然；庚透甲藏，亦有生贡；甲透庚藏，异路功名。

［评注］二月丁火，偏印秉令，春草引火不燃，故云“湿乙伤丁”。干宜透庚，柱宜有甲。以庚去乙，以甲引丁，乃言其配合。庚甲两透，须不相克害。次述用庚用甲之意。

【今译】

二月的丁火，为潮湿的乙木所伤，先用庚金，后用甲木。非庚金不能克去乙木，非甲木不能引生丁火。庚金甲木两者一并透出，科甲是一定的；庚金透出而甲木伏藏，也有秀才或贡生的身份；甲木透出而庚金伏藏，主异路功名。

［评注］二月的丁火，偏印执掌时令，春草引火而不能燃烧，所以说“湿乙伤丁”。天干适于透出庚金，四柱宜于有甲木。以庚金克去乙木，以甲木引生丁火，才谈得到命局的配合。庚金甲木两者透出，必须不相克害。接下来是说用庚用甲的意思。

【原文】

或庚乙俱透，庚必输情于乙，未免贪合，运行金水，一贫彻骨；或臾透乙藏，则不能贪合，乙反引丁，即用乙亦无害，运入木火之乡，自然富贵。用乙者，水妻木子。

［评注］如乙庚并透，必输情相合。乙木当旺之时，不能化金，反成贪财坏印之局，再行才煞之运，势必一寒彻骨。若庚透乙藏，财印不相碍，即不妨以乙为用，运入木火之乡，自然富贵。此释财旺用印之意。盖木旺须财损印，而乙庚有相合之情，故须庚甲并透。若乙藏庚透，即不必有甲。偏印与正印同功，以乙为用，亦无害也。用印者必缘身弱，以印为用，官煞为妻，印为子。

【今译】

或者庚金和乙木都透出干头，这样庚金必定多情于乙木，不免贪合，行金水之地的运，主一贫彻骨；或者庚金透出而乙木伏藏，就不能贪合了，这样乙木反而引生丁火，即使用乙木也没有害处，行运入木火之乡，自然富贵。用乙木的，水为妻室，木为子女。

［评注］如果乙木和庚金一并透出，必定多情相合。乙木当旺的时令不能化金，反而形成贪财坏印的命局，再行财煞的运，势必一寒彻骨。若庚金透出而乙木伏藏，财印不相妨碍，就不妨以乙木为用神，这样行运进入木火之乡，自然富贵。这是解释财旺用印的意思。因为木旺必须用财克损印绶，而乙木庚金有相合之情，所以必须庚金甲木一并透出。倘若乙木伏藏而庚金透出，就不必有甲。偏印与正印同一功用，以乙为用神也无害。用印绶必定由于身弱，所以以印绶为用神，以官煞为妻室，以印绶为子女。

【原文】

若尽是乙木，不见一甲，此人富贵不久，因贪致祸，弄巧反拙，且不能承先人之业。

［评注］乙木阴柔之质，喻为卉木弱草，见火而焚，瞬即销灭，无长明之象。丁火必附于甲木，以其可久也。此释无财无官煞，不能专用印也。

【今译】

倘若尽是乙木，不见一个甲木，这人富贵不长久，因为贪婪而招致祸端，弄巧成拙，而且不能继承先人的家业。

［评注］乙木阴柔的形质，比喻为卉木和弱草，见火就会焚烧，瞬间就会消灭，无长明的气象。丁火必须附丽于甲木，这样才可以长久。这是解释无财无官煞时，不能专用印绶。

【原文】

或支成木局，有庚透，主清贵；不见庚者，常人。二月乙木司权，必须有庚，有乙无庚，主贫苦无依。用庚者，土妻金子。

［评注］此释印旺用财之意。支成木局，印绶太旺，必须用财损印，故有庚透为清贵，无庚为常人也。二月木旺之时，若旺极无依，反为贫苦之象。用庚金者，食伤为妻，财为子。

【今译】

或者地支会成木局，有庚金透出主清贵，不见庚金为常人。二月乙木掌权，必须有庚金，有乙木而无庚金，主贫苦无依。用庚的，以土为妻室，以金为子女。

［评注］这是解释印绶旺而用财的意思。地支会成木局，印绶太旺，必须用财克损印绶，所以有庚金透出为清贵，无庚金为常人。二月是木旺的时令，如果旺极而无克无泄，反为贫苦的征象。用庚金的，以食神伤官为妻室，以财为子女。

【原文】

得印旺煞高，大富大贵；或一派水，无一戊制，主贫苦无依；或乙少癸多，有戊去制，反吉。用土者，火妻土子。

［评注］印旺煞高，释煞旺用印也。月令印绶秉令，化煞为权，必大富贵。次释煞强用伤官制煞之理。二月乙木秉令，丁火不旺不弱，木少水多，不能纳水之气，必须戊土制煞，无制主贫苦。见壬合丁化木，同上正月，故仅言癸多而不言见壬也。用土制煞，以火为妻，土为子。

【今译】

印绶旺而七煞强，大富大贵；或者一派水，无一点戊土制伏，主贫苦无依；或者乙木少而癸水多，有戊去制伏，反而吉祥。用土的，火为妻室，土为子女。

［评注］印绶旺而七煞强，是解释煞旺用印。月令印绶执掌时令，化七煞为权柄，必定大富大贵。接下来解释七煞强而用伤官制煞的道理。二月乙木当令，丁火不旺不弱，木少水多，不能纳水之气，必须有戊土制煞，无制主贫苦。遇到壬合丁而化木，同上文正月一节，所以只说癸多而不说出现壬。用土制煞的，以火为妻室，以土为子女。

【原文】

戊子、乙卯、丁巳、丁未。用巳中之庚制木，位至尚书。

［评注］巳中庚金，似未可用。此造水木火土，气势纯粹，木盛火塞，宜财损印。运至庚申辛酉，补其缺点，五行之气流通。此为特殊之法也。

【今译】

戊子、乙卯、丁巳、丁未。用巳中的庚金制伏木，官位达到尚书。

［评注］巳中的庚金似乎不可用。这一命造水木火土，气势纯粹，木盛火塞，应当用财克损印绶。运至庚申辛酉，补足了缺点，五行之气得以流通。这是特殊的方法。

【原文】

丁卯、癸卯、丁卯、庚子。鼎甲。庚辰、己卯、丁丑、甲辰。尚书。

［评注］此两造皆庚透乙藏，财印不相碍为贵也。

【今译】

丁卯、癸卯、丁卯、庚子。高中殿试前三名。庚辰、己卯、丁丑、甲辰。官职达到尚书。

［评注］这两个命造都是庚金透出而乙木伏藏，以财印不相妨碍为贵。

【原文】

三月丁火，戊土司令，泄弱丁气。先用甲木引丁制土，次看庚金。庚甲两透，定主科甲；或一藏一透，终非白丁。

［评注］三月丁火，与二月同一用意，但因戊土司令，先用甲木，次看庚金；若在未交土旺之时，则当与二月同看也。

【今译】

三月的丁火，戊土执掌时令而泄弱丁火。先用甲木引生丁火而制伏土，其次看庚金。庚金甲木两者透出，定主科甲；或者一个伏藏一个透出，终究不是白丁。

［评注］三月的丁火，与二月同一用意，因戊土当令而先用甲木，次看庚金；如果是在没交土旺的时候，则应当与二月一样看。

【原文】

或支成木局，取庚为先。得庚透，丁癸不透，亦有异路功名。

［评注］支成木局，二月相同，取庚金为先。丁火制庚，癸水泄庚，皆为破格，故以不透为美。

【今译】

或者地支会成木局，以取用庚金为先。庚金透出而丁癸不透，也有异路功名。

［评注］地支会成木局，与二月相同，以取用庚金为先。丁火制庚与癸水泄庚都属于破格，所以以不透出为好。

【原文】

或支成水局，加以壬透，名煞重身轻，必夭折天年，或遭凶死；或戊己两透，廊庙之客。若一甲破土，定是常人。

［评注］三月乙木，犹有余气，不能从煞。月令辰库，支聚子申成水局，加以壬水透，则为煞重身轻，必主夭折；日元乙印通根，煞重而有食伤制之，反为廊庙之客。煞重为病，戊己制煞为药，若见甲木去其制煞之神，又为平常之人矣。

【今译】

或者地支会成水局，加上壬水透出，称为煞重身轻，必定夭折夭年，或遭凶横死；或者戊己两土透出，为朝堂上的人。只要有一个甲木克土，就一定是常人。

［评注］三月的乙木还有余气，不能从煞。月令辰为水库，地支聚子申而会成水局，加上壬水透出，属于煞重身轻，必主夭折；日元乙木印绶通根，七煞重而有食神伤官制伏，反而是朝堂上的大臣。煞重为病，戊己制煞为药，如果有甲木克去制煞的用神，又是平常人了。

【原文】

用甲者，水妻木子；用金者，土妻金子。

［评注］以印为用者，官煞为妻，印绶为子；以财为用者，食伤为妻，才为子。

【今译】

用甲的，水为妻室，木为子女；用金的，土为妻室，金为子女。

［评注］以印绶为用神的，以官煞为妻室，印绶为子女；以财为用神的，以食伤为妻室，财为子女。

三夏丁火

【原文】

四月丁火乘旺，虽取甲引丁，必用庚劈甲伐甲，方云木火通明。甲多，又取庚为先。

［评注］此节似有阙文，词意未达。四月丁火乘旺，火势炎上，必取壬水解炎，庚金为佐。无壬用癸，其理与丙火相同也。但丁火为阴柔

之质，喜附木以为荣，如壬癸不见，丁火身弱，必用甲引丁。然虽用甲印，仍以庚金为佐。何则？庚为甲之良友，凡用甲木，庚不可少（见三冬丁火），特与用壬之以庚为佐，意义不同。盖前者以庚发水之源，此者以庚劈甲引丁，使木火通明也。此为金木相济为用，而非财印交差。甲多取庚为先者，用财损印也。参阅《现代命鉴》四月丁火诸造。用壬庚者，贵显甚多，可知丁火乘旺，与丙火一理共推，略而不谈。无壬用甲之法，为丙火所无，故特提出说明耳。

【今译】

四月丁火乘旺，虽然用甲木引生丁，必须用庚金劈伐甲木，才谈得到木火通明。甲木多，又以取庚金为先。

［评注］这一节似乎有阙文，因为语意没有表达清楚。四月丁火乘旺，火势炎上，必须取壬水来解除炎燥，以庚金为辅佐，无壬就用癸，其道理与丙火相同。但丁火为阴柔的形质，喜欢附丽于木以求发荣，如果壬癸不出现，丁火身弱，必须用甲木来引生丁。但虽然用甲木印绶，却仍以庚金为辅佐。为什么？庚是甲的良友，凡用甲木，庚不可少（见三冬丁火），只是与用壬的以庚为辅佐涵义不同。前者以庚金发动水源，这里是用庚金来劈解甲木引生丁火，使木火通明。这是金木相济为用，而不是财印交叉。甲木多就取庚金为先，是用财损印的意思，请参阅《现代命鉴》四月丁火一节那些命造。用壬水庚金的，贵显的很多，可知丁火乘旺，与丙火一理共推，所以略而不谈。无壬水而用甲木的方法，是丙火所没有的，所以特别提出来加以说明。

【原文】

但四柱忌见癸水。癸水一见，泄庚，湿甲，伤丁，故以癸为病。

［评注］取甲引丁之局，忌见癸水，以其泄庚，失劈甲之用，湿甲，失引丁之用，并伤丁火也。壬水亦忌，盖见壬则官生印，印泄官，而非木火通明之局矣。若非取甲引丁为用，并不忌癸。取贵与否，另看格局配合，未可拘执也。

【今译】

但是四柱忌出现癸水。癸水一出现，就会泄庚、湿甲而伤丁，所以以癸为病。

［评注］用甲木引丁火的命局忌出现癸水，因为它泄庚而消除劈解甲的作用，弄湿甲木而消除其引生丁火的作用，并且伤害丁火。壬水也忌讳，因为遇到壬就会官生印，印泄官，就不是木火通明的命局了。如果不是以取甲木引丁火为目的，并不忌癸水。取贵与否，另看格局的配合情况，不可拘泥和执着。

【原文】

或癸水藏支，壬水出干制丙，不夺丁光，自是雁塔题名，玉堂清贵。

［评注］承上文。如甲丙并透，丙夺丁光，必须有壬水出干制丙，官印相生，玉堂清贵。无甲有庚，财官相生，亦为贵显之客，特壬癸出干，非木火通明之局耳。

【今译】

或者癸水藏于地支中，壬水出现在天干而制伏丙火，不夺丁火的光焰，自然雁塔题名，玉堂清贵。

［评注］这是承上文而说。如果甲木和丙火一并透出，丙夺了丁的光焰，必须有壬水出现制伏丙火，实现官印相生，这主玉堂清贵。无甲木而有庚金，财官相生，也是贵显的人，只是壬癸水出现在天干，就不是木火通明的命局了。

【原文】

或有庚无甲，戊透天干，此为伤官生财，又取戊为用，必主富贵。戊土出干，不见甲乙，又不见水，是伤官伤尽，八字清高，但不大贵，亦不大富。见水多木多，定是常人。

［评注］四月戊土得禄，原局有戊透干，则以戊土为用。有庚为伤官生财，无庚专用伤官，特不可见甲。有甲则伤官被制，有水为伤官见官，均破格。为官煞印绶，八字虽清，而不能大富贵者，火土偏燥故也。

【今译】

或者有庚金而无甲木，戊土透出天干，这是伤官生财格，又取戊为用神，必主富贵。戊土出现在天干而不见甲乙木，又不见水，是伤官伤尽，八字清高，只是不会大贵，也不会大富。出现水多木多的情况，一定是常人。

［评注］四月戊土得禄，原命局有戊透出干头，就以戊土为用神。有庚金为伤官生财格，无庚金就专用伤官，只是不可出现甲木。有甲木则伤官被制伏，有水为伤官见官，均属破格。官煞生印绶，八字虽清，而不能大富贵，是火土偏于炎燥的缘故。

【原文】

或四柱多丙，不见三癸，夺了丁光，此人贫苦。或丁年、巳月、丁巳日、丙午时，一丙不夺二丁，即不显达，亦名播四邻。所以书上说："丁火阴柔一烛灯，太阳相见夺光明。柱中若见甲木透，定许身安福自临。"

［评注］丙透而无壬癸水制之，则为丙夺丁光，贫苦之命。但一丙不夺二丁，丁火多，丙不能掩其光，即不显达，亦名播四邻也。柱中若见甲木，则仍以甲引丁为用，故云"定许身安福自临"。

【今译】

或者四柱多丙火而不见壬癸水，以至丙火夺了丁火的光焰，主这人一生贫苦。或者丁年、巳月、丁巳日、丙午时，一丙不夺二丁，即使不能显达，也会名播四邻。所以书上说："丁火阴柔，像一盏孤灯，太阳出现，会夺去它的光明。四柱中如果有甲木透出，一定许他身心安泰，福泽自己降临。"

［评注］丙火透出而无壬癸水制伏，丙就会夺了丁火的光，主贫苦的命。但一丙不夺二丁，丁火多了，丙就不能掩蔽它的光焰了，这样即使不能显达，也会名声传播于四面邻近的地方。四柱如果出现甲木，就仍以甲木引生丁火为用神，所以说"一定许他身心安泰，福泽自己降临。"

【原文】

甲午、己巳、丁丑、乙巳。词林。

[评注] 用甲引丁，木火通明也。

【今译】

甲午、己巳、丁丑、乙巳。身为翰林。

[评注] 用甲木引生丁火，有木火通明的气象。

【原文】

辛酉、癸巳、丁巳、乙巳。此“火长夏天金叠叠”格，侍郎。

[评注] 巳酉会局化财，以财滋弱煞为用，故贵。若“火长夏天金叠叠”，专用财星，乃富而非贵也。

【今译】

辛酉、癸巳、丁巳、乙巳。这是“火长夏天金叠叠”的格局，身为侍郎。

[评注] 巳酉会金局化偏财，以偏财滋益衰弱的七煞为用神，所以贵。像这样“火长夏天金叠叠”的格局，专用财星，是富而不贵的命造。

【原文】

五月丁火，时归建禄，不宜乱用甲木。

[评注] 丁火虽不离甲印，但生于五月，月令建禄，若非有水透干，不宜乱用甲木也。

【今译】

五月的丁火，时归建禄，不宜乱用甲木。

[评注] 丁火虽然不离甲木印绶，但是生于五月，月令为建禄，如果不是有水透出天干，就不宜乱用甲木。

【原文】

遇年透隔位之壬，不贪丁合者，忠而且厚；或支成火局，干见火出，得庚壬两透者，科甲定然；土透制壬，常人；即壬藏支中，亦非白丁，但要运行西北，方可发达。得一癸透，名“独煞当权”，出人头地。

［评注］“建禄生提月，财官喜透天。”加以支成火局而透干，必喜见壬癸官煞解炎，乃必然之势也。但壬水透干，见丁化合，化气不成，反失其用，此言合而不化之用也。若壬水在年干隔位，不与日元丁火相合化，则以壬水官星为用。用官，故性情忠厚。支成火局，干见火出，炎上之势可畏，单见壬水，滴水熇干，必须庚金发水之源，财官相生，自然显达。即使壬藏支中，亦非白丁，但壬水藏支，必须运程西北，引出壬官，方能发达。此言用财官之功用也。无壬而透癸七煞，其理相同。煞弱以财滋为用，煞旺以甲印化煞为用（见下干无火局”节），惟忌戊己土出干制化，则无用耳。

【今译】

遇年柱透出隔位的壬，不贪合丁的，忠诚而又宽厚；或者时支会成火局，天干出现火，得庚金壬水两者透出的，一定科甲成名；有土透出而制伏壬水，为常人；即使壬水藏在地支中也不是白丁，只是要行西北运才能发达。得一点癸水透出，称为独煞当权，主出人头地。

［评注］“建禄生提的月份，财官喜欢透出天干。”加上地支会成火局而又透出天干，必定喜欢遇到壬癸官煞解除炎燥，这是必然的趋势。但壬水透出天干，见丁就会化合，如果化气不成，反而失去作用。这是说合而不化的用神。如果壬水在年干，与日元隔位，不与丁火相合化，那就以壬水官星为用神。用正官，所以性情忠厚。地支会成火局，天干有火出现，炎上的势力可怕，单见壬水，滴水一烘就干，必须用庚金发动水源，使财官相生，这样才自然显达。即使壬水藏在地支中也不是白丁，只是壬水藏在地支，必须行西北方的运，引出壬水正官，才能发达。这是说用财官的功用。无壬水而透了癸水七煞，其道理相同。七煞弱则以财滋养为用神，七煞旺则以甲木印绶化煞为用神（见下干无火局”节），只忌戊己土出现在天干相制化，那样就无用了。

【原文】

若见寅辰亥卯字，化木生火，平常人物，丰衣足食，中年富，但刑克子息，劳而无功。或丙午月、丁未日、辛亥时，亥中有壬制丙，不至贫苦；若丙午时，则滴水难救炎火，必主僧道。若年支见子，虽不科甲，亦有衣衿。

［评注］此言丁壬相合也，承上壬透天干而言。生于四月，化气非时；虽支见寅辰亥卯字，不能化木，徒然生火（原文有漏字），平常人物。气势纯粹，主衣丰食足。身旺无克泄，主刑克子息。若壬年（原文漏字）、丙午月、丁未日、辛亥时，虽合而不化，壬水通根，可以制丙，有辛相生，不至贫苦；若丙午时，则年干壬水无根，滴水熇干，难解炎暑，身旺无依，孤穷之命。若年支见子，为壬子，壬水坐旺，水火相济，虽不科甲，亦有衣衿也。

复次用壬水官星，必须通根地支，有金相生，不见印绶。如一造：丙子、甲午、丁卯、壬寅，四柱无财，孤官无辅，甲木透出，泄官之气，木火乘旺，反以水为病，《滴天髓》所谓“强众敌寡，势在去寡”也。运行戊戌己十五年，大得意；至子运而起不测之灾。此由年子，时壬，隔不通气，甲木在中，故不能用官。若壬子相连，官星气旺，虽无金相生，当亦可用也。

【今译】

倘若出现寅辰亥卯字样，化木而生火，主平常人物，丰衣足食，中年富有，但刑克子息，劳而无功。或者丙午月、丁未日、辛亥时，亥中有壬水制伏丙火，不至于贫苦；如果是丙午时，则滴水难救炎烈之火，必主僧人道士的命。倘若年柱地支出现子水，即使不能发科甲，也有功名

［评注］这是说丁壬相合，是承上壬水透出天干而言。生于四月，化气的时令不合，即使地支出现寅辰亥卯字样也不能化木，白白地生火（原文有漏字），主平常人物；气势纯粹，主衣丰食足；身旺无克无泄，主刑克子嗣。倘若生在壬年（原文漏字）、丙午月、丁未日、辛亥时，虽然合而不化，但是壬水通根，可以制伏丙火，有辛金相生，不至于贫苦；如果生在丙午时，则年干的壬水无根，滴水洪干，难解炎热的暑气，以至身旺无依，为孤独穷困的命。如果年柱地支出现子而为壬子，那么壬水坐在旺支，水火相济，即使不有发科甲，也主有功名。

其次，用壬水官星，必须通根于地支，有金相生而不见印绶。例如

一人命造为丙子、甲午、丁卯、壬寅，四柱无财星，孤独的正官无辅助；甲木又透出而泄正官之气；木火乘旺，反而以水为病，即《滴天髓》所说的“强大众多敌寡少，势必除去寡少”。运行戊戌己的十五年，非常得意；到子运发生了不测的灾祸。这是由年支为子，时干为壬，相隔而不通气，甲木又在中间，所以不能用正官。如果壬和子相连，正官气旺，即使无金相生，应当也是可以用的。

【原文】

若干支无火局，有水透干，须用甲木，又要庚劈甲方明；木火通明，主大富贵。或木少火多，焚其木性，不能光透九霄，荣华不久。

［评注］若天干无火透出，支下又无火局（原文有漏字），天干透水，或支成水局，则非用甲木引化不可矣。用甲，更须有庚劈甲引丁，木火通明，主大富贵，与四月用甲，一理共推。若木少火多，木被火焚，丁火须附木以存，无木，故主荣华不久也。

【今译】

倘若干支无火局，而有水透出天干，须用甲木，又要庚劈解甲木，这要丁火才能明亮；木火通明，主大富大贵。或者木少火多，焚烧木性，不能光透九霄，主荣华不长久。

［评注］若天干无火透出，地支下又无火局（原文有漏字），天干透出水，或地支会成水局，就非用甲木引化不可了。用甲木，更须有庚伐甲木而引生丁火，这样才能木火通明，主大富大贵。这一点与四月用甲，一理共推。如果木少火多，木被火焚，丁火必须依附于木而存在，但是无木，所以主荣华不久。

【原文】

或生月是禄，支皆生旺合局，加以火出，无滴水解炎，乃身旺无依，孤贫之格，女必为尼，即运北地，反主凶危。

［评注］五月丁火建禄，支成南方或火局，四柱多见甲乙，则格成炎上。见戊己，为火炎土燥；若不成格，又无滴水解炎，乃身旺无依，孤贫之格（中有漏字），只能行土运，泄火之气。运行北地，反主凶危，滴水舆薪，反激其焰也。

【今译】

或者生月是日元的禄，地支都生旺合局，加上有火出现而无滴水解除炎燥，属于身旺无依，是孤贫的格局，女性必定为尼姑，即使运行北方水地，仍然反主凶险。

［评注］五月丁火建禄，地支成南方一气或者火局，四柱多遇甲乙木，就会成为炎上格，遇到戊己为火炎土燥。如果不成格，又无滴水解除炎燥，属于身旺无依，为孤贫的格局（中有漏字），只能行土运，以泄火之气，运行北地，反主凶危。因为滴水车薪，反而会激起它的势焰。

【原文】

用壬者，金妻水子；用甲者，水妻木子。

［评注］五月丁火，不外乎用官煞、用印两途。用官煞者，以财为妻，官煞为子；用印者，官煞为妻，印为子。

【今译】

用壬的，金为妻室，水为子女；用甲的，水为妻室，木为子女。

［评注］五月的丁火，不外乎用官煞、用印绶两种途径。用官煞的，以财为妻室，以官煞为子女；用印绶的，以官煞为妻室，以印绶为子女。

【原文】

庚午、壬午、丁亥、戊申。此建禄会禄，化合不成，大富寿长。

［评注］丁壬合而不化，通根亥禄，济之以申宫长生之水。坐禄之金，宜乎富贵寿考。月令建禄，两午为会禄。

【今译】

庚午、壬午、丁亥、戊申。这是建禄会禄而化合不成的格局，大富而长寿。

［评注］丁壬合而不化，通根亥宫之禄，以申宫长生的水来生扶它。坐在禄位的金，理应富贵长寿。月令为建禄，两个午为会禄。

【原文】

辛巳、甲午、丁未、甲辰。此建禄格，位至总兵。

［评注］此亦用甲引丁。辰未土泄火气，但丁未火土炎燥，贵而就武。

【今译】

辛巳、甲午、丁未、甲辰。这是建禄格，官位达到总兵。

［评注］这也是用甲木引生丁火。辰未土泄火之气，而丁未火土炎燥，主贵，但须就武。

【原文】

癸卯、戊午、丁丑、甲辰。用甲引丁，位至尚书。

［评注］此造与上造相同。虽透癸水，被戊合化，不能用。仍用甲引丁，辰丑之土泄秀。丁丑土润，戊癸合化而清，贵为尚书。

【今译】

癸卯、戊午、丁丑、甲辰。用甲木引生丁火，官位达到尚书。

［评注］这一命造与上造相同。虽然透出了癸水，但是被戊土合化了，不能用，仍然用甲木引生丁火，用辰丑土泄火之秀。丁丑土湿润，戊癸合化而清纯，贵为尚书。

【原文】

丙寅、甲午、丁丑、乙巳。甲透庚得所，富贵极品。

［评注］巳丑相合，庚金暗藏也。亦以甲木引丁为用。

【今译】

丙寅、甲午、丁丑、乙巳。甲木透出，庚金得所，富贵达到极品。

［评注］巳丑相合而庚金暗藏。也以甲木引生丁火为用神。

【原文】

丙子、甲午、丁酉、癸卯。煞印相生，大贵。己运尽节[1]。

［评注］此明代杨椒山继盛[2]命造也。煞印相生，以甲印化煞为用。

己运合印化伤而制煞，尽节。参阅《古今名人命鉴》(《命鉴》误以癸煞为用，以戊运合煞为遇难之时。以甲为用，自当在己运尽节也)。

【注释】

①尽节：为节义而死。

②杨椒山继盛（1516～1555)：名继盛，号椒山，河北容成人。明嘉靖年间考中进士，任兵部员外郎。为人正直，为官清廉，不畏残暴，因弹勤奸臣严嵩而被锦衣卫逮捕入狱。在狱中受尽酷刑，体无完肤，毫不畏惧，打破碗自己割身上的肉，“肉尽，筋挂膜，复手截去”，令刽子手心惊胆战。曾上《请诛贼臣疏》，奏劾严嵩十大罪状，被削职下狱。三年后，严嵩将其与死刑犯一起上报，被杀于西市（今西四)。临刑前，凛然牿气曰：“浩气还太虚，丹心照千古。生平未报恩，留作忠魂补。”燕都（北京）人民感动得为他哭泣，封他为城隍而祭祀他。

【今译】

丙子、甲午、丁酉、癸卯。七煞与印绶相生，是大贵的格局。到己运为节义而死。

［评注］这是明代杨椒山（字继盛）的命造。命局中七煞与印绶相生，以甲木印绶化泄煞为用神。己运合印绶、化伤官而制伏七煞，为节义而死。请参阅《古今名人命鉴》(《命鉴》误以癸煞为用神，以戊运合煞为遇难的时间。以甲木为用神，自然应当在己运为节义而死)。

【原文】

六月之丁火，阴柔退气，值三伏生寒，丁弱极矣。专取甲木，壬水次之。

［评注］丁火本阴柔之质，至六月气势发泄已尽，强弩之末。若四柱金水多，为三伏生寒，非用甲木生助，不能持久。六月火土炎燥，非水润泽，木无生意，或反焚木，故以壬水为佐。

【今译】

六月的丁火，阴柔而退气，又值三伏产生寒气，丁火弱极了。专用甲木，壬水次后。

［评注］丁火本来是阴柔的形质，到六月气势发泄已尽，成为强弩之末。如果四柱金水多，为三伏生寒，不用甲木生助，丁火就不能持久。六月火炎土燥，不用水润泽，木就没有生机，或得反会焚烧木，所以以壬水为辅佐。

【原文】

若得甲出天干，支成木局，见亥中之壬，为木神有根，接引丁火，必然科甲；即不见木局，支见壬水，虽不大贵，亦有凌云之气。无庚不妙。

［评注］未月见亥，则亥未会成木局。亥中有壬水，润泽甲木之根，接引丁火，必然贵显。"不见木局"者，谓地支无亥也。无亥而有申子辰等支藏壬癸水者，亦可以润木之根，虽不贵，而志高行远。"无庚不妙"者，凡丁火用甲，不能离庚，以庚劈甲引丁，方显甲印之用耳（见上四月丁火节）。

【今译】

如果甲木出现在天干，地支会成木局，遇见亥中的壬水，为木神有根，可以接引丁火，必然科甲成名；即使不会木局，只要地支中遇到壬水，即使不大贵，也有凌云的气概。无庚金不妙。

［评注］未月遇见亥，亥未就会会成木局。亥中有壬水，润泽甲木的根而接引丁火，必然贵显。"不见木局"指地支无亥。无亥而有申子辰等地支中藏有壬癸水的，也可以润木的根，虽然不贵，但志高行远。所谓"无庚金不妙"，是说凡丁火用甲木，不能离开庚金，以庚劈解甲木而引生丁，才能发挥甲木印绶的作用（见上四月丁火一节）。

【原文】

或支成水局，见水透干，则湿木性，不能引丁，必为平人。有甲透，有才干；有庚透，无刑伤。若无甲木，假名假利。

［评注］此言配合之法。三夏丁火，木宜其透，水宜其藏。水藏支则能润木之根，而不至湿木。木燥方能引丁，所以同一甲出天干。如壬水藏支，则虽不大贵，声名扬溢；若壬水出干，湿木之性，即为平庸之人。此乃甲木能引丁与不能引之别也。甲木透干，人必精明干练，有声

于时，亦此意也。若无甲木，名利皆虚。有庚透，无刑伤，即上文“无庚不妙”之意也。

【今译】

或者地支会成水局，有水透出天干，就弄湿木性而不能引生丁火，必定为平常的人。有甲木透出就有才干，有庚金透出就无刑伤。如果无甲木，名和利都虚假不实。

［评注］这是说配合的方法。夏季三个月的丁火，木适宜透出天干，水适宜藏在地支。水藏在地支就能滋润木的根，而不至于弄湿了木。木干燥才能引生丁火，所以同一甲木出天干，如果壬水藏于地支，就虽然不能大贵也声名扬溢；如果壬水出现在天干弄湿了木性，就是平庸的人。这是甲木能引丁与不能引的区别。甲木透出天干，人必然精明干练，有声望于当时，也是这个意思。倘若没有甲木，那么名利都是虚的。“有庚金透出就无刑伤”，即上文“无庚不妙”的意思。

【原文】

或年月日时，皆一派丁未之类，此为纯阴，终无大用。

［评注］年月日时皆丁未，四柱纯阴，火土偏燥，八字以中和为贵。偏枯之造，虽天干地支一气，不足取也。

【今译】

或者年月日时都是一派丁未之类，这属于纯阴，终究没有大的用处。

［评注］年月日时都是丁未，四柱纯阴，火土偏燥。八字以中和为贵，偏枯的命造，即使天干地支形成一气也不足取。

【原文】

用甲者，水妻木子。

［评注］六月丁火，专取甲木印绶为用，故以官煞为妻，印绶为子。

【今译】

用甲的，水为妻室，木为子女。

［评注］六月的丁火，专取甲木印绶为用神，所以以官煞为妻室，印绶为子女。

【原文】

丁卯、丁未、丁未、丙午。武进士。

［评注］四柱木火，格成炎上。究嫌火土偏燥，贵在武科。

【今译】

丁卯、丁未、丁未、丙午。为武科进士。

［评注］四柱都是木火，成为炎上的格局。但是终究嫌火土偏于火燥，只能从武科取贵。

【原文】

壬子、丁未、丁巳、丁未。丁壬合煞，合坏壬水。懦弱无能，妻子主事。

［评注］壬水临子，不能去之，只能取以为用。局无庚金相生，为原局之病；加以丁壬一合，用禄羁伴。水为妻，故主懦弱无能，妻子主事。

【今译】

壬子、丁未、丁巳、丁未。丁火合住壬水七煞，合坏了壬水。为人懦弱无能，由妻子主事。

［评注］壬水临子宫而不能去掉，只能取为用神。命局中无庚金相生，是原局的病；加上丁壬一合，用禄受到羁伴。水为妻室，所以主懦弱无能，妻子主事。

【原文】

由此造观之，虽四柱无木，仍以木为用也。以木为用，故水为妻。丁壬一合，合坏妻星矣。

【今译】

从这一命造看来，即使四柱中无木，也还是要以木为用神。以木为用神，所以水为妻室。丁壬一合，合坏妻星了。

三秋丁火

【原文】

三秋丁火，退气柔弱，专用甲木。金虽乘旺司权，无伤丁之理，仍取庚劈甲，为引火之物。或借丙暖金晒甲，不虑丙夺丁光。凡两丙夹丁者，夏月忌之，余月不忌。但此格少年困苦刑克，中年富贵，必要地支见水制丙方妙。

［评注］凡丁火不离甲木，三秋丁火退气，更非专用甲木不可，《滴天髓》云“如有甲木，可秋可冬”是也。七月申金秉令，申宫虽有壬水，然壬水不出干，水不伤丁；八九两月，更无伤丁之理。故三秋均宜取庚金劈甲引丁为用。三秋丁火退气，木亦休囚，更借助于丙，制财护印而不夺丁光，故三秋丁火，以甲、庚、丙并透为上命也。下申述两丙夹丁格局。丁为阴火，夏月本旺，若见太阳之火加于其上，则丁火无光，故以为忌，余月不忌。而“少年刑克困苦”者，以比劫争财故也。生于七月，申宫自有长生之水制之；在八九月，地支宜有水制丙，为官煞制劫护财，可保其中年富贵也。

【今译】

秋季三个月的丁火，退气而柔弱，专用甲木。金虽然乘旺掌权，但没有伤丁火的道理，所以仍以庚金劈解甲木，作为引火之物。或者借丙火暖金而晒甲，不忧虑丙火夺去丁火的光焰。凡两丙夹丁的，夏月忌讳，其余月份不忌。但这种格局主少年困苦刑克，中年富贵，一定要地支有水制伏丙火才好。

［评注］凡属丁火，不离甲木，秋三月丁火退气，更是非专用甲木不可，《滴天髓》所谓“只要有甲木，就可以经秋，也可以历冬”就是讲此道理。七月申金掌权司令，申宫虽然有壬水，但只要不出现在天干就不伤害丁火，八九两个月更没有伤丁的道理。所以秋三月都适宜以庚金劈解甲木引生丁火为用神。秋三月丁火退气，木也休囚，还借助于丙火，这样制伏财、护持印而不夺丁火的光焰，所以秋三月的丁火，以甲、庚、丙一并透出为上等命局。以下申述两丙夹丁的格局。丁为阴

火，在夏月本来就旺，如果有太阳之火加在丁上，丁火就会失去光焰，所以忌讳，而其他月不忌。“少年刑克困苦”，是比肩和劫财争财的缘故。生于七月，申宫自有长生的水制伏它；在八九月，地支应当有水制伏丙火，为以官煞制伏劫财而护持正财，所以可以保证中年的富贵。

【原文】

三秋甲、庚、丙并用，仍分优劣。何也？七月甲丙，申中有庚；八月甲、丙、庚皆用。七八月或无甲木，乙亦可用，为枯草引灯，却不离丙晒也；九月专用甲庚。大抵甲不离庚，乙不离丙，其理极明。或见甲、庚、丙皆透，必主科甲；无甲用乙者，富贵皆小，且富而不贵者多。

［评注］九月戊土当旺，晦火之光，必须有甲木制之。乙木制之无力，不用乙木，故丙火亦无所用也。七八月偏正财秉令，用甲木更须有丙为护持，甲木方得其用；九月伤官秉令，印能制伤，不虞财破。此亦不用丙火之一理也。甲不离庚，乙不离丙，与庚金劈甲，借丙暖金晒甲，同为本书独有之发明，其理极精，诚命理中之秘诀也。

【今译】

秋季的三个月，甲木、庚金、丙火同时运用，但要区分优劣。为什么？因为七月用甲木丙火，而申中有庚；八月甲木、丙火、庚金都用。七八月或许无甲木，乙也可以用，为枯草引灯，却不离丙火晒甲；九月专用甲木庚金。大抵甲不离庚，乙不离丙，其道理极明白。或者甲木、庚金、丙火都透出干头，必主科甲；无甲而用乙的，富贵都小，并且富而不贵的多。

［评注］九月戊土当旺，晦暗火的光焰，必须有甲木制伏它。乙木制伏无力，不用乙木，所以丙火也没有用。七八月偏正财执掌时令，用甲木还须有丙火为护持，甲木才能发挥作用；九月伤官执掌时令，印绶能制伏伤官，不忧虑正财被克破。这也是不用丙火的道理之一。甲不离庚，乙不离丙，与庚金劈解甲木，借丙温暖金晒甲，都是本书独到的发明，其道理极其精微，实在是命理中的秘诀。

【原文】

或一重壬水，又多见癸水，必以戊土为制，自然富贵光辉。

［评注］三秋金旺秉令，壬癸官煞出干，则财旺党煞，必须戊土制之，更须甲丙印劫生扶。身强用伤官制煞，亦为上格。

【今译】

或者一重壬水，又多遇癸水，必须以戊土来制伏，自然富贵而光辉。

［评注］秋三月金旺当令，壬癸官煞出现在天干，旺财就会与煞结党，必须用戊土制伏它；还须甲木印绶、丙火劫财来生扶。身强而用伤官制伏七煞，也是上等格局。

【原文】

或一派庚金，名财多身弱，主富屋贫人，妻多主事；或壬多泄庚，丁壬化煞，反成富贵；若庚多无壬，奔流下贱。

［评注］一派庚金而有一二点印、劫、比肩，既不能从，又不能任，为财多身弱，虽有财而不能用也。若有壬水出干，泄庚之气，年月时干，复见丁火比肩，则丁壬化煞为权，财旺权重，非富贵而何？用神多者，宜泄不宜克。庚多用丙丁比劫制之，不如用壬水泄之为妙。无泄又无比劫克制，定主下贱。

【今译】

或者一派庚金，称为“财多身弱”，为富屋的穷人，多由妻室主事；或者壬水多而泄庚金，丁壬化煞，反而会成就富贵；若庚金多而无壬水，主奔走迁流而下贱。

［评注］一派庚金而有一两点印绶、劫财、比肩，既不能相从，又不能任用，为“财多身弱”，即使有财产也不能使用。如果有壬水出来泄庚的气，年、月、时的天干又遇丁火比肩，丁壬就会化煞为权，财旺而权重，不是富贵是什么？用神多的，宜发泄而不宜克制。庚金多，用丙丁比肩劫财来制伏，不如用壬水来耗泄为妙。既无壬水耗泄，又无比劫克制，必主下贱。

【原文】

或八月一派辛金，不见庚金，又无比劫，此弃命从财，富而且贵；虽不科甲，亦有异途。从财者，水为妻，不克，有正偏；木为子，不刑。

［评注］“不见庚金”者，从格以纯粹为贵也。《明通赋》[①]云：“纯官、纯煞、纯马、纯财，身旺无杂，则官居极品。”虽指财官而言，从格一理，以纯为贵征也。从格因人致富贵，故云“异途”。从财格水妻木子，待考。财多身弱，反主克妻；从格纯粹，故主无刑克。

【注释】

①《明通赋》：命理学著名赋文，徐子平撰，万育吾解，见《三命通会》卷十一。

【今译】

或者八月一派辛金，不见庚金，又没有比肩劫财，这是弃命从财格，富而又贵；即使不能发科甲，也有异途功名。从财的，以水为妻室，如果不克妻，就有正室和偏房；木为子女，无刑克。

［评注］“不见庚金”，是从格以纯粹为贵的缘故。《明通赋》说：“纯官、纯煞、纯马、纯财，身旺而无混杂，就会官居极品。”这虽然是就财官而言，但从格也是一个道理，都是以纯粹为贵的征象。从格又主因人而得到富贵，所以说有异途功名。从财格以水为妻室，木为子女，有待考证。财多身弱，反而主克妻；从格纯粹，所以无刑克。

【原文】

或九月一派戊土，泄丁火之气，不见甲木，为“伤官伤尽”，非常寻可比。或甲木透出，为文书清贵，秋闱可夺。用甲者，庚不可少，水妻木子。

［评注］九月戊土当旺，一派戊土，伤官伤尽。有庚辛金泄土之气而无甲木，为富；有甲木，则以甲制戊，为贵，特用甲不可无庚耳。用甲木者，以水为妻，木为子。

【今译】

或者九月一派戊土，泄丁火之气，而不见甲木，为“伤官伤尽”，不是常寻命造可以比拟的。或者甲木透出天干，主文书清贵，秋试可以夺名次。用甲木的，庚金不可缺少，水为妻室，木为子女。

［评注］九月戊土当旺，一派戊土，为“伤官伤尽”。有庚辛金泄土之气而无甲木，主富；有甲木就以甲木制伏戊土，主贵，只是用甲不可无庚。用甲木的，以水为妻室，木为子女。

【原文】

辛亥、丙申、丁丑、戊申。大富命。

［评注］此为“火炼秋金”。丁火阴干不怕弱，运行东南，宜为大富。

【今译】

辛亥、丙申、丁丑、戊申。大富的命。

［评注］这是“火炼秋金”的格局。丁火阴干不怕衰弱，行东南方的运，应当大富。

【原文】

辛亥、丙申、丁卯、戊申。庚甲两全，会元。

［评注］亥卯会局，生起丁火，财旺用印也。亦喜运行东南。

【今译】

辛亥、丙申、丁卯、戊申。庚金甲木两者俱全，为会元。

［评注］亥卯会木局，生起丁火，财旺而以用印绶为用神。也喜欢运行东南方。

【原文】

辛卯、丙申、丁酉、丙午。无甲用乙丙，富而不贵。

［评注］日禄归时，以财为用，富格也。

【今译】

辛卯、丙申、丁酉、丙午。无甲而用乙木和丙火，只富不贵。

［评注］日元的禄在时支，以财为用神，为富格。

【原文】

庚辰、甲申、丁未、丙午。庚丙皆透，位至尚书。

［评注］印劫扶身，庚金透出，真神得用，贵显无疑。

【今译】

庚辰、甲申、丁未、丙午。庚金和丙火都透出天干，官位达到尚书。

［评注］正印和劫财扶身，庚金透出，真神得到任用，贵显毫无疑问。

【原文】

壬午、己酉、丁亥、庚戌。此命申戌两时主贵，酉时则不能。

［评注］申戌两时主贵，理外之理，洵可研究也。

【今译】

壬午、己酉、丁亥、庚戌。这一命造，申戌两个时辰主贵，酉时则不贵。

［评注］申戌两时主贵，这是道理外的道理，很值得研究。

【原文】

丁未、己酉、丁丑、辛亥。从财格，太守。

［评注］丁火虽通根未宫，有丑冲而去之。丁火无根，辛金透露，不能不从财也。

【今译】

丁未、己酉、丁丑、辛亥。从财格，官为太守。

［评注］丁火虽然通根于未宫，但是有丑冲去它。丁火无根，辛金透出天干，不能不从财。

【原文】

庚午、丙戌、丁未、壬寅。支中火多扶丁，得庚丙透，玉堂清贵无疑。

［评注］九月庚丙皆通根戌宫。三秋火金并见，主贵，以其聚得真也。

【今译】

庚午、丙戌、丁未、壬寅。地支火多而扶持丁，得庚金和丙火透出，为玉堂清贵无疑。

［评注］九月庚金和丙火都通根于戌宫。秋三月火金一并出现，主贵，因为这种会聚使命局真确。

【原文】

己亥、甲戌、丁卯、丙午。女命。甲丙高透，丁火得禄，大富。

［评注］此造虽炎上失时，喜得木火气顺，有土泄其秀。

【今译】

己亥、甲戌、丁卯、丙午。女人的命造。甲木和丙火高高透出，丁火得禄于午，大富。

［评注］这一命造，虽然作炎上格而失于时令，且喜木火气顺，而又有土泄火之秀。

三冬丁火

【原文】

三冬丁火微寒，专用庚甲。甲乃庚之良友，凡用甲木，庚不可少。无庚无甲，何能引丁？难云木火通明。冬丁有甲，不怕水多金多，可称上格；甲庚两透，科甲分明；见己则否，己多合甲，则为常人。

［评注］甲木，丁之母也。《滴天髓》云：“如有嫡母，可秋可冬”。三冬丁火，不离甲木，则丁火方有所附丽而生。用甲木，不能无庚；无庚劈甲，不能引丁。以庚为甲之佐，非以庚为用也。冬丁有甲，

不怕水多，印能化煞也；不怕金多，庚金劈甲，功成反生。故庚甲两透，必为上格。见己合甲，印化为食，即使不化，亦为羁绊用神，无可发展矣。

【今译】

冬季三个月丁火微寒，专用庚金和甲木。甲是庚的良友，凡用甲木，庚都不可少。无庚无甲，怎么能引生丁火？不能引生丁火，就难说木火通明了。冬天的丁火有了甲木，就不怕水多金多，可以称为上等格局；甲木和庚金两者透出，科甲分明无疑；遇到己土则不然，己多合甲，为常人。

［评注］甲木是丁之母。《滴天髓》说："如同得到了生母，可以经秋，可以历冬"。冬季三个月的丁火不离甲木，这样丁火才有所附丽并得到生扶。用甲木就不能无庚金，无庚金劈解甲木就不能引生丁火。以庚金为甲木的辅佐，并不是以庚金为用神。冬天的丁火有了甲木，就不怕水多，是印绶能化解七煞缘故；不怕金多，是庚金能伐甲木，会成就反生功用的缘故。所以庚金和甲木透出，必定为上等格局。遇到己合甲，印绶就会化为食神，即使不化也会羁绊用神，这样就无可发展了。

【原文】

或一丙夺丁，必赖支内水救。若有支金发水之源，官拜乌台①有准；全无癸水制丙，无用之徒；或有金无水，贫寒之士；有水无金，又主清高。

［评注］丙夺丁光，赖水为救应之神，乃以水为用。三冬月垣藏水，须有金为辅，方成有源之水也。冬令水旺，支皆藏水，而言无水制丙者，有戊己合制也，必为无用之徒；有金无水，比切夺财，贫寒之士；有水无金，水火相映成辉，虽清高而少实利。

【注释】

①乌台：乌台指御史台。汉代时御史台外柏树很多山有很多乌鸦，所以人称御史台为乌台，也戏指御史们都是乌鸦嘴。

【今译】

或者一个丙火夺去丁火的光焰，必须靠地支中的水来救应。如果有地支属金而动水源，一定被任用为御史；全无癸水来制伏丙火，为无用的人；或者有金而无水，为贫寒之士；有水而无金，又主清高。

[评注] 丙火夺去丁火的光焰，以水为救应之神，即以水为用神。冬三月月建中藏有水，但须有金生扶，这样才是有源之水。冬令水旺，地支都藏水，却说无水制伏丙火，是因为有戊己合而制水，这样必定为无用之徒；有金而无水，比肩劫财就会夺财，主为贫寒之士；有水而无金，水火相映成辉，主为人虽然清高，但是缺少实利。

【原文】

或时月二壬争合，取戊破之。有戊，稍有富贵；无戊，常人；设戊藏得所，不失衣衿。

[评注] 上文丙夺丁光，赖支内水救。壬癸同一为用，特丁壬有相合之情，合官为贵，不失官星之用。一位为美，有金生之，为财官格。若时月有两壬争合，须有戊土去一留一，不失富贵；壬透而戊藏，虽不能破壬取清，亦不失衣衿。

【今译】

或者时柱和月柱两个壬水争合，应当取戊土克破它。有戊土，稍有富贵；无戊土，常人罢了；如果戊土伏藏得恰当，不失为秀才。

[评注] 上文说丙火夺了丁火的光焰，靠地支内的水为救应。壬癸同样可用，只丁壬有相合的情谊，合官为贵，而不失官星的作用。以只有一位为好，如果有金生扶它，为财官格。如果时月两柱有两个壬争合，必须有戊土克去一个，留下一个，这样才不失富贵；壬水透出而戊土伏藏，虽然不能克破壬水而取得清纯，但也不失为秀才。

【原文】

或二丙夺丁，得年干有癸，支下带合，金水得所，亦必显达，纳粟奏名，必验。

[评注] 二丙夺丁，日元自旺，年干有癸，支下金水，为财滋弱煞格，显达出于异途。

【今译】

或者两个丙夺了丁火的光焰，而年干有癸水，地支下带合，使金水得位，也必然显达，通过纳粟而得功名，必定应验。

［评注］两个丙火夺去丁火的光焰，日元自然旺气，加上年干有癸水，地支下有金水，为财滋弱煞的格局，主通过异而途显达。

【原文】

或仲冬水多癸旺，全无比印，此作“弃命从煞”，亦有异途功名；见丁比出干，难合格局，常人，且主骨肉浮云，六亲流水；戊出破癸，颇有兄弟妻儿。此格用戊，火妻土子；用甲，水妻木子。

［评注］生于十一月，癸水秉令，四柱毫无比印，可作从煞论。若见比印，则为煞旺身衰，流离贫困；有戊出破癸，虽可制水，不至流离，亦不能上达。水多而旺，以印化之为上，无甲木而见戊，只能以戊为用。用戊者，比劫为妻，食伤为子。四柱有甲木者，必以甲木为用。用甲木者，官煞为妻，印为子。

【今译】

或者仲冬水多癸旺，却全无比肩印绶，这要作“弃命从煞”的格局来看，也有异路功名；有丁火比肩出现在天干，难合什么格局，只是常人，并且主骨肉如浮云，六亲如流水；戊土出现而克破癸水，颇有兄弟妻儿。这一格局用戊土，以火为妻室，以土为子女；用甲木，就以水为妻室，以木为子女。

［评注］丁火生于十一月，癸水当令，四柱全无比肩印绶，可以作从煞格推论。如果遇到比肩和印绶，则为煞旺身衰，主流离失所，生活贫困；有戊土出现而克破癸水，虽然可以制水而不至于流离失所，但也不能上升和发达。水多而旺，以印绶化泄为上策，如果无甲木而有戊土，就只能以戊土为用神。用戊土的，以比肩劫财为妻室，以食神伤官为子女。四柱中有甲木的，必定以甲木为用神。用甲木的，以官煞为妻室，以印绶为子女。

【原文】

或四柱多丙丁，又用癸制火。用癸者，金妻水子。

［评注］四柱多比劫者，取水为用，以才为妻，官煞为子。

【今译】

或者四柱中多丙丁火，又要用癸水来制伏火。用癸水的，金为妻室，水为子女。

［评注］四柱多比劫的，取水为用神，以财为妻室，官煞为子女。

【原文】

三冬丁火，甲木为尊，庚金佐之，戊癸权宜酌用可也。

［评注］三冬丁火，以庚金劈甲引丁为正用。水旺用戊，火旺用水，皆为去病之药，有病则用之。随宜酌用，无一定之法也。

【今译】

冬季三个月的丁火，以甲木为首要用神，以庚金为辅佐，至于戊土癸水，权宜酌用就可以了。

［评注］冬三月的丁火，以庚金劈解甲木而引生丁火为真正的用神。水旺就用戊土，火旺就用水，都是去病的药，有病才用它们。应当随所适宜，酌情而用，没有一定的方法。

【原文】

癸亥、癸亥、丁亥、辛亥。从煞格，侍郎。

［评注］亥中虽藏木，而水旺木微，湿木无焰，必从煞也。

【今译】

癸亥、癸亥、丁亥、辛亥。属于从煞格，官为侍郎。

［评注］亥中虽在藏有木，但是水旺盛而木微少，而且湿木不生焰，必须从煞。

【原文】

乙卯、丁亥、丁未、庚戌。正官格。甲木逢生，庚透壬旺，状元。

［评注］亥卯未三合木局，乙木透出，官星气泄，以庚金破印存官，亥宫壬水得禄，为财官格也。

【今译】

乙卯、丁亥、丁未、庚戌。属正官格。甲木逢生，庚金透出而壬水禄旺，高中状元。

［评注］亥卯未三合为木局，乙木透出干头，使官星气泄，以庚金克破乙木印绶而生助壬水正官，而壬水在亥宫得禄，为财官格。

【原文】

癸丑、癸亥、丁丑、丁未。支成木局，水多，必得诰封晋赠[①]。

［评注］亥未合局，用印化煞。水多煞旺，得印化之，印为文书之贵，故云得诰封晋赠也。

【注释】

①诰封晋赠：诰，封建时代对妇女进行封号。封，封给官爵。晋，晋升，提升职务。赠，指赏赐。诰封晋赠，是泛指这四者。

【今译】

癸丑、癸亥、丁丑、丁未。地支会成木局而水多，必定得到诰命、封爵、晋升、赏赐之类。

［评注］亥未合成木局，用印绶化解七煞。水多煞旺有印绶化解，而印绶主文书方面的尊贵，所以说得诰命、封爵、晋升、赏赐。

【原文】

庚午、己丑、丁酉、甲辰。身强煞浅，假煞化权，将军。

［评注］此李春芳[①]将军命造。丁火禄于午，酉丑会局，取辰中一点癸水，为财滋弱煞格。甲木合破己土，故不用食神；三冬丁火，火旺用水也。

【注释】

①李春芳：不详。

【今译】

庚午、己丑、丁酉、甲辰。身强，七煞浅，化七煞为权柄，身为将军。

［评注］这是李春芳将军的命造。丁火得禄于午，酉丑会成金局，取辰中的一点癸水，成为财滋弱煞的格局。甲木合破己土，所以不用食神；冬三月的丁火，火旺用水。

【原文】

庚戌、丁亥、丁卯、癸卯。支成木局，年出庚金，甲运登第。

［评注］庚金劈甲引丁，故甲运登第。

【今译】

庚戌、丁亥、丁卯、癸卯。地支会成木局，年出庚金，到甲运登科及第。

［评注］用庚金在劈解甲木而引生丁火，所以甲运登科及第。

【原文】

戊子、己丑、丁未、甲辰。地支寒湿，得甲戊两透，侍郎。

［评注］食伤太旺，必取甲木为用。

【今译】

戊子、己丑、丁未、甲辰。地支寒冷潮湿，得甲木戊土两者透出，官为侍郎。

［评注］食神和伤官太旺，必须取甲木为用神。

【原文】

壬辰、癸丑、丁巳、乙巳。无甲用丙晒乙，为枯草引灯。有能讼棍。

［评注］壬癸水旺，必用印化之。无甲只能用乙，幸有丙火助之。不得已而思其次也。

【今译】

壬辰、癸丑、丁巳、乙巳。无甲，就用丙来晒乙，为枯草引灯。是一个有能力的讼棍。

[评注] 壬癸水旺，必须用印绶化解。无甲只能用乙，幸而有丙火比助它。这属于不得已而用其次。

【原文】

辛卯、辛丑、丁卯、甲辰。柱无庚丙，乙木寒湿，至乙运身死。

[评注] 财印交差，又不能用壬癸通其气，贫困之造也。

【今译】

辛卯、辛丑、丁卯、甲辰。四柱中无庚和丙，乙木寒冷而潮湿，到乙运而死。

[评注] 财印交差，又不能用壬癸沟通二者之气，是贫困的命。

穷通宝鉴评注卷三

楚　南　余春台　原编
东　海　徐乐吾　评注

论　土

【原文】

五行之土，散在四维，故金木水火，依而成象，是四时皆有用有忌者。火，死酉也；水，旺子也。盖土赖火运，火死则土囚；土喜水财，水旺则土虚。土得金火，方成大器；土高无贵，空惹灰尘；土聚则滞，土散则轻。

［评注］五行木火金水，即春夏秋冬四时之气，故主旺于四时。土居中央，寄旺四隅。四隅者，艮宫丑寅，巽宫辰巳，坤宫未申，乾宫戌亥。辰戌丑未寄旺，寅申寄生，巳亥寄禄，故云“散在四维”。土无专旺之地，随四时之气以为旺衰。“有用有忌”者，言有喜土而成大器，有恶土而为忌见，随金木水火之配合，无一定之法也。次述土之旺衰，赖火以运行。火死于酉，火死则土囚；土喜水为财，水旺则土溃。故四维之土，春夏气旺而实，秋冬气弱而虚也。重重厚土，无财官食伤，徒然高亢而无生意，空惹灰尘而已，故云“土聚则滞，土散则轻”。金以泄之，火以成之，则成大贵之格，蒋介石①之造，丁亥、庚戌、己巳、庚午是也。

【注释】

①蒋介石（1887～1975）：原名瑞元，后改名中正。浙江奉化人，日本振武学校毕业。1908年加入同盟会。1922年陈炯明叛变时追随孙中山避难于永丰舰。后任黄埔军校校长、国民革命军总司令。1926年制造中山舰事件和“整理党务案”，排斥共产党人。1927年在上海发动“四·一二”反革命政变，大肆屠杀共产党人和革命群众。1928年后，历任国民党政府主席兼陆海空三军司令、军事委员会委员长、国民党总裁、国防最高委员会委员长，实行独裁统治。曾多次发动新军阀混战。“九·一八”事变后，推行“攘外必先安内”的方针，连续发动对江西等苏区的围剿。1936年西安事变后，被迫接受中国共产党提出的“停止内战，一致抗日”的主张，但多次掀起反共高潮。抗日战争胜利后，于1946年发动全面内战。1949年在反共内战彻底失败后去台湾。曾连任台湾总统和国民党总裁。

【今译】

五行中的土，播散在四维，所以金木水火都依它而成象，是四季都有用有忌的东西。火死于酉位，水旺于子位。因为土依靠火而运行，火死土就囚；土喜欢水为财，水旺土就虚。土得到金和火，才能成大器；土高亢而没有贵神，白白地惹来灰尘；土会聚就滞重，土播散就轻浮。

［评注］五行木火金水，就是春夏秋冬四季之气，所以主旺于四季。土居中央，寄旺于四隅。所谓四隅，即艮宫的丑寅，巽宫的辰巳，坤宫的未申，乾宫的戌亥。辰戌丑未寄于旺，寅申寄于生，巳亥寄于禄，所以说“散在四维”。土无专旺的方位，随四时之气而旺衰。“有用有忌”，是说有的喜欢土而成大器，有的厌恶土而忌相见，随金木水火的配合，没有一定的方法。接下来陈述土的旺衰，依赖火而运行。火死于酉位，火死的时候土值囚；土喜欢水作为正偏财，而水旺土就会崩溃。所以四维的土，春夏气旺而坚实，秋冬气弱而虚浮。重重的厚土，没有正偏财、官煞、食伤，白白地高亢而没有生机，空惹灰尘罢了，所以说“土会聚就滞重，土播散就轻浮”。用金来耗泄它，用火来成就它，就会成为大贵的格局，蒋介石的命造丁亥、庚戌、己巳、庚午就是例子。

【原文】

辰戌丑未，土之正也。分阴分阳，主则不同。辰有伏水，未有匿木，滋养万物，春夏为功；戌有藏火，丑有隐金，秋火冬金，肃杀万物。土聚辰未为贵，聚丑戌不为贵，是土爱辰未而不爱丑戌也，明矣。若更五行有气，人命逢之，田产无比，晚年富贵悠悠；若土太实无水，燥则不和，无木则不疏通，土见火则焦，女命多不生长。土旺四季，惟戌土困弱。戌多为人好斗，多瞌睡；辰未人好食；丑人清省。丑为艮土，有癸水，能润而膏，人命遇此，主能卓立。

［评注］土无专旺之时，寄旺于辰戌丑未，四季月各旺十八日，故随四季支神而分阴阳。辰戌阳支，为戊土；丑未阴支，为己土也。作用随所藏之干而殊异。辰为水之墓，未为木之墓，故云“伏水匿木”。辰藏乙木，春之余气；未藏丁火，夏之余气。辰之功用，依于水木；未之功用，依于木火。故辰未之土，滋养万物，春夏之功用也。戌为火墓，丑为金墓。而戌藏辛金，秋之余气；丑藏癸水，冬之余气。戌丑之土，肃杀万物，秋冬之功用也。以滋养肃杀之殊，故土聚辰未为贵，聚戌丑不为贵。土生于辰未，有滋养万物之功，而所用之财、官、印、食、伤五行有气，必主富贵。土性厚重，故又主寿考。土无金则太实，无水则太燥，无木则不疏通，见火多则焦。即使格成稼穑，亦不为贵，女命多不生长，所谓“火晦无光于稼穑”是也。次论土之性情。土性厚重，其弊为顽钝，故有好斗好食之病。戌宫藏火燥烈，丑宫藏水膏润，故有瞌睡清省之别。

【今译】

辰戌丑未是土的正位。四者分阴分阳，所主因而有所不同。辰中有伏藏的水，未中有隐匿的木，二者滋养万物，在春夏发挥作用；戌中有伏藏的火，丑中有隐匿的金，作为秋天的火和冬天的金，而肃杀万物。土聚在辰未为贵，聚在丑戌则不为贵，即土爱辰未而不爱丑戌，这是很明白的。如果五行有气，人命遇到它，会田产丰足无比，晚年富贵悠悠；如果土太实而无水，燥则不平和，无木则不疏通，这样，土见火则焦，女命多不生长。土旺于四个季月，只有戌土困弱。戌多，为人好斗而多瞌睡，辰未人好食，丑人清省。丑为艮土，有癸水，能滋润而又膏腴，人命遇到它，能卓然立在世上。

［评注］土无专旺的时间，寄旺于辰戌丑未，在四个季月各旺十八日，所以随四季地支而分为阴阳两类。辰戌为阳支，为戊土；丑未为阴支，为己土，作用随所藏的天干而各自不同。辰为水库，未为木库，所以说伏藏水，隐匿木。辰中藏有乙木，是春天的余气；未中藏有丁火，是夏天的余气。辰的功用依赖于水和木，未的功用依赖于木和火。所以辰未二土滋养万物，是春夏的功用。戌为火库，丑为金库，而戌中藏有辛金，是秋天的余气；丑中藏有癸水，是冬天的余气。戌丑二土肃杀万物，是秋冬的功用。因为滋养或肃杀的区别，所以土以聚于辰未为贵，聚在戌丑则不为贵。土生于辰未，有滋养万物的功用，而所用的正偏财、官煞、印绶、食伤五行有气，必主富贵。土性厚重，所以又主长寿。土无金就会太实，无水就会太燥，无木就不疏通，遇到火多就会焦燥，即使成就了稼穑格也不可贵，在女命多主不能生育，就是所谓"火晦暗无光于稼穑格"。接下来论述土的性情。土性厚重，其弊病是顽固愚钝，所以有好斗好吃的毛病。戌宫藏火而燥烈，丑宫藏水而膏润，所以有瞌睡和清醒的区别。

【原文】

生于春月，其势虚浮，喜火生扶，恶木太过，忌水泛滥，喜土比助。得金而制木为祥，金太多仍盗土气。

［评注］四时各有专旺之气，土为寄旺。所谓寄旺者，专旺之气，并不歇灭，在四时之末十八日中，土寄之而旺也。专旺之神，譬如主人；寄旺者，客也。客虽用事，主人并非被逐。明乎此意，乃可以论四时之土。春月寅卯辰，皆木旺之时。寅卯两月，甲乙秉令，土被克而弱，固无论矣；辰月土旺用事，亦有木气，又为水之墓库。故云"其势虚浮"。如见木多，须以火化之，泄木之气而生土；水势泛滥，须比劫助之。木与水，皆辰宫所藏之物也。木多，得金制之固佳；金多，仍盗土气，不免克泄交集，仍须用火制金化木以扶土，故最喜得火生扶也。

【今译】

生于春月，土势虚浮，喜欢火来生扶，厌恶木太过，忌讳水的泛滥，喜欢土的比助。以得到金而制伏木为吉祥，但金太多还是盗土气。

［评注］四季各有专旺之气，而土为寄旺者。所谓寄旺，是说专旺之气并不停歇或消灭，土寄托在四季的末十八日中而旺。专旺之神譬如主人，寄旺者只是客人，客人虽然主事，主人并没有被驱逐。明白了这个意思，才可以讨论四季的土。春天的寅卯辰月，都是木旺的时候。寅卯两个月，甲乙当令，土被克而衰弱，固然不用说；辰月土旺主事，也有木气存在，又为水库，所以说"势力虚浮"。如果出现的木多，须用火化它，泄木之气而生土；水势泛滥，须用比肩劫财来比助土。木与水，都是辰宫所藏的东西。木多，得到金的制伏固然好，但金多仍然盗土气，不免克泄交集，仍须用火制伏金、化泄木而扶助土，所以最喜欢得到火的生扶。

【原文】

夏月之土，其势燥烈，得盛水滋润成功，忌旺火锻炼焦坼。木助火炎，水克无碍；金生水泛，妻财有益。见比肩，蹇滞不通；如太过，又宜木克。

［评注］夏月火旺之时，火炎土燥。盛水滋润，万物发荣；旺火锻炼，生机尽灭。木助火炎，为煞印相生，以财破印党煞为忌（参阅《滴天髓补注》"母慈灭子"节）；独有夏月之土，木助火旺，不忌见水。盖调候为急，生克暂作缓论也。夏月水临绝地，用水，喜见金以发水之源，故"金生水泛，妻财有益"也。夏土得火生扶而旺，多见比劫，蹇滞不通；土旺太过，又宜用木克制。特用木制土，不能无水，否则，木助火旺，反焚木而增土旺势。故夏月之土，不能离水也。

【今译】

夏月的土，其势燥烈，得到盛大的水来滋润才能成就功用，忌讳生旺的火来锻炼以至焦裂。有木来助长火的旺势，水克就无碍；有金的生扶导致水势泛滥，妻室和财物就有益。遇到比肩，主蹇滞不通；如果太旺，又适宜木的克制。

［评注］夏月火旺的时候，火炎烈而土干燥。的盛大的水来滋润，万物就会发荣；有旺盛的火来锻炼，生机就会灭尽。木助长火的炎燥，为煞印相生格，以财克破印绶而与七煞结党为忌讳（参阅《滴天髓补注》"母慈灭子"一节）；只有夏月的土，木助火旺而不忌遇到水，因

为以调候为急务，生克必须暂缓一步谈论。夏月水临绝地，用水，喜欢遇到金发动水源，所以“有金的生扶导致水势泛滥，妻室和财物有益”。夏天的土得到火的生扶而旺，再多见比肩劫财，就会蹇滞不通；但土旺太过，又适宜用木来克制。只是用木克制土时不能无水，否则，木助火旺，反而会焚烧木而增加土的旺势。所以夏月的土，不能离开水。

【原文】

秋月之土，子旺母衰。金多而耗盗其气，木盛须制伏纯良。火重重而不厌，水泛泛而不祥。得比肩则能助力，至霜降不比无妨。

［评注］秋月金神当旺之时，金多泄土之气，为子旺母衰；金旺喜火以制之，土金伤官佩印。见火重重，为金神入火乡，上上之格。次者木盛土衰，亦宜金以制之。然克泄交集，仍喜火化木制金以扶身，故秋月之土，不离火也。土气已衰，见水多，为财多身弱，喜得比肩扶身；霜降以后，土旺用事，则不比亦可矣。

【今译】

秋月的土，金子当旺，土母衰弱。金多则耗泄土气，木盛必须制伏到纯粹良好。火重重而不生厌，水泛滥则不吉祥。得到比肩就能得到助力；到了霜降，无比肩也不妨。

［评注］秋月是金神当旺的时候。金多而泄土气，为子旺母衰；金旺喜欢火来制伏，属于土金伤官佩印绶的格局。遇到重重的火，为金神进入火乡，为上上等的格局。其次是木盛土衰，也应当用金来制伏。克泄交集，也喜欢火耗泄木、制伏金而扶助日元，所以秋月的土离不开火。如果土气已衰而遇到水多，为财多身弱，喜欢得到比肩来扶身；但霜降以后，土旺主事，就没有比肩也可以了。

【原文】

冬月之土，外寒内温。水旺财丰，金多子秀，火盛有荣，木多无咎。再加比肩扶助为佳，更喜身主康强足寿。

［评注］冬月阳气内敛，故土外寒而内温。在严寒之时，调候为急，一阳高照，万象回春，故冬月之土，亦不离乎丙火也。若支有巳午

寅戌，土气温暖，则用财、用食伤皆美。水，土之才也，水旺则才丰；金，土之子也，金多则子秀。惟用财、用食伤，皆以原局火盛土暖为先决条件，否则，须以调候为急，金水皆不能用矣。原局有火调候，见木多，助火而疏土，故冬月之土，用火喜以甲木为佐，虽多无咎也。如用金、用水或用木，必须身强，有印暖之，更须有比劫助之，则身主康强，寿考维祺矣。

【今译】

冬月的土，外部寒冷而内部温暖。水旺财就丰足，金多子女就秀气，火盛就有荣华，木多就没有祸咎。以再加上比肩的扶助为好，更喜欢日元康强而长寿。

[评注] 冬月阳气内敛，所以土外部寒冷而内部温暖。在严寒的时候，调候是急务，只要一阳高照，就会万象回春，所以冬月的土也不离开丙火。如果地支有巳午寅戌使土气温暖，就用财或用食神伤官都好。水是土的财，水旺财就丰足；金是土的子女，金多子女就秀气。只是用财或用食神伤官，都以原命局火盛土暖为先决条件，否则，必须以调候为急务，因为金水都不能用了。原命局有火调候，遇到木多，助火而疏土，故冬月土用火，喜欢以甲木为辅佐，即使甲木多也没有问题。如果用金、用水或用木，必须身强，有印绶暖它，更必须有比肩劫财协助它，这样日元强旺，人也就健康长寿，吉祥无比了。

论四季月之土

【原文】

辰戌丑未四土之神，惟未土为极旺，何也？辰土带木气克之；戌丑之土，带金气泄之。此三土虽旺而不旺，故土临此三位，金多，作稼穑格，不失中和。若未月土，助带火气也，带火以生之，所以为极旺也。若土临此旺未月，见四柱土重，多作火炎土燥，不可作稼穑看；但临此月之土，见金结局，不贵即富也。书曰："土逢季月见金多，终为贵论。"而在未月尤甚。

［评注］此篇议论精辟扼要，而坊本皆无之。兹据宏道堂木刻本补入。词句明暢，意义同前，不赘。生丑未月，土多见金结局，不贵则富，尤为理外之理。如一女造，戊辰、己未、庚午[1]，夫荣子贵，富贵而寿，五福俱全，可证此说出于经验，未虚言也。

【注释】

①如一女造，戊辰、己未、庚午：此造书中只有三柱，显然有阙文。从前文关于“生丑未月”的话看，所缺应是日柱。

【今译】

辰戌丑未四土，只有未土属于极旺。为什么？因为辰土带木气，克它；戌丑土带金气，泄它。这三种土虽说当旺，还是不旺，所以土临这三位，金多就作稼穑格，而不失中和。而未月的土则带火气，带火而生土，所以属于极旺。如果土临于土这样旺的未月，又遇到四柱土重，多看作火炎土燥，不可作稼穑格看；但临未月的土，遇金而构成命局，不是贵就是富。书上说：“土逢季月见金多，终究要以贵推论。”而在未月，尤其是这样。

［评注］这篇议论精辟扼要，但坊本都没有，现在根据宏道堂木刻本补入。词句明畅，意义与前文相同，故不加赘述。生于丑未月，土多遇金而成局，不是贵就是富，尤其是道理外的道理。例如一位女性的命造，戊辰、己未、庚午，丈夫尊荣，儿子显贵，富贵而长寿，五福俱全，可以证明这种说法出于经验，没有虚言。

戊土喜用提要

月份	喜用神	说 明
正月	丙甲癸	【原文】无丙照暖,戊土不生;无甲疏劈,戊土不灵;无癸滋润,万物不长。先丙,次甲,次癸。 【今译】无丙火照耀温暖,戊土就不得生扶;无甲木疏通劈解,戊土就不灵;无癸水滋润,万物就不生长。先用丙火,其次用甲木,再次用癸水。
二月	丙甲癸	【原文】无丙照暖,戊土不生;无甲疏劈,戊土不灵;无癸滋润,万物不长。先丙,次甲,次癸。 【今译】无丙火照耀温暖,戊土就不得生扶;无甲木疏通劈解,戊土就不灵;无癸水滋润,万物就不生长。先用丙火,其次用甲木,再次用癸水。
三月	甲癸丙	【原文】戊土司令,先用甲疏,次丙,次癸。 【今译】戊土当令,先用甲木疏通,再用丙火,再次用癸水。
四月	癸丙甲	【原文】戊土建禄,先用甲疏劈,次取丙癸。 【今译】戊土在月建得禄,先用甲木疏通劈解,其次用丙和癸。
五月	壬丙甲	【原文】调候为急,先用壬水,次取甲木,丙火配用。 【今译】以调和气候为急务,先用壬水,其次用甲木,用丙火配合。
六月	癸甲丙	【原文】调候为急,癸不可缺,丙火配用。土重不能无甲。 【今译】以调和气候为急务,癸水不可缺少,用丙火配合。土重时不能没有甲木。

七月	丙甲癸	【原文】寒气渐增,先用丙火。水多,用甲泄之。 【今译】寒气逐渐增盛,先用丙火。水多就用甲木消泄它。
八月	丙癸	【原文】赖丙照暖,喜水滋潤。 【今译】靠丙火照耀温暖,喜欢水的滋润。
九月	甲丙癸	【原文】戊土当权,先用甲木,次取丙火。见金,先用癸水,后取丙火。 【今译】戊土当权,先用甲木,其次用丙火。遇到金就先用癸水。
十月	甲丙	【原文】非甲不灵,非丙不暖。 【今译】没有甲木就不灵,没有丙火就不暖。
十一月	丙甲	【原文】丙火为尚,甲木为佐。 【今译】以用丙火为上,以甲木为辅佐。
十二月	丙甲	【原文】丙火为尚,甲木为佐。 【今译】以用丙火为上,以甲木为辅佐。

三春戊土总论

【原文】

三春戊土，无丙照暖，戊土不生；无甲疏劈，戊土不灵；无癸滋润，万物不长。正二月先丙后甲，癸又次之；三月先甲后丙，癸又次之，因戊土司权故也。有甲、丙、癸三者齐透，必主一品当朝；或二透一藏，亦登金榜；一藏一透，也可异途。

［评注］总论三春戊土。盖三春戊土，不离丙火照暖、甲木疏劈、癸水滋润三者，特用有先后耳。正二月木旺，以丙为主要，甲癸为佐；三月土旺，甲木为主要，丙癸为佐。或藏或透，虽同主富贵，主要之神，总宜俱备，方能显达也。

【今译】

春季三个月的戊土，没有丙火的照耀和温暖，戊土就不滋生；没有甲木的疏通劈解，戊土就不灵；没有癸水的滋润，就万物都不长。正月二月先用丙火，后用甲木，癸水又其次；三月先用甲木，后用丙火，癸水又其次。这是戊土司权的缘故。有甲木、丙火、癸水一齐透出，必主一品官员，当朝宰辅；或者两个透出一个伏藏，也会登上金榜；只有一个伏藏，一个透出，也可以通过异途得到功名。

［评注］这是总论春季三个月的戊土。这时的戊土，不离丙火的照暖、甲木的疏通劈解、癸水的滋润三者，只是取用有先后罢了。正月和二月木旺，以丙火为主要用神，以甲木和癸水为辅佐；三月土旺，以甲木为主要用神，以丙火和癸水为辅佐。或者伏藏或者透出，虽然同主富贵，但主要的用神总要俱备，才能显达。

三春戊土

【原文】

正二月，即有甲癸，若无丙除寒，如万物生而不长，故无丙者，富贵艰辛；或有丙无甲癸者，名曰“春旱”，如万物生而多厄；无甲癸者，一生勤苦，劳而无功；或一派丙火，有甲欠癸，先泰后否；或支成火局，不见壬癸，僧道孤贫。癸透者贵，壬透者富。

［评注］万物土中生，故戊土为万物之司令。然燥土不生，寒土不长，非有藉于太阳雨露，则不能生长万物也。初春气寒，丙火照暖为先；盛阳燥渴，又以雨露滋润为美。木为当旺之神，而疏土必有赖于甲木，二月乙木虽秉令，不能为疏土之用也。配得中和，福泽绵长；火土偏燥，必以壬癸为救。有丙无甲癸滋润，一生劳而无功；有丙甲而欠癸者，丙甲为煞印，有荫庇而少财富，故云先泰复否。欠者，缺也。总之不论丙透出干，或支成火局，火旺必以壬癸为救也。癸主贵，壬主富，详下文。

【今译】

正月和二月，即使有甲木和癸水，如果无丙火消除寒气，也像万物生而不长一样，所以无丙火的，富贵艰辛；或者有丙火而无甲木癸水，称为“春旱”，如同万物生来就多厄难；无甲木和癸水的，一生勤劳辛苦，却劳而无功；或者一派丙火，有甲木而缺癸水，开头通泰，后来否塞；或者地支会成火局，而不见壬癸水，是僧人道士的命，或者主孤贫。癸透出的，贵；壬透出的，富。

［评注］万物从土中产生，所以戊土为万物的主宰者。但是燥土不生，寒土不长，如果不助于太阳和雨露，就不能生长万物。初春气候寒冷，以丙火照暖为先务；阳气壮盛时烦燥干渴，又以雨露滋润为美。木为当旺之神，而疏通土必须依赖甲木，因为二月乙木虽然当令，却不能疏通土。配合达到中和才能福泽绵长，如果火土偏于炎燥，必须以壬癸水为救援。有丙火而无甲木和癸水的滋润，一生劳而无功；有丙火甲木而欠癸水的，以丙火甲木为七煞和偏印，虽有荫庇的作用，但是缺少财富，所以说先通泰而后否塞。欠是缺的意思。总之，不论丙火透出干头，还是地支会成火局，火旺必须以壬癸水为救援。癸主贵，壬主富，详见下文。

【原文】

用水者要审水之多少。或一派甲木，无丙，常人；得一庚透方妙。或支成水局，甲又出干，又有庚透，富贵双全。

［评注］上言火旺不能无水，此言水旺不能缺火也。春土湿重而无丙火，虽甲木透干，财生煞旺，总嫌气不融和，平常之人。且煞旺必须有制，故云“得一庚透方妙”。支成水局，甲庚俱透，富贵双全者，亦须柱有丙火，气暖而和方妙。春土气虚，得火而实，方能用食神制煞也。

【今译】

用水的，要审视水的多少。或者一派甲木而无丙火，是平常人；得到一个庚金透出才妙。或者地支会成水局，甲木又出现在天干，又有庚金透出，主富贵双全。

［评注］上文说火旺不能无水，这里说水旺不能缺火。春天的土湿气重，而无丙火，即使甲木透出干头，偏财生得七煞旺，总嫌气象不融和，主平常人。况且七煞旺必须有制伏，所以说“得一个金透出才妙”。所说的地支会成水局，甲木和庚金都透出，富贵双全，也须四柱

中有丙火，气暖而和才好。春土气虚，得到火才充实，才能用食神制伏七煞。

【原文】

或无庚金，又无比印，难作从煞，定主遭凶；不然，必为盗贼；若日下坐午，不得善终。

［评注］正月财旺土虚，四柱无比印，又无庚金逆木旺气，应作从煞论；若不能从，又无别种用神可取，定主遭凶。“日下坐午”，释难作从论之意。虽书有“戊土午日，不作刃看”之语，然总是印劫之地，若一派水木，柱无比印，而日下坐午，便不能从。煞旺刃衰，必遭凶死也。

【今译】

或者无庚金，又无比肩和印绶，难以作从煞格看，一定遭遇凶祸；不然，注定成为盗贼；如果日元下坐午，不得好死。

［评注］正月财当旺，土虚弱，如果四柱无比肩和印绶，又无庚金逆木的旺气，应当作从煞格推论；倘若不能从煞，又没有别的用神可取，注定遭遇凶祸。“日元下坐午宫”，是解释难作从煞格推论的意思。虽然书上有“戊土坐午日，不作羊刃看”的话，但总还是印绶和劫财的地方。如果一派水木，四柱中无比肩和印绶，而日元下坐午宫，就不能从煞。七煞旺而羊刃衰，必定遭遇凶横的死。

【原文】

或一派乙木，为官煞会党，即有庚从，却难制乙。此人内奸外直，口是心非。加一甲在内，无庚，必懒惰自甘，好食无厌。或丙多甲多，宜以癸庚参用。

［评注］戊土必须用甲木，方能疏土；乙为卉木，无疏土之用。甲乙杂出，卉木丛生，见庚金，则乙木输情相合，失制煞之用。故云“内奸外直，口是心非”。然官煞混杂，总以有制为美，唯人品格性质欠缺耳。若有甲而无庚，为七煞无制，其为人必少理智，懒惰无厌，不能自节也。丙多甲多，同上“一派丙火，有甲欠癸”节。以上论正二月戊土之用。

【今译】

或者一派乙木，为官煞会聚结党，即使有庚金相从，也难以制伏乙木。此人内心奸诈，外表正直，口是心非。加上一个甲木在命局中而无庚金，必然懒惰而甘心如此，好吃而没有厌足。或者丙火多甲木也多，应该参用癸水和庚金。

［评注］戊土必须用甲木来疏通，乙为卉木，没有疏土的作用。甲乙木杂沓而出，卉木丛生，遇到庚金，乙木就会多情而与之相合，失去制煞的作用，所以说“内心奸诈，外表正直，口是心非”。这样看来，官煞混杂总以有制伏为好，只是人的品格和性情有欠缺罢了。如果有甲木而无庚金，为七煞无制伏，他的为人必然缺少理智，懒惰而无厌足，不能自我节制。丙火多甲木多，同于上文的“一派丙火，有甲木而欠癸水”一节。以上是论正二月戊土的作用。

【原文】

三月戊土司令，不见丙、甲、癸者，愚而且贱；甲癸透者，科甲；丙癸透者，生员；甲癸俱藏者，只可云富；有癸，异途。

［评注］总论三月戊土，与正二月略异也。正二月春寒未却，丙火为先；三月戊土司令，甲木为要。日主秉令之时，以财生煞旺为上格，财印并用为次等。甲癸俱藏，富而不贵。然癸水透干，异途显达者，日元得气遇财星也。以财为用，故富中取贵。

【今译】

三月戊土执掌时令，不见丙火、甲木、癸水的，愚蠢而卑贱；有甲木和癸水透出的，科甲成名；丙火和癸水透出的，生员；甲木和癸水都伏藏的，只可言富；有癸水，异途得功名。

［评注］这是总论三月的戊土，与正二月稍有不同。正月和二月，春寒没有退却，以用丙火为先务；三月戊土执掌时令，以用甲木为要点。日主执掌时令的时候，以财生煞旺为上等格局，以财印并用为次等格局。甲木和癸水都伏藏，富而不贵。这样看来，癸水透出天干，异途显达，是因为日元得气而遇到了财星。以正财为用神，所以富中取贵。

【原文】

若丙多无癸，旱田无水，不能种苗，旧谷已没，新谷未登，此先富后贫之造。或火多有壬透者，先贫后富；癸透，先贱后荣。壬藏，不过食足；癸藏，不过名传。即此亦须运美。或支成火局，得癸透者，富贵天然；壬透，富贵辛苦。何也？癸乃天上甘霖，壬乃江河波浪，所以有劳逸之殊。

［评注］三月戊土，以甲木为主，丙癸为佐。有丙无癸，如同旱田，此与正二月相同（上文“一派丙火有甲欠癸”节），为先泰后否之象，非有壬癸救应不可。壬癸同为滋润，而用不同，用壬则富，用癸则贵。如壬癸藏支，须行运引出，方能富贵。此言丙火透干也。若支成火局，而壬癸透，印旺用财，富贵必矣；然亦有劳逸之殊，则由于壬癸性质有不同也。

【今译】

倘若丙火多而无癸水，就像旱田而无水，不能种苗，以至旧有谷物已经用完，新的谷物还没有成熟，这是先富后贫的命造。或得火多而有壬水透出，先贫后富；癸水透出，先贱后贵。壬水伏藏，不过衣食丰足罢了；癸水伏藏，不过名声传播罢了。而且即使这样，也必须行运理想。或者地支会成火局，得到癸水透出的，富贵来自天然；壬水透出，富贵而辛苦。为什么？癸是天上的甘霖，壬是江河的波浪，所以有劳碌与安逸的区别。

［评注］三月的戊土，以甲木为主，以丙火和癸水为辅佐。有丙火而无癸水，如同旱田，这与正月和二月相同（上文“一派丙火，有甲木欠癸水”节），为先通泰后否塞的征象，非有壬癸水的救应不可。壬癸水同样可以滋润，但作用不同，用壬就富，用癸就贵。如果壬癸水伏藏于地支，必须由行运引出来，才能富贵。这是说丙火透出天干。如果地支会成火局，而壬癸水透出，印绶旺而用财，富贵是必然的；但也有劳碌和安逸的区别，这是由于壬和癸性质有所不同。

【原文】

支成木局，又甲乙出干，此名“官煞会党”，官煞无去留之义，得一庚透，扫除官煞，亦主富贵；无庚，乃浅薄之人，宜用火泄木气。有一命，丁未、癸卯、戊寅、乙卯，癸丁透干，加以戊癸化火，将甲木暗焚，反得武科探花。

［评注］官多化煞，官煞混杂，官从煞论，无所谓去留也。三月戊土秉令，身强以食神制煞为贵；无食制，则以印化煞。但三春用丙火印，须地位配合适当，火不焚木，方为中和。丁未一造，甲丙藏寅，癸水透干，宜乎显达矣；然而戊癸合化，财不生官，化而为火，暗透乙木官星，变为偏燥之局，虽贵而就武科。

【今译】

地支会成木局，又有甲乙木出现在天干，这称为“官煞会聚结党”，官煞没有去留的义理。得一个金庚透出，扫除官煞，也主富贵；无庚金则是浅薄的人，应该用火耗泄木气。有一个命造，是丁未、癸卯、戊寅、乙卯，其中癸水丁火透出天干，加以戊癸相合而化为火，将甲木暗中焚烧，反而得到武科探花的功名。

［评注］正官多就会化为煞，而官煞混杂，其中的正官也作七煞推论，无所谓去留。三月戊土执掌时令，身强则以食神制伏七煞为贵；无食制伏七煞，就用印绶化煞。但春季三个月用丙火印绶，必须位置配合适当，火不焚木，才算中和的命局。丁未那一命造，甲木和丙火伏藏于寅宫，癸水透出干头，是理应显达的；然而戊与癸相合而化，正财不生正官化而为火，暗中透出乙木官星，变为偏燥的命局，虽然贵，却就了武科。

【原文】

或木多，无比印透，作从煞而论，亦富贵。

［评注］承上“支成木局”节。三春木旺秉令，四柱无比印（丁己），作从煞论（参阅正二月难作从煞论节）。三月木为主，土为客（寄旺），客虽强，无逐主之理。如支成方局，亦同作从论也。

【今译】

或者木多，而无比肩印绶透出，作从煞格推论，也主富贵。

［评注］承上文“支成木局”一节而言。春季三个月木旺当令，四柱无比肩印绶（丁己），作从煞格推论（参阅正二月难作从煞论节）。

三月木为主人，土为客人（寄旺），客人虽强，没有驱逐主人的道理。如果地支会成方或会成局，也同样作从格推论。

【原文】

或有比印，专看癸透，取癸而成贵格；无癸，无火，无金，名为土木自战，主腹生疾病，忧愁艰苦。

［评注］承上“支成木局”节。日元有比印相扶，专取癸而成贵格。不论用甲用丙，皆以癸为配合，无癸不能富贵也。三春木为当旺，戊土日元，而无水火金为配，则土木相战，下格。

【今译】

或者有比肩印绶，专看癸水透出，取癸水来成就贵格；无癸水又无火无金，称为“土木自战”，主腹部生病，忧愁而又艰苦。

［评注］承上文“地支会成木局”一节而言。日元有比肩印绶相生扶，专取癸水来成就贵格。不论用甲木还是用丙火，都用癸水来配合，因为无癸水就不能富贵。春季木属于当旺状态，戊土为日元而无水、火、金为配合，则土和木互相交战，属于下等格局。

【原文】

用甲者，水妻木子；用丙者，木妻火子。

［评注］三春戊土，不外乎用甲和用丙。癸为喜神，阅上文自明。用甲者，财为妻，官煞为子；用丙者，官煞为妻，印为子。

【今译】

用甲的，水为妻室，木为子女；用丙的，木为妻室，火为子女。

［评注］春季三个月的戊土，不外乎用甲木和用丙火。癸水为喜神，读上文自能明了。用甲木的，财为妻室，官煞为子女；用丙火的，官煞为妻室，印绶为子女。

【原文】

丙寅、庚寅、戊辰、庚申。丙、癸、甲会成七煞格，大将军。

［评注］辰中藏癸，戊土不燥；丙火照暖，戊土不寒。此言其配

合。申辰会局，财滋煞旺，庚金制之。七煞有制，威握兵柄。

【今译】

丙寅、庚寅、戊辰、庚申。丙火、癸水、甲木会成七煞格，官为大将军。

［评注］辰中藏有癸水，使戊土不燥；丙火照耀温暖，使戊土不寒。这是说命局的配合。申辰会成水局，正财滋养得七煞旺，又有庚金制约它。七煞有制约，所以威风地掌握兵权。

【原文】

癸未、乙卯、戊寅、丙辰。丙癸两透，甲藏，侍郎。癸未、乙卯、戊寅、壬子。丙甲得所，壬癸透干，一榜。

［评注］壬子时丙火不透，不及丙辰时丙透为贵。此亦言其配合。用神在官，喜行财地也。

【今译】

癸未、乙卯、戊寅、丙辰。丙火和癸水两者透出，甲木伏藏，官为侍郎。癸未、乙卯、戊寅、壬子。丙火和甲木藏得其位，壬癸水透出天干，一榜得第。

［评注］壬子时丙火不透出，不如丙辰时丙火透出主贵。这也是谈配合。用神在正官，喜欢行财地的运。

【原文】

辛卯、癸卯、戊寅、壬子。女命。两癸得所，旺夫无子。

［评注］丙火印绶为用，为财所破，故无子；比劫为夫，运行东南，故旺夫也。

【今译】

辛卯、癸卯、戊寅、壬子。女性的命造。两个癸水得位，旺夫，但没有儿子。

［评注］以丙火印绶为用神，而为正财所克破，所以没有儿子；比劫为丈夫，运行东南方，所以旺夫。

【原文】

己未、戊辰、戊寅、甲寅。煞印相生格，探花。

［评注］身旺，时上独煞透出，用寅中丙火化煞为用，即用火泄木气也。土旺宜木运，上丁未一造生于二月，火土燥渴；此则生于三月，辰中藏癸，土不燥也。

【今译】

己未、戊辰、戊寅、甲寅。属于煞印相生格，高中探花。

［评注］日元旺，时柱上唯一的七煞透出干头，以寅中的丙火化煞为用神，即用火泄木气。土旺适宜行木运。上面的丁未一造生于二月，火炎土燥；这一造则生于三月，辰中藏有癸水，土不燥。

三夏戊土

【原文】

四月戊土，阳气发升，寒气内藏，外实内虚，不畏火炎。无阳气相催，万物不长，故先用甲疏劈，次取丙癸为佐。

［评注］四月戊土，月令建禄，厚重之土，宜甲疏劈，故取用以甲木为先。丙为太阳之火，癸为雨露之水，水火相济，万物滋长，故用煞必以财印为佐。此为孟夏最适宜之配合。

【今译】

四月的戊土，阳气发荣上升，寒气隐藏在内部，外表充实而内部虚浮，不怕火旺。没有阳气相催促，万物就不长，所以先用甲木疏通劈解，再取丙火癸水为辅佐。

［评注］四月的戊土，月令为建禄，是厚重的土，宜于用甲疏通劈解，所以取用以甲木为首。丙为太阳之火，癸为雨露之水，水火相济，才能万物滋长，所以用七煞必须以正财和印绶为辅佐。这是孟夏最适当的配合。

【原文】

丙透甲出，廊庙之材；丙癸俱透，科甲之士；即透一位，支藏得所，终非白丁。

［评注］甲丙两透，而癸水藏支，必为廊庙之材。盖甲丙并透者，以印化煞为用；癸藏支者，戊土得润，解炎燥之气。配合适宜，焉得不贵？丙癸俱透者，财印相济为用，须财印不相碍，必得显达；丙透癸藏，或癸透丙藏，支藏得所。两不相碍，亦必贵显，即使有闲神夹杂，终非白丁也。

【今译】

丙火透出，甲木出现，是国家的栋梁；丙火癸水都透出，是科甲成名的士人；即使只透出一位，只要在地支伏藏得位，也终究不是白丁。

［评注］甲木和丙火两者透出，而癸水藏于地支，必定是国家的栋梁。甲木丙火一并透出的，以印绶化解七煞为用神；癸水藏于地支的，戊土得到润泽，解除了炎燥之气。配合适宜，怎么能不贵？丙火和癸水都透出的，以财印相济为用神，要财印不相妨碍，这样必定显达；丙火透出而癸水伏藏，或者癸水透出而丙火伏藏，而在地支中伏藏得所，两不相碍，必定贵显，即使有闲神夹杂，也终究不是白丁。

【原文】

若一派丙火，为火炎土燥，僧道之流；得一癸透，壬藏，功名有准；或支藏癸，衣食充足，但骨肉多刑。

［评注］火炎土燥，而得壬癸为救，解炎燥之气，故云“功名有准”；若一派丙火，火炎土燥，毫无生机，其为孤苦，宜矣；如有一癸藏支，即可衣食充足，但嫌火土燥烈，配合无情，故骨肉多刑克。此言以财为用也。

【今译】

倘若一派丙火，为火炎土燥的命局，主僧人道士之流；有一个癸水透出，而壬水伏藏，就一定取得功名；或者地支中藏有癸水，主衣食充足，只是骨肉多有刑克他的。

［评注］火炎土燥，而得到壬癸水为救援，解除炎热干燥之气，所

以说“一定取得功名”；如果一派丙火，火炎土燥，毫无生机，这人的孤苦，就是理所当然的了；只要有一点癸水藏在地支中，就可以衣食充足，只是嫌命局火土燥烈，配合无情，所以骨肉多有刑克他的。这是说以财为用神。

【原文】

化合成局无破，富贵非轻。

［评注］四月戊土，支成火局，干透癸水，为化合逢时。格局无破，富贵非轻。

【今译】

化合成局而不破格，富贵不小。

［评注］四月的戊土，有地支会成火局，天干透出癸水，属于化合逢时。只要格局不破，富贵就不会小。

【原文】

或支成金局，干出癸水，此为奇格，正是“土润金生”；即不为桃浪之客[①]，定有异路恩荣。

［评注］戊土建禄，干出癸水以润土，支成金局以泄土，为“土润金生”，食伤生财为用，必有异路恩荣。“桃浪之客”，言春闱得意，科甲之荣也。

【注释】

①“桃浪之客”，京城会试，均在春季举行，称春闱。春天正是桃花盛开的时候，故会试而得中的人又称桃浪之客。

【今译】

或者地支会成金局，天干出现癸水，这属于奇格，正是“土润金生”；即使不能春闱得中，也一定有异路的恩荣。

［评注］戊土建禄，天干出现癸水而润土，地支会成金局而泄土，为“土润金生”，以食神伤官官生财为用神，必有异路恩荣。“桃浪之客”，指春闱得意，科甲的荣耀。

【原文】

此用癸水，金妻水子。

［评注］四月戊土，不离甲、丙、癸。用甲丙者，同上三月；用癸水者，食伤为妻，财为子。

【今译】

这是以癸水为用神，金为妻室，水为子女。

［评注］四月的戊土，不能离开甲木、丙火和癸水。用甲木丙火的，与上文所说的三月相同；用癸水的，以食神伤官为妻室，以财为子女。

【原文】

辛亥、癸巳、戊午、丙辰。化合逢时，名重玉堂。

［评注］戊癸相合，时透丙辰，化火斯真。时逢孟夏，火气当旺之时，为化合逢时也。

【今译】

辛亥、癸巳、戊午、丙辰。化合正逢其时，在官场有大名声。

［评注］戊与癸相合，时柱丙辰，化火属于真化。在孟夏火气当旺的时候，为化合逢时。

【原文】

癸丑、丁巳、戊午、丁巳。癸水虽出年干，乏甲疏土，秀才而已。

［评注］戊癸隔位不合，癸水通根于丑，虽得解炎，而效用薄弱，所谓“清气只嫌官不起”。癸透为清气，乏甲疏土为官不起也。终于秀才而已。

【今译】

癸丑、丁巳、戊午、丁巳。癸水虽然出现在年干，但是无甲木来疏通土，所以只是秀才。

［评注］戊土与癸水隔位，不能相合。癸水通根于丑，虽然得以解除炎燥，但效用却微弱，即所谓“清气只嫌官不起”。以癸水透出为清

气，以无甲木疏通土为官不起，所以终老于秀才罢了。

【原文】

五月戊土，仲夏火炎，先看壬水，次取甲木，丙火酌用，用癸力微。

［评注］戊为高亢之土，四月不畏火炎，以甲木疏土为主，癸水润泽而已；五月火嫌太旺，以解炎为重，则宜壬水，而癸水嫌其力薄矣。“先看壬水，次取甲木”者，有壬水方可用甲木，无壬则木化成灰，不能用也。故仲夏戊土之配合，必以壬水为主要之神。

【今译】

五月的戊土，在仲夏火势炎烈的时候，要先看壬水，次取甲木，酌情用丙火，而用癸水的作用微小。

［评注］戊为高亢的土，四月不怕火势炎燥，以用甲木疏通土为主，兼用癸水润泽而罢了；五月嫌火太旺，以解除炎燥为重，这样就适宜用壬水，而癸水则嫌力量不足了。“先看壬水，次取甲木”，是因为有壬水才可以用甲木，无壬水，木就化成灰烬，而不能用了。所以仲夏戊土的配合，必须以壬水为主要的用神。

【原文】

壬甲两透，名“君臣庆会”，自然桃浪先声，权高位显；又得辛透年干，官居一品。一命辛未、甲午、戊寅、壬子，壬甲两透，印旺煞高；出将入相，名播四夷。

［评注］辛未一造，寅午会局，得时秉令，故云“印旺”；时逢壬子，财旺生煞，故云“煞高”。有壬水之财，甲木之用方显；若易以甲寅时，七煞虽旺，木被火焚，土盛木折，不能用也。

【今译】

壬水和甲木两者透出，称为“君臣庆会”，自然在春闱夺得先声，权力重大，地位显要；又得辛金透出于年干，则官居一品。一个命造，为辛未、甲午、戊寅、壬子，局中壬水甲木都透出，印绶旺，七煞强，出将入相，名声远播于四夷。

［评注］辛未这一造，寅午会成火局，得时当令，故说“印绶旺”；时柱逢壬子，财旺生煞，故说“煞高”。有壬水作为财，甲木的作用才能显现；如果换成甲寅时，那么七煞虽然旺，而木被火焚，土盛而木折，就不能用了。

【原文】

若支成火局，即透癸水，不能大济，是一杯水难济车薪火也。人命合此，即好学不倦，亦不能成名，且主目疾。若得壬水出干，则此非比。

［评注］此申述癸水力薄，宜用壬水之意。癸见戊土，输情相合，火旺土燥之时，入以滴水，瞬即干涸，无济于事。水主目，故主目疾。此与五月丙火，火土旺而见一二癸水，同一理也。若见壬长流之水，则非此论；更济之以申宫坐禄之金，则不贵即富矣。

【今译】

若地支会成火局，即使透出癸水，也没有大的作用，属于一杯水难救车薪之火。人的命局这样，即使好学不倦也不能成名，而且主眼睛有病；倘若有壬水出现在天干中，则不能这样比喻。

［评注］这是申述癸水力量薄弱，应当用壬水的意思。癸水遇到戊土，就会多情而相合。火旺土燥的时候，加入点滴的水，瞬间就会干涸，无济于事。水主目，所以主眼睛有病。这与五月丙火，火土旺而出现一两点癸水，是同一个道理。如果出现壬这个长流之水，就不能这样说了；再用申宫坐禄的金来生助它，则不是贵就是富。

【原文】

又或土木重重，全无滴水，僧道孤贫之辈。

［评注］此申述先壬后甲之意。若有甲木而无壬水，则土木重重，无水解炎，偏枯之象，必为孤贫之辈。

【今译】

又或土木重重，全无一滴水，僧道孤贫之辈。

［评注］这是申述“先看壬水，后取甲木”的意思。如果有甲木而

无壬水，那么土木重重，无水来解除炎燥，属于偏枯之象，必定是孤独贫穷之辈。

【原文】

用壬者，金妻水子。

［评注］壬水，财也。以财为用者，食伤为妻，财为子。

【今译】

用壬的，金为妻室，水为子女。

［评注］壬水为偏财。以财为用神的，以食神伤官为妻室，以正偏财为子女。

【原文】

六月戊土，遇夏干枯，先看癸水，次用丙火甲木。

［评注］五六月同为火炎土燥，五月病在火炎，故用壬水；六月病在土燥，故用癸水，盖癸为雨露之水也。先癸，次丙火甲木者，必须先有癸水，然后可用丙火或甲木。无癸，虽有丙甲而不能用也。季夏土性干枯，得雨露滋润之后，喜阳和则用丙火，喜疏劈则用甲木。无癸见丙，则亢土焦圻；无癸见甲，则木性自焚，故必以癸为先也。无癸而有壬水，如无雨露之泽，而得灌溉之效也，自亦可用。

【今译】

六月的戊土，遇夏季而干枯，先看癸水，其次用丙火和甲木。

［评注］五月六月同样火炎土燥。五月病在火炎，所以用壬水；六月病在土燥，所以用癸水。癸为雨露之水。先用癸，次用丙火和甲木，是因为必须先有癸水，才能用丙火或甲木；无癸，即使有丙火和甲木也不能用。季夏土性干枯，得到雨露的滋润之后，喜欢阳和就用丙火，喜欢疏通劈解就用甲木。无癸水而出现丙火，亢土就会焦枯干裂；无癸而出现甲木，木性就会自焚，所以必须以用癸水为先务。无癸而有壬，如同没有雨露之泽而得到灌溉之利，所以自然也可以用。

【原文】

癸丙两透，科甲中人。或有癸无丙，见甲可许秀才；无甲，略富。或有丙无癸，假道斯文，衣食颇足；或癸透辛出，以刀笔之才，可谋异路。无癸丙者，常人；若又无甲，下贱之辈。

［评注］癸丙两透而不相碍，水火得以既济，自是科甲中人；癸甲两透而无丙，用财滋煞，亦为有地位之人；有癸而无甲，专用财星，仅可小富，以财无食伤之生，不能取贵也。无癸有丙，亢阳燥土，毫无生意，偏枯之象，不足取也；癸透辛出，则为伤官生财，可从异路进身，富中取贵；若癸丙甲俱无，则其为平庸之人，无疑矣。

【今译】

癸水和丙火两者透出，为科甲中人。或有癸水无丙火，遇到甲木，可以许为秀才；无甲木，略富。或者有丙火而无癸水，借路于斯文，衣食颇为丰足。或者癸水透出，辛金出现，凭刀笔的才能，可以谋求异路功名。无癸水和丙火的，常人；如果又无甲木，是下贱之辈。

［评注］癸水和丙火透出而不相妨碍，水火得以成既济，自然是科甲中人。癸水和甲木两者透出而无丙火，用财滋益七煞，也是有地位的人；有水而无甲木，专用财星，只可以小富，因为财无食神伤官的生助，就不能取贵。无癸水而有丙火，高亢阳燥的土毫无生机，属于偏枯的气象，不足取。癸水透出，辛金出现，则为伤官生财格，可以从异路进身，从富中取贵；如果癸水、丙火、甲木都没有，那么成为平庸的人，就无疑了。

【原文】

或土多得一甲出，不见庚辛，为人作事轩昂，性情谨慎，即不显扬，亦文章惊世。

［评注］若土多而得甲出，一煞独透，不见庚辛克制，必是有作为之人，但须有壬癸之财滋培，方有显扬之望；若有甲无癸，虚名虚利而已。

【今译】

或者土多，有一个甲木出现而不见庚辛金，主为人作事轩昂，性情谨慎，即使不能声名显扬，也会以文章惊世。

［评注］如果土多，而得甲木一个七煞独自透出干头，不见庚辛金的克制，必定是有作为的人，但必须有壬癸之财滋培，才有声名显扬的希望；如果有甲木而无癸水，则是虚名虚利罢了。

【原文】

用癸者，金妻水子；用丙者，木妻火子；用甲者，水妻木子。

［评注］六月戊土，不离癸、丙、甲为用。用癸者，食伤为妻，财为子；用丙者，官煞为妻，印为子；用甲者，财为妻，官煞为子。

【今译】

用癸的，金为妻室，水为子女；用丙的，木为妻室，火为子女；用甲的，水为妻室，木为子女。

［评注］六月的戊土，取用不离癸水、丙火、甲木。用癸水的，以食神伤官为妻室，以财为子女；用丙火的，以正官七煞为妻室，以印绶为子女；用甲木的，以财为妻室，以官煞为子女。

【原文】

戊戌、己未、戊辰、癸丑。稼穑格，有道全真①。

［评注］癸水通根辰丑，虽无丙甲及辛金，然土旺而润，万物茂盛，稼穑格成也。丑宫辛金入库，故仅为有道全真。僧道命造，空山修养，不求利禄，则可不问命运；如欲度世，仍不能出五行范围之外也。

【注释】

①有道全真：有道，有道行，即得了道的，有修行的。全真，道教教派，也称全真道或全真派，金初创立。因创始人王重阳在山东宁海（今山东牟平）自题所居庵为全真堂，凡入道者皆称全真道士而得名。该派汲取儒、释部分思想，声称三教同流，主张三教合一。以《道德经》、《般若波罗蜜多心经》、《孝经》为主要经典，教人“孝谨纯一”和“正心诚意，少思寡欲”。早期以个人隐居潜修为主，不尚符籙，不事黄白丹药之术。

【今译】

戊戌、己未、戊辰、癸丑。属于稼穑格，为得道行的全真道士。

［评注］癸水通根于辰和丑，虽无丙火、甲木及辛金，但土旺而滋润，则万物茂盛，所以为稼穑格成就。丑宫辛金入库，所以只是得道的全真道士。僧人道士的命造，若只是在空山修养，不求利禄，可以不问命运；倘要度世，就仍不能超出五行的范围之外。

【原文】

戊申、己未、戊午、辛酉。秽穑格，火为病，水为药。状元，乏子。

［评注］土金伤官，月、日、时三位同旬，力量倍增，秀气发越，领袖群英；惜申宫壬水，隔于年支，气势不接。如戊午年而戊申日，当不至无嗣也。午火破酉，乏嗣。

【今译】

戊申、己未、戊午、辛酉。属秽穑格，火为病，水为药。高中状元，但是没有儿子。

［评注］土金伤官，月、日、时三支在同一旬中，力量倍增，秀气发越，领袖众多英才；可惜申宫的壬水远隔在年支，气势不能相接。如果是戊午年戊申日，应当不至于没有儿子。午火克破酉金，主缺乏子嗣。

【原文】

庚子、癸未、戊子、丁巳。假伤官格，学博，子大贵。

［评注］假伤官格，食神生财而财旺，宜用印劫。日禄归时，帮身为喜。时为子位，故子贵。

【今译】

庚子、癸未、戊子、丁巳。属于假伤官格，学问广博融洽，儿子大贵。

［评注］假伤官格，食神生财而财旺，应当用印绶和劫财。日禄归于时支而帮身，为喜神。时柱为儿女的宫位，所以儿子显贵。

三秋戊土

【原文】

七月戊土，阳气渐入，寒气渐出。先丙后癸，甲木次之。

［评注］土居中央，四时之中，无时不旺；寄于四隅，以四季月为专旺之时，以四孟为寄生之地。附火生寅，禄于巳，火旺而土之用显；附水生申，禄于亥，水旺而土之用熄。土为五行之主，气值收藏，用亦收敛，故七月戊土，虽为生地，不作旺论。扶其气，宜太阳以暄之；阳气盛，更宜雨露以润之，故云“先丙后癸”。如土多塞滞，更宜甲木以疏之，则气归中和，土得其用也。

【今译】

七月的戊土，阳气逐渐收敛，寒气逐渐发出。先用丙火，后用癸水，甲木再后。

［评注］土居中央，四时中无时不旺；寄于四隅，以四个季月为专旺的时间，以四个孟月为寄生之处。附于火而长生于寅，禄于巳，火旺，土的功用就显示出来；附于水而长生于申，禄于亥，水旺，土的作用就消灭。土为五行的主宰，气息值于收藏，作用也属于收敛，所以七月戊土虽然在长生之地，却不作旺看。生扶土气，适宜太阳来洒暖；阳气旺盛，更适宜雨露来滋润，所以说“先用丙火，后用癸水”。如果土多以至滞塞，更适宜用甲木来疏通，这样气象归于中和，土就得以发挥作了。

【原文】

丙、癸、甲透者，富贵极品；癸藏丙透，不仅秀才；丙甲两透，癸水会局藏辰，亦不失富贵；无丙得癸甲透，此人清雅，家富千金；无癸甲者，常人；有丙火，妻贤子肖；若丙、甲、癸三者俱无，下流之命。

［评注］丙、癸、甲全透者，三奇格①也，自为极品之贵；癸藏丙透，财印不相碍也，气势清（气势不足），富则有余也；无财官者，平常之人；无财官而有印，虽富贵不足，而妻贤子肖，福泽有余；若财、官、印三者俱无，则一无可取，下等格局也。

【注释】

①三奇格：三奇，天上三奇为甲戊庚，地上三奇为乙丙丁，人中三奇为壬癸辛。格局俱以顺排为上格，次序乱次之。

【今译】

丙火、癸水、甲木都透出的，富贵达到极品；癸水伏藏而丙火透出，不仅是个秀才；丙火和甲木两者透出，癸水会局而藏在辰支中，也不失富贵；无丙火而得癸水和甲木透出，这人清秀雅致，家中富有千金；无癸水和甲木的，为常人；有丙火，妻子贤惠，子女优秀；如果丙火、甲木、癸水三者都没有，则是下流之人的命。

［评注］丙火、癸水、甲木三者全透的，为三奇格，自然属于极品的尊贵；癸水伏藏而丙火透出，为财和印不相妨碍，气势清（气势不足），贵虽然不足，富裕却有余；无财官的，为平常人；无财官而有印绶，虽然富贵不足，却妻子贤惠，儿女优秀，福泽有余；如果财、官、印三者都没有，那就一无可取，属于下等的格局了。

【原文】

或支成水局，休作弃命从财，宜取甲泄之。甲透者，稍有富贵，用神妻子同前。

［评注］土寄生于申，申宫亦土之生地。辰宫为土之本气，不能轻作从论。土无时不旺，而用有显晦，与木火金水有不同也。如支成水局，用神太多，宜木以泄水之气。“妻子同前”，谓同六月戊土。用癸，金妻水子；用丙，木妻火子；用甲，水妻木子。

【今译】

或者地支会成水局，不要作弃命从财格来看，应当取甲木泄它。甲木透出的，稍有富贵，用神和妻子与前面相同。

［评注］土寄生于申，申宫也是土的生地。辰宫为土的本气，不能轻易作从格论。土无时不旺，而作用有显著有不显著，这一点与木火金水有所不同。如果地支会成水局，用神太多，适宜用木来泄水气。“妻子同于前面”，指同于六月戊土。用癸水，金为妻室，水为子女；用丙火，木为妻室，火为子女；用甲木，水为妻室，木为子女。

【原文】

壬寅、戊申、戊辰、壬午。太守。

［评注］年干财星被劫，时干财星可用。戊辰日坐魁罡[1]，午火生之，身旺用财，财归坐下辰库为贵也。

【注释】

①魁罡：四柱神煞中的一种。辰为天罡，戌为河魁，是阴阳绝灭的方位。歌诀说："壬辰庚戌与庚辰，戊戌魁罡四座神，不见财官刑煞并，身行旺地贵无伦。"查法：日柱见者为是。

【今译】

壬寅、戊申、戊辰、壬午。官为太守。

［评注］年干的偏财被劫财劫去，时干上的偏财可以用。戊辰日为魁罡，午火生它，身旺而用财，以财归坐下的辰库为贵。

【原文】

庚寅、甲申、戊寅、癸丑。先贫后富，多子。

［评注］庚寅甲申，年月交克，宜乎早年贫苦。戊癸相合，财来就我，为富造也。

【今译】

庚寅、甲申、戊寅、癸丑。先贫后富，多子女。

［评注］庚寅和甲申，年月干支交相克制，理应早年贫苦。戊癸相合，财来就我，是富裕的命造。

【原文】

辛酉、丙申、戊子、丙辰。勾陈得位[1]，用时上丙火，为天师[2]。

［评注］申子辰会成水局，财旺用印，喜其不相碍也。月干丙火合辛，失其效用，故用时上丙火。

【注释】

①勾陈得位：在六兽之中，勾陈属土，故在这里用勾陈指土。得位，指申子辰会成水局，财旺用印而不相妨碍。

①天师：道教创始人张道陵的衣钵传人，被选为道教的首领。但后世也有个别道士称天师，如北魏的寇谦之、隋朝的焦子顺、唐朝的胡惠超等。从元朝忽必烈开始，官方上正式承认天师的称号，在《制》文中称张宗演为“嗣汉三十六代天师”。从此，张天师开始总领江南道教。到元朝中后期，各种符箓道派都聚合在天师的周围，形成正一道。

【今译】

辛酉、丙申、戊子、丙辰。勾陈得位，用时上丙火，为道教天师。

［评注］申子辰会成水局，财旺而用印，喜欢其不相妨碍。月干丙火与辛相合，失去效用，所以用时上的丙火。

【原文】

八月戊土，金泄身寒，赖丙照暖，喜水滋润。先丙后癸，不必木疏。

［评注］八月金旺秉令，土之气泄。寒土生机不畅，宜秋阳以曝之；燥土不能生金，宜雨露以润之。故先丙后癸取用。月令有当旺之金泄其秀，不必再用甲木疏土也。

【今译】

八月的戊土，金泄土气，日元寒冷，靠丙火照耀温暖，喜欢水来滋润。先用丙火，后用癸水，不必用木疏通。

［评注］八月金旺当令，土气退泄。寒土生机不畅达，适宜秋阳来晒暖；燥土不能生金，适宜雨露来滋润。所以先用丙火，后用癸水。月令有当旺的金，来泄土的秀气，所以不必再用甲木疏通土了。

【原文】

丙癸两透，科甲中人；丙透癸藏，可许入泮；癸透丙藏，纳资得官；若丙藏又无癸，即多不透，此皆常人；癸丙全无，奔流之客。

［评注］丙癸两透而不相碍，日元得印之生，月令伤官生财为用，

秀气流动，必出身科甲，富贵兼全；丙透癸藏，富贵较逊；癸透丙藏，财星得用，《滴天髓》所谓“日元得气遇财星”也，异途出身；若丙藏无癸，或丙癸多而不透，此皆常人；财印俱无，日元又弱而泄气，偏枯之象。

【今译】

丙火癸水两者透出，为科甲中人；丙火透出而癸水伏藏，可以许为秀才；癸水透出而丙火伏藏，缴纳钱粮而得官职；如果丙火伏藏而又无癸水，即二者多而不透出，都是常人；癸水和丙火都没有，为奔波流荡的人。

［评注］丙火和癸水透出而不相妨碍，日元得到印绶的生扶，以月令伤官生财为用神，秀气流动，必定出身于科甲，而富贵双全；丙火透出而癸水伏藏，富贵较为逊色；癸水透出而丙火伏藏，财星得到使用，即《滴天髓》所谓“日元得气遇财星”，主异途出身；如果丙火伏藏而无癸水，或者丙火和癸水都多而不透出，都主常人；财和印都没有，日元又衰弱而泄气，是偏枯的征象。

【原文】

或四柱皆辛，无丙丁，此名伤官格，为人清秀，即不能拾芥，亦可武庠；一见癸水，富而且贵。

［评注］月令辛金透出，为伤官格，主聪明俊秀。见癸水则秀气流动，金多宜泄，故云“富而且贵”；但土寒气泄而弱，必以佩印为格之全。丙丁藏支，不碍辛金，方为贵耳。

【今译】

或者四柱都是辛金，而无丙丁火，这是伤官格，主为人清秀，即使不能取得官位，也可成为武科秀才；一见癸水，既富又贵。

［评注］月令辛金透出，为伤官格，主聪明俊秀。见癸水则秀气流动，金多宜泄，故说“既富又贵”；但土寒气泄而衰弱，必须以佩印为格局健全。丙丁火藏在地支中，不妨碍辛金才能贵显。

【原文】

或支成水局，壬癸出干，此名“财多身弱”，愚儒无能；若天干有比劫分散财神，颇言衣食。

[评注] 伤官旺，而见癸水泄金之秀，则富而且贵；若支成水局，壬癸出干，金之气尽泄，日元又弱，则为财多身弱，反成愚儒。只能用财，不能用印。财太旺，印不能自存，何能生助日元？见劫分任其财，或时归日禄，而行比劫运，亦为富格。

【今译】

或者地支会成水局，壬癸水出现在天干中，这称为“财多身弱”，是无能的愚儒；如果天干有比肩劫财分夺财星，衣食可以断为丰足。

[评注] 伤官旺而有癸水泄金之秀，则富而又贵；如果地支会成水局，壬癸水出现在天干中，金气都泄掉了，而日元又衰弱，则属于财多身弱，反而成为愚腐的儒生。只能用财星，不能用印绶。财星太旺，印绶不能保存，怎么能生助日元？见劫财分任财星，或者时支归为日元之禄，而行比肩劫财的运，也属于富格。

【原文】

用神妻子同前。秋土生金，极弱，须丙火丁火出干方妙。

[评注] 旺金泄土，日元气弱，丙丁火出干，则妻贤子肖，与七月相同也。

【今译】

用神妻子同于前面。秋土生金，极其衰弱，须有丙丁火出现在天干才好。

[评注] 旺金泄土，日元衰弱，丙丁火出现在天干，就会妻子贤惠，子女优秀，与七月的情况相同。

【原文】

九月戊土当权，不可专用丙。先看甲木，次取癸水，却忌化合。见金先用癸水，后取丙火，配合支干，方成有生之土，定发云程。

[评注] 九月戊土秉令，日元自旺，故不可专用丙火。先甲后癸

者，以财滋弱煞为用也。忌癸与戊合，则财不去生煞，日元恋财而不向煞也。如见金泄土之气，则不用甲木，克泄不并用也，宜用癸水以流动金气。后取丙火者，金旺宜佩印也。配合干支，须癸丙不相碍，方成贵格。戊中本藏火金，而土为本气，如火金并透，配合得当，定发云程。

【今译】

九月戊土当权，不可专用丙火。先看甲木，次取癸水，但忌化合。遇到金，先用癸水，后取丙火，配合支干，才成有生化作用的土，一定会走上青云之路。

［评注］九月戊土当令，日元自然强旺，所以不可专用丙火。先甲木后癸水，是以财为用神，滋扶衰弱的七煞的缘故。忌癸水与戊土相合，因为一合财就不会去生煞了，而日元贪恋正财而不向往七煞。如果有金泄土气，则不用甲木，因为克和泄不并用，应当用癸水来流动金气。后取丙火，是金旺适宜佩印绶的缘故。配合干支，须癸水和丙火不相妨碍，才能成就贵格。戊中本来藏有火和金，而以土为本气，如果火和金一并透出，配合得当，必定青云直上。

【原文】

或无丙有癸，不见甲透者，衣衿，小富；无癸丙，有甲者，衣食而已；若癸甲全无，虽有丙火，亦属平常，或为僧道。

［评注］无丙甲而有癸者，专以财为用。戊癸相合，财来就我，故云小富，气势亦清，特格局小耳；无癸丙而有甲，孤煞无辅，名利两缺；若无癸甲而有丙火，火土炎燥，土无生意，偏枯之象，必无子嗣。旺气及身而止，故云“或为僧道”也。

【今译】

或者无丙火而有癸水，不见甲木透出，主秀才和小富；无癸水丙火而有甲木的，有吃有穿罢了；如果癸水和甲木都没有，即使有丙火，也属于平常人，甚至可能为僧人道士。

［评注］无丙火甲木而有癸水的，专以财星为用神。戊癸相合是财来就我，故说小富，气势也清纯，只是格局小罢了；无癸水丙火而有甲木，孤独的七煞没有辅助，名利两者都缺；如果无癸水甲木而有丙火，

火炎土燥，土无生机，是偏枯之象，必然没有子嗣。旺气刚及身就止息了，所以“可能为僧人道士”。

【原文】

或支成水局，壬癸透干，用戊止流，有比透反主富。

［评注］九月戊土，日元秉令而旺，故财旺成局，壬癸透干，反为富格。财太旺，宜比劫分之，“财旺用劫”是也。

【今译】

或者地支会成水局，壬癸水透出干头，就用戊土阻止水的流淌；有比肩透出，反而主富。

［评注］九月的戊土，日元当令而旺，所以财旺成局，壬癸水透出天干，反而为富格。财太旺，应当有比肩和劫财分夺它，这就是所谓“财旺用劫”。

【原文】

支成火局，名“火炎土燥”，不发。

［评注］支成火局而无金水，为火炎土燥之局。《玄理赋》云，“晦火无光于稼穑”，即使成格，亦不能发达。旺气及身而止，子嗣必艰。行运大忌见水，水激火焰，大都不禄。盖原局无金水配合，用神即在于火，见水伤用，必至于死也。

【今译】

地支会成火局，称为“火炎土燥”，不能发达。

［评注］地支会成火局而无金水，为火炎土燥的格局。《玄理赋》说，“晦暗的火无光于稼穑格”，即使成格，也不能发达。旺气一及身就止息，子嗣必然难得。行运大忌遇到水，水激起火的势焰，大都不能存活。原局无金水配合，用神就在于火，出现水而伤用神，必定至于死亡。

【原文】

得金水两透，此人清高，略可富贵；无水，一生困苦。妻子同前。

［评注］金水两透，即上“见金先用癸水，富贵视其配合”。九月戊土，以癸水为配合所必需，无癸水，必一生困苦也。三秋戊土，取用不离癸、丙、甲，故妻子同六月也。

【今译】

有金水两者透出，这人清高，略可以富贵；无水，主一生困苦。妻子与前文相同。

［评注］金水两者透出，即上文所谓“遇金先用癸水，富贵看命局的配合”。九月的戊土，癸水是配合所必须的，无癸水，注定一生困苦。秋三月的戊土，取用不离癸水、丙火、甲大，所以妻子与六月相同。

【原文】

己酉、甲戌、戊辰、丙辰。丙甲出干，孝廉。

［评注］丙甲出干，以印化煞为用。好在两辰蓄水，不至枯燥也。

【今译】

己酉、甲戌、戊辰、丙辰。丙火甲木出现在天干中，被举为孝廉。

［评注］丙火甲木出现在天干，以印绶引化七煞为用神。好在有两个辰蓄积水，不至于枯燥。

【原文】

丁亥、庚戌、戊戌、癸亥。印多官旺，反得中和，庠生，大富。

［评注］此造以财为用，财临旺地而合于戊，又有庚金生之，自为大富之造，非用官印也。

【今译】

丁亥、庚戌、戊戌、癸亥。印绶多而正官旺，反而得到中和，乡校秀才，大富的人。

［评注］这一命造以财为用神，财临旺地而合于戊，又有庚金生扶它，自然属于大富的命造，而用官印格。

【原文】

丙戌、戊戌、戊寅、壬子。丙、癸、甲皆全，惜未出干，只一贡生。

［评注］此造亦为富格。寅戌会合，煞印相生，专用财星，不作财滋弱煞论也。

【今译】

丙戌、戊戌、戊寅、壬子。丙火、癸水、甲木俱全，可惜没有全部出现在天干中，所以只是一个贡生。

［评注］这一命造也是富格。寅戌会为火局，七煞与印绶相生，专用财星，不按财滋弱煞的格局推论。

【原文】

丁酉、庚戌、戊寅、乙卯。白手兴家，大富。

［评注］此造乙庚并透，官旺无财，不能调和于金木之间，只能用印制食神以护官。早行西方金地，困于泥途；中年运行南方，丁印得地，宜乎白手成家矣。原局有病，故富而不贵也。

【今译】

丁酉、庚戌、戊寅、乙卯。白手起家，是大富的人。

［评注］这一命造，乙木和庚金一并透出，官旺而无财，无法在金木之间加以调和，只能用印绶制伏食神而护持正官。早年行西方金地运，困顿在泥途；中年行南方火运，丁火印绶得地，理应白手成家。原命局有病，所以富而不贵。

【原文】

丙子、戊戌、戊辰、己未。猛虎巡山格①，官至少保②。

［评注］此稼穑格也。好在子辰遥会，戊土不燥，干有秋阳曝之，水火既济，宜乎大贵，福泽厚矣。按猛虎巡山格，当为丙寅年，非丙子年也。

【注释】

①猛虎巡山格：格局名，稼穑格的一种。年支地支为丙寅，日元和其他干支一片旺土。以寅为虎，以土为山。

②少保：官名。（1）指太子少保，即辅导太子的宫官。西晋后，历代多沿置。（2）与少师、少傅合称三孤，从一品职责是辅佐天子，燮理阴阳，经营邦国，弘扬教化。北周以后，历代多沿置。

【今译】

丙子、戊戌、戊辰、己未。猛虎巡山格，官职达到少保。

［评注］这是稼穑格。好在子和辰遥遥相会，戊土不燥，天干有秋天的太阳晒暖，水火既济，理应大贵，福泽深厚。按，猛虎巡山格，应当是丙寅年，而不是丙子年。

三冬戊土

【原文】

十月戊土，时值小阳，阳气略出。先用甲木，次取丙火。非甲土不灵，非丙土不暖，安能发生万物？甲丙两出，富贵中人。

［评注］戊土厚重，非用甲木疏之，则土不灵；冬令收藏之际，非用丙火，则土不暖。十月小阳春，木气虽动，究属蓓蕾之木，不透干则用不显。甲丙两透，定是富贵中人。

【今译】

十月的戊土，时值小阳春，阳气略出。先用甲木，次取丙火。没有甲木土就不灵，没有丙火土就不暖，怎么能发生万物？甲木丙火两者出现，为富贵中人。

［评注］戊土厚重，非用甲木疏通就不灵；冬令收藏的时令，非用丙火就不暖。十月小阳春，木气虽然发动，终究属于蓓蕾之木，不透出干头作用就不显。甲木格丙火两者透出，一定是富贵中人。

【原文】

或甲得长生，遇支藏得地之水，一丙高透，亦主身贵扬名；支见庚金，入泮而已。

［评注］此言甲藏丙透也。亥垣甲木长生，壬水得禄，月提自有甲木，得一丙高透，亦主贵显，特不可支见申巳，损伤贵气。蓓蕾之木，忌见庚金损伤，衣矜而已。

【今译】

或者甲木得长生，地支中藏有得地的水，一个丙火高高透出干头，也主显贵扬名；地支出现庚金，做个秀才罢了。

［评注］这是说甲木伏藏而丙火透出的情形。亥月甲木长生，壬水得禄，月建自己就含有甲木，得到一个丙火高高透出天干，也主贵显，只是地支不可出现申和巳，否则损伤贵气。蓓蕾之木，忌遇到庚金的损伤，所以只是秀才罢了。

【原文】

若不见庚金，甲木藏支，丙火高透，科甲有之；若有庚，丁出制，必异路功名，或为典吏[①]。

［评注］此节与上文意义重复。甲藏丙透而无庚金，可冀科甲；若见庚金，须有丁火出制，则为异途之贵。

【注释】

①典吏：主管的官吏，或作为吏员的通称。清代司、道、府、厅、州、县的吏员都叫典吏。

【今译】

若不出现庚金，甲木藏于地支，丙火高高透出，科甲有希望；如果有庚金而丁火出来制伏，必定有异路功名，或者为典吏。

［评注］这一节与上文意思重复。甲木伏藏、丙火透出而无庚金，可以希望科甲；如果出现庚金，必须有丁火出现而制伏，这样，为异途出身的贵人。

【原文】

即庚丁不透，甲丙藏支，亦云富贵。

［评注］此言甲丙俱藏也。局无庚金，则丁火亦无所用；若庚丁俱无，甲丙皆藏支，亦可云富贵，唯须行东南运，引出甲丙，方有用耳。

【今译】

即使庚金和丁火不透出，甲木和丙火藏于地支，也可以说富贵。

［评注］这是说甲木丙火都伏藏的情形。命局中无庚金，丁火也就没有用了；如果庚金和丁火都没有，甲木和丙火都藏在地支中，也可以说富贵，只是必须行东南方的运，引出甲木丙火才有用罢了。

【原文】

壬透，得戊救丙，主富中取贵；丙甲俱无，必为僧道。

［评注］亥宫壬水得禄，如壬水透干，得时秉令，足以伤丙，故以戊为救。丙壬并透，必须戊土出干也。十月戊土，用神不外乎甲丙，丁戊为救应。见庚用丁，见壬用戊，乃去病之药。主要用神，仍在甲丙，无甲丙者，孤苦之命也。

【今译】

壬水透出，得到戊土救丙火，主从富中取贵；丙火和甲木都没有，必定为僧人或道士。

［评注］亥宫的壬水得禄，如果壬水透干，得时掌令，就足以伤害丙火，所以以戊土为救援。丙火和壬水一并透出，必须戊土出现在天干。十月的戊土，用神不外乎甲木和丙火，而以丁火和戊土为救应。见庚金就用丁火，见壬水就用戊土，这是去病的药，主要的用神还是甲木和丙火，所以无甲木丙火的，是孤苦的命。

【原文】

癸卯、癸亥、戊辰、戊午。羊刃驾煞格，府尹①。

［评注］戊辰魁罡，羊刃在午。亥宫甲木七煞，名为“羊刃驾煞”，而煞刃皆弱。好在两戊两癸，真火暗助，化煞助刃，宜为郡侯之贵也。

【注释】

①府尹：官名，郡府首脑。府，中国唐代至清代的行政区域名，等

级在县和省之间。

【今译】

癸卯、癸亥、戊辰、戊午。羊刃驾煞格，官为郡府首脑。

［评注］戊辰为魁罡，羊刃在午上，亥宫甲木为七煞，称为“羊刃驾煞格”，而七煞和羊刃都衰弱。好在两个戊土两个癸水，真火在暗中化七煞而助羊刃，理应是郡侯那样的贵人。

【原文】

壬申、辛亥、戊寅、庚申。此归禄格，四柱见金，火运大发。

［评注］此专食合禄格，庚金太旺，运行丁未丙午制金，其发达必矣。以寅、申、亥暗冲巳禄取格。

【今译】

壬申、辛亥、戊寅、庚申。这是归禄格，四柱有金，到火运大为发达。

［评注］这是专取食神合禄格。庚金太旺，行丁未丙午运制伏金，发达是必然的。根据寅、申、亥暗冲巳禄而取为格局。

【原文】

乙卯、丁亥、戊戌、丙辰。食神生财格，两榜。

［评注］此官印格，非食神生财也。

【今译】

乙卯、丁亥、戊戌、丙辰。食神生财格，两榜得中。

［评注］这是官印格，而不是食神生财格。

【原文】

十一二月严寒冰冻，丙火为尊，甲木为佐。丙甲两透，桃浪之人；丙出甲藏，采芹食饩；丙藏甲出，佐杂前程。有丙无甲者，豪富；有甲无丙者，清贫；丙甲全无，下流之造。

［评注］十一二月水冰土冻，调候为急，必用丙火，以甲为佐。以

丙取富，以甲取贵。无甲犹可，决不可缺丙也。

【今译】

十一二月严寒冰冻，以丙火为首要用神，以甲木为辅佐。丙和甲两者透出，为科甲中人；丙出现而甲伏藏，可以成为秀才，或许火享受国家膳食补贴；丙伏藏而甲木出现，辅佐打杂的前程。有丙火无甲木的，豪富；有甲木无丙木火的，清贫；丙火甲木都没有的，下流的命造。

［评注］十一月十二月，水成冰，土冻结，以调候为急务，必在用丙火，面以甲木为辅佐。以丙火取富，以甲木取贵。无甲木还可以，决不可缺丙火。

【原文】

或一派丙火，加以丙透，运值火土，弱中复强。又，一壬透干，主清高荣禄；乏壬，僧道孤寒。

［评注］冬月戊土，必以丙火为用。即使地支火土会局，干见印劫，弱中复强，仍取丙火为用也。运值火土，用神得地也。特原局须有一壬高透，方主清高荣显；无壬，而印趋太重，偏旺之象，必致孤贫。

【今译】

或者一派丙火，加上丙火透出，值火土运，戊土城由弱转强。另外，一个壬水透出天干，主清高荣禄；无壬水，为僧人道士，或者孤独贫寒的人。

［评注］冬月的戊土，必须以丙火为用神。即使地支火土会局，天干出现印绶和劫财，日元弱中又强，仍然取丙火为用神。值火土运，用神得地，只是原命局须有一个壬水高高透出，才主清高荣显；无壬水而印绶和劫财太重，属于偏旺的命局，必定导致孤独和贫寒。

【原文】

或一派水土寒滞，不见一丙，得一癸透月时，亦不失儒雅风流。

［评注］一派水土而癸透月时，与日元相合，丙不透干，仍以支中藏丙为妙。如见一“己”字，即有暖气，可以生发；否则，过于寒冻，虽不失儒雅风流，恐不免清贫也。

【今译】

或者一派水的寒冷、土的滞重，而不见一个丙火，得到一个癸水透出月干或者时干，也不失儒雅风流。

［评注］一派水土，而癸水透出月时的天干，与日元相合，而丙火不透出天干，仍以地支中伏藏丙为妙。只要出现一个已土就有暖气，可以生发；否则过于寒冷，虽然不失儒雅风流，只恐怕不免清贫。

【原文】

或一派壬水，不见比劫，可作从财而论。即有比劫，得甲出干，又主富贵；若寒土无丙，虽有甲木，亦是内虚外实之人。

［评注］三冬戊土，水多土荡，即在十二月，己土秉令，亦可从财。有比劫而得甲木制之，则以甲木为用，又主富贵，但不能无丙火也。总之，寒土以丙火为要，有丙则水、木、金均可酌用，无丙则皆不能用。故有比劫得甲出干，难主富贵；若无丙火，亦是外有余而内不足之人。

【今译】

或者一派壬水，不见比肩劫财，可作从财格来推论。即使有比肩劫财，只要有甲木出现在天干，也主富贵；如果土寒而无丙火，即使有甲木，也是内里空虚而外表充实的人。

［评注］冬三月的戊土，因为水多而漂荡，即使在十二月己土当令的时候，也可以从财。有比肩劫财而得到甲木的制伏，就以甲木为用神，主富贵，但是不能无丙火。总之，寒土以丙火为首要的用神，有了丙火，水、木、金都可以酌情运用；无丙火，都不能用。所以有比肩劫财，又有甲木出现在天干，难主富贵；无丙火，也是外表有余而内里不足的人。

【原文】

或二癸透月时，名为“争合”，终属劳碌之人；得一己出干制癸，反为忠义之士。舍己从人而论。

［评注］二癸透月时，得一己出干，去一留一，解妒合之争。同上一派水土儒雅风流节。

【今译】

或者两个癸水透出月时二柱的天干，称为“争合”，终究属劳碌的人；得到一个己土出现在天干而制伏癸水，反而为忠义的士人。这是据其舍己从人来说的。

［评注］两个癸水透出月时二柱，有一个己土出现在天干，去一个留一个，化解妒合导致的争夺。与上文“一派水土”、“儒雅风流”一节相同。

【原文】

年月透辛金者，又属土金伤官，异路功名可许。以金为妻，水为子。

［评注］承上文壬癸透而言。如透辛金，则为土金伤官生财也。辛癸皆藏月垣，无丙而见金水，以水为用，故以财为子，食伤为妻；但寒土寒金，仍以佩印为取贵，无丙，虽云异路功名可许，总非上格也。

【今译】

年月柱透出辛金的，又属于土金伤官格，可以许为异路功名。以金为妻室，水为子女。

［评注］这是承上文壬癸水透出而说。如果透出辛金，就是土金伤官生财的格局。辛金癸水都伏藏在月支，无丙火而出现金和水，以水为用神，所以以财为子女，以食神伤官为妻室。但寒土遇到寒金，仍以佩印为取贵的征兆；无丙火，虽然可以许为异路功名，终究不是上等格局。

【原文】

壬子、壬子、戊子、壬子。从财格，太史①。

［评注］水多土荡，从财无疑。

【注释】

①太史：官名。太史原来掌管记载史事、编写史书、起草文书，兼管国家典籍和天文历法等。但明清修史之职归之翰林院，故俗称翰林为

太史。

【今译】

壬子、壬子、戊子、壬子。从财格，身为太史。

［评注］水多，致使戊土漂荡，从财是无疑的。

【原文】

癸卯、乙丑、戊申、癸丑。四柱无火，喜戊癸合化，申宫壬水辅阳，按察。

［评注］丑月虽云土旺，亦为金水领域。戊癸化水，为夫从妻化，非化火也。

【今译】

癸卯、乙丑、戊申、癸丑。四柱无火，喜欢戊癸相合而化，申宫壬水辅助阳气，官为按察使。

［评注］丑月虽说土旺，毕竟属于金水领域。戊癸化水，为夫从妻化，而不是化火。

【原文】

戊寅、甲子、戊辰、戊午。甲出丙藏，又戊多晦光。好客，一生贫苦。

［评注］甲出丙藏，格局无疵，惟嫌三比露干，事业虽广，财无积储。

【今译】

戊寅、甲子、戊辰、戊午。甲木出现而丙火伏藏，又有戊土多，使火光晦暗。为人好客，一生贫苦。

［评注］甲木出现而丙火伏藏，格局没有瑕疵，只嫌三个比肩露出干头，事业虽然广泛，钱财却没有积蓄。

己土喜用提要

月份	喜用神	说明
正月	丙庚甲	【原文】取丙解寒,忌见壬水。如水多,须以戊土为佐。 【今译】用丙火解除寒气,忌遇到壬水。如果水多,就要以戊土为辅佐。
二月	甲丙癸	【原文】用甲忌与己土合化,次用癸水润之。 【今译】用甲木,忌与己土合化,其次用癸水滋润。
三月	丙甲癸	【原文】先丙后癸,土暖而润,随用甲疏。 【今译】先用丙火,后用癸水,使土温暖而滋润,然后用甲疏通。
四月	癸丙	【原文】调候不能无癸,土润不能无丙。 【今译】调和气候不能无癸水,土滋润不能无丙火。
五月	癸丙	【原文】调候不能无癸,土润不能无丙。 【今译】调和气候不能无癸水,土滋润不能无丙火。
六月	癸丙	【原文】调候不能无癸,土润不能无丙。 【今译】调和气候不能无癸水,土滋润不能无丙火。
七月	丙癸	【原文】丙火温土,癸水润土。七月庚金司权,丙能制金,癸以泄金。 【今译】用丙火温暖土,用癸水滋润土。七月庚金掌权,丙火能制伏金,用癸水泄金。
八月	丙癸	【原文】取辛辅癸。 【今译】以辛金辅佐癸水为用神。

九月	甲丙癸	【原文】九月土盛,宜甲木疏之,次用丙癸。 【今译】九月土旺,适宜用甲木疏通它,其次用丙火和癸水。
十月	丙甲戊	【原文】初冬壬旺,取戊土制之。土多,取甲木疏之。 【今译】初冬壬水旺盛,用戊土来制伏它。如果土多,就用甲木疏通它。
十一月	丙甲戊	【原文】三冬己土,非丙暖不生。 【今译】冬三月的己土,没有丙火温暖就不能生物。
十二月	丙甲戊	【原文】三冬己土,非丙暖不生。壬水太旺,取戊土制之;土多,取甲木疏之。 【今译】冬三月的己土,没有丙火的温暖就不能生物。壬水太旺,就用戊土制伏它;土过多,就用甲木疏通它。

三春己土

【原文】

正月己土，田园犹冻，盖因腊气未除，余寒未退，故丙为尊。得丙照暖，万物自生；忌见壬水，反为己病。何也？壬乃江湖之水，湖水一发，则田园洗荡，变为沙土，而根苗尽没矣。须戊作堤，以保园圃。壬多要见戊制，有戊出干者，定主玉堂金马①。若乏制戊，必属平常。

［评注］正月己土，与戊土相同，喜丙、癸、甲三神为配合，丙为主要。江湖田园，皆譬喻之词，盖壬为阳水，其性冲奔，己土卑湿，阴柔之质，忌见冲奔之水。必须戊制，《滴天髓》所谓“若要物旺，宜助宜帮”是也。有戊土帮助，己土之力方显，主贵；乏戊助者，平常。

【注释】

①玉堂金马：在官署则居玉堂，出门则乘披金戴银的马。玉堂，装修良好的房屋，在这里指官署。

【今译】

正月的己土，田园还有冰冻，这是因为腊月的寒气没有消退，所以以用丙火为先。得到丙火的照耀和温暖，万物自然化生；忌见壬水，反为己土的病苦。为什么？壬是江湖之水，湖水一发，田园就会受到涤荡而变为沙土，这样就根和苗都没有了。必须以戊土作堤坝，来保护田园苗圃。壬水多要有戊土制伏，有戊土出现在天干的，一定主玉堂金马。若没有戊土或戊土受到制伏，必定属于平常人。

［评注］正月的己土，与戊土相同，喜欢丙火、癸水、甲木三者相配合，而以丙火为主要的用神。江湖田园都是比喻的说法，因为壬为阳水，性情冲刷奔腾，而己土卑湿，属于阴柔的形质，忌见冲奔的水。必须用戊土制伏，即《滴天髓》所谓“若要物旺，宜助宜帮”。有戊土的帮助，己土的力量才能体现，所以主贵；缺乏戊土助身的，主平常。

【原文】

或一派甲木，有庚出干，加以癸丙齐透，配得中和，亦名利双全。

［评注］一派甲木，官多从煞，宜有庚出制之。癸丙齐透，须配得中和，不相克害，则为财印相辅而贵。

【今译】

或者一派甲木，有庚金出现在天干中，加上癸水丙火一齐透出，配置达到中和，也主名利双全。

［评注］一派甲木，正官多就作为七煞来看，适宜有庚金出来制伏。癸水和丙火一齐透出，须配置达到中和，彼此不相克害，这属于财印相辅，主贵。

【原文】

即丙生寅月，庚透天干，亦有俊秀。

［评注］此句疑有漏字。己土生正月，寅宫丙火长生，若庚透天干，自有丙火制之，故云“亦有俊秀”。或丙透天干在年月，庚透时干，两不相碍，亦有相当地位也。

【今译】

即使丙火长生于寅月，庚金透出天干，也有儒林俊秀的地位。

［评注］这一句疑有漏掉的字。己土生于正月，寅宫丙火长生，如果庚金透出天干，自有丙火制伏它，所以说“也有儒林俊秀的地位”。或者丙火从年月干透出，庚金从时干透出，两不相碍，也有相当地位。

【原文】

若甲多无庚，残疾废人。宜用丁泄。

［评注］官旺同煞，无制，为残疾之人；宜用印泄官之气而生身。

【今译】

如果甲木多而无庚金，为残废人，适宜用丁泄甲。

［评注］正官过旺，与七煞相同，无制伏，主残疾的人；适宜用印绶泄正官之气而生身。

【原文】

或一派火，即不见水，无碍。何也？正月己土寒湿，必丙燥暖，反主厚禄；加一癸透，科甲自然；戊透，反作常人。

［评注］戊土高亢，见火多，必须有水以济之。己土寒湿，火多燥暖，虽无水，不损其贵。如见癸水调和润泽，自为更美，特不可见壬水（见首节）。癸透见戊，以合化而失其用；壬透见戊，己土得帮扶而显其力。

【今译】

或者一派火，即使不见水也没有妨碍。为什么？正月的己土寒冷而潮湿，必须有丙火烘燥温暖，这样反而主厚禄；加上一个癸水透出，科甲成名自然而然；戊土透出，反而是常人。

［评注］戊土高亢而出现火多，必须有水来滋润。己土寒冷潮湿，火多干燥而温暖，即使无水也不减损它的贵显。如果有癸水来调和润泽，自然更理想，只是不可以遇到壬水（见首节）。癸水透出而遇到戊土，会因为合化而失作用；壬水透出而遇到戊土，己土会得到帮扶而力量增强。

【原文】

或一派戊土，有甲出制，又主荣显。如见乙出，虽多不能疏土；且乙多者，奸诈小人。

［评注］戊土太多，又宜甲出制之。乙为柔木，不能疏土，虽多无益，不能得其用也。

【今译】

或者一派戊土，有甲木出来制伏，又主荣显。如果遇到乙木出现，即使多也不能疏通土；况且乙多的，为奸诈小人。

［评注］戊土太多，又应当有甲木出来加以制伏。乙为柔木，不能疏通土，就是多也没有用。

【原文】

用丙者，木妻火子。

［评注］正月己土，不能缺丙。用丙者，官煞为妻，印为子。

【今译】

用丙火的，木为妻室，火为子女。

［评注］正月的己土不能缺少丙火。用丙的，以官煞为妻，以印绶为子女。

【原文】

二月己土，阳气渐升。虽禾稼未成，万物出土，田园未展，先取甲木疏之。忌合。次取癸水润之。甲癸出干，定主科甲；加以一丙出透，势压百僚；一见壬水，微末官职。

［评注］二月己土，亦不能离甲、丙、癸。仲春秉阳和之气，故先取甲木疏土，但甲出忌与己相合。二月乙木秉令，甲木旺地，决不能从己化土，徒然牵绊日主，故以不合为美。次者癸水滋润，丙火照暖，均为配合上不可缺少之物。壬水为己土所忌，一见壬水，微末官职而已。此中刚柔之辨，极为微妙，宜细体察也。

【今译】

二月的己土，阳气逐渐上升。虽然禾苗和庄稼还没成熟，但是万物出于土，而田园在使用之前，先要用甲木来疏通。忌甲己相合。其次取癸水来滋润。甲木和癸水出现在天干，一定主科甲；加上一个丙火透出，势力会压制群僚；但是一见壬水，却只有微末的官职。

［评注］二月的己土，也不能离开甲木、丙水、癸水。仲春为阳和之气，所以先取甲木疏通己土，只是甲出现后，忌与己相合。二月乙木当令，是甲木的旺地，决不能从己而化土，白白牵绊日主，所以以不相合为好。其次，癸水滋润，丙火照暖，都是四柱配合上不可缺少的。壬水为己土所忌见，一见壬水，只是微末官职罢了。这里对刚柔的分辨，极为微妙，应当细心体察。

【原文】

或见庚制甲，壬水出干，比劫重重，此必俗子。丙透犹有小富，丙藏衣禄无亏。

［评注］庚壬并见，为伤官生财也。己土卑湿，虽比劫重，气旺宜泄，仍须有丙火照暖，庶几禄食无亏。丙火透则有力，藏则力薄。

【今译】

或者有庚金制伏甲木，壬水出现在天干，比肩劫财重重，这一定是俗人。丙火透出，还有小富；丙火伏藏，衣禄不缺。

［评注］庚金和壬水一并出现，为伤官生财格。己土卑湿，即使比肩劫财重叠，气旺宜于泄秀，仍必须有丙火的照耀和温暖，这样才能禄食不缺。丙火透出才有力，伏藏则力量薄弱。

【原文】

或支成木局，庚透，富贵。若柱多乙木，乙又屈庚，庚必输情于乙，不能归邪于正。此必狡诈之徒，运入东南，恐有不测，当用丁泄之。有丁者，小人而已，不至无良。

［评注］支成木局，煞旺秉令，有庚金制之，自然富贵。若乙庚相合有情，失制煞之用，譬如官兵通情于寇盗，再行东南木火旺地，如入匪区，宁有幸理。此须用丁火泄之。泄木之气以用己土，不用庚金，庶

不至失陷，略可挽救耳。

【今译】

或者地支会成木局，庚金透出，富贵。如果四柱多乙木，乙木又屈从庚金，庚金必传情给乙木，不能归邪于正。这必定是狡诈之徒，行运进入东南方，恐怕遇到不测，应当用丁火泄甲木。有丁火的，小人罢了，不至于没有良知。

［评注］地支会成木局，七煞旺而当令，有庚金制伏它，自然富贵。如果乙和庚相合有情，失去制煞的作用，就像官兵通匪，再行东南木火旺地的运，如同进入匪区，哪里还有幸免的道理？这要用丁火来泄甲木。泄木之气而用己土，不用庚金，才不至于失陷，而稍微可以挽救。

【原文】

无比印，从煞者贵。

［评注］二月木旺秉令，支成木局，或聚东方，而无比印，可以从煞。甲木透出，为妻从夫化。从木，亦作从煞论。

【今译】

无比肩印绶，从煞的，贵。

［评注］二月木旺当令，地支会成木局，或者会聚为东方一气，而无比肩印绶，可以从煞。甲木透出，为妻从夫化。从木，也作从煞看。

【原文】

若柱中无甲、丙、癸者，皆下格。妻子用神同前。

［评注］言配合不能无甲、丙、癸也。妻子同正月。

【今译】

四柱中无甲木、丙火、癸水的，都属于下等格局。妻子和用神同于前一节。

［评注］这是说配合不能无甲木、丙火、癸水。妻子与正月相同。

【原文】

癸卯、乙卯、己巳、庚午。庚金隔位，乙难合庚，群邪自伏。抚军[1]。

［评注］乙庚相隔，乙不合庚，伤官制煞也。

【注释】

①抚军：官名。中国明清时地方军政大员之一，又称巡抚、抚台，是巡视各地的军政、民政大臣。

【今译】

癸卯、乙卯、己巳、庚午。庚金隔于日柱，乙木难以合庚，群邪自然俯伏。官为抚军。

［评注］乙庚相隔，乙不合庚，属于伤官制煞格。

【原文】

癸卯、乙卯、己巳、乙丑。偏官格。巳丑会局，庚不合乙制煞。状元。

［评注］此两造皆伤官制煞，煞旺制轻，运以制乡为美。

【今译】

癸卯、乙卯、己巳、乙丑。偏官格。巳丑会为金局，庚不合乙而制伏七煞，高中状元。

［评注］这两个命造都属于伤官制煞格，煞旺制者轻，行运以制煞之地为理想。

【原文】

三月己土，正栽培禾稼之时，先丙后癸；土暖而润，随用甲疏。三者俱透天干，必官居黄阁[1]；或三者透一，科甲定然，但要得地，却以庚金为病。

［评注］三月己土，先丙，次癸，后甲。三者俱透，最为完美；即二藏一透，亦必显达。得地者，得长生禄旺之地也。丙、癸、甲俱备者，以甲木官星为用，财印为辅，故以见庚金伤官为忌也。

【注释】

①黄阁：汉代丞相、太尉和汉以后的三公官署避用朱门，厅门涂黄色，以区别于天子。唐时门下省亦称黄阁。在这里借指宰相。

【今译】

三月的己土，正是栽培禾稼的时候，先用丙火，后用癸水；土暖而滋润，随时用甲木疏通。三者都透出天干，必然官居黄阁；或者三者透出一个，科甲确定无疑，但要得地，而以庚金为病。

［评注］三月的己土，先用丙火，其次用癸水，最后用甲木。三者都透出天干，是最完美的情形；即使两个伏藏，一个透出，也必定显达。得地，指得长生禄旺之地。丙火、癸水、甲木俱备的，以甲木官星为用神，以财和印绶为辅佐，所以以遇到庚金伤官为忌讳。

【原文】

或有丙甲无癸，亦可致富，但不贵显；或有癸而无甲丙，亦有衣衿；或有丙癸无甲，亦系才人①；丙癸全无，流俗之辈。

［评注］三月己土，不能缺丙、癸、甲。三者得一，虽不贵显，亦非流俗；若丙癸全无，孤官无用，决为寻常之人也。

【注释】

①才人：有才干的人。

【今译】

或者有丙火和甲木而无癸水，也可以致富，只是不贵显；或者有癸水而无甲木和丙火，也有秀才可取；或者有丙火和癸水而无甲木，也属于才人；丙火癸水都没有，流于俗人之辈。

［评注］三月的己土，不能缺丙火、癸水、甲木。三者得到一个，就即使不贵显，也不会流于俗人；如果丙火和癸水都没有，孤立的正官无用处，一定是个寻常的人。

【原文】

或一片乙木，无金制伏，贫而且夭也。妻子同前。

［评注］一片乙木，无金制伏，谓七煞无制也。贫夭之命。

【今译】

或者一片乙木，无金来制伏，贫困而夭折。妻子同前月。

［评注］一片乙木，没有金的制伏，指七煞无制，是贫夭的命。

【原文】

壬子、甲辰、己卯、丙寅。丙甲癸全，煞旺身强，一品。

［评注］甲丙透，而通根于寅长生，癸藏子得禄，三者皆得地也。以印化煞为用。

【今译】

壬子、甲辰、己卯、丙寅。丙火、甲木、癸水俱全，七煞旺而身强，官居一品。

［评注］甲木和丙火透出，通根于寅而得长生，癸水藏于子而得禄，三者都属于得地。以印绶化煞为用神。

【原文】

辛未、壬辰、己巳、甲子。身旺任财，富翁。

［评注］丙藏巳，癸藏子，日元坐印，身旺任财，而月令财透也。

【今译】

辛未、壬辰、己巳、甲子。身旺而能任财，为富翁。

［评注］丙火伏藏于巳，癸水伏藏于子，日元坐于印绶，身旺任财，而月令透出偏财。

【原文】

壬子、甲辰、己卯、壬申。杂气财官格[①]，状元。

［评注］甲透癸藏，惜无丙火照暖，故主清贵也。

【注释】

①杂气财官格：指财、官俱备，藏畜于辰戌丑未之中。杂气财官，身旺有冲而发，太过反受孤贫；要四柱财星多，便为好命，若四柱别入他格，依其他格断。

【今译】

壬子、甲辰、己卯、壬申。杂气财官格，高中状元。

［评注］甲木透出而癸水伏藏，可惜无丙火照耀温暖，所以主清贵。

三夏己土

【原文】

三夏己土，杂气财官。禾稼在田，最喜甘沛。取癸为要，次用丙火。夏无太阳，禾稼不长，故无癸曰旱田，无丙曰孤阴。

［评注］己为田园之土，性质与戊土不同。生于夏令，调和气侯，癸水为先；论其性质，宜助宜帮，丙火为要。故癸丙必须并见，相济为用。旱田孤阴之喻，正以示癸丙之不可离也。

【今译】

夏季三个月的己土，杂气中有财和官。禾苗在田地，最喜欢充沛的甘霖。以用癸水为首要，其次用丙火。夏季无太阳，庄稼就不长，所以无癸水的称旱田，无丙火的叫孤阴。

［评注］己为田园之土，性质与戊土不同。生于夏令，调和气侯，以癸水为先；论其性质，适宜得到帮助，则丙火为紧要。所以癸水和丙火必须一并出现，相济为用。旱田孤阴的比喻，正是用来表示癸水和丙火的不可相离。

【原文】

或丙癸两透，又加辛金生癸，此富贵之格，名水火既济，鼎甲之人；却忌戊癸化合。

［评注］丙癸两透，须不相碍。辛金生癸，使癸水有根，日元得丙

而火旺，然后用食神生财，此富贵之格也。但忌戊土出干合癸，合破用神，则无用矣。

【今译】

或者丙和癸水两者透出，再加上辛金生癸水，是富贵的格局，称为水火既济，主在科甲中高中状元或榜眼、探花的人，但忌戊癸化合。

［评注］丙火和癸水透出，须不相妨碍。辛金生癸水，使癸水有根，日元得丙火而旺，然后用食神生财，是富贵的格局。但忌戊土出现在天干而合癸水，合破的用神就无用了。

【原文】

或有丙无癸，有壬亦可，但不大发。

［评注］癸水如雨露，壬水如灌溉，人工究非天然可比也。

【今译】

或者有丙火而无癸水，有壬水也可以，只是不能大发达。

［评注］癸水如同雨露，壬水如同灌溉，人工终究不是天然所可以比拟的。

【原文】

或一派丙火烈土，加以丁火制辛，癸水无根，如七八月之间，旱则苗槁矣。此命孤苦零丁。或有甲木，又见丙火重重，无滴水解炎，亦孤贫到老。

［评注］烈土，燥土也。己土虽为田园卑湿之性，但生于夏令，一派丙丁，则田园龟圻而成燥土矣。癸水以两金为根，丁火制辛，则癸水无根，而为火土所熘干，火炎土燥，生机尽绝，必为贫苦之命。此言丙癸辛透而相碍也。若丙甲并透，而无壬癸润土生木，解炎燥之气，则土盛木折，火旺木焚，偏枯之象，孤贫之命。

【今译】

或者一派丙火和烈土，加上丁火制伏辛金，使癸水无根，如同七八月之间，一旱苗就枯槁了。这样的命造孤苦零丁。或者有甲木，又有丙火重重出现，无点滴的水解除炎燥，也主孤贫到老。

［评注］烈土就是燥土。己土虽然有田园卑湿的性质，但是生于夏令，一派丙丁，则田园龟坼而成为燥土了。癸水以两金为根，丁火制伏辛金，癸水就无根，而为火土所烘干。火炎土燥，生机完全断绝，必定是贫苦的命。这是说丙火、癸水、辛金透出而相妨碍的情形。如果丙火和甲木一并透出，而无壬癸水滋润土而生扶木，解除炎燥之气，就会土盛使木折断，火旺使木焚烧，属于偏枯之象，主孤贫的命。

【原文】

如有壬水，又见庚辛，此又不作孤看，但恐目疾，心、肾、肝脏之灾；若壬水有根，辛金得地，又非此而论。或壬癸并出，破火润土，此人聪颖特达，富中取贵，又转祸为福也。

［评注］此承上文“丙火烈土”而言。如柱有壬水庚辛，则不至孤苦，但火土过于燥烈，金水受熇，不免目疾、心肾之病。若金水得地有根，则系富贵之命，故云非此论也。若壬癸并出而通根，虽无庚辛相生，亦可解炎润土，为身旺任财，富中取贵之命。

【今译】

如果有壬水，又出现庚辛金，这又不作孤苦的命看，但是恐怕眼睛有病，或有心脏、肾脏、肝脏之灾；若壬水有根，辛金得地，则不这样推论。或得壬癸一并出现，克破火而润泽土，主这人聪颖明达，富中取贵，又属于转祸为福。

［评注］这是承上文“丙火烈土”而言。四柱中有壬水和庚辛，就不至于孤苦，但火土过于燥烈，金水受到烘烤，不免有目疾和心肾的病。倘若金水得地有根，则是富贵的命，所以说不这样推论。如果壬癸一并出现而又通根，即使没有庚辛相生，也可以解除炎燥而润土，而为身旺任财，富中取贵的命。

【原文】

用癸者，金妻水子；用丙者，木妻火子。

［评注］用财者，食伤为妻，财为子；用印者，官煞为妻，印为子。

【今译】

用癸的，金为妻室，水为子女；用丙的，木为妻室，火为子女。

[评注] 用财的，食神伤官为妻室，财为子女；用印的，官煞为妻室，印绶为子女。

【原文】

己巳、己巳、己巳、戊辰。此命大富。己生初夏，戊己多，得三庚生癸，故妙。

[评注] 己中三庚，生辰宫癸水，金水俱藏而财归库，所以为富命也。

【今译】

己巳、己巳、己巳、戊辰。这一命造大富。己土生于初夏，戊己多，得到三个庚金生癸水，所以为妙。

[评注] 己中的三个庚金生辰宫的癸水，金水都伏藏而偏财归时支辰库，所以为富命。

【原文】

乙巳、辛巳、己巳、辛未。金多泄土，旱而乏水，专用胎元①。

[评注] 胎元，壬申也。己土虽能生金，而四柱无水，过于枯干，故用胎元壬水。

【注释】

①胎元：命理学概念，人生月后第一个月的天干与第三个月的地支相配，就是胎元。如八月生人，八月为辛酉，辛后一干是壬，酉后第三个月地支是子，则壬子为胎元。胎元生命为吉，克命不利。戊寅年辛酉月，壬子为胎元，戊寅纳音为土，壬子纳音为木，木克土不利命。胎月见贵，必受福荫；刑冲破害，必主艰辛。鬼谷子说："胎中如有禄，生在富贵家，或值空亡中，贫穷起怨嗟。"胎元干支与生时干支纳音相生主长寿，和时干支刑战克害主寿短；胎元临帝旺必然高寿。

【今译】

乙巳、辛巳、己巳、辛未。金多而泄土，旱而缺水，专用胎元。

[评注] 胎元指壬申。己土虽然能生金，但四柱中无水，过于枯燥，所以用胎元壬水。

【原文】

乙丑、辛巳、己巳、庚午。辛生丑宫，不为旱田，位至方伯。

[评注] 丑宫藏癸水，有水润泽，不为旱田。辛金为用。

【今译】

乙丑、辛巳、己巳、庚午。辛金在丑宫得生，不为旱田，官爵达到一方诸侯。

[评注] 丑宫藏有癸水，有水润泽，己土就不属于旱田。以辛金为用神。

【原文】

丙申、癸巳、己亥、乙亥。丙癸俱全，财旺生扶，一品夫人。

[评注] 女命。乙木为用，喜得财印并透。乙木坐亥，财旺生官，夫星得生扶也。

【今译】

丙申、癸巳、己亥、乙亥。丙火和癸水都出现，财旺生扶，为一品夫人。

[评注] 女性的命造。乙木为用神，且喜财印一并透出。乙木坐于亥宫，财旺生官，夫星得到生扶。

三秋己土

【原文】

三秋己土，万物收藏之际，外虚内实。寒气渐升，须丙火温之，癸水润之。不特此也，且癸能泄金，丙能制金，补土精神，则秋生之物咸茂矣。癸先丙后。

［评注］三秋己土，与三秋戊土相同也。财印皆为配合所不可缺。“癸先丙后”者，言须分先后，不可相碍也。

【今译】

秋三月的己土，在万物收藏的时候，外表虚浮而内部坚实。寒气逐渐上升，须有丙火来温暖，癸水来滋润。不但如此，而且癸水能耗泄金，丙火能制伏金，而补土的精神，这样就秋生之物都茂盛了。用癸水为先，用丙火居后。

［评注］秋三月的己土，与秋三月戊土相同，财与印都是配合所不可缺的。“癸水为先，丙火居后”，是说须分先后，不可互相妨碍。

【原文】

丙癸两透，雁塔题名；或无癸有两丙透者，异途显达，或武职权高；或有丙火，不见壬癸，为假道斯文，终无诚实；或有壬癸无丙者，衣食充足，才能而已。

［评注］丙癸两透而不相碍，日元有印相生，食伤有财流动其气，配合中和，必贵之造也。“无癸有两丙”者，月令有食伤泄其气，虽日元偏旺，而气势不枯竭。己土本为阴柔之土，所谓“若要物旺，宜助宜帮”是也。有两丙帮助，气足神旺，虽有所偏，亦可取贵，唯为异途武职之流。若一丙而无壬癸，己土之气势不充足，食伤之气亦不流动，中和而缺乏精神，无病无药，庸庸碌碌之流。有壬癸无丙，用在财星，配合适宜，为一富造而已。

【今译】

丙火和癸水两者透出，主雁塔题名；或得无癸水而有两个丙火透出，主异途显达，或者身就武职，而位高权重；或者有丙火而不见壬癸水，为借道于读书，终究没有实际的富贵；或者有壬癸水而无丙火，衣食充足，颇有才能罢了。

［评注］丙火和癸水两者透出而不相妨碍，日元有印绶相生，食神伤官有财流动其旺气，配合中和，是必贵的命造。所谓“无癸水而有两个丙火”，月令有食神伤官泄其秀，日元虽然偏旺，但气势不枯竭。己土本来是阴柔之土，所谓“若要物旺，宜助宜帮”。有两个丙火帮

助，体气足而精神旺，虽有所偏颇，也可以取贵，只是属于异途成名，或身就武职之流。如果出现一个丙火而无壬癸火水，己土的气势不充足，食神伤官的气也不流动，命局气象中和而缺乏精神，无病无药，主庸庸碌碌的人。有壬癸水而无丙火，用神在于财星，如果配合适宜，一个富人的命造罢了。

【原文】

或支成金局，癸透有根，此人家蓄万缗[①]，富中取贵。

［评注］八月己土，支成金局，癸透有根，为食神生财格，乃富之征；亦须原局比印暗藏，日主有气，方能富中取贵也。按，富中取贵，即异途功名也。

【注释】

①家蓄万缗：家中积蓄万钱。缗，三代穿铜钱用的绳子，每条绳穿钱一千文。引申为量词，指成串的铜钱。

【今译】

或者地支会成金局，癸水透出而有根，主这人家中蓄积万金，因而富中取贵。

［评注］八月的己土，地支会成金局，癸透有根，为食神生财格，中富裕的征兆；但也要原命局暗中藏有比肩和印绶，日主有气，才能富中取贵。按，富中取贵，即所谓异途功名。

【原文】

或支四库，甲透者富，乏甲者孤贫；或甲出，无癸，乏金，积德可全科甲；或会火局，无水救，乃大奸大恶之徒。

［评注］九月己土，支全四库，土重，必须甲木疏之。然甲木官星休囚，又无财以生之，故仅能取富，不能取贵。如有科甲，乃积德所致，论命则气势近于浊。《滴天髓》云："虽然浊气亦中式"，科甲非不可能也。若无甲，则决为孤贫之象。如生于九月，支全寅午戌，会成火局，甲木透干，助火之旺，而失疏土之用，四柱无水为救者，势象偏枯而旺，奸恶之徒。旺及其身而止，必无后嗣也。

【今译】

或者地支为四库，有甲木透出的富，无甲木的孤贫。或者甲木出现而无癸水，缺金，行善积德可以得科甲；或者会成火局，无水救援，属于大奸大恶的人。

［评注］九月的己土，地支四库俱全，属于土重，必须用甲木疏通。但甲木官星休囚，又没有财星来生扶，所以只能取富，不能取贵。如果发科甲，那是积德所致，论命则气势近于混浊。《滴天髓》说："虽然浊气，也能中式"，科甲不是不可能的。如果无甲木，就是孤贫的征兆。如生于九月，地支寅午戌俱全而会成火局，甲木透出天干，助火的旺气，而失去了疏土的作用，四柱无水为救者，气象偏枯而旺，主奸恶之徒。旺气一及其身就止息，必定没有后嗣。

【原文】

或丙透癸藏，遇金，颇有选援；加一壬辅，富贵慷慨，有贤声；见戊透者，主遭凶厄，且贫。

［评注］此与上文支成金局相类，特上文为生于八月，此则生于九月也。"丙透癸藏，遇金"，乃食神生财佩印也。加一壬水，泄金之气，富贵英豪。见戊透，为比劫争财，用神被伤，所谓"忌神转辗攻"也，凶厄贫困之象。

【今译】

或者丙火透出而癸水伏藏，遇到金，颇有提拔和帮助晋升的人；加一个壬水为辅佐，富贵而慷慨，有贤明的声誉；戊土透出的，主遭遇凶险厄难，并且贫寒。

［评注］这与上文的支成金局相类似，只是上文为生于八月，这里是生于九月。"丙火透出而癸水伏藏，遇到金"，是食神生财佩印的格局。加一个壬水泄金之气，富贵而英雄豪迈。有戊土透出，属于比肩劫财争财，用神被克伤，所谓"忌神转辗来攻"，是凶险、厄难、贫困的征象。

【原文】

八月支成金局，无丙丁出救，此人零丁孤苦；如得丙透丁藏，生己元神，此人名魁天下①，五福②完人。

［评注］上文八月己土，支成金局，透癸水泄金气为富；此言透丙丁、制金神为贵也。八月金神秉令，己土之气尽泄，得丙丁补其元神，制伏金神，必为超群拔萃之人，福泽亦异于寻常也。

【注释】

①名魁天下：名次居全国第一位。魁星，又称奎星。为二十八宿之一，是西方白虎七宿中的第一宿。奎宿为星官的名称，又叫“天豕”、“封豕”。奎星共有十六颗，包括星女座九颗星和双鱼座七颗星，古人认为他是主管文运的神，遂对其加以崇拜。

②五福：一是长寿，二是富有，三是康宁，四是修好德，五是善终。出自《尚书·洪范》。

【今译】

八月地支会成金局，无丙丁火出干救援，这人零丁孤苦；如果丙透出而丁伏藏，生扶己土元神，这人名冠天下，为五福俱全的完人。

［评注］上文八月己土，地支会成金局，以透癸水而泄金气为富；这里则以透出丙丁、制伏金神为贵。八月金神当令，己土之气已经泄尽，得到丙丁来补足元神，制伏金神，必定是出类拔萃的人，福泽也与平常人不同。

【原文】

总之，三秋己土，先癸后丙，取辛辅癸。九月土盛，宜甲木疏之，余皆酌用。

［评注］三秋己土，气寒而泄。用财不能缺印，有印不能无泄。土盛用官，为必然之看法。至于配合，则随宜酌用可也。

【今译】

总之，秋三月的己土，先用癸水，后用丙火，而以辛金辅佐癸水。九月土盛，应该用甲木疏通，其余都酌情运用。

［评注］秋三月的己土，气寒而泄气。用财不能缺印，有印不能不泄财。土盛而用正官是必然的看法，至于配合，则随所适宜、酌情运用

就可以了。

【原文】

甲寅、癸酉、己未、壬申。甲、丙、癸、壬全，提督[①]。

［评注］此造月令食神生财，甲木官星得禄，时逢壬申。虽辛金秉令，用取财官，但喜印劫扶助耳。

【注释】

①提督：明清武职官名，负责统辖一省陆路或水路官兵。其建制始于明代，但当时并非固定的职官名称，不设员额，也不常置。

【今译】

甲寅、癸酉、己未、壬申。甲木、丙火、癸水、壬水俱全，官为提督。

［评注］这一命造，月令为食神而生财，甲木官星得禄，时柱为壬申。虽然辛金当令，用神还是取财官，只是喜欢印绶和劫财扶助罢了。

【原文】

己巳、甲戌、己丑、壬申。戊己局全于四季，火运大魁。

［评注］此为甲己化土，而金水泄气。化神喜行旺地，必以丙火为用也。

【今译】

己巳、甲戌、己丑、壬申。戊己局全于四季，火运在天下举子中夺魁。

［评注］这一命局甲己合而化土，而金水泄气。化神喜欢行旺地的运，必须以丙火为用神。

【原文】

勾陈全备，润下，劳碌奔波之客；土凝水竭，离乡背井之流。

［评注］勾陈，戊己土也。润下者，申子辰水局也。土能克水，水多土荡。天干戊己，而支全申子辰，土虚不能止水，为劳碌奔波之象。

土多水竭，天干戊己，而支聚墓库，一二点壬癸之水，不足以济，为离乡背井之流。一为身弱不能任财，一为比劫争财也。

【今译】

勾陈俱备，润下，劳碌奔波的客人；土凝重而水涸竭，离乡背井之流。

［评注］勾陈指戊己土，润下指申子辰水局。土能克水，但水多了土就会漂荡。天干为戊己，而地支申子辰俱全，土虚不能止水，故为劳碌奔波的征象。土多而水竭，天干为戊己，而地支聚于墓库，一两点壬癸水不足以救援，所以是离乡背井之流。一个是身弱而不能任财，一个是比肩劫财争财。

【原文】

勾陈得位会财官，无冲无破必然端；甲子北方寅卯木，管教环拱戴金冠。戊己喜亥卯未为官，申子辰为财，忌刑冲煞害。

［评注］戊己临于四库，为得位。土旺，宜甲木以疏之，甲木官星，更喜财以生之，无冲无破，必贵之格也。所谓"甲子北方寅卯木"，指己丑日元见甲子时，天地德合①，日时互贵②，即"勾陈得位会财官"，而又临天乙贵人。运行寅卯东方，官星得地，未有不贵显也。

【注释】

①天地德合：天干与天干、地支与地支之间相合，如己丑日元与甲子时之间，甲己相合，子丑相合。

②日时互贵：日干与时干、时干与日支之间互为天乙贵人。如己日以子鼠为贵人，甲时以丑牛为贵人。

【今译】

勾陈得位，财官会聚，无冲无破，这人必然端正；遇到甲子和北方寅卯木，管教众人拱服，头戴金冠。戊己喜欢亥卯未为官，申子辰为财，忌刑冲和煞害。

［评注］戊己土临于四库为得位。土旺，适宜用甲木来疏通，而甲

木官星更喜欢财来生扶，这样无冲无破，是必贵的格局。所谓“甲子北方寅卯木”，指己丑日元遇到甲子时，天干地支分别相合，日时互为贵人，即“勾陈得位，财官会聚”而又临天乙贵人。这样行寅卯东方运，官星得地，没有不贵显的。

三冬己土

【原文】

三冬己土，湿泥寒冻，非丙暖不生。取丙为尊，甲木参酌，戊土癸水不用。惟初冬壬旺，取戊制之，余皆用丙丁，但丁不能解冻除寒，不能大济。

［评注］己为田园卑湿之土，生于冬令，为湿泥寒冻。不见丙火，毫无生意，故以丙为最需要之神。取丙为用，最为上格，即使用官煞，用食伤或财星，丙火不可缺也。丙火为调候必要之神。此外皆为格局配合，相制为用，随宜酌取。如土旺，用甲木制之；水旺，用戊土制之。应病与药，中等格局也。丙丁同为火，但解寒除冻，必须用丙；丁火灯烛之光，无能为力。如用丁火，必须要有甲木，更须有寅支暗藏甲丙，方可为用也。

【今译】

冬三月的己土，如湿泥冻块，不用丙火温暖就不能生长。取丙火为主，甲木参酌使用，不用戊土和癸水。只有初冬壬旺的时候，取戊地制伏水，其余都用丙丁，但丁火不能解除寒冻，没有太好的效果。

［评注］己为田园卑湿之土，生于冬季为湿泥冻块，不见丙火就毫无生机，故以丙火为最需要的用神。取丙火为用神是最上等的格局，即使用官煞、食伤或财星，丙火也不可缺少。丙火为调候必要的用神，此外都是为了格局的配合，相制为用，随宜酌取。比如土旺用甲木来制伏，水旺用戊土来制伏，因病给药，只是中等格局。丙丁同样是火，但解寒除冻必须用丙；丁火是灯烛之火，无能为力。如果用丁火，必须有甲木，更须有寅支暗藏甲木和丙火，才可以用。

【原文】

干透一丙，支藏一丙，加以甲透，科甲有准；即藏丙无制，亦主衣衿。

［评注］三冬收藏之时，单见一丙，力量犹嫌不足，须干透支藏，甲木助之，官印相生，其力方显。“藏丙无制”者，如见寅而无申冲，见巳而无亥冲，再逢运程引出，亦可取贵也。

【今译】

天干透出一个丙，地支伏藏一个丙，加上甲木透出，科甲是一定的；即使伏藏的丙火无制伏，也主成秀才。

［评注］冬三月收藏的时候，单见一个丙火，力量还嫌不足，须天干透、地支藏，又有甲木生助，实现官印相生，其力量才显著。所谓“伏藏的丙水无制”，比如出现寅而无申冲，出现巳而无亥冲，再逢运程引出，也可以取贵。

【原文】

或多壬水，得戊透制之，此命安然，富中取贵；不见戊土，富屋贫人。凡三冬己土，见壬水出干，为水浸湖田，此人孤苦；若见火，不孤；见土，不贫。

［评注］己土卑湿，见壬水冲奔之性，不能制之，必须用戊土帮身，为富格，安富尊荣，或纳赀得官，即富中取贵也；无戊土，为财多身弱。三冬己土，见火则土有生意而不孤，见土则能任财而不贫，否则，随水奔流，寒气彻骨，孤贫之象也。

【今译】

或者多壬水，有戊土透出而制伏，主这人命运安然，富中取贵；不见戊土，则为富屋中的贫人。凡冬三月的己土，遇壬水出现在天干为水浸湖田，这人孤独贫苦。出现火，不孤独；出现土，不贫苦。

［评注］己土卑湿，无法制伏冲奔的壬水，必须用戊土帮身，这样才是富格，安富尊荣，或者纳钱物得官，即富中取贵；没有戊土，属于财多身弱。冬三月的己土，遇火则有生意而不孤独，遇土则能任财而不贫寒，否则，随水奔流，寒气彻骨，是孤贫的征象。

【原文】

或一派癸，不见比劫，此为从财，反主富贵，虽不科甲，恩诰有之。若见比争，平常人物，妻子主事。从财者，木妻火子。

［评注］从格气势偏于一方，大忌逆其旺势。三冬水旺之时，再见一派壬癸，只能顺其势为用。见比劫则逆，既不能从，反为财多身弱，故主妻子用事。从财，木妻火子，待考，恐有漏字。盖用丙者，木妻火子；从财者，金妻水子也。

【今译】

或者一派癸水，不见比肩劫财，这是从财格，反主富贵，虽然不能科甲成名，却有皇恩诰封；如果遇比肩争财，则是平常人物，由妻儿主事。从财的，木为妻室，火为子女。

［评注］从格气势偏于一方，深忌违逆它的旺势。冬三月水旺的时候，再出现一派壬癸水，只能顺其旺势为用。见比肩劫财就违逆其旺势，以至既不能从财，反为财多身弱，所以主妻儿主事。从财，“木为妻室，火为子女”，待考，恐怕有漏字。因为用丙火的，木为妻室，火为子女；从财的，金为妻室，水为子女。

【原文】

或一派戊己，取甲制之。甲透者，富贵。

［评注］一派戊己，身旺任财，再见甲透，为财旺生煞，富贵之征也。

【今译】

或者一派戊己土，取甲木制伏它。有甲木透出的，富贵。

［评注］一派戊己，身旺任财，再有甲木透出，为财旺生煞，是富贵的征兆。

【原文】

或一片辛庚，须用丙火，还须丁火为助。丙藏，富贵奇特之命。

［评注］秋冬己土，见一派庚辛，而用丙火制伤，为土金伤官佩印，极富极贵之命。此为五行常理之外者，故云奇特也。上文“木妻

火子”句，恐怕在此节下，编纂误置也。

【今译】

或者一片辛庚，必须用丙火制伏，还须以丁火为辅助。丙火伏藏，是富贵奇特的命造。

［评注］秋冬的己土，见一派庚辛金，而用丙火制伏伤官，为土金伤官佩印格，是极富极贵的命。这是五行常理之外的，所以说奇特。上文“木妻火子”一句，恐怕在这一节下，属于编纂放置有误。

【原文】

壬申、癸丑、己丑、甲戌。木疏季土格①，侍郎。

［评注］水寒土冻，喜得甲戌时。戌为火库，寒谷藏春，更得甲木疏土，引生丁，运行东南，木火得地，宜乎贵显矣。

【注释】

①木疏季土格：四柱土旺，以甲木疏土；土旺四季月，故称木疏季土格。

【今译】

壬申、癸丑、己丑、甲戌。木疏季土格，官为侍郎。

［评注］水寒土冻，且喜生在甲戌时。戌为火库，寒谷中藏有春意，再得甲木疏通土，引生丁火，行东南运木火得地，理应贵显。

【原文】

壬子、癸丑、己卯、己巳。财旺生煞格，状元。

［评注］此造与上造相同。喜得时逢己巳，暗藏丙火，寒谷回春，运行东南，自然贵显；否则，虽财旺生煞，何能取贵乎？

【今译】

壬子、癸丑、己卯、己巳。财旺生煞格，高中状元。

［评注］这一命造与上一造相同。且喜生时遇到己巳，暗藏丙火，使寒谷回春，行东南运自然贵显；否则，虽然财旺生煞，但怎么能取

取呢？

穷通宝鉴评注卷四

楚　南　余春台　原编
东　海　徐乐吾　评注

论　金

【原文】

金以至阴为体，中含至阳之精，乃能坚刚，独异众物。若独阴而不坚，冰雪是也，遇火则消矣。故金无火炼，不能成器；金重火轻，执事繁难；金轻火重，锻炼消亡；金极火盛，为格最精。金火全，名曰“铸印[1]”，犯“丑”字即为损模；金火多，名为“乘轩[2]”，遇死衰反为不利。木火炼金，成名锐而退速；纯金遇水，逢富显以赢余。金能生水，水旺则金沉；土能生金，金多则土贱。金无水，干枯，水重则沉沦无用；金无土，死绝，土重则埋没不显。两金两火最上，两金两木财足。一金生三水，力弱难胜；一金得三木，顽钝自损。金成则火灭，故金未成器，欲得见火；金已成器，不欲见火。金到申酉巳丑，亦可谓之成也。运喜西北，不利南方。

［评注］总论金性。五行之用，水火相对，金木相对。木外阳而内阴，金外阴而内阳。故丁壬化木，水火之气和也；丙辛化水，冰雪遇火而消也。庚金外阴内阳，坚刚之质，独异众物，非火锻炼，不能成器。火能克金，然金重火轻，则火歇灭；金轻火重，则金消亡；金火两停，格名铸印，为格最精。如庚金生八月，透辛金而见丙丁，为煞刃格；见

丑字，则火土金相生，为煞刃用印。丑为金墓，故云损模。金多火旺，煞刃两停，为格最精，不宜行死衰之地。木火炼金，庚金也，功名必显；纯金遇水，辛金也，财禄有余。

次述土、金、水反生反克之理。太过不及，皆不为美。金未成器，欲得见火。何谓未成器？待水木火土之配合，方成格局，配合不能缺火也；何谓已成器？支聚申酉戌西方，或巳酉丑金局。金成形象，宜水以泄之，不宜见火，故运宜西北，不利东南。若生于冬令，金水伤官喜见官，乃调候关系，为例外也。

【注释】

①铸印：格局名，指金被火熔铸而成器。说铸印，有成器而且成文的意思。

②乘轩：格局名，指火为金的官煞，有火乘金轩之意。得此格局的人可以像卿大夫一样乘坐高车出入，引申为成为高官。轩，古代一种有围棚或帷幕的车。

【今译】

金虽然以至阴为形体，其中含有至阳的精华，所以坚硬刚强，与其他东西不同。只有阴就不坚硬刚强，比如冰雪，遇到火就融化了。所以金没有火的锻炼，就不能成器物；金过重而火轻微，做事就会觉得繁琐艰难；金轻微而火过重，一经锻炼就会消亡；金旺火盛，格局最精当。金火俱全，称为“铸印”，犯“丑”字属于损坏了印模；金火多，称为“乘轩”，遇到死衰之地，反而不利。木火炼金，成名锐利而后退迅速；纯金遇到水，必定富贵有余。金能生水，水旺金就会沉没；土能生金，金多土就贬值。金无水会干枯，而水重又会沉沦而无用；金无土会死绝，土重又会埋没而不显著。局中逢两个金两个火，是最上等的格局；遇到两个金两个木，财富丰足。一个金生三个水，力量弱小，难以胜任；一个金得到三个木，顽劣愚钝，自我损害。金成就了，火才可以熄灭，所以金在没有成器的时候，需要遇到火；金已经成器，不要见火，金到申酉巳丑，也可以叫做成。行运喜欢西北，不利南方。

［评注］这是总论金性。五行的作用，水和火相对，金和木相对。木外表属阳而内里属阴，金外表属阴而内里属阳，所以丁与壬合而化

木，是水火之气的和谐；丙与辛合而化水，是冰雪遇到火而消融。庚金外表属阴而内里属阳，其坚固刚强的形质，与其他东西不同，不用火锻炼就不能成器。火能克金，但如果金重火轻，火就会歇灭；金轻火重，金就会消亡；金和火均等，叫做“铸印”，是最精当的格局。比如庚金生于八月，透出辛金而遇到丙丁，为煞刃格；遇到“丑”字，则火、土、金连续相生，为煞刃用印格。丑为金的墓，所以说损坏印模。金多而火旺，煞刃两者均等，格局最精当，不宜行死衰之地的运。木火锻炼金，指庚金，主功名必定显达；纯金遇到水，指辛金，主财禄有余。

接下来陈述土、金、水反生反克的道理。程度太过和不及，都不理想。金没有成器，要遇到火。什么叫没有成器？就是等待水、木、火、土的配合才成格局，配合不能缺火；什么叫已成器？聚全了申酉戌西方的地支，或者会成巳酉丑金局。金成形成象以后，适宜用水泄它，而不宜遇到火，所以行运适宜西北，不利东南。如果生在冬季，为金水伤官格而喜欢见正官，这是调候的关系，属于例外。

【原文】

生于春月，余寒未尽，贵乎火气为荣；性柔体弱，欲得厚土辅助；水盛增寒，难施锋锐之势；木旺损力，有挫钝之危。金来比助，扶持最妙；比而无火，失类非良。

［评注］春月之金，余寒未尽，不能缺火；但时值休囚，体柔质弱，火旺有销熔之虞，故必欲厚土为辅。比劫扶助，煞印相生，方成大格，所谓“金未成器，欲得见火”是也。金弱见水泄气，见木损力，故春金用食伤生财，格非上等。

【今译】

生于春月，余寒还没有消尽，贵于以火气为荣；形质柔弱，要得到厚重的土来辅助；水盛会增加寒气，难以施展锐利的势用；木旺会损伤气力，有钝挫的危险。有金来比助，这样的扶持最妙；如果得到比助而无火，就会失去伦类，而没有好处。

［评注］春月的金，余寒还没有消尽，不能缺少火；但值休囚的时令，形质柔弱，火旺的话，就有销熔的忧虑，所以必需有厚土为辅助。比肩劫财扶助，七煞与印绶相生，才能成就不凡的格局，即所谓“金

没有成器，要遇到火”。金弱，遇水会泄气，见木会损伤气力，所以春金用食神伤官生财，不属于上等的格局。

【原文】

夏月之金，尤为柔弱；形质未具，尤嫌死绝。火多而却为不厌；水盛而滋润呈祥；见木而助鬼伤身；遇金而扶持精壮；土薄而最为有用，土厚而埋没无光。

［评注］金以土为母，母旺则子相。然夏月之土，寄旺于火乡，燥烈之土，何能生金？故夏金尤为柔弱也。金长生在巳，气虽萌动，而形质未具，必须湿土生之，比劫助之，故云“群金生夏，喜用勾陈”是也。夏金既云质弱，何以火多不厌？盖四月巳宫，五月午宫，戊己土得禄，虽不能生金，亦不熔金也。故夏月之金，最喜见水，得水则制火、润土以生金，见木则制土、助火以克金也。微弱之金，喜土生之，又不宜土厚，土厚则埋金；须一二点土，更得水以润之，火以佐之，则最为有用也。

【今译】

夏月的金，尤其柔弱；形质还不具备，尤其忌讳值遇死绝。火多却不嫌厌；水盛则得到滋润而呈现吉祥；见木会生助官煞而伤害自身；遇金会因为得到扶持而精壮；遇到土薄最有用，土厚就会埋没无光。

［评注］金以土为母，母旺的时候子正是相的状态。但夏月的土，寄旺在火乡，燥烈的土怎么能生金？所以夏天的金尤其柔弱。金长生在巳位，气息虽已萌动，但形质还不具备，必须有湿土生扶它，比肩劫财助长它，所以说“成群的金生于夏季，喜欢用勾陈土”。夏天的金既然形质柔弱，为什么不厌火多？因为戊己土四月在巳宫得禄，五月在午宫得禄，虽然不能生金，却也不熔化金。所以夏月的金，最喜欢遇到水，得水就可以制伏火、润泽土而生扶金，遇到木则会制伏土、助长火而克制金。微弱的金，喜欢土来生它，又不适宜土厚，土厚金就会被埋没；须一二点土，再得到水的滋润，火的辅佐，这样最有用。

【原文】

秋月之金，当权得令，火来锻炼，遂成钟鼎之材；土多培养，反惹顽浊之气。见火则精神越秀，逢木则琢削施威。金助愈刚，刚过则决；气重愈旺，旺极则衰。

［评注］秋金刚锐极矣。庚金喜火锻炼，以成大器；辛金喜水泄秀，以显其精神。秋金用火或用水，方成上格。土多，愚顽之辈；木多，商贾之人。过刚易折，过满招损，印劫皆非所宜。

【今译】

秋月的金，当权得令，火来锻炼，会成为钟鼎的材料；土多而培养，反而惹来顽钝混浊的气象。遇到火，则精神越发秀丽；遇到木，将雕琢砍削而施展威力。金来比助，会更加刚强，而过刚就会折断；金气过重就更旺，而旺极就会衰弱。

［评注］秋天的金，坚刚锐利极了。庚金喜欢火来锻炼，从而成大器；辛金喜欢水来泄秀，以便显发精神。秋天的金用火或用水，才能成为上等格局。土多的，是愚顽之辈；木多的，是商贾一类人。过刚就容易折断，过满就会招致损害，印绶和劫财都不相宜。

【原文】

冬月之金，形寒性冷。木多则难施琢削之功，水盛而未免沉潜之患。土能制水，金体不寒；火来助土，子母成功。喜比肩聚气相扶，欲官印温养为利。

［评注］冬月之金，不离官、印、比劫。财旺宜比劫相扶，伤官旺必须官印为助。冬月水旺秉令，为真伤官。有土制水，金不沉潜；有火解冻，金气温暖；金土扶助，子母成功。故冬月之金，以金水伤官，见官为最高格局也。

【今译】

冬月的金，形体寒，性质冷。木多，就难以施展雕琢砍削的功用；水盛，则未免沉没的忧患。土能制伏水，这样金体就再不寒冷；火来助长土，子母都会成就功德。喜欢比肩聚集同气来扶助，以官煞和印绶的温养为有利。

［评注］冬月的金，不离官煞、印绶、比肩劫财。财旺，适宜有比肩劫财相生扶；伤官旺，必须官煞和印绶为辅助。冬月水旺掌令，属于

真伤官。有土制伏水，金就不会沉没；有火化解冰冻，金气就会温暖；金土相扶助，子母都能成功。所以冬月的金，以金水伤官见官，为最高格局。

庚金喜用提要

月份	喜用神	说 明
正月	戊甲丙壬丁	**【原文】**用丙煖庚性，慮土厚埋金，须甲疏泄。火多用土，支成火局用壬。 **【今译】**用丙温暖庚金的性质，考虑到土厚会埋没金，须用甲木疏通消泄。火多就用土，地支会成火局就用壬水。
二月	丁甲丙庚	**【原文】**庚金暗强，专用丁火。借甲引丁，用庚劈甲。无丁用丙。 **【今译】**庚金在暗中强盛，专以丁火为用神。借甲木引生丁火，用庚金劈解甲木。无丁就用丙。
三月	丙丁壬癸	**【原文】**顽金宜丁，旺土用甲，不用庚劈。支火宜癸，干火宜壬。 **【今译】**顽劣的金适宜用丁火克制，旺盛的土适宜用甲木劈解，不用庚金克甲木。地支中的火适宜用癸水，天干中的火适宜用壬水。
四月	壬丙戊丁	**【原文】**丙不鎔金，惟喜壬制，次取戊土，丙火为佐。支成金局，变弱为强，须用丁火。 **【今译】**丙火不会熔化金，只喜欢壬水制伏，其次用戊土，而以丙火为辅佐。地支会成金局，转弱为强，需要用丁火。

五月	壬癸	【原文】专用壬水，癸次之。须支见庚辛为助。无壬癸，用戊己泄火之气。 【今译】专以壬水为用神，其次用癸水。需要遇到庚辛金为辅助。无壬癸水，就用戊己土泄火的旺气。
六月	丁甲	【原文】若支会土局，甲先丁后。 【今译】如果地支会成土局，就先用甲木，后用丁火。
七月	丁甲	【原文】专用丁火，甲木引丁。 【今译】专以丁火为用神，再以甲木引生丁火。
八月	丁甲丙	【原文】用丁甲煅金，兼用丙火调候。 【今译】用丁和甲锻炼金，兼用丙火调和气候。
九月	甲壬	【原文】土厚先用甲疏，次用壬洗。忌见己土浊壬。 【今译】土厚，就先用甲木疏通，再用壬水洗涤。忌讳己土混浊壬水。
十月	丁丙	【原文】水冷金寒爱丙丁，甲木辅丁。 【今译】水冷金寒，喜欢用丙丁火暖局，用甲木来辅助丁火。
十一月	丁甲丙	【原文】仍取丁甲，次取丙火照暖，一派金水，不入和暖之乡，孤贫。丙丁须临寅巳午未戌支，方为有力。 【今译】仍然用丁火和甲木，其次取丙火照耀温暖。一片金水，不入温暖的方位，主孤独贫穷。丙丁火要临寅巳午未戌几个地支，这样才有力量。
十二月	丙甲丁	【原文】仍取丁甲，次取丙火照暖，一派金水，不入和暖之乡，孤贫。丙丁须临寅巳午未戌支，方为有力。 【今译】仍然用丁火和甲木，其次取丙火照耀温暖。一片金水，不入温暖的方位，主孤独贫穷。丙丁火要临寅巳午未戌几个地支，这样才有力量。

三春庚金

【原文】

正月庚金，木旺之际，有土皆死，不能生金。且金之寒气未除，先用丙暖庚性；又虑土厚埋金，须甲疏泄。丙甲两透，科甲显荣；二者透一，亦有生监；丙藏甲透，异路功名。

［评注］正月庚金临绝，必须有土生之，为弱极复生之象，是辅助不能无土也。然正月木旺克土，有土皆死，寒土冻结，不能生金。得丙火生土暖金，则满盘皆活，功成反生，故丙火为最要用神也。土厚又惧埋金，则宜用木疏之。丙甲两透，方能配得中和；一透一藏，亦可显达，惟不可缺耳。

【今译】

正月的庚金，正值木旺的时候，所有的土都处于死的状态，而不能生金。并且金的寒气没有消除，必须先用丙火温暖庚性；又忧虑土过厚，以至埋没了金，必须甲木来疏土泄金。丙和甲两者透出的，主科甲荣显；二者透出一个，也有生监的可以得到；丙伏藏而甲透出，主异路功名。

［评注］正月的庚金临于绝地，必须有土来生扶，才能形成弱极复生的局面，所以不能没有土的辅助。但正月木旺克土，所有的土都处于死的状态，寒土冻结，不能生金。得到丙火生扶土，温暖金，才能满盘皆活，成就反生的功用，所以丙火是最要紧的用神。土厚又怕埋没了金，这样又适宜用木疏通土。丙和甲两者透出，才能配得中和的命局；一个透出一个伏藏，也可以显达，只是两者都不可缺少。

【原文】

或柱中土多，甲透者贵，甲藏者富，庚出则否。

［评注］此言用财不可见比劫也。土多忌其埋金，故要有甲木制之，用财损印也。庚出者，比劫争财也，名利皆虚矣。

【今译】

或者四柱中土多，甲透出的贵，甲伏藏的富，庚出现则不是这样。

［评注］这是说用财不可出现比肩和劫财。土多忌讳它埋没金，所以要有甲木制伏它，这是用偏财克损印绶。庚出现的，属于比肩和劫财争财，这样名利就都虚幻了。

【原文】

或丁火出干，加以戊己而无水者，又主富贵。何也？寅中甲木，引丁有根，无水为病，名“官星有气，财旺生扶”，故以富贵推之。如火多则用土。用土者，火妻土子。

［评注］此言用官不可见食伤也。以无水为主要条件，用官不离财印为佐。身旺官清，以财生官为用；重官混煞，则火太旺，宜以印化官煞为用。水为病神，若官星透干，食伤藏支，戊己制之，不害官星，则亦无损其贵也。

【今译】

或者丁火出现在天干，加上戊己土而无水的，又主富贵。为什么？因为寅中的甲木，引丁有根，以无水为病，称为“官星有气，财旺生扶”，所以以富贵来推崇它。如果火多，就用土。用土的，火为妻室，土为子女。

［评注］这是说用官煞不可出现食神和伤官。以无水为主要条件，用官不能离开以财印为辅佐。身旺官清，以财生官为用神；官重混同七煞，是火太旺，适宜以印绶化解官煞为用神。水为病神，如果官星透出天干，食神伤官藏在地支，戊己土制伏它们，使它们不伤害官星，那么，也不损害命主的贵显。

【原文】

或支成火局，壬透有根者，大富贵；无根者，小富贵；乏水者，残疾之人。

［评注］此言官煞会党，食神为救也。寅月庚金临绝，支成火局，必须壬透为救。壬透有根，病重药重，必大富贵；无根则制煞力薄；乏制，则七煞攻身。

【今译】

或者地支会成火局，壬水透有根的，大富大贵；无根的，小富小贵；缺水的，为残疾人。

［评注］这是说官煞会聚结成一党，而以食神为救援。寅月庚金临绝地，地支会成火局，必须透出壬水为救援。壬水透出而有根，病重药也重，必定大富大贵；无根则制煞的力量薄弱；缺少制伏，七煞就会攻击日元。

【原文】

或木被金伤，无丙丁出制，支无丁火，此系平人；或丙遭癸困，无戊制者亦然。

［评注］此言比劫争财，官煞为救也。木被金伤者，比劫太多，须有官煞制劫以存财。盖木是活木，金为刚金也，如四柱无火为救，则为平常之人。或用丙，而丙遭癸困，无戊土为救；用壬而壬遭戊困，以甲木为救，皆系平人，以其有病无药也。

【今译】

或者木被金伤害，无丙丁火出出加以制伏，地支没有丁火，这是平常人；或者丙火遭到癸水的围困，无戊土制伏的，也是这样。

［评注］这是说比肩劫财争财，以官煞为救援。木被金伤害的，比肩和劫财太多，要有官煞制伏劫财而保存财。因为木是活木，金是刚金，如果四柱中无火为救援，就是平常的人。或者用丙火而丙火遭到癸水的围困，而无戊土为救援；用壬水而壬水遭到戊土的围困，以甲木为救援，都是平常人，因为局中有病而没有药。

【原文】

总之，正月庚金，丙甲为上，丁火次之。春金多火，不夭则贫。阳金最喜火炼，锻炼太过，反主奔流。

［评注］庚金具坚刚之性，生于正月，地临死绝，为顽钝之金，非火炼不成器；锻炼太过，则销熔，又主奔流。详见《总论》。

【今译】

总之，正月的庚金，以用丙火甲木为上等格局，用丁火次于它。春天的金遇到多火，不是夭折就是贫穷。阳金最喜欢火来锻炼，但锻炼太过分，反而主奔流。

[评注] 庚金具有坚刚的性质，生在正月，临于死绝的方位，属于顽钝的金，没有火的锻炼就不能成器；但锻炼太过分，就会销熔，又主奔走迁流。详细情况见《总论》。

【原文】

壬子、壬寅、庚申、庚辰。水盛金寒，专用丙戊。早年困苦，入东南运，入泮。

[评注] 水盛金寒，用寅中丙戊，而丙戊俱不透，寒薄之命。

【今译】

壬子、壬寅、庚申、庚辰。水盛大，金寒冷，专用丙火和戊土。早年困苦，进入东南运，成为秀才。

[评注] 水盛大而金寒冷，用寅中的丙火和戊土；但丙和戊都没有透出天干，是贫寒薄弱的命。

【原文】

辛巳、庚寅、庚戌、丙戌。支成火局，无水，僧道。

[评注] 寅戌会局而透丙，火局成也；年又逢巳，锻炼太过，必须壬水为救。原局无救，而比劫叠见，又不能从，宜为孤穷之命也。

【今译】

辛巳、庚寅、庚戌、丙戌。地支会成火局而没有水，僧人道士的命。

[评注] 寅戌会局而透出丙火，火局成就；年支又遇到巳，锻炼太过，必须以壬水为救援。但原命局中没有救援，而比肩劫财却重叠出现，又不能从化，理应是孤独贫穷的命。

【原文】

二月庚金，柱中自然有乙。当令之乙见庚，必留情于乙。此金有暗强之势，如秋金一理，故二月庚金，专用丁火。借甲引丁，借庚劈甲。无丁用丙者，富贵多出于勉强。

［评注］此节所论甚微妙。月垣乙木，暗合庚金，助其强势，为此书独有之发明也。庚金暗强，故专用丁火。用丁，不离甲木为佐，以财生官也。若用丙火七煞，则须用水为制，配合不易中和，富贵出于勉强矣。

【今译】

二月的庚金，柱中自然有乙木。当令的乙木遇到庚金，庚金必然留情于乙木，使金有暗中强盛的形势，和秋天的金是一个道理，所以二月的庚金，专用丁火。借甲木来引生丁火，借庚金来劈解甲木。无丁火而用丙火的，富贵多半出于勉强。

［评注］这一节的议论很微妙。月建中的乙木暗合庚金，助长它的强势，是本书独有的发明。庚金暗强，所以专用丁火。用丁火不离以甲木为辅佐，这是用财生官。如果用丙火七煞，就必须用水制伏，配合不容易达到中和，所以富贵都出于勉强。

【原文】

或丁在干，甲透引丁，支下再见一庚制甲，配得中和，必然大贵；如不见庚合者，虽丁甲两透，亦属平人。春丁不旺不衰，故用甲为佐丁之物。甲若无庚劈，则不能引丁。乙木虽多，又忌湿乙伤丁，难为丁母，故有丁甲无庚者，常人；有丁庚，甲不出干者，常人；或丁透无庚甲者，可许贡监；无丁有丙者，异路功名。

［评注］支下见庚，谓申金也。合卯，劈甲，引丁，日元又通根得禄，三得其用。不见庚合，谓无申合卯也。同一用财生官，配合辅佐，大有分别。如无庚配合，虽同为财官格，不过平常之人。此理亦惟本书发明也。次述其理。春日丁火，不离甲木，用甲不能缺庚，乙木虽多无用，不能引生丁火也。有丁甲，无庚劈甲，为常人；有丁庚，而甲不透，亦为常人；丁透，无庚甲，用丁乙官印，可许贡监；无丁，用丙，为用煞印，异路功名。

【今译】

或者丁火出现在天干中，甲木透出，引生丁火，地支下再出现一个庚金劈解甲木，配置达到中和，必然大贵；如果不见庚合，即使丁火和甲木两者都透出，也属于平常人。春天的丁火不旺也不衰，所以以甲木为辅佐丁火的东西。甲木没有庚金的劈解就不能引生丁火。乙木虽然多，却忌讳潮湿的乙木伤害丁火，难以作为丁火之母，所以有丁火甲木而无庚金的，是平常人；有丁火和庚金而甲木不出现在天干的，也是常人；或者丁火透出而无庚金甲木，可以许作贡监；无丁木而有丙火的，主异路功名。

［评注］地支下出现庚指申金。申中庚金合卯中乙木，劈解甲木，引生丁火，日元又通根得禄，三方面都得到它的作用。不见庚金合，指无申中庚金合卯中乙木。同样是用财生官，在配合辅佐的时候却大有分别。如果没有庚金配合，然同样是财官格，却不过是平常的人。这个道理也只有本书加以发明。接下来阐述其中道理。春日的丁火不离甲木，而用甲木不能缺庚金，乙木虽然多，但是没有用，因为不能引生丁火。有丁火和甲木，无庚金克破甲木，为常人；有丁火庚金而甲木不透出，也属于常人；丁火透出而无庚金甲木，用丁火正官和乙木印绶，可以许为贡监；无丁火而用丙火，为用七煞印绶，主异路功名。

【原文】

或一片甲乙，忌庚出帮破财，乃从财格，反主富贵；若见一比，又主孤贫。

［评注］二月木气正旺之时，若一片甲乙，则夫从妻化而从木，为从财格。若见庚辛比劫，帮助日元，木坚金缺，格局尽破，反为财旺身衰矣。

【今译】

或者一片甲乙木，忌庚金出现，帮身破财，属于从财格，反而主富贵；倘若出现一个比肩，却又主孤贫。

［评注］二月是木气正旺的时，如果一片甲乙木，就会夫从妻化而从木，为从财格。如果出现比肩庚和劫财辛，来帮助日元，导致木坚金

缺的格局全破，就反而属于财旺身衰了。

【原文】

从财者，火妻土子。用丁者，取甲为妻；若有庚制，难许同偕。

［评注］从财以所从之神为用。“火妻土子”，恐有误字。用官星者，以财为妻，柱中若有庚制甲，虽为配合所需要，但不免克妻耳。

【今译】

从财的，火为妻室，土为子女；用丁火的，取甲木为妻；如果有庚金制伏甲木，则难以同生偕老。

［评注］从财以所从的干神为用神。“火为妻室，土为子女”，恐怕有误字。用官星的，以财为妻室；如果四柱中有庚金制伏甲木，虽然属于配合的需要，但不免克妻。

【原文】

死金嫌盖顶之泥。重见戊己，如人压伏之象，须甲透为妙。

［评注］金临寅卯月死绝之地，最忌土重埋金。有甲透出，财来破印，反能显金之用，即《滴天髓》反生之理也。

【今译】

死金忌盖头的湿土。重叠出现戊己土，如人受到压伏一样，以有甲木透出为妙。

［评注］金临寅卯月，为死绝之地，最忌土重而埋没金。有甲木透出，为财来破印，反而能显示金的作用，即《滴天髓》所说的反生的道理。

【原文】

庚申、己卯、庚寅、丁丑。贵自富得，慷慨好施。

［评注］申合卯，甲藏寅，财旺生官，贵从富得。

【今译】

庚申、己卯、庚寅、丁丑。贵从富中得，为人慷慨，好施予。

［评注］申中的庚金与卯中的乙木相合，甲木伏藏在寅支中，为财旺生官，所以贵显从富有中得到。

【原文】

庚午、己卯、庚子、甲申。甲透丁藏，武魁。辛酉、辛卯、庚寅、丁亥。武状元，甲透丁藏。

［评注］两造相类，财官为用。

【今译】

庚午、己卯、庚子、甲申。甲木透出，丁火伏藏，为武科魁首。辛酉、辛卯、庚寅、丁亥。武状元的命造，甲木透出，丁火伏藏。

［评注］两个命造相类似，都是以财官为用神。

【原文】

丙申、辛卯、庚辰、丁亥。大贵，乏嗣。

［评注］庚金坐辰，有印相生，丙辛合煞留官，财生官旺，宜为大贵。火至亥，绝地，乏嗣。

【今译】

丙申、辛卯、庚辰、丁亥。大贵，但无子嗣。

［评注］庚金坐于辰宫，有印绶相生，丙辛合去七煞而留下正官，财生官旺，理应大贵。火到子女宫亥为绝地，所以无子嗣。

【原文】

三月庚金，戊土司令。无生金之理，有埋金之忧，故先甲后丁，不用庚劈甲。三月之庚，土旺金顽，顽金宜丁，旺土须甲。乏甲不能立业，乏丁焉能成名？二者少一，富贵不真。庚金无火，非夭则贫；身弱财多，富贵不久。

［评注］三月庚金，月令土旺秉令。戊土无生金之理，透干有埋金之忧。用甲制土，非以引丁，故不用庚劈。有甲疏土则金显，故主立业；有丁锻金则成器，故主成名。丁甲必须并用，缺一不可。戊土如不透干，可以无甲，而决不可无丁。庚金无火，必主贫夭，以金实而顽

也。用财官必须身强，则富贵荣华；若财多身弱，则富贵不久。

【今译】

三月的庚金，戊土当令。没有生金的道理，有埋没金的忧虑，所以先用甲木，后用丁火，不用庚金劈解甲木。三月的庚金，土旺而金顽，顽金适宜用丁火，旺土必须用甲木。无甲木就不能立业，无丁火怎么能成名？二者缺少一个，富贵就不真确。庚金无火，不是夭折就是贫穷；身弱而财多，富贵不会长久。

［评注］三月的庚金，月令土旺掌令。戊土没有生金的道理，如果透出天干，还有埋没金的忧虑。用甲木制伏土，不是为了引生丁火，所以不用庚金劈解。有甲木疏通土，金就会显著，所以主立业；有丁火锻炼金，金就会成器，所以主成名。丁火甲木必须同时用，二者缺一不可。戊土若不透出天干，可以没有甲木，但决不可以没有丁火。庚金无火，必定主贫穷和夭折，因为金实而冥顽。用财官必须身强，这样才能富贵荣华；倘若财多身弱，富贵就不会长久。

【原文】

得丁甲两透，不见比肩，科甲之命，但要好运相催；甲透丁藏，采芹拾芥；甲藏丁透，异路功名；丁甲俱藏，不受庚制，富中取贵，刀笔起家；有甲无丁，平常之辈；有丁无甲，迂儒腐儒；丁甲两无，下贱之流。

［评注］申述丁甲之用法。凡上上之格，即非好运亦发，但除逆忌之运；次一等者，非好运相催不可。若庚金生三月，虽丁甲并透，亦须运助乃发。故或藏或透，不过采芹异途；丁甲缺一，即为平人，此由格局有高低也。若丁甲俱无，而别取用神，更非佳造。

【今译】

丁火和甲木两者都透出，而不见比肩，为科甲的命，但要好运相催促；甲木透出而丁火伏藏，可以读书做官；甲木伏藏而丁火透出，主异路功名；丁火和甲木都伏藏，不受庚的制伏，主富中取贵，从刀笔起家；有甲木而无丁火，为平常之辈；有丁火而无甲木，为迂儒甚至腐儒；丁火和甲木两得都没有，属于下贱之流。

［评注］这是申述丁火和甲木的用法。凡上上等的格局，即使不在好运中也会发达，只是除了悖逆忌讳的运；次一等的，非好运相催促不可。比如庚金生于三月，即使丁火和甲木一并透出，也要好运帮助才能发达。所以或伏藏或透出，不过读书做官或异途功名罢了；丁火和甲木缺少一个，就是平常人，这是因为格局有高有低。如果丁火甲木都没有，而另外取用神，就更不是好的命造了。

【原文】

或一甲，无丁有丙，由行伍而得官职。须不见壬癸为妙。

［评注］五阳干相制，甲木喜庚，丙火喜壬，戊土喜甲，壬水喜戊，皆以阳制阳为有力。独有庚金，喜丁火锻炼，丙火无制庚之力，此亦性质之特殊也。三月庚金，见甲丁为科甲，见甲丙为武职也。用丙用丁，皆不宜见壬癸破格。

【今译】

或者有一个甲木，无丁火而有丙火，由行伍而得到官职。须不见壬癸水为妙。

［评注］五阳干之间相制伏，甲木喜欢庚金，丙火喜欢壬水，戊土喜欢甲工，壬水喜欢戊土，都是以阳干制伏阳干为有力，只有庚金喜欢丁火锻炼，丙火没有制伏庚的能力，这也是性质上的特殊之处。三月的庚金，出现甲木和丁火，主科甲，出现甲木和丙火，为武职。无论用丙火还是丁火，都不宜遇到壬癸水来破格。

【原文】

或支成土局，无木，贫贱僧道；见乙，奸诈小人。

［评注］支成土局，土透干，有埋金之虑；不透干，亦嫌金实无声，必须以木为救。见甲木，破土出金，平常衣食（无丁不贵）；见乙，不能破土，奸诈小人。

【今译】

或者地支会成土局而无木，主贫贱，或为僧人道士；出现乙木，为奸诈小人。

［评注］地支会成土局，土又透出天干，有埋金的忧虑；不透出天干，也嫌金太实，以至无声响，必须以木为救援。出现甲木，克破土，提起金，主平常衣食（无丁不贵）；出现乙木，不能破土，为奸诈小人。

【原文】

或支成火局，癸水透，富贵。有丙丁出干，见壬制之，方吉；无制，残疾之人。

［评注］支成火局，有熔金之惧，须以壬癸为救。丙丁藏支，得癸水透干，其气自和；如支成火局，又见丙丁出干，则必须壬水透壮为制。火旺为病，壬癸为药也。

【今译】

或者地支会成火局，癸水透出，主富贵。有丙丁火出现在天干，遇到壬水制伏才吉；无制伏，为残疾人。

［评注］地支会成火局，有熔化金的畏惧，必须以壬癸水为救援。丙丁火藏在地支中，有癸水透出干头，气象自然中和；如果地支会成火局，又有丙丁火出现在天干，则必须有壬水透出作为制伏者，这是火旺为病，壬癸水为药的缘故。

【原文】

用甲者，水妻木子；用丁者，木妻火子。

［评注］三月庚金，不离财官为用。用财者，食伤为妻，财为子；用官者，财为妻，官煞为子。

【今译】

用甲木的，水为妻室，木为子女；用丁火的，木为妻室，火为子女。

［评注］三月的庚金，不离以财官为用神。用财的，以食神伤官为妻室，以财为子女；用官的，以财为妻室，以官煞为子女。

【原文】

庚子、庚辰、庚申、壬午。时出壬水，支成水局，名“井栏叉格[1]”，官至太师[2]。

［评注］此井栏叉格，时午破格，恐不能善其终也。或是当代要人，不便尽言耳。

【注释】

①井栏叉格：这一格局取庚子、庚申、庚辰三日，要申子辰全，冲动寅午财官，为庚日的财官。怕有寅午戌字，这样就破坏格了。庚日时辰逢润下，忌壬癸巳午方位；时辰遇到子和申，福泽就要减去一半。

②太师：官名，古代三公之一（太师、太傅、太保为三公）。后以太师、太傅、太保为加官，仅示荣宠而无实职。太师还是辅导太子的官，称太子太师。

【今译】

庚子、庚辰、庚申、壬午。时干出现壬水，地支会成水局，名“井栏叉格”，官职达到太师。

［评注］这个井栏叉格，时支午火破格，恐怕不得善终。或许是当时的要人，不便把话说尽。

三夏庚金

【原文】

四月庚金，长生于巳。巳内有戊，丙不熔金，故不畏火炎。丙亦可作用，但先壬水，方得中和，故曰“群金生夏，喜用勾陈”。次取戊土丙火佐之。二者皆全，登科及第；即透一二，亦非白丁。

［评注］巳宫丙戊得禄，庚金长生。庚金虽生于火旺之地，有戊土化煞，不至熔金也，但气势弱耳，故夏金喜用戊土。火土偏燥，壬水为救；丙火亦可为用，须有壬水制之。壬、丙、戊三者相济为用，最为上格；次者应病与药，随宜酌用可也。

【今译】

四月的庚金，长生于巳。巳中有戊土，丙火不至于熔化金，所以不怕火的炎热。丙火也可以用，但要先用壬水，才能达到中和，故说“众金生于夏季，喜欢用土”。其次取戊土和丙火辅佐它。二者俱全，主登科及第；即使只透一两个，也不是白丁。

［评注］巳宫丙火和戊土得禄，庚金长生。庚金虽然生于火旺的宫位，但是有戊土化解七煞，不至于熔化金，只是气势弱罢了，所以夏天的金喜欢用戊土。火土偏于炎燥，以壬水为救援；丙火也可为用神，但必须有壬水制伏它。壬水、丙火、戊土三者相济为用，是最上等的格局；次一等的因病给药，随所适宜，酌情运用就可以了。

【原文】

或一派丙火，名曰“假煞为权”。不见壬制者，此人假作清高，并无仁义，刑妻克子；有壬制者，又主荣华；壬藏支者，有富贵之名而无其实。

［评注］用丙不能无壬。若一派丙火而无壬制，月垣之中，虽有戊土可以化煞，但偏燥不得中和，故性情乖张，刑克极重。有壬水出干制煞，自可补偏救弊；但四月壬水绝地，气势亦弱，又与火土同行，必须透干通根，方能润土生金，解炎调侯，必然富贵荣华。若仅藏支，惟恐火土熇干，故云有名无实。

【今译】

或者一派丙火，称为“假煞为权”。不见壬水制伏的，主这人假装清高，并没有仁义的心，而且刑妻克子；有壬水制伏的，又主荣华；壬水藏于地支的，有富贵的名声，但没有富贵的实质。

［评注］用丙火不能无壬水。如果一派丙火而无壬水制伏，月建中虽然有戊土可以化煞，但是格局偏燥，不得中和，所以性情乖张，刑克极为严重。有壬水出现在天干而制伏七煞，自然可以补偏救弊；但四月壬水临绝地，气势也弱，又与火和土同行，必须透干通根，才能润泽土，生扶金，解除炎燥，调节气侯，这样必然富贵荣华。如果只是藏在地支中，只怕被火土烘干，所以说有名无实。

【原文】

或支成金局，变弱为强。用丙无力，用丁方妙，故丁透者吉；无丁，无用之人；或丁出三四，锻制太过，其人奔波。

［评注］锻冶庚金，必须用丁。丙为太阳之火，锻金不能成器，故云用丙无力，用丁方妙，且必以丁火透出为吉也。四月火旺之时，丁火不宜太旺，书云“庚金得炼太过，变革奔波”是也。

【今译】

或者地支会成金局，变衰弱为强旺，用丙火无力，用丁火才妙，所以丁火透出的吉，无丁则是无用的人；或者丁火出现三四个，锻炼制伏过度，这人一生奔波。

［评注］锻炼庚金必须用丁。丙为太阳之火，锻炼金不能成器，故说“用丙火无力，用丁火才妙，并且必须以丁火透出为吉”。四月是火旺的时候，丁火不宜太旺，书上说：“庚金得炼太过，主变革和奔波。”

【原文】

四月庚金，须用壬、丙、戊，但非拘执先后，宜分病用药。妻子同前。

［评注］“妻子同前”，谓同三月也。庚生四月，取水润土以生金；火旺无水，取土泄火之气。丙戊虽为当令之神，究嫌偏燥，以水调和为美。

【今译】

四月的庚金，必须用壬水、丙火、戊土，但不必拘执先用什么后用什么，而应当区分病情而用药。妻室子女同于前月。

［评注］“妻室子女同于前月”，指同于三月。庚金生于四月，用水滋润土而生扶金；火旺无水，用土耗泄火气。丙火和戊土虽然是当令的干神，终究嫌他偏于火燥，所以还是用水调和为好。

【原文】

剑戟成功，入火乡而反害；金逢火已损，再见火必伤；庚辛火旺怕南方，逢辰巳之乡，又为荣断。

［评注］庚金见申巳酉丑，支成金局，为剑戟成功。月令逢巳，为火旺地，故云“逢火已损”。四柱更见火，必至熔金，若再行南方火运，其害必矣。此指金已成器而言（见《总论》），所以有柱见火旺，怕行南方之说也。逢辰，湿土晦火；逢巳，为金之生地，又可为荣断矣。

【今译】

剑戟成就以后，入火乡反而有害；金遇到火已经有损，再见火必定受伤；庚辛金遇到火旺，怕行南方的运，遇到辰巳之地，又为为荣华。

［评注］庚金见申巳酉丑，地支会成金局，为剑戟成就。月令遇到巳为火旺之地，故说“逢火已经有损”；四柱中再出现火，必定使金被熔化；如果再行南方火运，其危害就是必然的。这是指金已经成器而言（见《总论》），所以有柱见火旺，怕行南方运的说法。遇到辰为湿土晦暗火光，遇到巳为金的长生地，又可作为荣华论断了。

【原文】

五月庚金，丁火旺烈，庚金败地，专用壬水，癸又次之。

［评注］五月丁己同宫，官印相生，特火炎土燥，非用水破火润土不能存金，故专用壬水，癸水次之（参阅辛金五月）。无水润土，福泽不全，终非上等格局。

【今译】

五月的庚金，丁火旺盛炎烈，是庚金的败地，专用壬水，癸水在其次。

［评注］五月丁与己同在午宫，官印相生，只是火炎土燥，不用水制伏火、滋润土就不能保存金，所以专用壬水，癸水次之（参阅辛金五月）。没有水润土，福泽就不全，终究不是上等格局。

【原文】

壬透癸藏，支见庚辛，必然科甲；切忌戊己透干制水，则否。戊藏支内，不失儒林；或壬在支，有金生助，又得金神出干，明经之贵；或癸出带辛，异路之荣。

［评注］五月庚金，临于败地，气势弱极，虽有壬癸润土反生，仍须比劫为助。支藏庚辛，转弱为强，壬水泄秀，又兼有润土生金之用，故云必然贵显。戊己并透，克伤用神，则源清流浊，为忌；戊己藏支，则壬水不至受伤，故云“不失儒林”也。若壬藏支而金透干，虽壬水不伤，而用不显，不过明经之贵而已；癸之效用同壬，而力较薄弱，仅得异路之荣也。

【今译】

壬水透出而癸水伏藏，地支出现庚辛金，必定科甲成名；切忌戊己土透出干头而制水，这样就不能发科成名了。戊土伏藏在地支中，不失为儒林俊秀；或者壬水伏藏在地支，有金生助，又得金神出现在天干中，主贡生那样的贵显；或者癸水出现而带辛金，主异路的尊荣。

［评注］五月的庚金临于败地，气势弱极了，虽然有壬癸水滋润土而实现反生，还是要有比肩劫财的帮助。地支藏有庚辛金，就会转弱为强；壬水泄秀，又兼有润土而生金的作用，所以说必然贵显。如果戊己一并透出，克伤用神，那么源虽然清纯，流却混浊，这是忌讳的；如果戊己土藏于地支，壬水就不至于受伤，所以说“不失为儒林俊秀”。倘若壬水藏于地支而金透出干头，虽然壬水不会受伤，但是作用不显著，所以不过贡生那样的贵人罢了；癸水的效用与壬水相同，但力量比较薄弱，所以只能得以异路的尊荣。

【原文】

或支成火局，乏水者，奔波之客；有壬癸制者，捐纳之人。又见戊己透者则否。无壬癸制火者，又宜戊己出干，补金泄火，庶不夭折孤贫。

［评注］支成火局，火旺金熔，非有水制不可。以水为救，不可见戊己伤用，则为贫贱之命矣。无水，则用土以泄火气，官印相生，亦可出人头地，决不至夭折孤贫；终嫌火土偏燥，外有余，内不足，福泽有欠缺也。

【今译】

或者地支会成火局，乏水的，为奔波的客人。有壬癸制伏的，为捐纳得到功名的人；又遇到戊己透出的，则不是这样。无壬癸水制伏火的，又适宜戊己土出现在天干中，以补金泄火，这样才不至于夭折和孤贫。

［评注］地支会成火局，火旺金就会熔化，非有水制伏不可。以水为救援，不可出现戊己土伤害用神，那样就是贫贱的命了。无水就用土来泄火气，使官印相生，也可以出人头地，决不至于夭折和孤贫；但终究嫌火土偏于炎燥，外表有余而内里不足，所以福泽有欠缺。

【原文】

总之，仲夏无水，必非上格。或一派木火，无伤、印、比劫，又作从煞而论。

［评注］仲夏无水，总属偏枯。从煞必须有木破印生煞，方能言从。伤官者，水也，有水，功成反生。月令自有己土也。五月庚金透己土，决不能从；有水，亦不能从也。

【今译】

总之，仲夏的庚金无水，必定不是上等格局。或者一派木火，没有伤官、印绶、比肩、劫财，又作从煞格论。

［评注］仲夏无水，格局终究属于偏枯。从煞必须有木克破印绶，生扶七煞，才能谈从。伤官指水，有水会成就反生的功用。月令本身有己土。五月的庚金透出己土，决不能从，有水也不能从。

【原文】

己未、庚午、庚戌、壬午。从煞格，先贫后富，寿考子多。

［评注］此造是否从煞，大可研究。庚壬虽皆无根，而己土正印透干，通根午未，是否能从，为一问题。如虞和德[①]造：丁卯、丙午、庚午、己卯，一派木火，从象更真，但因己土透出，得禄于午，不能从也。得意在辛丑庚子运，此造先贫后富，恐亦富在乙丑甲子运也。庚金阳干，不易言从。名利虽高，辛勤劳苦，最宜带水之土金运（参阅《现代命鉴》）。复次，《三命通会》云："庚金坐午又为提，丁己齐明两可宜。干支无丙来混杂，水绝肩多作富推。"注曰："庚午日生于五月，透丁己，官印俱明，发达利名。若午多，壬午时亦吉（水临绝地，

故云水绝），如遇丙煞，不利。”若从煞格，不宜水制之。又一造：己丑、庚午、庚午、丁丑，柱见两丑，金水不为无根，其不能从煞，较己未、丁卯两造，尤为明显。录之以供参考。

【注释】

①虞和德（1867～1945）：字洽卿，浙江镇海人。早年到上海当学徒，1894年后任德商鲁麟洋行买办、华俄道胜银行买办。1903年独资开设通惠银号，发起组织四明银行。1905年上海发生大闹公审公堂案，经四处奔走，与当局交涉获胜，于是名闻上海。1911年上海光复后任都督府顾问官、外交次长等职。1923年当选为上海总商会会长。辛亥革命时期积极支持孙中山的革命活动，二次革命时反对袁世凯称帝。大革命前后支持北伐，反对孙传芳。“四一二”事变后支持蒋介石清党反共。抗战时期，他坚持抗日爱国，不当汉奸，日军占领租界后离沪赴渝，到大后方经营滇缅公路运输，支持抗战。1945年4月在重庆病逝。

【今译】

己未、庚午、庚戌、壬午。为从煞格，先贫后富，寿命长，子女多。

［评注］这一命造是否从煞，很值得研究。庚金和壬水虽然都无根，而己土正印透出天干，通根于午未，是否能从，是一个问题。例如虞和德的命造：丁卯、丙午、庚午、己卯，一派木火，从的样子更真切；但因为己土透出天干，得禄于午，而不能从。得意在辛丑庚子运。这一命造先贫后富，恐怕也是富在乙丑甲子运。庚金为阳干，不能轻易说从。名利虽然高，但辛勤劳苦，最适宜带水的土金运（参阅《现代命鉴》）。其次，《三命通会》说：“庚金坐午宫又为升提，丁己一齐出现，两种办法都相宜。如果干支中没有丙火来混杂，而水遇绝，比肩多，就作富有推论。”注释说：“庚午日生于五月，干头透出丁和己，官印都是明的，主发达和名利。如果午多，壬午时也吉（水临绝地，故说水绝）。遇到丙火七煞，不利。”如果是从煞格，就不应当用水制伏火。又一个命造：己丑、庚午、庚午、丁丑，四柱出现两个丑，金和水不算无根，它的不能从煞，比己未、丁卯两个命造更为明显。抄录它们以供参考。

【原文】

六月庚金，三伏生寒，顽钝极矣。先用丁火，次取甲木。

［评注］六月三伏庚生寒，土旺而金得气，故先用丁火，次取甲木。身旺喜财官，身弱喜金水生扶，用神不离丁甲也。

【今译】

六月的庚金，三伏产生寒气，顽钝极了。首先用丁火，其次用甲木。

［评注］六月三伏，庚金产生寒气，土旺而金得气，所以先用丁火，其次用甲木。身旺喜欢财官，身弱喜欢金水生扶，用神不离丁火和甲木。

【原文】

丁甲两透，名显身荣，忌癸伤丁；有甲无丁，庸俗；有丁无甲，生员；丁甲全无，下贱之人。木虽有，丁不透，支又见水，执鞭之士；丁火无伤，贸易之流。

［评注］六月大暑之前，金未进气，取用同五月；大暑之后，金水进气，义同七月，必须丁火锻炼，甲木为引。用丁，忌癸水伤用。有甲无丁，专用财星，蝇营谋利，庸俗之徒；有丁无甲，官星无佐，衣衿而已。次述用丁甲之变局。丁不透干，支又见水者，用神受伤也，下贱之人；如丁火用神不受伤，则为贸易之流。受伤与否，须看支之地位也。

【今译】

丁火和甲木两者都透出，名声显扬，自身荣华，忌癸水克伤丁火；有甲木而无丁火，为凡俗之人；有丁火而无甲木，为生员；丁火甲木都没有，为下贱人。木虽然有，但是丁火没有透出，而地支又出现水，掌鞭的人；丁火不受伤，从事贸易的人。

［评注］六月的大暑之前，金还没有进气，用神的取法与五月相同；大暑之后，金水已经进气，道理与七月相同，必须有丁火锻炼，有甲木为引子。用丁火，忌癸水伤害用神。有甲木而无丁火，专用财星，主蝇营狗苟地谋利，属于庸俗之徒；有丁火而无甲木，官星没有辅佐，成个秀才罢了。其次陈述用丁火和甲木的变局。丁火不透出天干，地支

又出现水的，属于用神受伤，为下贱人；如果丁火用神不受伤，则为从事贸易之流。受伤与否，看地支的位置而定。

【原文】

支会土局，甲先丁后。甲透者，文章显达；丁透者，刀笔扬名。

［评注］此言土厚埋金，用甲为救也，故甲先丁后。

【今译】

地支会成土局，甲木在先，丁火在后。甲木透的，凭文章显达；丁火透出的，以刀笔扬名。

［评注］这是说土厚而埋没了金，以甲木为救援，所以甲木在先，丁火在后。

【原文】

或柱多金，有二丁出制，异路功名。

［评注］承上文支会土局而言。四柱多金，土虽厚，不至埋金。上言丁透，刀笔扬名，若有二丁出制，亦可异路功名，同上刀笔。

【今译】

或者四柱金多，有两个丁火出现制伏，主异路功名。

［评注］承上文地支会成土局而言。四柱金多，土虽然厚，不至于埋金。上文说丁火透出主刀笔扬名，如果有两个丁火出现而制伏金，也可以从异路得功名，与上文的刀笔扬名一样。

【原文】

丙辰、丁未、庚申、丁亥。丁透甲藏，早年得志，一榜，少兄弟。

［评注］庚申日元专禄，壬水润土生金。庚金极旺，丙丁并透，官煞混杂，不能用财生，只能以印化也。

【今译】

丙辰、丁未、庚申、丁亥。丁火透出，甲木伏藏。少年得志，一榜成名，但缺少兄弟。

［评注］庚申日元为专禄，壬水润土生金，庚金极旺了。丙丁火一并透出，官煞混杂，不能用财生扶，只能用印绶化解。

【原文】

丙午、乙未、庚寅、壬午。壬透制火，县令，大有才干。

［评注］此造与五月文中乙未一造相似。壬水虽无根，而能润土。庚金临绝而不从，当作胞胎格①看。以未土正印为用，运行土乡，泄火卫金，最为美运。

【注释】

①胞胎格：《三命通会·明通赋》说："胎生元命无财星，为赤子承恩之宠。"注释说：庚寅、辛卯、甲申、乙酉等日，都是命主天元，自上绝地，为胎生之宫，即胞胎格。其生很微弱，所以喜印绶，怕财克，主少年招受主恩。如乙酉、乙酉、乙酉、甲申，就属于胞胎格。

【今译】

丙午、乙未、庚寅、壬午。壬水透出而制伏火，身为县令，极有才干。

［评注］这一命造，与五月文中乙未那一命造相似。壬水虽然无根，但是能滋润土。庚金临绝而不从，应当作胞胎格来看。以未土正印为用神，行土乡的运，泄火气而卫护金，是最理想的运。

【原文】

癸巳、己未、庚子、甲申。此伤官格，制煞太过，人木火运，财旺生煞，大发。

［评注］子申会局而透癸水，伤官格也。己未土旺秉令，制伤太过。人木运，财旺破印，大发。原文必有误字。

【今译】

癸巳、己未、庚子、甲申。这是伤官格。制伏七煞太过，进入木火运，财旺而生煞，大为发福。

［评注］子申会局而透出癸水，属于伤官格。己未土旺当令，制伏

伤官太过。进入木运，财旺而破印，大为发福。原文中必定有错误的字。

【原文】

丙辰、乙未、庚辰、癸未。一丙二丁，取癸制煞，为役起家。

［评注］庚辰坐印，土润生金，乙从庚合，癸水制煞为用。生于六月，火有余气，水临绝地，仍宜制煞运也。

【今译】

丙辰、乙未、庚辰、癸未。一个丙火两个丁火，取癸水制伏七煞，从吏役起家。

［评注］庚辰坐于印绶，土润而生金，乙从庚合，以癸水制伏七煞为用神。生于六月，火还有余气，而水临于绝地，仍然适宜制煞的运。

三秋庚金

【原文】

七月庚金，刚锐极矣，专用丁火锻炼，次取木引丁。故曰："秋金锐锐最为奇，壬癸相逢总不宜；如逢木火来成局，试看福寿与天齐。"如得丁甲两透，定步青云；若有丁无甲，为俊秀；有甲无丁，是平人；丁甲两无，无用物，只堪门下作闲人。

［评注］七月庚金秉令，专旺之时，刚锐极矣。《明理赋》云："强金得水，方挫其锋。"似宜水以泄之，不知庚金之性质，必须锻炼方成大器，故专用丁火也。甲木生寅，宜泄不宜克；庚金生申，宜克不宜泄。五行各有特殊之性质，而兼有气候之关系，此理仅本书有此发明，为别种命书所不载也。锻炼庚金，丁火为上，而丁火必附甲木以存，《滴天髓》所谓"如有嫡母，可秋可冬"也。故有丁无甲，官无财生，仅为俊秀；有甲无丁，申宫壬水长生，乃食神生财格，财值休囚，衣食充足而已，平庸之人也；丁甲两无，名利皆缺；金水旺而无归宿，格之下也。

【今译】

七月的庚金，坚刚锐利极了，专用丁火锻炼，其次用木引助丁火。所以说："秋金坚刚而锐利，最为奇特，遇到壬癸总不相宜；如果有木和火会成局，试看福泽寿命与天齐。"如果丁火和甲木两者透出，一定平步青云；若有丁火而无甲木，为儒林俊秀；有甲木而无丁火，是常人；丁火甲木都没有，为无用之物，只能在别人门下作闲人。

［评注］七月庚金当令，为专旺的时候，坚刚锐利极了。《明理赋》说："强旺的金得到水，才能挫伤它的锋芒。"似乎适宜用水来泄它，殊不知按照庚金的性质，必须用火锻炼才能成大器，所以专用丁火。甲木生于寅月，宜泄而不宜克；庚金生于申月，宜克而不宜泄。五行各有特殊的性质，又兼有气候的关系，这个道理只本书加以阐明，是别的命理书所没有的。锻炼庚金，以用丁火为上，而丁火必须附于甲木而存在，即《滴天髓》所谓："如同得到了生母，可以经秋，也可以历冬"。所以有丁火而无甲木，官无财的生扶，只是俊秀；有甲木而无丁火，壬水在申宫长生，属于食神生财格，而财值休囚，只是衣食充足罢了，属于平庸的人；丁火和甲木两者都没有，名利都缺乏；金水旺而无归宿，是格局中的下品。

【原文】

或支成水局，乏丁用丙，柱中即有丙火，不见甲木者，必主愚儒。何也？当时金水两旺，金生水以制火，何能发达？或见甲出引丁，可云生监；甲弱者，衣食充盈。

［评注］锻炼庚金，丁火为上；调和气候，丙火为先，此炉火与太阳之别也。七月庚金，须锻冶以成器，丙火不及丁火之有力也。如四柱无丁，不得已用丙，然不能无甲木。有甲木透出，泄水生火，虽原局无丁而用丙，财滋弱煞，与财生官之意相同，惟力量薄弱，不过生监而已。甲弱者，用食神生财，取丙火调候为佐，故衣食充盈也。

【今译】

或者地支会成水局，缺少丁火而用丙火，柱中即有丙火，不见甲木的，必主是个愚儒。为什么？因为当时金和水两者都旺，金生扶水而制伏火，怎么能发达？或者甲木出现而引丁火，可以许为秀才或监生；甲木弱的，衣食充足。

[评注] 锻炼庚金以用丁火为上，调和气候以用丙火为先，这是炉火与太阳之火的区别。七月的庚金必须锻冶而成器，这方面丙火不如丁火有力。如果四柱没有丁火，不得已而用丙火，这样就不能没有甲木。有甲木透出，泄水生火，虽然原命局无丁火而用丙火，但财滋弱煞与财生官的意思相同，只是力量薄弱，所以不过做个秀才或监生罢了。甲木弱的，用食神生财，而以丙火调候为辅佐，所以衣食充足。

【原文】

或支成土局，先甲后丁。

[评注] 支成土局，疏土为要。破土则金显，故先甲木，仍不能缺丁火也。

【今译】

或者地支会成土局，先用甲木，后用丁火。

[评注] 地支会成土局，以疏通土为要点。土得到疏通，金就会显露，所以先用甲木，而仍不能缺少丁火。

【原文】

支成火局，富贵中人；金刚木明，行商坐贾之人；金备申酉戌之地，富贵无疑；金神人火乡，逢羊刃，富贵荣华。

[评注] 庚金月令建禄，而支成火局，庚金得锻炼以成器，故决为富贵中人；金旺财轻而无丁火，但能致富，不能取贵。金备申酉戌之地，为金成器，必然富贵。支成火局，更逢羊刃，为金神入火乡，此是两种格局，皆为贵格。按子平法，秋金秉令，皆名金神，非专以乙丑、己巳、癸酉为金神也。观此自明。

【今译】

地支会成火局，富贵中人；金刚而木荣，行商坐贾之人；金具备申酉戌西方一气，富贵无疑；金神入火乡而逢羊刃，富贵荣华。

[评注] 庚金在月令上建禄，而地支会成火局，庚金得锻炼而成器，所以决定为富贵中人；金旺财轻而无丁火，只能致富，不能取贵。

金具备申酉戌西方一气，为金成器，必然富贵。地支会成火局，又逢羊刃，为金神进入火乡，这是两种格局，都属于贵格。按徐子平的方法，秋金当令，都叫金神，不是只以乙丑、己巳、癸酉为金神。看这段文字自然明了。

【原文】

八月庚金，刚锐未退，用丁甲，丙不可少。若丁甲透，又见一丙，功名显赫；且见羊刃无刑冲，丙煞藏支，名为“羊刃架煞”，主出将入相，直介忠臣。

［评注］八月庚金，月垣酉金，羊刃秉令，金气最为刚锐。时届深秋，寒气渐重，故须丙丁并用，以丁火锻冶庚金，更以丙火解除寒气。此官煞并用之法，从经验而来，唯本书有此发明，为别种命书所无。官煞非特不忌其混，且必须并见，方能取贵也。煞刃本宜用印，而八月庚金之煞刃格，刃当旺，煞退气，宜用财生；特羊刃忌见刑冲，如无刑冲，则刃清煞显，必为极品之贵，掌握兵权也。

【今译】

八月的庚金，刚锐还没有消退，用丁火和甲木，而丙火不可缺少。如果丁火甲木透出，又出现一个丙火，主功名显赫；又见羊刃而无刑冲，丙火七煞藏于地支，称为“羊刃架煞”，主出将入相，为正直耿介的忠臣。

［评注］八月的庚金，月建为酉金，羊刃当令，金气最为坚刚锐利。时当深秋，寒气逐渐加重，所以须丙丁火一并运用，以丁火锻炼庚金，又以丙火解除寒气。这官煞并用的方法，从经验而来，只有本书有这个发明，是别种命书所没有的。官煞不但不忌混杂，而且必须一并出现，才能取贵。煞刃格本来宜于用印绶，但八月庚金的煞刃格，羊刃当旺，七煞退气，适宜用财生扶；只是羊刃忌见刑冲，只要无刑冲，就刃清煞显，必定为极品的贵人，而掌握兵权。

【原文】

或丙火重重，一丁高透，亦主科甲；丙出丁藏，异路之仕。

［评注］此申述上文丙丁必须并透，方能取贵之意。盖丙火为解寒

之用，而丁火能锻冶庚金，故以丁透为贵；若丙出而丁藏，异途，富贵均逊。

【今译】

或者丙火重重，一个丁火高高透出，也主科甲；丙火透出而丁火伏藏，异路官宦。

[评注] 这是申述上文丙丁火必须一并透出，才能取贵的意思。因为丙火作解寒用，而丁火能锻炼庚金，所以以丁火透出为贵；如果丙火出现而丁火伏藏，主异途功名，富贵都逊色。

【原文】

或甲藏支，火透而水不透者，亦主清高，衣衿可望。

[评注] 甲木藏而不透，只要有火透出，亦主功名。火透水藏，不伤丁火，即不为破格也。

【今译】

或者甲木藏于地支，火透出而水不透出，也主清高，可以成为秀才。

[评注] 甲木伏藏而不透出，只要有火透出，也主功名。火透出而水伏藏，不伤害丁火，就不属于破格。

【原文】

或丁藏支内，重见丙火者，此名“假煞重重”。虽羊刃贴身，却难从煞也。

[评注] 八月庚金，羊刃秉令，不论丙丁如何重见、叠出，决无从煞之理。

【今译】

或者丁火伏藏在地支内，而重叠出现丙火，这称为“假煞重重”。虽然月令上羊刃贴身，却难以从煞。

[评注] 八月庚金，羊刃当令，不论丙丁火如何重见叠出，决没有从煞的道理。

【原文】

即一丙透，秀而不富；或支见重重甲乙，无用人也。总之，旺金木衰，非火莫制，不见丙丁，艺术之辈①。

［评注］承上文丁藏支内，更见丙火出干句。丙出丁藏，上云“异路之仕”，此云“秀而不富”，总之富贵均有所不足也。若干无丙丁，而支见重重甲乙，羊刃逢财，非食伤不能解；然金旺木衰，即使食伤生财成格，亦为商界中人，非见火制劫护财不可。见火制金护木，为夫健怕妻，反局②也；不见丙丁，艺术之辈。

【注释】

①艺术之辈：凭技术为生的人。艺术，在这里是技术的意思。

②反局：《滴天髓》论反局说：“君赖臣生理最微，儿能生母泄天机，母慈灭子关头异，夫健为何又怕妻。”由此可知，所谓反局，即日柱的作用与原局不一致，似乎不合常理的命局；反之则是正局。反局分原局反局、大运反局、流年反局三种，其吉凶是：原局反局原局凶，大运反局大运凶，流年反局流年凶。

【今译】

即使一个丙火透出，仍然俊秀而不富有；或者地支出现重重的甲乙木，主无用的人。总之，金强旺而木衰弱，非火不能制伏金；不见丙丁火，为九流艺术之辈。

［评注］承上文丁伏藏在地支内，更见丙火出现在天干而言。丙火出现而丁火伏藏，上文说主异路仕宦，这里说俊秀而不富有，总之是富贵都有所不足。如果天干中没有丙丁火，而地支出现重重的甲乙木，羊刃逢财，非食神伤官不能解救；但金旺木衰，即使成就食神伤官生财的格局，也属于商界中人，非有火制伏劫财而卫护财不可。出现火制金护木，为丈夫强健却怕妻室，属于反局；不见丙丁火 ，为艺术之流。

【原文】

丙子、丁酉、庚子、丙子。身旺任煞，一品。

［评注］此明代乔行简①尚书命造，伤官制煞为用。

【注释】

①乔行简（1156～1241）：字寿明，南宋浙江东阳人。吕祖谦的学生。绍熙四年（1193）进士。历官宗正少卿、秘书监、工部侍郎兼国子司业兼国史院编修、实录院检讨。升侍读兼国子祭酒、吏部侍郎，先后代理礼部尚书、刑部尚书。绍定五年（1232），拜参知政事兼知枢密院事。寻拜右丞相。端平三年（1236）升左丞相。嘉熙三年（1239），授平章军国重事，封肃国公。四年加少师、保宁军节度使、醴泉观使，封鲁国公。

【今译】

丙子、丁酉、庚子、丙子。身旺而任煞，官居一品。

［评注］这是明代乔行简尚书的命造，以伤官制煞为用神。

【原文】

乙巳、乙酉、庚午、丁亥。归灵格[①]，财旺生官，副使[②]。

［评注］财旺生官极明显。格局名称，沿五星之旧[③]，多不可解。

【注释】

①归灵格：不详。

②副使：可以称为副使的很多，如枢密副使、转运副使等，原文不明确，故也不可解。

③沿五星之旧：五星即金、木、水、火、土五大行星，指古代星命术而言。所谓沿五星之旧，指命格多产生于星命术，所以多不可解。上文的归灵格就是一例。

【今译】

乙巳、乙酉、庚午、丁亥。归灵格，财旺生官，副使。

［评注］财旺生官极明显。格局的名称，沿五星术的旧方法，所以多半不可理解。

【原文】

己亥、癸酉、庚申、戊寅。羊刃架煞格，尚书。

[评注] 此身旺煞轻，羊刃架煞，喜大运逆行南方也。

【今译】

己亥、癸酉、庚申、戊寅。羊刃架煞格，官职为尚书。

[评注] 这一命造身旺煞轻，为羊刃架煞格，喜欢大运逆行南方。

【原文】

九月庚金，戊土司令，最怕土厚埋金，宜先用甲疏，后用壬洗，则金自出矣。忌见己土浊壬。

[评注] 九月庚金，土旺秉令。如支全四库，而戊己透干，则土厚埋金，宜先用甲木疏土。戌宫藏火，官星入墓，故独不用丁火，亦格局之变也。九月庚金，余气犹旺，用壬水洗之，泄其气也。金水之气宜其清，见戊土则阻其流。己土阻水不足，反浊壬水之气，故用壬水，戊己同为忌见也。

【今译】

九月的庚金，戊土执掌时令，最怕土过厚而埋没金，适宜先用甲疏通，后用壬水洗涤，这样金自然会出现。忌己土出现而混浊壬水。

[评注] 九月的庚金，土旺掌令。如果地支四库俱全，而戊己透出天干，就是土厚埋金，应当先用甲木疏通土。戌宫藏火，官星入墓，所以单单不用丁火，这也是格局的变通。九月的庚金，余气还旺，用壬水洗涤是为了泄它的气。金水之气宜于清纯，出现戊土则阻塞其流动；己土阻塞水的力量不足，反而会混浊壬水之气，所以用壬水，同样忌戊己土出现。

【原文】

壬甲两透，科甲相宜；或甲透壬藏，乡魁可望；甲藏壬透，禀贡[1]堪谋；有甲无壬，犹有学问；有壬无甲，莫问衣衿；壬甲两无，则为下格。

[评注] 此论格局之高低。壬甲两透，以甲制戊土，以壬泄庚金，配合适宜，则科甲可望也；甲透壬藏，次之；甲藏壬透，又次之；有甲无壬，专以财损印为用，虽秀气不流通，而庚金不至埋没，犹能自显其

用；有壬无甲，重土盖顶，庚金压没于下，默默无闻；壬甲两无，斯为下矣。

【注释】

①廪贡：廪指明清两代称由公家发给的膳食补贴。贡指贡生，见前。

【今译】

壬水和甲木两者透出，适宜科甲成名；或者甲木透出而壬水伏藏，可以在乡试中夺魁；甲木伏藏而壬水透出，禀生贡生可以谋求；有甲木而无壬水，还有学问；有壬水而无甲木，不要问功名；壬水甲木都没有，则属于下等格局。

［评注］这是论述格局的高低。壬水和甲木两者透出，以甲木制伏戊土，以壬水泄庚金之气，配合适宜，则科甲可以谋望；甲木透出而壬水伏藏，次一等；甲木伏藏而壬水透出，又次一等；有甲木无壬水，专门以财克损印绶为用神，虽然秀气不流通，庚金却不至于埋没，还能自己显示其作用；有壬水而无甲木，重土盖顶，庚金压没在下面，所以默默无闻；壬水甲木两得都没有，就属于下格了。

【原文】

或支成水局，丙透救之，此人才高迈众，名重乡闾；不见癸水，一榜可许。

［评注］支成水局，金泄其秀，金水伤官，聪明绝顶，必才高迈众也。丙火调候，救金水之寒，金水伤官喜见官星也。若丙癸并透，官星被伤，何能望贵？丙为太阳之火，癸为雨露之水，丙火不畏壬水，而畏癸水，亦五行相克之一理也。

【今译】

或者地支会成水局，丙火透出救援，这人才高出众，名重乡间闾里；如果癸水不出现，可以许为一榜成名。

［评注］地支会成水局，金被泄秀，金水伤官，主聪明绝顶，必然才高出众。丙火调候，解救金水的寒冷，这是金水伤官喜欢见官星。如

果丙火和癸水一并透出，官星受伤，如何能希望贵显？丙为太阳之火，癸为雨露之水，丙火不怕壬水却怕癸水，这也是五行相克的一个道理。

【原文】

或四柱戊多金旺，全无甲壬者，即有衣禄，亦不能久；或庚戊多，无壬甲者，愚顽之辈。

［评注］戊多，土重埋金，无甲为救；身旺，无壬水之泄，亦无丁火之克，决为下格。两节意义重复。

【今译】

或者四柱戊土多而金旺，全无甲木和壬水，即使有衣禄也不能长久；或者庚金和戊土多，无壬水和甲木，属于愚顽之辈。

［评注］戊土多，土重埋金，无甲木为救援；身旺，无壬水泄气，也无丁火克制，决定属于下格。这两节意义重复。

【原文】

辛酉、戊戌、庚申、甲申。尚书。

［评注］甲木疏土，申宫有壬水泄其秀也。

【今译】

辛酉、戊戌、庚申、甲申。官为尚书。

［评注］用甲木疏通土。申宫有壬水泄秀。

【原文】

庚寅、丙戌、庚戌、辛巳。方伯。

［评注］丙火偏官，逢生得禄，以印化煞为用也。

【今译】

庚寅、丙戌、庚戌、辛巳。一方诸侯。

［评注］丙火偏官逢生而得禄，以印绶化煞为用神。

【原文】

辛酉、戊戌、庚申、辛巳。太尉。

［评注］此以巳宫丙火为用，喜其运行南方，七煞得地而贵也。又明王东台少卿①造：辛未、戊戌、庚申、辛巳，相差一字，或为传抄之误，未可知也。

【注释】

①王东台：字少卿，时代与生平不详。

【今译】

辛酉、戊戌、庚申、辛巳。官至太尉。

［评注］这是以巳宫的丙火为用神，喜欢行南方运，七煞得地而贵显。另外明王东台少卿的命造，为辛未、戊戌、庚申、辛巳，与这一造只差一个字，或许是传抄有错误，不知道是不是同一个人的。

三冬庚金

【原文】

十月庚金，水冷性寒，非丁莫造，非丙不暖。

［评注］庚金刚锐之金，非丁不能锻炼；十月寒气渐增，非丙不能解寒，故官煞必并见为美。用丁不离甲木，丁为主，丙甲为佐。

【今译】

十月的庚金，水冷性寒，非丁火不能锻造，非丙火不能温暖。

［评注］庚金是坚刚锐利的金，非丁火不能锻炼；十月寒气逐渐增强，非丙火不能解除寒冷，所以正官与七煞必须一并出现才理想。用丁火不能离开甲木，以丁火为主，以丙火和甲木为辅佐。

【原文】

丁甲两透，支无水局，一榜有之；支藏丙火，桃浪之仙；支见亥子，得己出制，亦有功名。

［评注］丁火不离甲木，丁甲两透而无丙，一榜功名；兼有丙火藏支，解寒除冻，则贵显可必，所忌者，地支水旺成局，使丙丁不能显其

用也。若支无水局，或见亥子而得戊己出制，亦有功名。十月亥宫，自有甲木，己土混壬，甲木之用自显，亦制水存火之一法也。

【今译】

丁火和甲木两者透出，地支没有水局，一榜得中；地支藏有丙火，春闱成名；地支出现亥子，有己土出现加以制伏，也有功名。

［评注］丁火不离甲木，丁火和甲木两者透出而无丙火，主一榜的功名；兼有丙火藏在地支中，来解除寒冻，则贵显无疑，忌讳的是地支水旺成局，使丙丁火不能发挥作用。如果地支没有水局，或者出现了亥子而有戊己土出现加以制伏，也有功名。十月的亥宫自己有甲木，己土混浊了壬水，甲木的作用自然显，这也是制伏水而保存火的一个方法。

【原文】

若见丙透无丁者，决无显达；丁藏甲透，武职之人。以上不合者，庸俗。

［评注］丙透无丁，不能铸庚金以成器，故无显达之望；丁藏甲透，如有东南运助之，亦可显达。十月庚金，无别种用法，非丙丁为用，决为庸俗之人。

【今译】

倘若丙火透出而无丁火，决不能显达；丁火伏藏而甲木透出，武职的人。以上不合的，庸俗之辈。

［评注］丙火透出而无丁火，不能铸庚金而成器，所以没有显达的希望；丁火伏藏而甲木透出，如有东南运辅助，也可以显达。十月的庚金没有别的取用方法，不是丙丁火为用神的，绝对是凡俗的人。

【原文】

如金水混杂，全无丙丁者，鄙夫；支成金局，无火者，僧道之命也。书曰："水冷金寒爱丙丁。"

［评注］申述水冷金寒，除丙丁外，无别种用法之理也。

【今译】

如果金水混杂，全没有丙丁火的，是鄙野的人；地支会成金局而无火的，僧人道士的命。书上说："水冷金寒爱丙丁。"

［评注］申述水冷金寒，除丙丁炎外，没有别的取用方法的道理。

【原文】

丁亥、辛亥、庚子、壬午。甲丁得全，廉访①。

［评注］此为金水伤官，喜见官星，以午中丁火为用也。

【注释】

①廉访：宋廉访使者、元肃政廉访使以及后世按察使的通称。廉，通"覎"，察看的意思。

【今译】

丁亥、辛亥、庚子、壬午。甲木与丁火俱全，官为廉访。

［评注］这是金水伤官格，喜欢见官星，以午中丁火为用神。

【原文】

壬辰、辛亥、庚辰、丙子。女命，金清水秀，夫荣子贵，美而且贤。［评注］此亦金水伤官，喜透丙火为用也。

【今译】

壬辰、辛亥、庚辰、丙子。女性的命造，金清水秀，丈夫荣达，儿子贵显，美丽而且贤良。

［评注］这也是金水伤官，喜欢透丙火为用神。

【原文】

十一月庚金，天气严寒，仍取丁甲，次取丙火照暖。或丁甲两透，丙在支中，必主科甲；即无丙火，亦有衣衿。有丁无甲，亦可富中取贵；有甲无丁，只作常人。或丙透丁藏，异途名望；丁藏有甲，武学可许。

［评注］庚金生十一月，为金水真伤官，不能缺丙丁也。除寒解冻，必须用丙。然十一月尚可取丁甲，十二月则丁甲皆无用，非丙火不

可矣。丁、甲、丙俱全，丁透丙藏，必许科甲；无丙，仅有衣衿，解寒之用缺也。次言丁甲，有丁无甲，支有午火通根，亦可富中取贵；有甲无丁，平常之人。盖所重者在丁，甲木增丁火之力量而已，无丁，则甲木亦无所用也。次言丙丁，丙透丁藏，寒气虽解，制庚不足，故为异途之仕；丁藏有甲，胜于无丁，运程南方，亦可取贵。但十一二月丙丁，必须通根，支见寅、巳、午、未、戌等字，方为可用，否则，冻木不能生火也。

【今译】

十一月的庚金，天气严寒，仍取丁火甲木为用神，其次取丙火来照暖。或者丁火和甲木两者透出，丙火藏在地支中，必主科甲；即使无丙火，也有秀才可得。有丁火而无甲木，也可以富中取贵；有甲木而无丁火，只能做个常人。或者丙火透出而丁火伏藏，主异途名望；丁火伏藏而有甲木，武学可以成就。

［评注］庚金生于十一月，为金水真伤官的格局，不能缺少丙丁火。除寒解冻必须用丙火。十一月还可以取丁火甲木，十二月则丁火和甲木都没有用，非丙火不可了。四柱中丁火、甲木、丙火俱全，丁火透出而丙火伏藏，必定许为科甲；无丙火，只有秀才，这是缺乏解寒作用的缘故。接下来说丁火和甲木。有丁火而无甲木，地支有午火通根，也可以富中取贵；有甲木而无丁火，平常的人。因为重点在丁火，甲木只是增加丁火的力量罢了，如果没有丁火，甲木也就没有用了。又接着说丙丁火。丙火透出而丁火伏藏，寒气虽然化解，制庚的力量却不足，所以为异途仕官。丁火伏藏而有甲木，胜于无丁火，运行南方，也可以取贵；但十一、十二月的丙丁火必须通根，地支出现寅、巳、午、未、戌等字才可以用，否则，冻木是无法生火的。

【原文】

或重重丙火，可许一富，但不清高；丙戌生寅，或丙底坐寅，有一二者，富真贵假；若见癸透，一介寒儒。

［评注］金水清寒，而得重重丙火暖局，寒威已解，可行水运泄金之秀，清高贵显；若再行火运，一富而已。丙火坐寅，煞印必须通根，方为可用之意。丙火且然，遑论丁火。解冻除寒，所以取富，用在丙

火，故云“富真贵假”。俗富，故不清高也。若见癸透制丙，格局尽破，一介寒儒而已。金水主秀，虽贫寒，犹为儒者也。

【今译】

或者出现重重的丙火，可许一个“富”字，只是不清高；丙火戊土生于寅宫，或者丙底坐有寅，有一两个的，富真而贵假。倘若癸水透出，一介寒儒罢了。

［评注］金水清寒，而得到重重丙火暖局，寒冷的威力已经解除，可以行水运泄金之秀，主清高贵显；如果再行火运，只是富有罢了。丙火坐在寅宫，七煞和印绶必须通根才可用。丙火尚且这样，更不用说丁火了。解冻除寒，是为了取富，其作用在于丙火，所以说“富真贵假”。庸俗而富有，所以不清高。倘若癸水透出而制伏丙火，格局全破，一个寒儒罢了。金水主秀气，虽然贫寒，还是读书人。

【原文】

或支成水局，不见丙丁者，此乃伤官格，为人清雅，衣禄常盈，但子息艰难耳。

［评注］支成水局，金水伤官，泄气太重，但必须见官煞，方能贵显。若不见丙丁，人虽清雅而不贵，衣禄虽盈而不富；不见丙丁，金寒水冷，毫无生意。妻财子禄，不免欠缺也。

【今译】

或者地支会成水局，而不见丙丁火，这是伤官格，为人清雅，衣禄常保充盈，只是子息难得。

［评注］地支会成水局，为金水伤官格，泄气太重，但又必须出现官煞才能贵显。如果不见丙丁火，人虽然清雅，但是不贵，衣禄虽然充盈，但是不富；不见丙丁火，金寒水冷，毫无生机，妻财子禄四者不免有所欠缺。

【原文】

或丙丁太多，名“官煞混杂最无良，又怕身轻有损伤。如遇东南二运地，焉能挨得过时光？”过于清冷，似有凄凉。柱中一派金水，不入火土之乡，主一生孤贫浪荡，难望有成也。

［评注］冬令金水伤官，而丙丁太多，是为喧宾夺主。喜见官煞，取其调和气候，若官煞太多，克泄交集，失伤官用官之意。行东南既怕克身，北地又嫌泄气，故云“最无良”也。若不见官煞，又嫌过于清冷；不行火土之乡，难望有成。格局全在于配合，轻重之间，出入甚巨也。

【今译】

或者丙丁火太多，称为“官煞混杂最不良，又怕身轻受到损伤。如果遇到东南二运之地，怎么挨得过时光?”过于清冷，似乎有凄凉的事情。四柱中一派金水，不入火土之乡，主一生孤贫浪荡，难以指望成就。

［评注］冬令的金水伤官，遇到丙丁火太多，这是喧宾夺主。喜欢遇到官煞，是取其调和气候，如果官煞太多，克泄交加，就失去伤官用官的意思了。行东南运既怕克身，行北地运又嫌泄气，故说“最不良”。但如果不见官煞，又嫌过于清冷；不行火土运，难以指望有成就。格局全在于配合，轻重之间，出入极大。

【原文】

壬子、壬子、庚申、庚辰。井栏叉格，尚书。

［评注］井栏叉即金水伤官之变。原局无火运，行东南而大发。

【今译】

壬子、壬子、庚申、庚辰。属于井栏叉格，官为尚书。

［评注］井栏叉，即金水伤官格的变格。原局没有火运，行东南运而大为发达。

【原文】

辛亥、庚子、庚辰、癸未。丁甲在支，富大贵小。

［评注］金水伤官，取未中一点丁火，气势不足，非行南方火运不可。

【今译】

辛亥、庚子、庚辰、癸未。丁火和甲木藏在地支中，富大贵小。

［评注］金水伤官格，取未中的一点丁火为用神，气势不足，非行南方火运不可。

【原文】

乙卯、戊子、庚寅、戊寅。甲丙得位，富中取贵。

［评注］此取寅中甲丙。金水伤官在冬令，必取丙火，几如定律，特不可太旺，喧宾夺主耳。且用神喜其透干而清，独有金水伤官，用官反以藏支为美。藏则不易伤碍，行运引出，自然富贵，所谓“吉神暗藏，金温水暖”也。三冬用丙丁调候，皆同此理。

【今译】

乙卯、戊子、庚寅、戊寅。甲木和丙火得位，可以富中取贵。

［评注］这是取寅中的甲木和丙火为用神。金水伤官在冬季，必须取丙火为用神，几乎成了定律，只是不可太旺，以至喧宾夺主罢了。并且用神喜欢透干而清纯，只有金水伤官格，用官反而以藏在地支中为好。伏藏则不易受伤或碍事，被行运引出，自然导致富贵，这就是所谓“吉神暗藏，金温水暖”。冬三月用丙丁火调候，都是这个道理。

【原文】

十二月庚金，寒气太重，且多湿泥，愈寒愈冻。先取丙火解冻，次取丁火炼金，甲亦不可少。

［评注］三冬庚金，不离丙丁。十月十一月，丁火为主，丙火为佐；十二月寒气太重，丙火为主，丁火为佐。甲木为丙丁之助，故亦不可少也。与十一月之理同。

【今译】

十二月的庚金，寒气太重，并且多有湿泥，越发寒冷冰冻。先取丙火解冻，其次取丁火锻炼金，甲木也不可缺少。

［评注］冬三月的庚金，不离丙丁炎。十月和十一月，以丁火为主要，以丙火为辅佐；十二月寒气太重，以丙火为主要，以丁火为辅佐。

甲木为丙丁火的辅助，所以也不可缺少。与十一月的道理相同。

【原文】

丙、丁、甲透者，即不科甲，亦有恩荣；有丙无丁甲者，富中取贵；有丁甲无丙者，特达才人；有丙丁无甲者，白手成家，刀笔亨通。乏金更美。或支成金局无火，僧道之流。

［评注］丙火暖局，所以取富；丁火锻庚，所以取贵。用丁不能无甲木，辅佐而已。丙丁甲全透，富贵兼全；有丙无丁甲，富中取贵，纳赀为官；有丁甲无丙，虽清才特达而不富；有丙丁无甲，富而有才，但不能贵耳。乏金更美者，地支无申酉金也。或支成金局而无火，金寒水冷，孤贫之象。

【今译】

丙丁火和甲木都透出的，即使不发科甲，也有恩泽和荣华；有丙火而无丁火甲木的，富中取贵；有丁火甲木而无丙火的，特别发达而有才干的人；有丙丁火而无甲木的，白手成家，凭刀笔而亨通。缺金更理想。或者地支会成金局而无火，为僧人道士之流。

［评注］用丙火温暖命局，是为了取富；有丁火锻炼庚，是为了取贵。用丁不能无甲木，作为辅佐罢了。丙丁火、甲木全都透出的，富贵双全；有丙火而无丁火甲木的，富中取贵，缴纳资财为官；有丁火甲木而无丙火，虽然才能特别突出，但是不富有；有丙丁火而无甲木，富有而有才干，但不能贵显。缺金更理想，是因为地支无申酉金。或者地支会成金局而无火，金寒水冷，是孤贫的征象。

【原文】

庚辰、己丑、庚戌、癸未。女命，夫妇白头，五子大贵。

［评注］取戌未中一点丁火为用，喜用在时。中年之后，南方木火运，宜乎子贵，享晚福矣。

【今译】

庚辰、己丑、庚戌、癸未。这是女性的命造，夫妇白头到老，五个儿子大贵。

[评注] 取戌和未中的一点丁火为用神，且喜用神在时支。中年之后，行南方木火运，理应儿子贵显，得享晚年的福。

【原文】

己巳、丁丑、庚子、甲申。兄弟双生，兄举人，弟茂才，弟酉时，无甲故也。

[评注] 丁火锻庚，巳中丙火暖局，丁火阻甲以存。无甲，丁火之用不足，故不贵也。

【今译】

己巳、丁丑、庚子、甲申。这是孪生兄弟的命造，兄长为举人，弟弟为秀才。这是弟弟生在酉时，没有甲的缘故。

[评注] 丁火锻炼庚金，巳中的丙火温暖命局，丁火因甲木而存在。没有甲木，丁火的作用就不足，所以不贵。

辛金喜用提要

月份	喜用神	说明
正月	己壬庚	**【原文】**辛金失令,取己为生身之本。欲得辛金发用,全赖壬水之功。壬己并用,以庚为助。 **【今译】**辛金失于时令,以己土为生助自身的根本。要想使辛金发挥作用,全靠壬水的功能。壬水和己土一并运用,以庚金为辅助。
二月	壬甲	**【原文】**与正月同。 **【今译】**与正月相同。

穷通宝鉴评注

三月	壬甲	【原文】若见丙火合辛，须有癸制丙。支见亥子申为贵。 【今译】如果遇到丙火与辛金相合，必须有癸水制伏丙火。以地支遇到申子辰为贵。
四月	壬甲癸	【原文】壬水洗淘，兼有调候之用；更有甲木制戊，一清彻底。 【今译】用壬水淘洗，兼有调和气候的作用；又有甲木制伏戊土，属于一清到底的格局。
五月	壬己癸	【原文】己无壬不湿，辛无巳不生，故壬己并用。无壬用癸。 【今译】己土没有壬水就不湿润，辛金没有巳火就不得长生，所以壬水和己土一交运用。无壬就用癸。
六月	壬庚甲	【原文】先用壬水，取庚为佐。忌戊出，得甲制之方吉。 【今译】先用壬水，而以庚金为辅佐。忌戊土出现，有甲木制伏它才吉。
七月	丙甲戊	【原文】壬水为尊，甲戊酌用。不可用癸水。 【今译】以壬水为首，甲木和戊土酌情运用。不可用癸水。
八月	壬甲	【原文】壬水淘洗。如见戊己，须甲制土。支成金局，无壬，须用丁火。 【今译】用壬水淘洗。如果遇到戊己土，就要用甲木制伏。地支会成金局而无壬水，就要用丁火。
九月	壬甲	【原文】九月辛金，火土为病，水木为药。 【今译】九月的辛金，以火和土为病苦，以水和木为药物。
十月	壬丙	【原文】先壬后丙，名"金白水清①"。余皆酌用。 【注释】金白水清：格局名。庚申、辛酉日生秋月令，引到时上遇亥子水乡，以金则白，以水则清，故名。切忌夏生，属于不入格；春金二三月，运行西北也可以。诗说："金清水白主荣贵，秀丽文章定出群，更无火土来刑制，声誉掀腾翰苑人。" 【今译】先用壬水，后用丙火，叫做"金白水清"，其余都酌情运用。

十一月	丙戊壬甲	【原文】冬月辛金，不能缺丙火温暖，余皆酌用。 【今译】冬月的辛金，不能缺少丙火的温暖，其余都酌情运用。
十二月	丙壬戊己	【原文】同上，丙先壬后，戊己次之。总之丙火不可少也。 【今译】同上月，先用丙火，后用壬水，其次戊己土。总之丙火不可缺少。

三春辛金

【原文】

正月辛金，阳气舒而寒未除；不知正月建寅，中有长生之丙，解去寒气。忌甲木司权。辛金失令，取己土为生身之本。欲得辛金发现，全赖壬水之功。己壬两透，支见庚制甲，科甲定然；或己土透干，支中有甲，异路恩荣；或己土不全，号曰“君臣失势，富贵难全”；或有丙火出干，亦主武学；或见壬，无己庚者，贫贱之徒。

［评注］正月辛金，寅宫自有丙火，无须另取调候。辛金失令，休囚之极，非用己土生金，不足以固其根本；非用壬水淘洗，不足以显其功用。故正月辛金，不离己壬为用也。或谓正月庚金，喜丙解寒，忌土压没，何以辛金相反？不知庚金刚锐，金性自寒，加以余寒未尽，故喜丙火透出解冻；辛金温润，有寅宫丙火，暖土已足，土暖金气自温。正月庚金，亦须有土生之，特戊土不能生金，土多反而埋金，己土则能生金，故庚金见戊土，喜甲木疏泄；辛金用己土，忌甲木破印也。庚金以克为功，辛金以泄为美，其性质异也。然庚金亦可用泄，辛金亦可用克，故丙火出干，亦主武学，但非格之上耳。日主为君，辅佐为臣。正月辛金己土，皆临休囚死绝之地，若无己土相生，或有己土而甲木出制，无庚金制财护印，皆为君臣失势，不能言富贵。己透甲藏，虽有克制之情，而无克制之实。异路恩荣者，富贵非出于科甲，出身略逊也。若无己土相生，庚金为助，但有一派壬水，泄弱辛金之气，贫贱之徒也。

【今译】

正月的辛金，似乎阳气舒畅而寒气没有消除；不知正月建寅，其中有长生的丙火，可以消除寒气。忌甲木当权。辛金失令，必须以己土为生身的根本。要使辛金发挥作用，全靠壬水的功用。己土和壬水两者透出，地支有庚金制伏甲木，科甲一定成名；或者己土透出天干，地支中有甲木，主异路恩泽和荣华；或者己土不能保全，称为“君臣失势，富贵难全”；或者有丙火出现在天干，也主武学成就；或者出现壬水而无己土和庚金，是贫贱之徒。

［评注］正月的辛金，寅宫本有丙火，无须另取火来调候。辛金失去时令，休囚到极点，不用己土生金就不足以巩固它的根本，不用壬水淘洗就不足以显示它的功用。所以正月的辛金，不离己土和壬水为用神。有人说，正月的庚金，喜欢丙火来解寒，忌讳土的压没，为什么辛金却相反？这是不了解庚金坚刚锐利，金性自寒，再加上余寒没有消尽，所以喜欢丙火透出天干解冻；辛金温润，有寅宫的丙火暖土已经足够。土暖，金气自然温润。正月的庚金，也要有土生扶，只是戊土不能生金，土多反而埋金。己土则能生金，所以庚金见戊土，喜欢甲木的疏泄；辛金用己土，忌甲木克破印绶。庚金以克为用，辛金以发泄为美，这是两者性质的不同决定的。不过庚金也可以用作泄，辛金也可以用作克，所以丙火出现在天干中，也主武学成就，只是不属于上等的格局罢了。日主为君，辅佐为臣。正月的辛金和己土，都临休囚死绝之地，如果没有己土相生，或者有己土而甲木出来制伏，没有庚金制伏财而护持印绶，都属于君臣失势，不能谈富贵。己土透出而甲木伏藏，虽然有克制的外形，却无克制的实事。所谓异路恩荣，指富贵不是出于科甲，出身略逊一筹的情形。如果没有己土相生，庚金为辅助，只有一派壬水泄弱辛金之气，则是贫贱之徒。

【原文】

或支成火局，即壬水出干，不克己土，亦寻常之人；或庚壬两透，破局制火，必为显达之人。

［评注］辛金性质本柔，又生于休囚之月，支成火局，非得壬水出干为救不可。但春水气势衰退，须有庚金生之，方能破火局，成制火存金之功，否则，虽有己土相生，而无甲木之克，亦无用也。

【今译】

或者地支会成火局，即使壬水出现在天干中，而无甲木克制己土，也主寻常的人；或者庚金和壬水两者透出，克破火局而制伏火，必定是显贵发达的人。

［评注］辛金性质本来柔弱，又生在休囚的月份，地支又会成火局，非得壬水出现在天干为救援不可。但是春天的水气势衰退，必须有庚金生它，才能克破火局，成就制伏火而保存金的功用，否则，虽然有己土生金，只要无甲木克土，就也是无用的。

【原文】

或支成水局，不见丙火，名为“金弱沉寒，平常之士”。书曰：“金水性寒寒到底，凄凉难免少年忧。”得丙透照暖，反主富贵。

［评注］支成水局，金水伤官，而金水皆失令，故云“金弱沉寒”。寅宫丙火，为申子所制，故丙火必须透干，方能调候。书云“金水性寒”两句，专指支成水局，金弱沉寒而言。有丙出干照暖，可补其缺。

【今译】

或者地支会成水局而不见丙火，称为“金弱沉于寒水，为平常人“。书上说：“金水性寒，一寒到底，主命运凄凉，难免少年忧患。”但得到丙火透照耀温暖，反而主富贵。

［评注］地支会成水局，为金水伤官格，而金水都失于时令，故称为“金弱沉于寒水”。寅宫的丙火，为申子会子会局所制伏，所以丙火必须透出干头，才能调候。书上说“金水性寒”两句，专指地支会成水局，金弱而沉于寒水而言。有丙火出现在天干照耀温暖，可以弥补这个缺陷。

【原文】

故正月辛金，先己后壬，己为君，庚为佐。如用丙火，须参看。用己，火妻土子；用壬，金妻水子。

［评注］总结上文，正月辛金，不离己壬为用。如用丙火，须参看局势是否需要而定，非一定可用也。用己土者，以土为子，火为妻；用

壬水者，水为子，金为妻。

【今译】

所以正月的辛金，先用己土，后用壬水，以己土为君，以庚金为辅佐。如果用丙火，须参看命局。用己土的，火为妻室，土为子女；用壬水的，金为妻室，水为子女。

［评注］这是总结上文。正月的辛金，不外以己土壬水为用神。如果用丙火，须参看局势是否需要而定，不一定可用。用己土的，以土为子女，以火为妻室；用壬水的，以水为女子，以金为妻室。

【原文】

辛金珠玉，最怕洪炉。辛逢卯日子时，名曰“朝阳[①]”。

［评注］最怕洪炉，即上文支成火局也。支成水局，得丙可救；支成火局，壬水不能为救，必须庚壬并见。己土不克，三者缺一，难望显达，故为最怕也。辛卯日戊子时，格成朝阳，见火则破格。

【注释】

①朝阳：格局名，全称六阴朝阳格。诗说：“辛日之位逢戊子，六阴贵格喜朝阳；丙丁巳午休填实，岁运轮逢一例详。南地平平最嫌北，西方第一次东方。若还子字无相遇，贵处朝堂姓字彰。戊子生逢日主辛，阴阳朝位贵超群。官星七杀休相见，巳马南离局里嗔。岁月有财寻别格，子逢丑绊由非真。此格断然为宰辅，运行西地为朝臣。四季秋生无子女，荣华富贵业尤奇。六阴行运喜西方，临在东方也吉昌；若到北方凶且畏，南离冲破主凶灾。辛逢戊子最相宜，名利高远折桂枝。”

【今译】

辛金为珠玉，最怕洪炉锻炼。辛金遇到卯日子时，称为“朝阳格”。

［评注］最怕洪炉，即上文所说的地支会成火局。地支会成水局，得到丙火可以救援；地支会成火局，壬水不能为救，必须庚金和壬水一并出现，己土不克，三者中缺少一个，就难以指望显达，所以最怕。辛卯日戊子时，格局为朝阳，见火就会破格。

【原文】

丙辰、庚寅、辛酉、己丑。有己无壬，秀才而已。

［评注］己土相生，丙火照暖，庚金制甲，格局颇全，惟缺少壬水。辛金秀气不流通，仅一秀士而已。

【今译】

丙辰、庚寅、辛酉、己丑。有己土而无壬水，秀才罢了。

［评注］己土相生扶，丙火照耀温暖，庚金制伏甲木，格局中五行较全，只缺少壬水。辛金的秀气不能流通，只是一个秀士罢了。

【原文】

二月辛金，阳和之际，壬水为尊。见戊己为病，得甲制伏，则辛金不至埋没，壬水不至混浊，合此者必身入玉堂。故二月庚金，有壬甲透者，贵显；否则，乡绅。或丑坐亥支，不见土出，可能入芥，家亦小康。得申中之壬者，异途名望；无壬者，常人。其生克之理，与正月辛金皆同。

［评注］二月气暖金温，欲辛金显其用，非藉壬水淘洗不为功，故以壬水为尊。戊己之土，宜藏不宜透，透则有埋金浊壬之病。见戊己，必须有财制印护伤，壬水为用，甲木乃去病之药也。壬甲两透，贵显之征。若壬不透而藏于亥支，壬水得禄，亦有富贵；但壬水藏支，功用不显，故富贵皆小。用申中之壬，兼有庚金帮助，亦有异途功名。仍以不见土透出，或见土有甲制为要也。

【今译】

二月的辛金，处于阳和的气候，以壬水为首要用神。以出现戊己土为病，得甲木制伏，则辛金不至埋没，壬水不至混浊，合于这一命局的，必定身入玉堂。所以二月的庚金，有壬水甲木透出的贵显，否则为乡绅。或者丑坐在亥支上，没有土出现，有可能做官，家庭也得以小康。得申中的壬水的，通过异途得到名望；无壬水的，只是常人。其中生克的道理，与正月的辛金完全相同。

［评注］二月气候和暖，辛金温润，要使辛金发挥作用，非用壬水

淘洗不可，所以以壬水为首要用神。戊己土宜伏藏而不宜透出，透出就有掩埋金、混浊壬的毛病。出现了戊己土，必须有财制伏印绶，护持伤官，这是壬水为用神，甲木为去病之药的缘故。壬水和甲木两者透出，是贵显的征兆。如果壬水不透出，而是伏藏在亥支中，壬水得禄，也有富贵；但壬水藏在地支中，功用不显著，所以富贵都小。用申中的壬水，兼有庚金帮助，也有异途功名。仍以不见土透出，或者出现土而有甲木制伏为要点。

【原文】

或壬戊透，甲不出干，此为病不遇药，平常之人；得乙破戊，颇有衣衿，但假名假利，刻薄乖张。

［评注］乙为阴柔之木，破戊无力，除病不净，故假名假利。二月月垣卯木，得乙者，谓乙木透干也。

【今译】

或者壬水和戊土透出，甲木不出天干，这是有病而不遇药，是平常人；得乙木克破戊土，颇有功名，但属于假名假利，并且为人刻薄而乖张。

［评注］乙为阴柔之木，破戊土无力，去病不净，所以属于假名假利。二月月建为卯木，所谓得乙木，指乙木透出天干。

【原文】

或一派壬水汪洋，名金水淘洗太过，不得中和，略有衣食，全无作为；如壬水重重，得戊反吉。

［评注］壬水汪洋，泛滥为病，须以戊土为堤防；己土无益，反浊壬水。故言得戊土反吉，而不言己土也。

【今译】

或者一派壬水汪洋，叫做金水淘洗太过，命局不得中和，只是略有衣食，而完全没有作为；如果壬水重重，得戊土反而吉祥。

［评注］壬水汪洋，以泛滥为病，必须以戊土为堤防；己土无济于事，反而使壬水混浊。所以说得戊土反而吉祥，而不说己土。

【原文】

或支成木局，泄尽壬水，有庚，富贵；无庚，平人。

［评注］支成木局，泄壬水太过，故以庚金制木生水为美。

【今译】

或得地支会成木局，泄尽壬水，有庚金的富贵，无庚的常人。

［评注］地支会成木局，泄壬水太过，故以庚金制伏木而生水为好。

【原文】

或支成火局，名官印相争，金水两伤，下流之格；得二壬出制，富贵反奇。

［评注］支成火局，火土太旺，金水必至两伤；若得二壬出制，金水之气胜，病重得药，故云"富贵反奇"。

【今译】

或者地支会成火局，叫做官印相争，金和水两者受伤，为下流的格局；得两个壬水出来制伏，富贵反而奇绝。

［评注］地支会成火局，火和土太旺，金和水必定两伤；如果得到两个壬水出现加以制伏，金水之气转胜，属于病重得药，故说"富贵反而奇绝"。

【原文】

辛金生于春季，一派壬水，而无丙火，即能显达，家无宿舂；得壬丙齐透，方许大富大贵。

［评注］总结上文。一派壬水，金水伤官，气势太寒，故即能显达，家无宿舂；必须见官星，方许富贵，即调候之意也。

【今译】

辛金生于春季，一派壬水而无丙火，即使能显达，家里也没有隔夜的米；有壬水和丙火一齐透出，才能许为大富大贵。

［评注］这是总结上文。一派壬水，为金水伤官格，气势太寒，所

以即使能显达，家里也没有隔夜的米；必须出现官星，才能许为富贵，即调候的意思。

【原文】

乙卯、己卯、辛酉、甲午。用胎元庚金破木，太守。乙酉、己卯、辛卯、丙申。用庚不用壬，侍郎。

［评注］此两造财太旺，不能用印，以比劫分财为用。

【今译】

乙卯、己卯、辛酉、甲午。用胎元庚金破除木，官为太守。乙酉、己卯、辛卯、丙申。用庚金而不用壬水，官为侍郎。

［评注］这两个命造财太旺，不能用印绶，以比肩劫财分财为用神。

【原文】

己未、丁卯、辛巳、己亥。用丁，文学盖世，但一秀才耳。

［评注］支成木局，财旺生煞，巳亥冲去壬水，以己土化煞为用。嫌两己并透，泄火之气太过，财在支下，不能破印。

【今译】

己未、丁卯、辛巳、己亥。用丁火，文章和学问盖世，但只是一个秀才罢了。

［评注］地支会成木局，财旺生丁火七煞，巳亥冲去壬水，以己土化丁火七煞为用神。嫌两个己土一并透出，泄火之气太过，财在地支下，无法克破印绶。

【原文】

甲午、丁卯、辛未、己亥。财旺生官，状元。

［评注］同一支成木局，财旺生官，而此造配得中和，即成贵格。

【今译】

甲午、丁卯、辛未、己亥。财旺生正官，高中状元。

［评注］同样是地支会成木局，财旺生官，而这一命造的配置达到了中和，就成了贵格。

【原文】

壬子、癸卯、辛卯、壬辰。女命，金水汪洋，一生淫贱孤寡。

［评注］水旺金沉，无戊土以制之也。

【今译】

壬子、癸卯、辛卯、壬辰。这是女性的命造。金水一片汪洋，一生淫荡、卑贱、孤寡。

［评注］水旺金沉，是没有戊土来制伏水的缘故。

【原文】

三月辛金，戊土司令，辛承正气，母旺子相。先壬后甲。壬甲两透，富贵必然；壬透甲藏，禀贡不失；甲透壬藏，富贵可云；壬甲皆无，平常之格。

［评注］三月辛金，月垣正印，湿土相生，气势不弱。以壬甲为配合。戊土司令之时，不能缺甲；泄辛金之秀，不能无壬。壬甲两透，富贵兼全。

【今译】

三月的辛金，戊土执掌时令。辛金承接正气，戊母当旺，辛子值相。先用壬水，后用甲木。壬水和甲木两者透出，必然富贵；壬水透出而甲木伏藏，不失禀生或贡生的资格；甲木透出而壬水伏藏，可以许为富贵；壬水和甲木都没有，平常的格局。

［评注］三月的辛金，月建为正印，有湿土相生，气势不弱。以壬水和甲木为配合。戊土掌令的时候，不能缺甲木；泄辛金的秀气，不能无壬水。壬水和甲木两者透出，富贵双全。

【原文】

所忌者，丙贪合也。如月时皆丙，名为争合，主慷慨风流，交游四海。若癸出干制丙，可许采芹。或支坐亥子之乡，支又见申，即非玉堂，亦必高增禄位；若戊出干制水，不见甲乙，清闲之人。

［评注］三月建辰，月令水库。辛金见丙相合，有化水之可能。化以得辰为真，月令逢辰，宜其贪合矣。若化而纯，则为美格；化而不纯，反以为病。两丙争合，中枢无主，莫知所从；得一癸出干，制去一丙，则一辛合一丙而局清。若支坐亥子之乡，支又见申，则化气纯粹，虽丙火向旺，不免有失时之叹，亦有相当之禄位，富贵可期。见戊出干制水，逆化神之气，不见甲乙，为有病无药，名利两空矣。

【今译】

忌的是丙火贪合。比如月时都是丙，称为争合，主为人慷慨风流，交游广达四海；倘若癸水出现在天干而制伏丙火，可以许为秀才。或者地支坐于亥子，又出现申，即使不是官署中的贵人，也必主升爵增禄；如果戊土出现在天干而制伏水，又不见甲乙木，为清闲的人。

［评注］三月建辰，月令为水库。辛金遇丙火相合，有化水的可能。合化以得辰为真化，月令逢辰，当然贪合。如果化而纯粹，就是美格；化而不纯粹，反而为病。两个丙火争合，而中枢无主导，不知所从；得到一个癸水出现在天干，克去一个丙，则剩下一个辛合一个丙，而命局清纯。如果地支为亥子水，又出现申，则化气纯粹，虽然丙火向往生旺，不免有失时的叹息，但也有相当的俸禄和地位，富贵可以期待。遇到戊土出现在天干而制伏水，违逆化神的气，又不见甲乙木，属于有病而无药，就名利两空了。

【原文】

又或支见四库，名“土厚埋金”，不见甲制，愚顽之辈。

［评注］支见四库，干透戊己，土厚埋金。不见甲制，为病不遇药，愚贱之造。

【今译】

又或者地支出现辰戌丑未四库，称为“土厚埋金”，如果没有甲木出来加以制伏，就是愚顽之辈。

［评注］地支出现四库，天干透出戊己土，为土厚埋金。这时不见甲木制土，为有病而不遇药，是愚贱的命造。

【原文】

或四柱火多，无水制伏，名“火土杂乱”，主作缁衣。见癸可解。

［评注］火旺金熔，土燥金脆，无水调剂，辛金不能自存，孤穷之命。盖辛为柔弱之金，不能经火锻炼也。

【今译】

或者四柱中火多，无水来制伏，称为“火土杂乱”，主缁衣布屣，生活贫苦。遇到癸水可以化解。

［评注］火旺金就熔，土燥金就脆，无水调剂，辛金不能自己存在，所以是孤独穷困的命。因为辛为柔弱之金，不能经火锻炼。

【原文】

或比劫重重，壬癸浅弱，主夭；有甲出干，则贵，然无庚制方妙。

［评注］三月建辰，为水墓库，壬癸浅弱，如池塘之水，不足以淘洗金气。有甲出干，为食伤生财格；用财制印以护食伤，若庚金又出制甲，则破用矣。

【今译】

或者比肩劫财重重，而壬癸水浅弱，主夭折；有甲木出现在天干则贵，但要无庚金制伏才妙。

［评注］三月建辰，为水墓库，壬癸水衰弱，如池塘中的水，无力淘洗金气。有甲木出现在天干，为食伤生财格，用财制伏印绶，以卫护食神伤官。倘若庚金又出现而制伏甲木，就破去用神了。

三夏辛金

【原文】

四月辛金，时逢首夏，忌丙火之燥烈，喜壬水之洗淘。支成金局，水透出干，有木制戊，名一清彻底，科甲功名；癸透壬藏，富真贵假；若壬癸皆藏，戊己亦藏，略富；若壬癸俱无，反见火出，必主鳏独。

［评注］四月辛金，与庚金略同。月令戊土正印，不能相生，因丙

火乘旺，过于燥烈也。得壬水洗淘，金气愈益焕发，但时值休囚，气泄而弱。月垣之巳，见酉丑会成金局，帮扶日元，水透出干，有甲制戊，一清彻底，方能功名显达。癸透壬藏，力量减轻；若壬癸藏，而戊己亦藏，仅得润土生金，而金之秀气不显，故云“略富”；若壬癸俱无，反见火出，柔金被熔，不夭折亦必鳏独也。

【今译】

四月的辛金，时逢夏季的第一个月，忌讳丙火的燥烈，喜欢壬水的淘洗。地支会成金局，水透出天干，有木制伏戊土，称为一清彻底，科甲功名；癸水透出而壬水伏藏，富真而贵假；如果壬癸水都伏藏，戊己土也伏藏，只是略富；倘若壬癸水都没有，反而有火出现，必主鳏居或独宿。

［评注］四月的辛金，与庚金约略相同。月令戊土正印不能相生，因为丙火乘旺，过于燥烈了。得到壬水洗淘，金气会越加焕发，但在时令值休囚，气泄而衰弱。月建巳遇到酉丑，会成金局而帮扶日元，水透出天干，有甲木制伏戊土，格局一清彻底，才能功名显达。癸水透出而壬水伏藏，力量减轻；如果壬癸都伏藏，而戊己也伏藏，只能滋润土而生扶金，金的秀气不显著，故说“略富”；倘若壬和癸都没有，反而有火出现，柔弱的金被熔化，那么即使不夭折，也必定鳏居独宿。

【原文】

或支成火局，有制者吉，无制者凶。凡火旺无水，取土泄之。

［评注］支中所藏之火，透出干头，或地支聚成火局，则动而发用。火旺熔金，非制不可；火旺无水，而用土泄火之气，乃不得已而用之，仅能晦火泄火，辛金不至被熔，不能生金也。

【今译】

或者地支会成火局，有制伏的吉，无制伏的凶。凡火旺而无水，须用土泄火。

［评注］地支中所藏的火透出干头，或地支聚成火局，都能发挥作用。火旺会熔化金，非制伏不可；火旺而无水，而用土泄火之气，是不得已的办法，只能晦火泄火，使辛金不至于被熔化，而不能生金。

【原文】

若壬水藏亥，戊不出干，亦主上达；有戊，常人。有一甲透，衣禄可求；若有甲无壬癸者，富贵虚浮，所谓“羊质虎皮”是也。

［评注］壬水藏亥，戊不出干，即上文壬癸皆藏也，亦主上达。见戊土出干制水，则为平常之人。有甲透制戊，衣禄可求。甲木本无去病之药，若无壬癸，专透甲木，无所用之。

【今译】

倘若壬水伏藏在亥中，戊土不出现在天干，也主上进发达；有戊土，为常人。有一个甲木透出，衣禄可以谋求；如果有甲木而无壬癸，富贵都虚浮，属于所谓“羊的形质，虎的皮肤”。

［评注］壬水藏在亥中，戊土不出现在天干，即上文所说的壬癸都伏藏，也主上进和发达。有戊土出现在天干而制伏水，则为平常的人。有甲木透制伏戊土，衣禄可以营求。甲木本来没有去病的药，若无壬癸，而只透出甲木，就没有用处。

【原文】

壬、癸、甲三者全无，又不合格，斯为下品。

［评注］壬癸戊己并透，则需要甲木制土为药。合格，谓合从煞格也。

【今译】

壬、癸、甲三者都没有，又不合于格局，这是下品。

［评注］壬癸和戊己一并透出，就需要以甲木制伏土为药。合格，指合乎从煞格。

【原文】

乙未、辛巳、辛亥、乙未。两间不杂，但非时耳。茂才。

［评注］从财格，不得其时。

【今译】

乙未、辛巳、辛亥、乙未。两干之间没有夹杂，只是不得时罢了。

秀才。

［评注］属于从财格，但不得时令。

【原文】

五月辛金，丁火司权，辛金失令。阴柔之极，不宜锻炼，须己壬兼用。何也？己为泥沙，壬为湖海，己无壬不湿，辛无己不生，故壬己并用。无壬，癸亦可用，但癸力小。或支成火局，即重见癸出亦不济，得壬透破火方可，必主生员。若无壬，癸见戊，虽有午宫己土，燥泥成灰，金必锻熔，反遭埋没，必为僧道；有一二重比肩，不至孤独。

［评注］五月壬金，柔弱之极，必须用印。无如仲夏火旺之时，土燥，不能生金，故必须兼用壬水。用壬所以润土也，无壬，癸亦可用，但癸水力弱。若支成火局，即癸水重见，亦被熬干，非壬水不能破火也。若无壬水、癸水与戊土并透，如滴水逢燥土，霎被吸收尽净，丝毫无济也。午宫虽有己土偏印，为燥泥成灰，不特不能生金，反至熔金也。

【今译】

五月的辛金，丁火掌权，辛金失于时令，阴柔到极点，不宜火来锻炼，必须兼用己土和壬水。为什么？己为泥沙，壬为湖海，己土无壬水就不湿，辛金无己土就不生，所以壬水和己土并用。无壬水，癸水也可以用，只是癸水的力量小。或者地支会成火局，即使重见癸水出现，也不济事，要得到壬水透出，克破火才行，这样必主秀才。如果无壬水，癸水遇到戊土，虽然有午宫的己土，但是泥被烘成了灰，金必然被熔化，反而遭到埋没，这样必为僧道；有一两重比肩，才不至于孤独。

［评注］五月的辛金，柔弱极了，必须用印绶。无奈在仲夏火旺的时候，土干燥而不能生金，所以必须兼用壬水。用壬水是为了滋润土，无壬水，癸水也可以用，只是癸水力量薄弱。如果地支会成火局，即使癸水重叠出现，也会被熬干，非用壬水克破火不可。倘若无壬水、癸水与戊土一并透出，就像一滴水遇到燥土一样，霎间就会被吸收干净，丝毫无济于事。午宫虽然有己土偏印，但是燥泥成灰，不但不能生金，反而会熔化金。

【原文】

五月辛金，壬、癸、己三者皆用。

［评注］壬、癸、己三者皆用者，即上文“壬己并用，无壬，癸亦可用”也。

【今译】

五月的辛金，壬癸水和己土三者都用。

［评注］壬癸水和己土三者都用，即上文所说的“壬水己土同时运用，无壬水，癸也可以用”。

【原文】

或壬己两透，支见癸水，不冲，定主显达；即己藏支，亦有禀贡；或无壬有己，须得异途。或癸出有庚，必主衣锦，叨受恩荣。若水土多者，见甲方妙。

［评注］支见癸水者，子水也。子午相冲，水火克战；倘隔位不冲，相济为用，定主显达也。午月辛金，不能无己土，即不透而藏，亦须藉以生助；无壬而有己土，亦有异途恩荣也。癸水不如壬水之有力，然癸出而有庚，金水相生，源源不绝，则贵显可必。若水土过多，克泄丁火太过，则又须见甲木制土，泄水，生火，方能配得中和。

【今译】

或者壬水和己土两者透出，地支出现癸水而不相冲，一定主显达；即使己土藏在地支中，也有禀生贡生可得；或者无壬水而有己土，须得异途功名。或者癸水出现而有庚金，必主身着锦衣，得受恩泽荣华。水土多的，出现甲木才妙。

［评注］“地支出现癸水”，指子水。子和午相冲，水和火相克战；倘若隔位而不相冲，而是相济为用，一定主贵显发达。午月的辛金不能没有己土，即使不透出而是伏藏，也要借它来生助辛金；无壬水而有己土，也有异途的恩荣。癸水不如壬水有力，但癸水出现而有庚金，金水相生，源源不断，贵显就是必然的。如果水土过多，克泄丁火太过，则又须出现甲木制伏土，耗泄水，生扶火，才能配合出中和的命局。

【原文】

庚辛生于夏月，要壬癸得地。若木多火多，必不见金水，逢金水运必败。

［评注］总结庚辛生夏月之理也。得地者，通根亥子申支也。夏月火旺金衰，水亦休囚，壬癸如不通根得地，滴水熬干，不能用也。原局木多火多，而金水无根，常作从财从煞论，逢金水运必败。

【今译】

庚辛生于夏月，要壬癸水得地。如果木多火多，必定不见金水，遇到金水运必定衰败。

［评注］总结庚辛生夏月的道理。得地，指通根于地支亥、子、申。夏月火旺金衰，水也休囚，壬癸如果不通根得地，就会被熬干而不能用了。原命局木多火多，而金和水无根，常作从财从煞的格局推论，这样，遇到金水运必然衰败。

【原文】

丙子、甲午、辛亥、壬辰。用午宫丁己，又透甲木，中书①。

［评注］官伤并见，喜月逢甲午。甲木泄伤生官，己土化官扶身，配置反得中和。官印为用，贵虽不足，福泽必厚。

【注释】

①中书：官名。明清官制，于内阁置中书若干人，掌撰拟、记载、翻译、缮写。人选或由举人考授，或特赐。进士经朝考后以内阁中书任用的，还可充任乡试的主考官。官阶为从七品。

【今译】

丙子、甲午、辛亥、壬辰。用午宫的丁火和己土，又透出甲木，官为中书。

［评注］正官与伤官同时出现，且喜月柱遇到甲午。甲木泄伤官而生正官，己土化正官而扶身，配置反而得到中和。以正官和偏印为用神，贵虽然不足，福泽却一定丰厚。

【原文】

六月辛金，己土当权，补助太多，恐掩金光。先用壬水，取庚佐之。壬庚两透，科甲功名；即不出干，藏支得所，亦有荣华。但忌戊出，得甲制之，方吉。甲须隔位，恐贪己合，反掩金光，又塞壬水之流，下贱之格。又忌庚出制甲，或只有未中一己，见了壬水，又为湿泥。不可见甲，甲出，反作平人。总以一壬一己，见庚无甲方妙。与五月用己壬同。

[评注] 未月己土，燥泥成灰，必取壬水润土，庚金为佐，理同五月。用壬，忌戊土出干，必须甲木为救；用甲木，又忌庚金制甲。故六月己土，以不见戊甲，专用壬水润土，佐以庚金为妙；否则，辗转救护，禁忌多端，反为平庸之人也。甲木在六月，见己土相合，无水隔之，木化成灰，必然化土；又为燥土，不能生金，反掩金光，非配合所宜。此亦生克之理也。

【今译】

六月的辛金，己土当权，补助得太多，恐怕掩埋金的光辉。先用壬水，再以庚金作辅佐。壬水和庚金两者透出，主科甲功名；即使不出现在天干，只要藏在地支而得所，也有荣华。但是忌戊土出现，要有甲木制伏它才吉。甲木必须隔位，恐怕与己土贪合，反而掩埋金光，又阻塞壬水的流动，成为下贱的格局。又忌庚金出现而制伏甲木，或者只有未中的一个己土，见了壬水，成为湿泥。不可遇到甲木，甲木出现，反而成为常人。总以一个壬水一个己土，有庚金无甲木为妙。与五月用己土和壬水同理。

[评注] 未月的己土，燥泥被烘成灰，必须取壬水滋润土，而以庚金为辅佐，道理与五月相同。用壬水，忌戊土出现在天干，必须以甲木为救援；用甲木，又忌庚金制伏甲。所以六月的己土，以不见戊土和甲木，专用壬水润土，以庚金为辅佐为妙，否则辗转救护，禁忌多端，反而是平庸的人。甲木在六月，遇到己土相合，而没有水相隔，木化成灰，必然化土；又属于燥土，不能生金，反而掩没金光，不是配合所适宜的。这也是生克的道理。

【原文】

或丁乙出干，又有庚壬者显贵，无壬者否。或支成木局，得壬透，又有庚金发水之源，可云富贵。

［评注］未中所藏，为丁、乙、己三干。上文论己土，此论丁乙出干，亦不能无壬庚也。支成木局，亦为发用，凡支中所藏，透干或结局，则动而显（参阅《子平真诠评注》）。未月不论用己土或丁乙，若无壬水配合，总属偏枯，不能取富贵也。

【今译】

或者丁火乙木出现在天干，又有庚金壬水，显贵；无壬水则不是这样。或者地支会成木局，得壬水透出，又有庚金发动水源，可以许为富贵。

［评注］未中所藏的，是丁、乙、己三个天干。上文论己土，这里论丁火乙土出现在天干，也不能无壬水和庚金。地支会成木局，也属于发用，凡地支中所伏藏的，或者透出干头，或者会成局，都发动而显著（参阅《子平真诠评注》）。未月不论用己土还是用丁火乙木，如果没有壬水配合，都属于偏枯的命局，不能取得富贵。

【原文】

壬辰、丁未、辛丑、甲午。丁壬两透，大贵之命。

［评注］此造妙在辛金坐丑，通根身库；未中丁火透干，得禄于午；壬水亦坐身库，丁壬合煞为贵。为明刘觉吾郎中[①]命造。

【注释】

①刘觉吾郎中：明代临川人，生平不详。郎中是他的官职。这种官职始于战国，隋唐到清，朝廷各部均设郎中，是帝王的侍从官，为司的长官，正五品。

【今译】

壬辰、丁未、辛丑、甲午。丁火和壬水两者都透出，是大贵的命造。

［评注］这一命造妙在辛金坐在丑上，通根身库；未中的丁火透出

天干，得禄于午；壬水也坐在身库。以丁壬合去七煞为贵。这是明朝刘觉吾郎中的命造。

【原文】

甲寅、辛未、辛未、丁酉。七煞无制，贫苦终身。

［评注］辛金坐未，燥泥成灰，虽时逢归禄，而七煞无制，偏枯之造也。

【今译】

甲寅、辛未、辛未、丁酉。七煞没有制伏，贫苦终身。

［评注］辛金坐在未宫，把泥烘成灰，虽然时支遇到归禄，但是七煞没有制伏，属于偏枯的命造。

三秋辛金

【原文】

七月辛金，值庚司令，不旺自旺；且壬水居申，四柱不见戊土，胎元戊藏申内，为壬堤岸。人命得此，为官清正，但不富耳。

［评注］此金水伤官也。七月辛金自旺，而申宫为壬水之生地，自然泄金之秀。胎元者，月令也。申宫戊土，气泄而荡，不能制水，徒为阻碍而已。特庚金生于七月，喜丁火克制，不宜壬癸之泄；而辛金七月，宜泄不宜克。此阴阳干性质之殊也。

【今译】

七月的辛金，正值庚当令，不旺也旺；并且壬水在申中，四柱虽然没有戊土，却有胎元戊藏在申内，作为壬水的堤岸。人的命局这样，主为官清正，只是不富有。

［评注］这是金水伤官格。七月的辛金自然生旺，而申宫为壬水的长生处，自然泄金之秀。胎元即月令。申宫的戊土泄气而漂荡，不能制伏水，只是作为阻碍罢了。庚金生于七月，喜欢丁火的克制，不宜壬癸的耗泄；而辛金在七月，却宜耗泄而不宜克制。这是阴阳天干性质上的区别。

【原文】

或有土无甲，为有病无药，常人；有甲者，衣衿可望。

［评注］七月辛金自旺，无须戊土生之，徒碍伤官用神，故以为病。申宫戊土，虽力量微弱，若透出天干，则阻碍为病，必以甲木为救；无甲，为有病无药。伤官主聪明，有甲木克去戊土，伤官无损，衣衿可望也。

【今译】

或者有土而无甲木，为有病无药，常人；有甲木的，功名可以谋望。

［评注］七月的辛金自然旺盛，不需要戊土的生扶，生扶的话，只是阻碍伤官用神罢了，所以为病。申宫的戊土力量虽然微弱，透出天干也会阻碍用神，必须以甲木为救援；无甲木，为有病而无药。伤官主聪明，有甲木克去戊土，伤官不受损害，所以功名可以谋望。

【原文】

或四柱金多，宜水泄之。若一派金水，得一戊土，反为辛用；又宜甲制，自然富贵。

［评注］此节与上文同为用甲制戊，而意不同。上节为金水伤官，忌戊土限水为病，取甲木为救；此节言金多水旺，得一戊土，不足以阻水，反而滋生辛金，以从其旺神为用；亦宜见甲，流通伤官之气，故云反为辛用。《滴天髓》云："金象宜行财地，而财神要旺。"甲木者，财神也，正指此类格局。

【今译】

或者四柱中金多，适宜用水泄它。倘若一派金水，得到一个戊土，反而为辛金所用；又适宜甲木制伏，这样自然富贵。

［评注］这一节与上文同为用甲制伏戊土，但意思不同。上节为金水伤官格，忌戊土阻碍水而为病，取甲木为救援；这一节说金多水旺，出现一个戊土，不足以阻碍水，反而滋生辛金，以从其旺神为作用；也适宜遇到甲木，以流通伤官之气，故说"反而为辛金所用"。《滴天髓》说："金适宜运行在财地，而主财的天干要旺。"甲木就是主财的天干，

所以正是指这类格局。

【原文】

或干支水多，重见戊土，逢生得位，福寿之造。

［评注］上节金多，此言水多，故宜以戊土为制。申宫为戊土生地，然申宫不足为戊土之根，须见寅、巳、戌，方为逢生得位也。

【今译】

或者干支中水多，而重叠出现戊土，如果戊土逢生得位，就是享福长寿的命造。

［评注］上节说金多的情形，这里说水多的情形，所以适宜用戊土来制伏。申宫为戊土的长生处，但申宫不足以作为戊土的根，须出现寅、巳、戌，才算得上逢生得位。

【原文】

七月辛金，壬不在多，故书曰："水浅金多，号曰体全之象。"壬水为尊，甲戊酌用可也。癸水不可为用。

［评注］七月辛金，申宫壬水长生，一壬透干，金水气清。壬水流动，癸水滋润，故宜壬水，不宜癸水。此阴阳干性质之殊也。

【今译】

七月的辛金，壬水不必多，所以书上说："水浅而金多，称为'体全之象'。"壬水为首，甲木和戊土酌情使用就可以了。癸水不可作用神。

［评注］七月的辛金，申宫壬水长生，一个壬水透出天干，金水气象清纯。壬水流动，癸水滋润，所以适宜用壬水，不宜用癸水。这是阴阳天干性质的区别。

【原文】

甲午、壬申、辛卯、癸巳。壬甲两透，词林。

［评注］金水伤官，喜见官星。官藏伤灵，两不相碍。

【今译】

甲午、壬申、辛卯、癸巳。壬水和甲木两者透出，身为翰林。

［评注］金水伤官格，喜欢遇到官星。官星伏藏，伤官灵秀，两者不相妨碍。

【原文】

八月辛金，当权得令，旺之极矣。专用壬水淘洗，故云“金见水以流通”。如见戊己，则生扶太过，故以土为病，见甲制土方妙；无戊，不宜用甲。

［评注］八月辛金，月令建禄。有壬水，则用壬水以泄之；无壬透丁，则用丁火以克之，不易之法也。以格局高低而论，丁克不如壬泄。辛金旺极之时，何须戊己印绶之生？徒然埋金，故以戊己为病。甲木财星，用以破印，无印则甲木亦无所用也。

【今译】

八月的辛金，当权得令，旺极了。专用壬水来淘洗，故说“金遇到水而流通”。如果出现戊己土，则属于生扶太过，所以以土为病，有甲木制伏土才妙；若无戊土，就不宜用甲木。

［评注］八月的辛金，在月令上建禄。有壬水，就用壬水来泄它；无壬水而透出丁火，就用丁火来克它，这是不变的方法。就格局的高低来说，用丁火克不如用壬水泄。辛金旺极的时候，哪里需要戊己印绶的生扶？只是埋没金罢了，所以以戊己土为病。用甲木财星来克破戊己印绶，无印绶，那么甲木也就不必用了。

【原文】

或四柱一点壬水，甲多泄水，此为用神无力，奸诈之徒；得庚制者，反主仁义。或三点辛金，一重壬水，多见甲木，有庚透者，主大富贵；不见丁为美，若见一丁，此人风雅清高，衣食饶裕而已。

［评注］此财多身弱也。虽月令建禄，而四柱无比劫之助，壬水伤官亦仅一点，而甲木多见，反客为主，必以甲木财多为病，而以庚金劫财为药也。故有庚制，反主仁义；比劫叠见，主大富贵。病重得药，不宜见丁火制去庚金；若见丁火，格局变为财滋弱煞，财煞皆不得气，故

主风雅清高，衣食饶裕而已。

【今译】

或者四柱中只有一点壬水，甲木多而泄水，这属于用神无力，主奸诈之徒；但得到庚金制伏的，反而主仁义。或者有三点辛金、一重壬水而多见甲木，有庚金透出的，主大富大贵；以不见丁火为好，如果只出现一个丁火，主这人风雅清高，衣食饶裕罢了。

［评注］这是财多身弱的格局。虽然月令为建禄，但四柱中无比肩劫财的协助，壬水伤官也只有一点，而甲木却出现得多，以至反客为主，必定以甲木财多为病，而以庚金劫财为药。所以有庚金制伏反主仁义；比肩劫财重叠出现，反主大富大贵。病重得药，不宜被丁火克去庚金；如果出现丁火，格局变为财滋弱煞，财煞都不生旺，所以只主这人风雅清高，衣食饶裕，而不能大富大贵。

【原文】

或一二比肩，壬甲皆一，无庚出干，亦有恩荣。

［评注］月令建禄，四柱更有一二比肩，壬甲皆一，为伤官生财格之正。气势清纯，自主贵显，忌见庚金夺财。

【今译】

或者一两个比肩，壬水和甲木都只有一个，没有庚金出现在天干中，也有恩泽和荣华。

［评注］月令上建禄，四柱又有一两个比肩，壬水甲木都是一个，这是伤官生财格中的端正者。格局气势清纯，自然主贵显，但忌见庚金劫财。

【原文】

若二三比肩，一点壬水，戊土多见，此为土厚埋金，此人愚懦；见一甲出，必为创立之人。

［评注］月令建绿，又得二三比肩，旺之极矣。仅恃一点壬水，又见重重厚土制之，秀气尽为所掩，愚鲁可知；见一甲出，病重得药，自为创业之人。

【今译】

倘若有二三个比肩，一点壬水，戊土出现得多，这属于土厚埋金，主这人愚蠢怯懦；得到一个甲木出现，必定是有创新和建树的人。

［评注］月令上建绿，又有二三个比肩，辛金旺极了。只仗恃一点壬水，又有重重的厚土制伏它，秀气完全被掩盖，其愚鲁就可以知道了；有一个甲木出现，为病重而得药，当然是有创新和建树的人。

【原文】

或一派辛金，一位壬水，无庚杂乱，又主富中取贵。

［评注］一派辛金，一位壬水，专用伤官，名“一神一用”，与上文一二比肩，壬甲皆一意同。气势纯清，故主富中取贵也。

【今译】

或者一派辛金，只有一位壬水，没有庚金来混杂淆乱，又主从富中取贵。

［评注］一派辛金，只有一位壬水，是专用伤官，称为“一个干神，一种用神”，与上文的“一两个比肩，壬水和甲木都只有一个”的意思相同。气势清纯，所以主富中取贵。

【原文】

或一派壬水泄金，无戊出制，为沙水同流，主奔波贫苦；若得支见一戊正流，其人颇有才略，艺术过人。

［评注］金能生水，水多金沉，故必须戊土制之也。有制，水归正轨；无制，金随水流，故曰“沙水同流，主奔波贫苦”也。

【今译】

或者一派壬水泄金，没有戊土出来制伏，为金沙和水一同流去，主奔波和贫苦；但只要地支出现一个戊土，来规范水流，主这人颇有才略，技艺过人。

［评注］金能生水，但水多金就会沉没，所以必须有戊土制伏它。有制伏，水就会归于正轨；无制伏，金就会随水流去，所以说“金沙随水一同流去，主奔波和贫苦”。

【原文】

或支成金局，干见比肩，无壬淘洗，此宜用丁，无丁必主凶顽无赖；若得一壬高透，以泄群金，又名“一清到底”，有治国之才。

［评注］三秋，庚金喜用丁火，辛金喜见壬水。金神当令会局，旺极之势，不可无克泄，特阴阳干性质殊异，有喜克喜泄之别。喜克而用泄，或喜泄而见克，均非上上格局，非谓不可用也。若辛金旺而无壬水之泄，又无丁火克制，必为愚顽凶蠢之徒；得一壬高透，金旺而泄其秀，清彻极矣，定卜才高学博，为国家柱石之臣。

【今译】

或者地支会成金局，天干中出现比肩，无壬水来淘洗，这种情况适宜用丁火，无丁火，必主凶恶顽劣的无赖；如果得到一个壬水高高透出，用来耗泄众多的金，又称为“一清到底”，主有治国的才能。

［评注］时值秋三月，庚金喜欢用丁火，辛金喜欢遇壬水。金神当令而会局，是旺极的形势，不可没有克制或耗泄，只是阴阳天干性质不同，有喜欢克或喜欢泄的区别。喜欢克而用泄法，或者喜欢泄而受克，都不是上上等的格局，而不是说不可以用。如果辛金旺而无壬水泄秀，又无丁火克制，必定是愚蠢凶顽之徒；而得到一个壬水高高透出，金旺而泄其秀，格局就清彻极了，一定才能高，学问博，是国家的柱石之臣。

【原文】

或支成金局，戊己透干，壬透无火，名“白虎格①”，运行西北，富贵大显，子息艰难；或透丙火，虽有壬出，亦属平庸。

［评注］此承上文“一壬高透，一清到底”而言也。以顺其气势为用，运行西北，金水旺地，必然富贵；但戊己与壬水并见，“枭印夺食②”，故主子息艰难也。若透丙火，丙辛相合，格局混杂，虽有壬水制丙，不足以取贵也。

【注释】

①白虎格：地支成巳酉丑金局，并且有戊己土透出，无火，就构成

白虎格。此格逢西北金水旺地时，富贵功名均显达，但子自息难成。若丙火出现，又有壬水透出时，则为普通人。命中比肩多，且有己的偏印时，是僧道的命；若地支中有庚、甲，则可以安闲渡日。

②枭印夺食：日干强，无官煞，适宜食神泄气，而成中和的命局，而生财星。若有偏印克去食神，又使日干更旺，则是凶兆。

【今译】

或者地支会成金局，戊己透出干头，壬水透出而无火，称为“白虎格”，行西北方的运，富贵大为显著，但子嗣难得；或者透出丙火，即使有壬水出现，也属于平庸的人。

［评注］这是承上文“一壬高透，一清到底”而说。以顺格局的气势为用神，行西北方金水旺地的运，必然富贵；但戊己土与壬水同时出现，为“枭印夺食”，所以主子嗣难得。如果透出丙火，丙辛相合，格局就混杂了，即使有壬水制伏丙火，也不足以取贵了。

【原文】

或一二辛金，一派己土，定为僧道；或干透己土，支见庚甲，一生安闲。

［评注］此为土厚埋金。上文戊土，此言己土也。必须庚甲为救。支有甲，可以用财损印；有庚扶助，则辛金能任其财。上文戊土埋金，必须甲出为救；此言己土埋金，有庚金亦可救应也。

【今译】

或者一两个辛金，却有一派己土，一定作僧人或道士；或者天干透出己土，地支藏有庚金和甲木，主一生安闲。

［评注］这是土厚埋金的情形。上文说戊土，这里说己土。必须以庚金和甲木为救援。地支中有甲木，可以用财来克损印绶；有庚金扶助，辛金就能任财。上文的戊土埋金，必须甲出现为救援；这里是说己土埋金，有庚金也可以救应。

【原文】

或一派乙木，不见庚壬，为财多身弱；一见庚制，富贵可期。

［评注］八月辛金，月令建禄。但辛为柔金，不比庚金之刚锐，如见一派乙木，则为财多身弱，必须庚金为救；一见庚金，则身旺任财，富贵可期。见壬水，则金、水、木相生。凡禄刃用财，必以食伤为转枢也。原文作“不见甲壬”，似误。

【今译】

或者一派乙木，不见庚金和壬水，属于财多身弱的格局；一遇到庚金的制伏，富贵就可以期待了。

［评注］八月的辛金，月令建禄。但辛属于柔金，不像庚金那样坚刚锐利，如果遇到一派乙木，就会财多身弱，必须以庚金为救援；一见庚金，就能身旺而任财，所以富贵可以期待。遇到壬水，就会金、水、木连续相生。凡禄刃格用财，必须以食神和伤官为转变的枢纽。原文写作“不见甲木壬水”，似乎有误。

【原文】

金生秋月，土重，贫无寸铁。六辛日逢戊子时，运喜西方。阴若朝阳，切忌丙丁离位。庚辛局全巳酉丑，位重权高。

［评注］土重，即土厚埋金也，已见上文。无救应者贫苦，特有例外者，即“六辛日逢戊子时”是也。辛逢戊子，土、金、水相生，气势顺遂，应作食伤格看。干聚庚辛，支全巳酉丑，金已成器，不宜见火，必须壬水以泄之，与上文“一壬高透，以泄群金”意同。特一在干，一在支之别耳（参阅《外格诠释》①）。

【注释】

①《外格诠释》，本书评注者的另一部命理著作。

【今译】

辛金生于秋月，如果土重，就会贫穷到没有寸铁。六辛日逢戊子时，行运喜欢西方。阴干如果朝阳，切忌离开丙丁的位置。庚辛局而巳酉丑俱全，主位高权重。

［评注］土重，即土厚埋金，已经见于上文。无救应的主贫苦，只是有例外，这就是“六辛日逢戊子时”。辛金遇到戊子，土、金、水连

续相生，气势顺遂，应当作食神或伤官格看。天干庚辛聚会，地支巳酉丑俱全，是金已经成器，不宜再遇到火，必须用壬水来消泄。这与上文的“一个壬水高高透出，来消泄众多的金”意思相同，只是一个在天干，一个在地支的区别罢了（参阅《外格诠释》）。

【原文】

己酉、癸酉、辛未、己亥。二人同命，一文举，家贫；一武举，家富。

［评注］亥中壬甲为用，亥未暗会木局为财。秀则不富，富则不秀，似未可轩轾也。

【今译】

己酉、癸酉、辛未、己亥。二人同一命造，一个为文举人，家中贫寒；一个为武举人，家中富有。

［评注］以亥中的壬水和甲木为用神，亥和未暗会木局为财。秀气就不富有，富有就不秀气，似乎不能分高低。

【原文】

丁酉、己酉、辛酉、丙申。身强煞浅，辛日坐酉，丙宫生印，太守。

［评注］官煞并见，印以化之，不嫌其混；身强煞浅，更喜其混也。喜行官煞旺地，运行丁未丙午，宜其贵为太守矣。

【今译】

丁酉、己酉、辛酉、丙申。日元强旺，七煞轻微，辛金日元坐在酉宫，丙宫生扶印绶，官为太守。

［评注］正官与七煞一并出现，用印绶来化解，不嫌它们混杂；日元强旺而七煞轻微，更喜欢它们混杂。喜欢行官煞旺地的运，行运到丁未丙午，理应贵为太守。

【原文】

丁卯、己酉、辛亥、壬辰。丁壬两透，经魁[1]。

［评注］丁壬两透，喜其间隔不合，木、火、土、金、水顺序相生，以壬水伤官为用也。

【注释】

①经魁：明科举有以五经取士之法，每经各取一名为首，名为经魁。乡试中每科必于五经中各中一名，列为前五名。清亦沿称前五名为五经魁，或五魁。

【今译】

丁卯、己酉、辛亥、壬辰。丁火和壬水两者透出，为经学魁首。

［评注］丁火和壬水两者透出天干，且喜二者有间隔而不相合，木、火、土、金、水顺序相生，以壬水伤官为用神。

【原文】

九月辛金，戊土司令，母旺子相，须甲疏土。壬泄旺金，先壬后甲。壬甲两透，桃洞之仙；或壬透甲藏，又见庚者，平人；甲透壬藏，戊在支内，异途之仕。

［评注］辛为柔金，喜壬水泄其秀，金水澄清为贵。生于九月，戊土秉令，忌土旺埋金。如戊土透干，必须甲制；不透，专用壬水，故先壬后甲取用也。壬甲两透，最为上格；壬戊透干而甲藏支，戊土能制壬水，而甲木不能制戊土，有病无药，乃平常之人也。甲透，壬戊并藏支内，甲能制戊护壬，虽去病不净，亦为异途之贵也。

【今译】

九月的辛金，戊土掌管时令，戊母当旺，辛子值相，须有甲木疏通土。壬水泄旺金，先用壬水，后用甲木。壬水和甲木两者透出，为春闱高中的人；或者壬水透出而甲木伏藏，又出现庚金的，平常人物；甲木透出而壬水伏藏，戊土在地支中，为异途的仕宦。

［评注］辛为柔金，喜欢壬水泄秀，以金水澄清为贵。生于九月，戊土当令，忌土旺埋金。如果戊土透出干头，必须有甲木制伏；不透出则专用壬水，所以先用壬水，后用甲木。壬水和甲木两者透出，为最上等的格局；壬水和戊土透出天干，而甲木伏藏在地支中，戊土能制伏壬

水，而甲木不能制伏戊土，为有病无药，是平常的人。甲木透出，壬水戊土一并伏藏在地支内，甲木能制伏戊土而护持壬水，虽然去病不够干净，也是异途出身的贵人。

【原文】

或辛日甲月，壬水在支，有庚自能去浊留清，秋闱一榜；若戊戌月，即有甲在支亦否。

[评注] 此言用庚金以化戊土之病也。壬水在支，易被土制，若有庚金出干，则戊土生金，金生水，自能去浊留清。此言辛金生甲戌月，可用庚金化之也。若戊戌月，戊土透干，则非另有甲木出干制之不可，即有甲木在支，不能制天干之戊也。

【今译】

或者辛金为日干，甲木为月干，壬水藏在地支中，有庚金自能去浊留清，主秋闱一榜的成就；如果值戊戌月，即使有甲木在地支，也没有这样的命运。

[评注] 这是说用庚金来化戊土的病。壬水在地支中，容易被土制伏，如果有庚金出现在天干，就会戊土生金，金生水，这样自能去浊留清。这是说辛金生在甲戌月，可以用庚金化土。如果是戊戌月，戊土透出天干，则非另有甲木出现制伏它不可，即使有甲木在地支中，也不能制伏天干上的戊土。

【原文】

总之，土太多，甲不出干，莫问功名；得一壬出，洗土助甲，虽不发达，富而可求。

[评注] 结上文，土多埋金，无甲出制，决无功名之份。甲木藏支，得壬水出干，助甲洗土，不过一富而已。此指戊土不透而言，若戊透干，壬水被制，非甲木出干不可。见上文。

【今译】

总之，土太多而甲木不出现天干，不要问功名；得到一个壬水出现，洗土而生助甲木，虽然不能发达，但是富有却可以谋求。

［评注］这是总结上文。土多埋金，无甲木出来制伏，决没有功名的份。甲木藏在地支中，有壬水出现在天干，而生助甲木，淘洗土，不过一个富人罢了。这是指戊土不透出天干而言；倘若戊土透出天干，壬水被制伏，非甲木出现在干头不可。见于上文。

【原文】

或土多无壬甲，时月多透丙辛者，略贵；加以辰字在支，则荣显莫及。

［评注］此非化气，乃官印格也。特九月燥土不能生金，有“辰”字在支，则湿土生金，官星合于日元，用神亲切，为荣显莫及也。

【今译】

或者土多而无壬水和甲木，时柱和月柱多透丙火辛金的，略贵；加上“辰”字在地支，则荣华贵显，无人能及。

［评注］这不是化气格，而是官印格。只是九月的燥土不能生金，有“辰”字在地支，则湿润土而生扶金，官星与日元相合，用神确切适宜，所以荣华贵显到无人能及的程度。

【原文】

或木多土厚，无水者，常人。或干上重见癸水，虽无淘洗之功，颇有清金之用；此命主富，辛苦。

［评注］九月辛金，以壬水淘洗为上格。用甲者，去土厚埋金之病也。若有甲而无壬，辛金之用，依然不显，为平常之人也。无壬水而见癸水，亦可为用。食神生财，一富命也，且主辛苦。

【今译】

或者木多土厚而无水，为常人。或者天干上重叠出现癸水，虽然没有淘洗的作用，却颇能使金清纯，这一命造主富有而辛苦。

［评注］九月的辛金，以用壬水淘洗为上等格局。用甲木的，去除土厚埋金的病。如果有甲木而无壬水，辛金的作用依然不显著，为平常的人。无壬水而出现癸水，也可以为用神。食神生财，是一个富命，但主辛苦。

【原文】

或己透，无壬有癸，亦能滋生金力，衣衿之贵；但恐己多，不免浊富。

［评注］己为卑湿之土，可以生金，不能埋金，所以有衣衿之贵。但己土能使水浊，富有余而贵不足也。

【今译】

或者己土透出，无壬水而有癸水，也能滋生金的力量，主成为秀才；但恐怕己土多，不免属于浊富。

［评注］己为卑湿之土，可以生金，不能埋金，所以有衣衿这样的贵；但己土能使水混浊，所以富有余而贵不足。

【原文】

九月辛金，火土为病，水木为药。

［评注］总结上文。

【今译】

九月的辛金，火土为病，水木为药。

［评注］这是总结上文。

【原文】

丙戌、戊戌、辛未、壬辰。印重最喜财乡。壬丙俱透，尚书。

［评注］此造官伤并透，土重埋金，用印制伤，固不如用财损印、化伤、生官。四柱虽不见木，必行水木运乃发。

【今译】

丙戌、戊戌、辛未、壬辰。印绶重，最喜欢财乡。壬水和丙火都透出干头，官为尚书。

［评注］这一命造正官与伤官一并透出，土重埋金，用印绶制伏伤官，固然不如用财克损印绶、化解伤官、生扶正官。四柱虽然没有木，但是一定要行水木运才能发达。

【原文】

戊戌、壬戌、辛酉、戊子。去浊留清，孝廉。

［评注］六辛朝阳格。月干壬水，戊土制之，用时支子水，故云“去浊留清”也。

【今译】

戊戌、壬戌、辛酉、戊子。去浊留清，举为孝廉。

［评注］六辛朝阳格。月干壬水有戊土制伏，用时支的子水，所以说“去浊留清”。

【原文】

丙戌、戊戌、辛未、丁酉。用戊生金，用丙暖土。

［评注］官煞并见，用印化之。嫌无壬癸，辛金之气及身而不泄也。

【原文】

丙戌、戊戌、辛未、丁酉。用戊土生扶金，用丙火温暖土。

［评注］正官与七煞一并出现，用印绶化解它们。嫌无壬癸水，辛金之气不能发泄。

三冬辛金

【原文】

十月辛金，时值小阳，阳气渐升，寒气将降。先用壬水，次取丙火，壬丙两透，金榜题名。何也？盖辛金有壬水丙火，名“金白水清”，又在亥月，故发。

［评注］辛金喜壬水淘洗，而生于十月，必兼取丙火者，因寒气渐增也。得丙火为“水暖金温”，得壬水为“金白水清”。亥月小阳春，木气萌动，丙火余光反照，亦有活动之气，故能发达也。

【今译】

十月的辛金，时值小阳春，阳气逐渐上升，寒气即将下降。先用壬水，其次用丙火，壬丙两者透出，金榜题名。为什么？因为辛金有壬水和丙火，称为“金白水清”，又在亥月，所以发达。

[评注] 辛金喜欢壬水的淘洗，而生于十月必须兼取丙火，是因为寒气逐渐加强。得到丙火为“水暖金温”，得到壬水为“金白水清”。亥月为小阳春，木气萌动，丙火的余光反照，也有活动的气象，所以能发达。

【原文】

丙透壬藏，采芹之造；丙藏壬透，富有千金；壬丙在支，聪明之士。

[评注] 壬丙两透，科甲之贵；丙透壬藏，小贵；壬透丙藏，小富；壬丙皆藏支，虽聪秀有余而不发，盖以丙取贵，壬主富也。

【今译】

丙火透出而壬伏藏，秀才的命造；丙火伏藏而壬水透出，富有千金；壬水丙火在地支中，聪明的士人。

[评注] 壬水和丙火两者透出，科甲中的贵人；丙火透出而壬水伏藏，小贵；壬水透出而丙火伏藏，小富；壬水和丙火都伏藏在地支中，虽然聪明俊秀有余，但是不能发达，因为丙火主贵，壬水主富。

【原文】

戊壬存柱，积蓄之人；或壬多无戊，名壬水汪洋，反成贫贱；戊多壬少，又主成名。

[评注] 壬水主富，故壬多而有戊制之，伤官佩印，必居积致富。壬多无戊，水流而不积，反主贫贱；戊多壬少，原局印旺，行伤官运，又主成名也。

【今译】

戊土和壬水在四柱上，是有积蓄的人；或者壬水多而无戊土，称为“壬水汪洋”，反而成了贫贱的格局；而戊土多而壬水少，又主成名。

[评注] 壬水主富，所以壬水多而有戊土制伏，成伤官佩印的格局，必定居积而致富。壬水多而无戊土，水流而不积存，反而主贫贱；

戊土多而壬水少，如果原命局印绶旺，再行伤官运，又主成名

【原文】

或甲多戊少，因艺术而蓄金。

［评注］十月亥宫，自有旺水，故不言壬；水多得戊制之，财能积聚；甲多制戊，以月令伤官生财为用，艺术之人，唯金钱有积蓄而已。

【今译】

或者甲木多而戊土少，凭技艺而积蓄金钱。

［评注］十月的亥宫自有旺水，所以不谈壬。水多而得到戊土的制伏，钱财能够积聚。甲木多而制伏戊土，以月令伤官生财为用神，是搞技艺的人，只是金钱有积蓄罢了。

【原文】

若己多有戊，壬水被困，金被埋，不过诚实之人；或壬癸多无戊丙者，劳碌辛苦。十月辛金，先壬后丙，余皆参用。

［评注］戊己多，埋金制水，终身埋没于下。总之，十月壬癸多，无丙不温，无戊不聚，故无戊丙，为劳碌辛苦之人也。十月辛金，壬丙为喜用需要之神，余皆为应病与药之用。

【今译】

如果己土多又有戊土，壬水被困住，金被埋没，不过是个诚实的人；或者壬癸多而无戊土丙火，劳碌辛苦。十月的辛金，先用壬水，后用丙火，其他都只作参考的用神。

［评注］戊己多，埋没金而制伏水，终身埋没在下层。总之，十月如果壬癸多，无丙火就不温暖，无戊土就不聚水，所以没有戊土和丙火，为劳碌辛苦的人。十月的辛金，壬水和丙火为喜用需要的干神，其余都为因病给药的用神。

【原文】

十一月辛金，癸水司令，为寒冬雨露，切忌癸出冻金而困丙火。壬丙两透，不见戊癸，衣锦腰金；即壬藏丙透，一榜堪图。

[评注] 辛金不离壬丙，而十一月寒冬，更以丙为主要；如月令癸水透出，困住丙火，难望发展也。壬丙两透，不见戊土困壬，癸水困丙，则为极品之贵；即壬水藏支，只要有丙透，自有功名。

【今译】

十一月的辛金，癸水执掌时令，为寒冬的雨露，切忌癸水出现，冻住金而困住丙火。壬水和丙火两者透出，不出现戊土和癸水，穿锦衣，扎金腰带；即使壬水伏藏而丙火出透，一榜也可以图谋。

[评注] 辛金不离壬水和丙火，而在十一月寒冬，更以丙火为主要的用神；如果月令癸水透出，困住了丙火，就难以期望发展了。壬水和丙火两者透出，没有戊土困住壬水，癸水困住丙火，就是极品的贵人；即使壬水藏在地支中，只要有丙火透出，也自有功名。

【原文】

或壬多有戊，丙甲出干者，青云之客；若壬多无戊丙者，泄金太过，定主寒儒；或壬多，甲乙重重，无丙火者，贫寒。

[评注] 上言壬透，忌戊土困壬；此言壬多，又须有戊土制之。兼有丙甲出干者，必贵；若无戊制壬，更无丙暖金，泄气太过，定主寒儒；壬多，甲乙重重，寒金不能制木，反为财多身弱，更无丙火解金水之寒，定主贫寒。

【今译】

或者壬水多而有戊土，丙火和甲木出现在天干的，是青云的贵客；如果壬水多而无戊土丙火，泄金太过，一定主寒儒；或者壬水多，有甲乙木重叠而无丙火，贫寒之象。

[评注] 上文说壬水透出，忌戊土困住壬水；这里说壬水多，又须有戊土制伏它。兼有丙火和甲木出现在天干的，必定贵显；如果无戊土制伏壬水，更无丙火温暖金，泄气太过，一定主寒儒；壬水多，甲乙木重重出现，而寒金不能制伏木，反为财多身弱，再无丙火解除金水的寒气，必定主贫寒。

【原文】

或支成水局，癸水出干，有二戊制者，富贵恩荣；无戊者常人。

［评注］支成水局，癸水出干，旺极之势。须有二戊制之，病药始能相当；更须有丙，方能富贵恩荣；无戊丙，定主贫寒。

【今译】

或者地支会成水局，癸水出现在天干，有两个戊土制伏的，富贵恩荣；无戊土的，常人。

［评注］地支会成水局，癸水出现在天干，是旺极的气势。须有两个戊土制伏，病和药才能相当；还须有丙火，才能富贵恩荣。无戊土丙火，一定主贫寒。

【原文】

或支见亥子丑，干出比劫，无丙，名“润下格①”，富贵双全，运喜西北；若无庚辛，又出甲乙，无戊丙者，必主僧道。

［评注］支全亥子丑北方，干出比劫，气势专旺，为润下格，必须无丙戊，乃为格之全，运行西北，富贵双全。若无庚辛，又出甲乙，寒金冻木，壬癸虽多，非润下格也。水结成冰，无丙调候，无戊制水，财多身弱，必主孤贫。

【注释】

①润下格：润下是水的特性，所以是水专旺的一种命局。壬癸日干生于冬月，支全亥子丑北方，或申子辰结成水局，无戊已未戌等字。如：壬申、壬子、壬辰、庚子，壬水生于子月，地支申子辰结成水局，天干又得庚壬资生比辅，无戊已未戌之冲克，是为润下格。润下格的秀气完全萃聚于日干之水，即以水为用神。忌土克伐，喜金水相助，见木吐秀也好，逢火为财，有木不妨。

【今译】

或者地支出现亥子丑，天干出现比肩劫财，而无丙火，称为润下格，主富贵双全，行运喜欢西北方；如果无庚辛金，又出现甲乙木，而无戊土和丙火，必主僧人或道士。

[评注] 地支亥子丑俱全，成北方一气，天干出现比肩劫财，气势专旺，为润下格，必须无丙火和戊土，才是圆满的命格，行西北运，主富贵双全。如果无庚辛金，又出现了甲乙木，属于寒金冻木，壬癸水再多也不属于润下格。水结成冰，而无丙火调候，无戊土制伏水，为财多身弱，必主孤独和贫困。

【原文】

或支成木局，有丁出干，又见戊者，功名特达。冬月辛金，须丙温暖方妙。

[评注] 十一月水旺之时，支成木局，又见丁戊，是天干煞印相生，地支食生财旺，为源远流长格也。总之，十一月辛金，层冰坚冻，非丙火温暖不为功。丙火尚须通根，无根，力嫌不足，同十一月庚金。故金水伤官，必须见官，方能取贵也。

【今译】

或者地支会成木局，有丁火出现在天干中，又遇到戊土，主功名特别高。冬月的辛金，有丙火温暖才妙。

[评注] 十一月水旺的时候，地支会成木局，又出现丁火戊土，是天干七煞与印绶相生，地支食神生财而财旺，是源远流长的格局。总之，十一月的辛金，层层坚固的冰冻，没有丙火温暖就不能济事。丙火还要通根，无根力量就不足，与十一月庚金相同。所以金水伤官，只有见官才能取贵。

【原文】

十二月辛金，寒冻之极，先丙后壬。无丙不能解冻，无壬不能洗淘，丙壬两透，金马玉堂之客；壬丙俱灭，游庠食饩之人；有丙无壬，富真贵假；有壬乏丙，贱而且贫；或丙多，无壬，有癸，市井贸易之流。

[评注] 十二月辛金，专取丙火调候。丙火为主，壬水为佐，与十一月相同。壬丙两备，名利兼全；有丙无壬，寒金得暖，衣食充足；有壬乏丙，贫贱。可以缺壬，不可以缺丙也。丙多无壬，癸水又出而困丙，成格有病，市井贸易之流也。

【今译】

十二月的辛金，寒冷冰冻到极点，先用丙火，后用壬水。无丙火不能解冻，无壬水不能淘洗，丙火壬水两者透出，为出则乘金饰之马，入则玉堂为官；壬水丙火俱灭，为领取国家膳食补贴的读书人；有丙火而无壬水，富有是真，贵显是假；有壬水而缺丙火，卑贱而且贫寒；或者丙火多，无壬水而有癸水，为市井贸易之流。

［评注］十二月的辛金，专取丙火调候为用神。丙火为主，壬水为辅佐，与十一月相同。壬水和丙火两者兼备，主名利双全；有丙火而无壬水，寒金得到温暖，主衣食充足；有壬水而缺丙火，主贫贱。这是可以缺壬水而不可以缺丙火的缘故。丙火多而无壬水，癸水又出现而困住丙火，格局有病，所以为市井贸易之流。

【原文】

或水多，有戊己出干，又有丙丁，必主衣食充盈，一生安乐。十二月辛金，丙先壬后，戊己次之。

［评注］十二月辛金，以丙火为主，戊己不过病药之用。如水多，取戊己制之，仍不能缺丙丁；如水不多，则不用戊己也。

【今译】

或者水多，有戊己出现在天干中，又有丙丁火，必主衣食充盈，一生安乐。十二月的辛金，丙火在先，壬水在后，戊己土又次于它。

［评注］十二月的辛金，以丙火为主要用神，戊己土不过是应病给药的作用罢了。如果水多，就取戊己土制伏它，仍不能缺丙丁火；如果水不多，就不用戊己土。

【原文】

乙丑、己丑、辛丑、戊子。侍郎。

［评注］土金成局，为母旺子孤之象；最宜西方金运，则母慈子安也。

【今译】

乙丑、己丑、辛丑、戊子。官为侍郎。

［评注］命局主要由土和金构成，有母旺子孤的征象；最适宜行西方金运，这样才能母慈子安。

【原文】

丁丑、癸丑、辛卯、戊子。用丁火，按察。

［评注］冻木阴火，又有癸水出干制之，乙丁决不能用，必以土金水成象，顺其气势为用也。

【今译】

丁丑、癸丑、辛卯、戊子。用丁火，官为按察。

［评注］冰冻的木，阴柔的火，又有癸水出现在天干而制伏丁火，所以乙木和丁火决不能取用为用神，必须因土、金、水构成命局，顺着它的气势取用。

【原文】

乙卯、己丑、辛未、丁酉。先贫后富，且寿。

［评注］此造乙木丁火可用。因卯未会局，地支有暖气；然枯草引灯，力亦微薄，无丙不贵。其先贫后富者，木火运助之也。

【今译】

乙卯、己丑、辛未、丁酉。先贫后富，并且长寿。

［评注］这一命造，乙木和丁火可以取用。因为卯未会木局，地支有暖气；但是枯草引灯，力量微薄，所以无丙火就不贵。先贫后富，是木火运助成的缘故。

【原文】

甲申、丁丑、辛卯、己亥。财旺生煞，制军①。

［评注］此造亥卯合局，甲木引生丁火，故财旺生煞为可用。亦以运行东南阳暖之地为贵也。

【注释】

①制军：对总督的别称。明初，用兵时置总督，事毕即调他处或裁

撤，嗣后设置浙广。武宗正德十四年（1519）曾改称总制，俗称制台，下属则尊称为制帅、制宪或督宪。

【今译】

甲申、丁丑、辛卯、己亥。财旺生煞，官为制军。

［评注］这一命造亥卯合木局，甲木引生丁火，所以以财旺生煞为可取的用神。也以行东南阳暖之地的运为贵。

穷通宝鉴评注卷五

楚　南　余春台　原编
东　海　徐乐吾　评注

论　水

【原文】

天倾西北，亥为出水之方；地陷东南，辰为纳水之府。逆流到申而作声，故水不西流。水性润下，顺则有容。顺行十二神，顺也，主有度量，有吉神扶助，乃贵格。逆则有声。逆行十二神，逆也，入格者主清贵，有声誉。忌刑冲，则横流；爱自死自绝，则吉。

［评注］水生于申，禄旺于亥子。自西而北、而东、而南为顺，反之为逆。西北地处高亢，东南低陷，流向东南，顺下之势，水之性也。申、酉、戌、亥、子、丑、寅、卯、辰、巳、午、未为顺行；申、未、午、巳、辰、卯、寅、丑、子、亥、戌、酉为逆行。入格与否，另看配合。顺行主有度量，逆行主有声誉。喜吉神扶助，忌刑冲激荡。自死之地，谓寅卯纳其气也；自绝之地，谓巳宫丙戊，阳和之气，堤防之用也。

【今译】

天倾斜于西北，以亥为出水的方位；地下陷于东南，以辰为纳水之处。逆流到申位而发声，所以水不向西流淌。水性滋润而下，顺行就能容纳。以顺行十二支为顺，主有度量，有吉神扶助就是贵格。逆行就发出声音。以逆行十二支为逆，入格的主清贵而有声誉。忌刑冲，刑冲就会横流；喜欢自死自绝，这样才吉。

［评注］水长生于申，禄旺于亥和子。自西而北、而东、而南为顺行，反之为逆行。西北方地势高亢，东南低陷，流向东南，顺其向下之势，是水的性质使然。即申、酉、戌、亥、子、丑、寅、卯、辰、巳、午、未为顺行；申、未、午、巳、辰、卯、寅、丑、子、亥、戌、酉为逆行。入格与否，另看配合的情况。顺行主有度量，逆行主有声誉。喜欢吉神的扶助，忌刑冲来激荡。自死的方位，指寅卯纳它的气；自绝的方位，指巳宫的丙火和戊土，为阳和之气，有堤防的作用。

【原文】

水不绝源，仗金生而流远；水流泛滥，赖土克以堤防。水火均，则合既济之美；水土混，则有浊源之凶。四时皆忌火多，则水受渴；忌见土重，则水不流；忌见金死，金死则水困；忌见木旺，木旺则水死。沈芝①云：“水命动摇，多主浊滥，女人尤忌之。”《口诀》②云：“阳水身弱，穷；阴水身弱，主贵。”

［评注］水生春夏休囚之地，则为无源；仗金以生之，则源远流长。水生秋冬，旺极泛滥，必藉土为堤防，则水入正轨。“水火均”者，丙火也，势力相敌，有食伤通其气，则成既济之美；“水土混”者，己土也，无食伤制其官，则有浊源之凶，故壬水以用官星为忌也。火多，土必随之而旺。火旺土燥，滴水熇干；戊土重重，虽不见火，亦能制水不流。水以流通为美，故火多土重，四时皆忌也。水仗金生而流远，金至子为死地，母死子孤，有泛滥无止之困。木能泄水之气，寅卯木旺之时，乃水之死地也。水以金为源，金水相生，人必聪明；水多无金，又无戊土制之，多主浊滥。

【注释】

①沈芝：明代命理学家，生平和著作不详。

②《口诀》：明代著名命理著作，全称《看命口诀》，见《三命通会》。

【今译】

水不断绝泉源，仗恃金的生扶而流到远方；水流泛滥，依赖土克而作为堤防。水火均停，会合成水火既济的好局面；水土混杂，则有浊乱泉源的凶险。四季都忌火多，火多水就会干涡；忌讳遇到土过重，那样水就不能流动了；忌遇到金死，金死水就会困厄；忌遇到木旺，木旺水就会死。沈芝说："以水为主的命局动摇，多半主混浊泛滥，女人尤其忌讳它。"《口诀》说："阳水身弱主穷困，阴水身弱主贵显。"

［评注］水生在春夏休囚之地，为无源之水；有金来扶它，才会源远流长。水生在秋冬二季，因为旺极而泛滥，只有借土为堤防，水才能进入正轨。"水火均停"指丙火，势力相当，有食神伤官流通其气势，就会成就水火既济的好局面；"水土混杂"指己土，无食神伤官制伏官煞，就有浊乱泉源的危害，所以壬水以用官星为忌讳。火多，土必然随之而旺。火旺而土燥，点滴的水被烘干；戊土重重出现，即使不遇到火，也能制伏水使它不流。水以流通为理想，所以火多土重，四季都忌讳。水依仗金的生扶而流到远方。金到子位为死地，母亲死了儿子就孤独，有泛滥而无休止的困境。木能泄水之气，寅卯木旺的时候，是水的死地。水以金为泉源，金水相生，人必定聪明；水多而无金，又无戊土制伏水，多主混浊泛滥。

【原文】

生于春月，性滥滔淫。再逢水助，必有崩堤之势；若加土盛，则无泛涨之忧。喜金生扶，不宜金盛；欲火既济，不要火多。见木而可施功，无土仍愁散漫。

［评注］东南低陷，纳水之府，乃死水，非活水也。若见水多，必至泛滥为患，必须戊土为堤防，则不至散漫。春水休囚之时，喜金生扶。木为当令用神，金盛则伤木，损其秀气。见丙火，有秉令之木通其气，自得既济之美。见木火多则水渴。见木为水木伤官，无土仍愁水势泛滥，故水木伤官，喜见财官为贵也。

【今译】

生于春月，性情泛滥，行为淫荡。再遇到水的帮助，必定有堤防崩塌的趋势；只有再有土盛，才没有泛滥涨满的忧患。喜欢金的生扶，但不宜金盛；需要火来成就既济的功用，但不要火多。遇到木则可以发挥作用，但没有土仍然愁虑它的散漫。

[评注] 东南方低陷，是纳水的方位，但属于死水，而不属于活水。如果出现的水多，必定至于泛滥，以至成为忧患，必须以戊土为堤防，才不至于散漫。春天的水处于休囚的时候，喜欢金的生扶。木为当令的用神，金盛而伤木，减损它的秀气。遇到丙火，有当令的流木通它的气势，自然得到既济的局面。遇到木火多，水就会干涸。遇到木，为水木伤官格，如果无土，仍愁水势泛滥，所以水木伤官格，喜欢遇到财星官星，作为取贵的资本。

【原文】

夏月之水，执性归源。时当涸际，欲得比肩。喜金生而助体，忌火旺而熇干。木盛则盗其气，土旺则制其流。

[评注] 夏月干涸之时，又为水之绝地，得比肩扶助，更须金以生之，劫印并见，乃得生扶之美。火旺则涸，土旺则干，木旺则气势泄弱，皆非所宜也。

【今译】

夏月的水，连同它的性情归于本源。正当涸竭时令，希望得到比肩的比助。喜欢金的生扶而助长它的体势，忌火旺以至把水烘干。木盛就会盗泄它的秀气，土旺就会限制它的流动。

[评注] 夏月是干涸的时候，又为水的绝地，得到比肩扶助，更要有金生扶，劫财与印绶一并出现，才能得到理想的生扶。火旺就会涸竭，土旺就会烘干，木旺气势就会被泄弱，都不适宜。

【原文】

秋月之水，母旺子相，表里晶莹。得金助则清澄，逢土旺而混浊。火多而财盛，木重而子荣。重重见水，增其泛滥之忧；叠叠逢土，始得清平之意。

［评注］水生于秋，有旺金相生，清莹澄澈。喜戊土为制，忌己土混浊。宜木火为用，火多财盛，木多子荣。若水势泛滥，必须戊土堤防，姑得入于轨道。水宜流通，见己土不能止水，反而浊壬，故三秋壬水，忌用官星也。

【今译】

秋月的水，金母旺，水子相，表里晶莹。得到金的扶助则清明澄澈，遇到土旺则混浊。火多财就盛多，木重火就荣华。重重遇到水，会增长泛滥的忧虑；叠叠遇到土，才能得到清澈平和的意致。

［评注］水生于秋天，有旺金相生，清莹而澄澈。喜欢戊土的制伏，忌讳己土的混浊。适宜以木火为用神，火多就财盛，木多火就炎。如果水势泛滥，必须以戊土为堤防，才能进入轨道。水应当流通，出现己土，不但不能止水，反而混浊壬，所以秋三月的壬水，忌讳用官星。

【原文】

冬月之水，司令当权。遇火，则增暖除寒；见土，则形藏归化。金多，反曰无义；木盛，是谓有情；土太过，势成涸辙；水泛滥，喜土堤防。

［评注］冬令水旺之时，寒威日重，水结成冰，必须丙火增暖除寒，故冬月之水，不能缺丙火也。天地闭塞，万象收藏，水从地下行，入于正轨。水盛之时，毋劳金生，徒增寒冻，故曰“无义”。木气枯槁，虽多奚益？是谓“无情”。十月十一月，水势泛滥，喜土堤防；十二月土旺太过，沟渠之水，涸辙堪虞。

【今译】

冬月的水，掌令当权。遇到火，会增加暖气，解除寒冷；遇到土，则形体伏藏，归服驯化。金多，反而无义；木盛，这叫做无情；土旺太过，势必成为涸干的车辙；水势泛滥，喜欢土作堤防。

［评注］冬令是水旺的时候，严寒的威力日益加重，水凝结成冰，必须丙火来增加暖气，解除寒冷，所以冬月的水不能缺少丙火。这时天地之气闭塞不通，万物处于收藏的阶段，水从地下运行，而地入正轨。水盛的时候，不用金来生扶，那样只能白白地增加寒冷冰冻，故说

“无义”。木气枯槁，再多又有什么益处？这就是所说的“无情”。十月和十一月，水势泛滥，喜欢土作堤防；十二月土旺太过，沟渠中的水，有成为涸辙的忧患。

壬水喜用提要

月份	喜用神	说　明
正月	庚丙戊	【原文】无比劫者,不必用戊,专用庚金,以丙为佐。如比劫多,又宜制之,一戊出干,名“一将当关,群邪自伏”。 【今译】无比肩和劫财的,不必用戊土,专用庚金,而以丙火为辅佐。但如果比肩劫财多,又应该制伏,一个戊土出现在天干,叫做“一将当关,群贼自然降伏”。
二月	戊庚辛	【原文】三春壬水绝地,取庚辛发水之源。水多用戊。 【今译】春季三个月是壬水的绝地,用庚辛金发动水源。水多就用戊土。
三月	甲庚	【原文】甲疏季土,次取庚金发水源,金多须丙制之为妙。 【今译】先用甲木疏通土,其次用庚金发动水源。如果金多,以用丙火制伏为妙。
四月	壬辛庚癸	【原文】壬水弱极,取庚辛为源,壬癸比助。 【今译】壬水衰弱到极点,以庚辛金为水源,以壬癸水为协助。
五月	癸庚辛	【原文】取庚为源,取癸为佐。无庚用辛。 【今译】以庚金为水源,以癸水为辅佐。无庚就用辛。
六月	辛甲	【原文】以辛金发水源,甲木疏土。 【今译】用辛金发动水源,用甲木疏通土。

七月	戊丁	【原文】取丁火佐戊制庚。戊土通根辰戌，丁火通根午戌，方可为用。 【今译】用丁火辅佐戊土制伏庚金。戊土通根于辰戌，丁火通根于午戌，才可以为用神。
八月	甲庚	【原文】无甲，用金发水之源，名“独水犯庚辛，体全之义①”。 【注释】①独水犯庚辛，体全之义：壬日元生于酉月，辛金司权，印绶得令，金水相生。命中甲木戊土俱无时，需有庚辛为用神，这样功名富贵才会一齐到来，所以叫做“体全之象”。 【今译】没有甲木，用金发动水源，叫做“单独的水侵犯庚辛，体象俱全的意思”。
九月	甲丙	【原文】以甲制戌中戊土，丙火为佐。 【今译】以甲木制伏戌中的戊土，以丙火为辅佐。
十月	戊丙庚	【原文】若甲出制戊，须以庚金为救。 【今译】如果甲木出现，制伏戊土，要以庚金为救援。
十一月	戊丙	【原文】水旺宜戊，调侯宜丙，丙戊必须兼用。 【今译】水旺适宜用戊土，调和气候适宜用丙火，丙火和戊土必须兼用。
十二月	丙甲丁	【原文】上半月专用丙火，下半月用丙火，甲木为佐。 【今译】上半月专用丙火，下半月用丙火而以甲木为辅佐。

三春壬水

【原文】

正月壬水，汪洋之象，能并百川之流。然水性柔弱，宜用庚金之源，庶不至汪洋无度。有庚、丙、戊三者齐透，科甲功名；或庚戊藏支，丙坐寅支者，亦有恩诰；即一庚透，贡监有之。

［评注］正月壬水，外象泛滥，气值休囚。必须有庚，则源源不绝；有戊，则不至汪洋无度；有丙，则春江水暖。凡壬水不离丙，壬水得丙火，则晶莹澄澈。故庚、丙、戊三者齐透，科甲功名；寅宫藏有丙戊，得一庚透，即有功名也。

【今译】

正月的壬水，一片汪洋的气象，能合并百川的水流。但是水性柔弱，适宜以庚金为水源，才不至于汪洋无度。有庚金、丙金、戊土三者一齐透出，主科甲功名；或者庚金和戊土藏在地支中，丙火坐在寅支上，也有恩泽诰封；即使只有一个庚金透出，贡监也还是有的。

［评注］正月的壬水，外在形象泛滥，内在气息值于休囚。必须有庚金，才能源源不绝；有戊土，才不至于汪洋无度；有丙火，才能实现春江水暖。凡用壬水，不能离开丙火，壬水得到丙火，就会晶莹澄澈，所以庚金、丙火、戊土三者一齐透出，主科甲功名；寅宫藏有丙火戊土二支，再有一个庚金透出，就有功名。

【原文】

凡壬日无比肩羊刃者，不必用戊，专用庚金，以丙为佐。

［评注］戊土为水堤防，防其汪洋泛滥。如壬日无比劫，不必有戊制，专用庚金，丙火为佐可也。

【今译】

凡生在壬日而没有比肩和羊刃的，不必用戊土，专用庚金，而以丙火为辅佐。

［评注］戊土是水的堤防，防止水的汪洋泛滥。如果壬日无比肩劫财的，不必有戊土制水，专用庚金，而以丙火为辅佐就可以了。

【原文】

或见比劫，又有庚辛，此弱极复旺，又宜制伏。戊透，可云科甲；戊藏，则是秀才。然必丙透不合为妙。

［评注］上言无劫刃不必戊制，此言有劫刃，水势泛滥，必须戊制。又见庚辛，更增其势，见戊为贵。壬水不离丙火，有戊制水，更须

透丙，春江日暖，相映成辉。辛金合丙，则失其用，故以丙透不合为美。

【今译】

或者出现比肩劫财，又有庚辛金，这是弱极复旺，又宜于制伏。戊土透出，可以许科甲；戊土伏藏，则是秀才。但必须丙火透出而不与辛合，这样才妙。

[评注] 上文说无劫刃不必用戊土制伏，这里说有劫刃，水势泛滥，必须用戊土制伏。又出现庚辛金，而更增长它的势力，以遇到戊土为贵。壬水不离丙火，有戊土制水，更须透出丙火，这样才会春江日暖，相映成辉。如果辛金与丙火相合，就会失去作用，所以，以丙火透出而不合为好。

【原文】

或支见多戊，又有甲出干，名"一将当关，群邪自伏"，主光明磊落，名重百僚。

[评注] 上言水旺必须戊制，若四柱戊土太多，又嫌煞旺，土多水涸，须有甲制戊，则一将当关，群邪自伏矣。身强煞旺而有制，富贵之造也。

【今译】

或者地支出现多个戊土，又有甲木出现在天干中，称为"一将当关，群贼自然降伏"，主光明磊落，在百官中名高望重。

[评注] 上节说水旺必须戊土制伏，但如果四柱中戊土太多，又嫌七煞过旺，土多导致水涸，必须有甲木制伏戊土，这样才能一将当关，群贼自然降伏。身强煞旺而有制伏，是富贵的命造。

【原文】

或支成火局，惜不逢时，主名利皆虚，文章骇俗。

[评注] 支成火局，从财格也。惜生正月，为不逢时，虽文章骇俗，名利皆虚。

【今译】

或者地支会成火局，可惜生不逢时，主名利都虚幻，但是文章惊世骇俗。

［评注］地支会成火局，为从财格，可惜生在正月，属于不逢时令，虽然文章惊世骇俗，名利却都是虚幻的。

【原文】

用庚者，土妻金子；用丙者，木妻火子；用戊者，火妻土子。

［评注］正月壬水，不离庚、丙、戊为用。用庚金印者，官煞为妻，印为子；用丙火财者，食伤为妻，财为子；用戊土煞者，财为妻，官煞为子。坊本作“木妻火子”，似误。书云“身旺财为子，身衰印作儿”，此之谓也。

【今译】

用庚金的，土为妻室，金为子女；用丙火的，木为妻室，火为子女；用戊土的，火为妻室，土为子女。

［评注］正月的壬水，不离以庚金、丙火、戊土为用神。用庚金印绶的，以官煞为妻室，印绶为子女；用丙火偏财的，以食神伤官为妻室，财为子女；用戊土七煞的，以财为妻室，官煞为子女。坊本作“木妻火子”，似乎有误。书上说“身旺财为子，身衰印作儿”，说的就是这一点。

【原文】

己巳、丙寅、壬辰、庚子。惜戊不出干，富而不贵。

［评注］春水汪洋，惜戊土不透，为配合之缺点。以财生官为用，己土浊壬，富而不贵。

【今译】

己巳、丙寅、壬辰、庚子。可惜戊土没有出现在天干中，富而不贵。

［评注］命局春水汪洋，可惜戊土没有透出，这是配合上的缺点。以财生官为用神，而己土混浊了壬水，所以富而不贵。

【原文】

二月壬水，寒气初除，有并流之象。不用丙暖，专取戊土辛金。先戊后辛，庚金次之。

［评注］二月气转阳和，水性已暖，不用丙火（坊本作“寒气未除”，似误），专取戊土为堤防，辛金发水源，故先戊后辛取用。庚金与月垣卯木，地位间隔不合，亦可为用，故又次之。

【今译】

二月的壬水，寒气刚刚消除，有合并水流的气象。不用丙火来暖局，专取戊土和辛金。先用戊土，后用辛金，庚金再次。

［评注］二月的气候，转暖而温和，水性已经温暖，不用丙火（坊本作“寒气未除”，似乎有误），专取戊土作为堤防，辛金发动水源，所以先用戊土，后用辛金。庚金与月建卯木，位置上有间隔，不能相合，也可以为用神，所以再次。

【原文】

戊辛两透，雁塔题名；戊透辛藏，亦有恩诰。或戊辛不透，有庚出干者，主富。

［评注］辛金发水源，戊土为堤防，煞印相生，功名显达。庚透出干，不合卯木，壬水有源，取月令伤官为用，主富。

【今译】

戊土和辛金两者透出，主雁塔题名；戊土透出而辛金伏藏，也有恩泽诰封。或者戊土和辛金不透出，有庚金出现在天干中的，主富。

［评注］辛金发动水源，戊土作为堤防，七煞与印绶相生，主功名显达。庚金透出天干，不与卯木相合，壬水有源头，取月令伤官为用神，主富有。

【原文】

或支成木局，有庚透者，金榜题名；庚在水者，异途之仕。

［评注］支成木局透庚，即上文“有庚出干”之意。伤官会局，壬

水日元佩印，水木清华，故主金榜题名；庚印藏支，异途之仕；逢运引出，亦可富贵。

【今译】

或者地支会成木局，有庚金透出的，金榜题名；庚金在水的，异途的仕官。

［评注］地支会成木局而透庚金，即上文“有庚金出现在天干”的意思。伤官会成局，壬水日元佩印绶，水清而木华，所以金榜题名；庚金印绶藏在地支中，主异途的仕人；遇到行运引出，也可以富贵。

【原文】

或木出火多，名“木盛火炎”，须比肩羊刃，尤宜水透，富贵恩荣；乏水者则否。

［评注］比肩羊刃，即是水透，特重复言之者，重在比刃扶助身旺，方能取贵；否则，一商贾命耳。

【今译】

或者木出现而火多，称为“木盛火炎”，须有比肩和羊刃，尤其宜于水透出天干，主富贵恩荣。缺水则不是这样。

［评注］比肩和羊刃，就是水透出，特意重复，是因为重在比肩羊刃扶助身旺，这样才能取贵；否则，一个商贾的命造罢了。

【原文】

或比肩重重，又须戊土。书曰：“土正流水福寿全。”若戊不见，名“水泛木浮”，一生辛苦；再行水运，落水身亡。

［评注］承上文。比刃太旺，又须戊土为制，与十一月甲乙之理相同，主一世辛苦，死无棺木。可参阅之。

【今译】

或者比肩重重，又必须戊土制伏。书上说：“土规范了流水，主福寿双全。”如果戊土不出现，称为“水泛木浮”，主一生辛苦；再行水运，必定落水身亡。

［评注］这是承上文而说。比肩和羊刃太旺，又须以戊土为制伏，与十一月甲乙木的道理相同，主一世辛苦，死后没有棺木。可以参阅。

【原文】

或甲乙重重无比肩者，此依人度日，全无作为；若见庚辛，饥寒可免。

［评注］甲乙重重无比肩者，壬水泄气太重，故主毫无作为；见庚辛生水制木，可免饥寒。

【今译】

或者甲乙重重而没有比肩，这主依靠别人度日月，自己全无作为；只要遇到一个庚辛金，饥寒就可以免除。

［评注］甲乙重重而无比肩，是壬水泄气太重的缘故，所以主毫无作为；有庚辛金生扶水而制伏木的，可以免受饥寒之苦。

【原文】

三月壬水，戊土司权，恐有堆山塞海之患。先用甲疏季土，次取庚金。

［评注］三月壬水，月令水库，戊土乘旺，水停蓄不流。先用甲疏，次取庚金，通壬水之源，特庚甲不可并透相碍。甲木疏土，食神制煞也；庚金制甲，偏印夺食，反为害矣。故庚甲须相隔，配置合宜，各得其用为美。

【今译】

三月的壬水，戊土当权，恐怕有堆积成山、填塞大海的忧患。先用甲木疏通辰土，其次取用庚金。

［评注］三月的壬水，月令为水库，戊土乘旺，使水停留蓄积而不流动。先用甲木疏通戊土，再取庚金沟通壬水的泉源，只是庚和甲不可一并透出，以至相妨碍。甲木疏通土，是用食神制伏七煞；庚金制伏甲木，是用偏印倾夺食神，则反而为害了。所以庚金和甲木必须相隔，以配置适宜，各得其用为妙。

【原文】

甲庚俱透，科甲定然；甲透庚藏，修齐品格[1]；甲藏有根，可云俊秀；有癸滋甲，必主干城[2]。独甲藏支，必富；独庚在柱，常人；无甲，刚暴之徒；乏庚，愚顽之辈。

［评注］此言甲庚二者，相济为用，不可缺一。有癸滋甲者，言癸水须滋甲，不可合于戊。用甲所以制戊，如癸与戊合，则失滋甲之用。三月戊土司令，甲木疏土，使壬水得以流通，故甲木不可少也。无甲，则七煞无制，其人必缺乏理智，少自制之力；无庚，则壬水无源，过于泄气，反成愚顽。

【注释】

①修齐品格：适于修身齐家的品格。修齐，指修身齐家。齐家即治家。

②干城：盾牌和城墙，比喻捍卫国家的将士。

【今译】

甲木和庚金都透出，科甲一定成名；甲木透出而庚金伏藏，具有修身齐家的品格；甲木伏藏有根，可以成为读书人中的皎皎者；有癸水滋扶甲木，必然身就武职。只有一个甲木藏在地支中，必定富有；只有一个庚金出现在四柱上，常人；没有甲木，是刚暴之徒；缺少庚金，为愚顽之辈。

［评注］这是说甲木和庚金两者相济为用，不可缺少任何一个。有癸水滋扶甲木，是说癸水须滋甲木，不可与戊土相合。用甲木是为了制伏戊土，如果癸与戊相合，就失去了滋扶甲木的作用。三月戊土当令，甲木疏土，使壬水得以流通，所以甲木不可缺少。无甲木，七煞就没有制伏，这人必定缺乏理智，缺少自制能力；无庚金，壬水就无源，加上过于泄气，反而成为愚蠢而冥顽不灵的人。

【原文】

或时干透丁者，此为化合。助火而不助水，见丁未一理。

［评注］三月木之余气犹旺，丁火透干，合壬化木。但木火相生，为化木从火，虽时逢丁未亦然。化气以生我化神为用，若从火，当作从

财论，为假化真从①也。

【注释】

①假化真从：假化格，真从格。

【今译】

或者时干透出丁火，这是化合。助火而不助水，可见丁和未是一个道理。

［评注］三月木的余气还旺，丁火透出天干，合壬化木。但木火相生，属于化木从火，即使时柱遇到丁未也不例外。化气格以生我化神的天干为用神，如果从火，应当作从财格推论，属于假化格，真从格。

【原文】

或支成四库，乏甲者，名煞重身轻，终身有损。

［评注］壬水以流通为贵，支成四库，重重阻碍，乏甲木疏土，岂能无害？

【今译】

或者地支遇到金木水火四库，缺少甲木的，称为“煞重身轻”，主终身有损害。

［评注］壬水以流通为贵，地支遇到四库，重重阻碍，又没有甲木疏通土，怎么能无害？

【原文】

凡水旺多见庚金者，乃无用之人，须丙制之方妙。

［评注］春水休囚，必以庚金发其源。若水旺而多见庚金，金沉水寒，须丙制庚，更宜戊土制水方妙。

【今译】

凡水旺而多出现庚金的，都是无用的人，要有丙火制伏金才妙。

［评注］春天的水休囚，必须以庚金发动水源。如果水旺而多遇到庚金，就会金沉水寒，必须用丙火制伏庚金，更应该用戊土制伏水，这

样才妙。

【原文】

壬申、甲辰、壬辰、甲辰。食神制煞格，提督。

［评注］此造支聚辰库，申宫庚金，发水之源。用甲木疏土，水势流通；运行南方，春江水暖；顺行向西，宜其贵为干城之选。

【今译】

壬申、甲辰、壬辰、甲辰。属于食神制煞格，官为提督。

［评注］这一命造地支聚为辰库，申宫庚金发动水源。用甲木疏土，使水势流通；运行南方，春江水暖；顺行到西方，理应贵为负责保卫城池的人物。

三夏壬水

【原文】

四月壬水，丙火司权，水弱极矣。专取壬水比肩为助，次取辛金发源，且暗合丙火，庚金为佐。

［评注］春夏壬癸，气值休囚。然春水宜用庚金，夏水宜用比助。三春木旺，泄气太重，用印制食以扶身；三夏火盛，财旺身弱，用比劫分财以帮身，司令之神不同也。次取辛金发源者，三夏火旺水涸，辛暗合丙，化克为助也。庚金专为发水之源，有壬水为用，取庚为佐。

【今译】

四的月壬水，丙火掌权，水弱极了。专取壬水比肩为辅助，其次取辛金发动水源，并且暗合丙火，而以庚金为辅佐。

［评注］春夏二季的壬癸水，气值休囚。春水适宜用庚金生扶，夏水适宜用比肩帮助。春季三个月木旺，泄气太重，用印绶制伏食神而扶身；夏三月火势旺盛，财旺身弱，用比肩劫财分财而帮身，这是执掌时令的干神不同的缘故。其次取辛金发动源，是由于夏三月火旺而水弱，辛金暗合丙火，化克制为比助的缘故。庚金专门用来发水源，以壬水为用神，以庚金为辅佐。

【原文】

壬辛两透，金榜有名；或癸辛两出，加以甲透，亦主异路之荣；无甲者，富贵门下之客。

［评注］壬辛两透，为四月壬水最适宜之用，富贵两全。癸辛两出，辛能合丙，亦防巳宫戊土合癸，故必须甲透，制住戊土，方有异路之荣。无甲者，财旺而见煞，为夫健怕妻，富贵非自己所有，故云“门下之客”。官阶出身，随时代变更，须会其意。

【今译】

壬水和辛金两者透出，金榜有名；或者癸水和辛金两者出现，加上甲木透出，亦主异路荣华；无甲木的，富贵人家门下的客人。

［评注］壬水和辛金两者透出，是四月壬水最适宜的用神，主富贵两全。癸水和辛金两者出现，辛能合丙，也要防止巳宫的戊土与癸水相合，所以必须有甲木透出，制住戊土，才有异路的荣华。无甲木的，财旺而遇到七煞，主丈夫强健却怕妻，富贵不是自己所有，故说“门下的客人”。官阶和出身，随着时代变更，要领会其中的意思。

【原文】

如无壬，木少火多者，又作弃命从财格，因妻致富；癸透者，残疾。

［评注］无壬水比助，四柱木少火多者，作弃命从财论；如木多火多，亦从木火旺势，作从强论。癸透破格，烈火燥土，滴水熬干，故云残疾。总之，偏枯贫困之命也。

【今译】

如果无壬水而木少火多，又作弃命从财格看，主因妻室而致富；癸水出透出，主残疾。

［评注］无壬水比助，四柱中木少火多的，作为弃命从财格推论；如果木多火多，也从木和火的旺势，作从强的格局看。癸水透出为破格，烈火燥土会把点滴的水熬干，所以说残疾。总之，偏枯的格局，主贫困的命。

【原文】

或四柱多金得地，则弱极复强。须用巳中戊土，亦主名利双全，或异途之贵。若见一甲藏寅，与巳相刑，主有暗疾，名利皆虚，不能创立。

［评注］巳宫庚金长生，见酉丑会局，为金多得地。文中似有漏句。用巳中戊土，必因比劫出干，水势泛滥，故云“弱极复强”也。财滋弱煞为用，异途之贵。煞轻不宜有制，与官星不可伤相同。一甲藏寅，寅巳相刑，制住戊土，偏官受损，名利皆虚矣。

【今译】

或者四柱中金多而得地，壬水就会弱极而复强。须用巳中的戊土，也主名利双全，或者异途的贵人。如果遇到一个甲木藏在寅支中，与巳相刑，主有暗病，名利都虚幻不实，不能创新和建树。

［评注］巳宫的庚金长生，见酉丑会成金局，为金多得地。文中似乎有漏掉的句子。用巳中的戊土，一定是因为比肩劫财出现在天干，导致水势泛滥，故说“弱极复强”。以财滋扶衰弱的七煞为用神，主异途的贵显。七煞轻微，不宜有制伏，与官星不可伤害的道理相同。一个甲木藏在寅支，寅巳相刑，制住戊土，偏官受到损害，名利就都虚幻了。

【原文】

或多甲乙，有庚出干者贵，无庚者否。

［评注］四月壬水，气值休囚，又多甲乙，泄弱太甚，有庚制木扶身则贵。

【今译】

或者多甲乙木，有庚金出现在天干的，贵显；无庚则不是这样。

［评注］四月的壬水，气值休囚，又多甲乙木，衰弱而耗泄太过。有庚金制伏木而扶身，就会贵显。

【原文】

或支成水局，大贵。

［评注］支成水局，壬水得地，月垣财煞秉令，真神得用，必然

大贵。

【今译】

或者地支会成水局，大贵。

[评注] 地支会成水局，壬水得地，月建财星和七煞当令，真神得到运用，必然大贵。

【原文】

壬寅、乙巳、壬午、乙巳。三刑合局，制军。

[评注] 从财格，三刑得气，威镇边疆。

【今译】

壬寅、乙巳、壬午、乙巳。寅巳申三刑合局，官为制军。

[评注] 这是从财格，寅巳申三刑得气，威镇边疆。

【原文】

壬午、乙巳、壬申、乙巳。财旺生官，尚书。

[评注] 壬水坐长生之地，又有庚金相生，用巳宫戊土，煞旺有制。格取财官，运宜金水扶身之地。

【今译】

壬午、乙巳、壬申、乙巳。财旺生官，官为尚书。

[评注] 壬水坐申宫长生之地，又有庚金相生，用巳宫中的戊土，七煞旺而有伏制。格局取为财官，行运适宜金水扶身的方位。

【原文】

丙辰、癸巳、壬辰、壬寅。土木交锋，孤贫一世。

[评注] 壬水通根身库，干有比劫相助，财滋弱煞为用；而寅中有甲木制煞，寅巳相刑，用神受损。故云“土木交锋，孤贫一世”也。

【今译】

丙辰、癸巳、壬辰、壬寅。土和木相交锋，主孤独贫寒一生。

［评注］壬水通根身库，天干有比肩劫财相助，以偏财滋扶衰弱的七煞为用神；而寅中有甲木制伏七煞，寅巳相刑，用神受到损伤。故说“土木相交锋，孤独贫寒一生”。

【原文】

五月壬水，丁旺壬弱，取癸为用，取庚为佐。无庚不能发水，无癸不能伤丁。五月壬水，辛癸亦可参用，其理与四月皆同。

［评注］四月壬水，用在壬辛；五月壬水，用在癸庚者，因巳宫丙戊秉令，以辛金暗合丙火，化克为助，壬不合戊，相制为用。午宫丁己用事，壬见丁则合伤用神，故取癸水为用神；辛见丁火，被制受损，故取庚金发水源。月令财星当旺，取癸水劫财帮身。庚辛壬癸一理，只要地位适宜，不被合制，皆可参用。

【今译】

五月的壬水，丁火旺而壬水弱，取癸水为用神，取庚金为辅佐。无庚金就不能发动水源，无癸水就不能伤害丁火。五月的壬水，辛金和癸水也可以作为使用的参考，其道理与四月完全相同。

［评注］四月的壬水，用神在壬水和辛金；而五月的壬水，用神在癸水和庚金，这是因为巳宫的丙火和戊土当令，以辛金暗合丙火，化克制为扶助，而壬水不合戊土，相制为用。午宫的丁和己主事，壬见丁就会合伤用神，所以取癸水为用神；辛金遇到丁火，被制伏而受损害，所以取庚金发动水源。月令财星当旺，取癸水劫财帮身。庚辛壬癸是一个道理，只要位置适宜，不被合被制，都可以参考使用。

【原文】

庚癸两透，科甲必然；庚壬两透，官居极品；有庚无壬癸者，常人。

［评注］五月壬水，有庚辛生之，更须壬癸比劫为助；否则，火旺金熔，不能生水也。故印比并见，极品之贵；有庚无壬癸，平常之人。财星当旺之时，无比劫分财，印不能自存也。

【今译】

庚金和癸水两者透出，必然科甲成名；庚金和壬水两者透出，官职达到极品；有庚金无壬癸水的，常人。

［评注］五月的壬水，有庚辛金生扶，更要有壬水比肩、癸水劫财为协助；否则，火旺金就会熔化，而不能生水。所以印绶和比肩一并出现，主极品的贵人；有庚金而无壬癸，平常人。财星当旺的时候，无比肩和劫财分财，印绶就不能自己存在。

【原文】

或支成火局，全无金水，名财多身弱，富屋贫人；若又甲乙多者，僧道之命。

［评注］此与四月弃命从财节，文义错综互见，须参阅之。如支成火局，而又不能从财者，必为财多身弱，阳干略见印劫微根，如辰丑等支，即不能从也。若见甲乙多，壬水之气泄于木，月垣丁火秉令，木生火旺，又不能用土以泄火之气，偏枯之象。僧道之命者，言其贫苦鳏独，六亲无靠也。

【今译】

或者地支会成火局，全无金和水，称为“财多身弱，为富屋中的贫人”；如果又多有甲乙木，为僧人道士的命。

［评注］这一节与四月弃命从财一节，文义错综，彼此互见，需要参阅。如果地支会成火局而又不能从财，必定属于财多身弱，只要阳干略有印绶或劫财作微弱的根基，比如辰丑等地支，就不能从。倘若出现甲乙木多，壬水因木而泄气，月建丁火当令，木生火旺，又不能用土来泄火气，属于偏枯之象。僧道的命，是说这人贫苦，鳏居独宿，六亲都没有依靠。

【原文】

庚午、壬午、壬寅、辛亥。庚壬两透，财旺生官，尚书。

［评注］用午中丁己财官也。

【今译】

庚午、壬午、壬寅、辛亥。庚金和壬水两者透出，财旺生官，官为尚书。

[评注] 用午中的丁火正财和己土正官。

【原文】

丁酉、丙午、壬寅、甲辰。太守。

[评注] 壬水通根辰库，酉中辛金生之，故可用财官也。

【今译】

丁酉、丙午、壬寅、甲辰。太守。

[评注] 壬水通根于辰库，酉中的辛金生扶它，所以可以用财和官。

【原文】

六月壬水，己土当权，丁火退气。先用辛金癸水，次用甲木疏土。六月壬水，先辛后甲，次取癸水。

[评注] 六月壬水，与五月略同。用辛癸而不言庚壬者，防丁壬相合故也。辛金发水之源，癸水为助，然六月己土当权，阻滞壬水之流通，故先用甲木疏土；无癸滋润，甲木之用不显，故次取癸水。

【今译】

六月的壬水，己土当权，丁火退气。先用辛金和癸水，其次用甲木疏通土。六月的壬水，先用辛金，后用甲木，再次取用癸水。

[评注] 六月的壬水，与五月大略相同。用辛金和癸水而不谈庚金和壬水，是防止丁壬相合的缘故。辛金发动水源，以癸水为辅助。但六月己土当权，阻滞壬水的流通，所以先用甲木疏通土；无癸水的滋润，甲木的作用就不显著，所以再次取用癸水。

【原文】

辛甲两透，富贵清高；甲藏辛透，贡监生员；辛藏甲透，异途武职；甲壬两透，无伤，有治国之贵。即甲藏壬出无破，是拾芥之才；或支多土火，又只清贫。

［评注］己土当权，混浊壬水，故甲木为必不可缺之救应。六月水值休囚，有甲木制土，用辛用壬，同一取贵。特辛甲两透，癸水为助，富贵清高；甲壬两透，而无丁火合伤壬水，治国良臣，但须支有金水为助；或支多火土，壬申无根，又只清贫。

【今译】

辛金和甲木两者透出，富贵清高；甲木伏藏而辛透出，贡生或监生；辛金伏藏而甲木透出，异途出身，担任武职；甲木和壬水两者透出而不受伤害，有治国者的贵显。即使甲木伏藏壬水出，无克破，也是官场人物；或者地支多土和火，又只是清贫。

［评注］己土当权而混浊壬水，所以甲木是必不可少的救应。六月水值休囚，有甲木制伏土，用辛金或用壬水，同样可以取贵。只是辛金和甲木两者透出，以癸水为辅助的，富贵清高；甲木和壬水两者透出，而无丁火合坏壬水的，是治国的良臣，但必须地支中有金水为辅助。或者地支多火多土，壬水和申没有根基，又只是清贫。

【原文】

或一派己土，此假从煞格，为人奸诈，且主孤贫；得甲乙出制，可救。凡土居生旺之地，须用木制方妙。

［评注］壬水须见戊土，方为真从。阳干从阴，一定之理也。一派己土，壬水无根，又无印相生，不得不从，乃假从也。且未为木库，逆土之气，虽从煞成格，反主奸诈孤贫。甲乙出制，不作从论。凡土居生旺之地，必须木制；但壬水太弱，总须柱见印劫，运行金水，方能言富贵也。

【今译】

或者一派己土，这是假从煞格，主为人奸诈，并且主孤独贫寒；得到甲乙出来制伏，可以挽救。凡土居生旺之地，用木来制伏才妙。

［评注］壬水须遇到戊土，才是真正的从格。阳干从阴干，是一定的道理。一派己土，壬水无根基，又无印绶相生，不得不从，但属于假从。况且未为木库，违逆土的旺势，即使成了从煞格，也反而主奸诈和

孤贫。甲乙出来制伏，不作从格看。凡土居生旺之地，必须木来制伏；但壬水太弱，总要四柱出现印绶和劫财，行金水运，才谈得到富贵。

【原文】

或支成木局，泄水太过，当用金水为贵；以金为妻，水为子。

［评注］此承上文而言。土居生旺之地，木为救应之神，亦不可太过。原局戊己太旺，阻水浊水，取木制之；若支成木局，泄水太过，仍当以金水为用也。六月壬水，不离辛癸，癸水为用，故金妻水子。

【今译】

或者地支会成木局，泄水太过分，应当以用金水为贵。这样，以金为妻室，以水为子女。

［评注］这是承上文而言。土居生旺之地，以木为救应的用神，但不可过多。原命局戊己土太旺，阻碍水或混浊水，所以取木制伏它；倘若地支会成木局，泄水太多，仍然应当以金水为用神。六月的壬水，不离辛金和癸水。癸水为用神，所以金为妻室，水为子女。

三秋壬水

【原文】

七月壬水，庚金司令，壬得申之长生，源流自远，转弱为强。专用戊土，次取丁火佐戊制庚。但用辰戌之戊，不用申中受病之戊。戊丁俱透，科甲生员；戊透天干，丁藏午戌，恩封可待，特忌戊癸化合。即支见寅戌，年出丁火，可许衣衿；或丁戊两藏，富中取贵。

［评注］七月申宫，壬水长生，庚金禄旺，故申为壬水发源之地；一泻千里，非取戊土堤防不可。戊土虽寄生于寅申两宫，而寅中戊土可用，申中戊土不可用。随水漂荡之土，岂能为堤防之用乎？辰戌之戊，乃当旺之土，高亢厚重，自可纳水于正轨也。故戊丁俱透，更看四柱配合，上则科甲之荣，次亦衣矜之秀。戊透，丁藏午戌，定膺恩封；戊与癸合，则失堤防之用矣，即使支见寅戌，年出丁火，亦不过为庠序中人。丁戊不透干而藏支，须行运引出戊土，富中取贵。

【今译】

七月的壬水，庚金当令，壬水得到申宫的长生，源流自然遥远，所以转弱为强。专用戊土，其次取丁火辅佐戊土来制伏庚金。但用辰戌中的戊，不用申中受病的戊。戊土丁火都透出，科甲秀才；戊土透出天干，丁火伏藏在午和戌，恩封可以期待，只是忌戊与癸化合。即使地支出现寅戌，年干出现丁火，也可以许作秀才；或者丁火和戊土两者都伏藏，主从富中取贵。

[评注] 七月正值申宫，壬水长生，庚金禄旺，所以是壬水发源之地，从此一泻千里，非取戊土作堤防不可。戊土虽然寄生在寅申两宫，但寅中的戊土可用，申中的戊土则不可用。随水漂荡的土，怎么能作堤防呢？辰戌中的戊是当旺的土，高亢而厚重，自然可使水归于正轨。所以戊土和丁火都透出，还要看四柱的配合，成上等格局会有科甲的尊荣，次一等有秀才的身份。戊土透出，丁火伏藏在地支午和戌，一定会受到恩封；如果戊与癸合，就失堤防的作用了，所以即使地支出现寅和戌，年干出现丁火，也不过是乡校中的读书人。丁火戊土不透出天干，而是伏藏在地支，须有行运引出戊土，才能富中取贵。

【原文】

或四柱多壬，戊又透干，名“假煞化权，阆苑之仙”，支中见甲，亦不忌也；但太多者，常人。有庚居申，颇有衣禄。

[评注] 此言身强煞弱也。喜财（丁火）滋弱煞，则假煞为权。支中见甲，不能制干头之戊土，故不忌也；但甲木不宜过多。所幸生于申月，申中自有庚金。甲木多，有庚金制之，虽为常人，亦颇有衣禄也。

【今译】

或者四柱中多壬水，戊土又透出天干，称为“假煞化权，为官场和文苑中的高人”，地支中有甲木也不忌讳；但甲木太多的，为常人。有庚金在申宫，颇有衣食。

[评注] 这是说日元强而七煞弱，喜欢正财（丁火）滋扶衰弱的七煞，借七煞为权柄。地支中有甲木，不能制伏干头的戊土，所以不忌；但甲木不宜过多。幸运的是生于申月，申中自有庚金。甲木多，有庚金制伏它，虽然是常人，但也颇有衣食。

【原文】

或戊多而透，得一甲制，略贵；无甲，常人。或一派甲木，又见火多，无庚出者，别祖离乡，随缘度日。盖申中之庚，不能救也。

［评注］上文言身强煞弱，须财滋煞；此言煞强，须得甲木食神制之也。无制必为常人。一派甲木，又见火多，泄气太重，必须用印。仅申中庚金，不足以救，他乡之客。木火气杂，贸易之流。

【今译】

或者戊土多而透出，得到一个甲木制伏，略为贵显；无甲木，为常人。或者一派甲木又遇到火多，无庚金出现的，告别祖宗，远离家乡，随缘分度日，因为申中的庚金无法救应。

［评注］上文说身强煞弱，须有财来滋扶七煞；这是说七煞强，要得到甲木食神的制伏。无制伏，一定是常人。一派甲木，又遇到火多，泄气太过，必须用印绶生扶。只凭申中的庚金不足以救援，所以为奔走他乡的客人。木火气象混杂，主商贾贸易之流。

【原文】

七月壬水，专用戊土，丁火为佐。

［评注］总结上文。申宫壬水长生，又有庚金生之，源远流长，故当取戊土、丁火暖局，随宜为佐。

【今译】

七月的壬水，专用戊土，以丁火为辅佐。

［评注］总结上文。申宫壬水长生，又有庚金生扶，源远流长，所以应当取戊土、丁火温暖命局，随所适宜取辅佐。

【原文】

戊寅、庚申、壬辰、壬寅。此用戊丙，按院。

［评注］财滋弱煞格。取年上戊寅，财藏煞透，引归时上长生，宜其贵也。

【今译】

戊寅、庚申、壬辰、壬寅。这是用戊土和丙火，官为按院。

［评注］属于财滋弱煞格。取年上的戊寅，丙火偏财伏藏，戊土七煞透出，引归到时支得长生，理应贵显。

【原文】

丁亥、戊申、壬辰、丙午。此身旺任财，丁戊俱透，尚书。

［评注］身旺任财而透戊，与上造财滋弱煞略同。

【今译】

丁亥、戊申、壬辰、丙午。这一命造身旺任财，丁火和戊土都透出，官为尚书。

［评注］身旺任财而透出戊土，与上一命造的财滋弱煞大略相同。

【原文】

癸酉、庚申、壬辰、辛亥。此用辰中戊土，依人而富。

［评注］此造金水成，《滴天髓》所谓“二人同心”是也；但金清水冷，幸运行南方阳暖之地，故富而不贵也。

【今译】

癸酉、庚申、壬辰、辛亥。这是用辰中的戊土，主依靠别人而致富。

［评注］这一命造以金水成局，即《滴天髓》所说的“二人同心”；但金清水冷，幸而行南方阳暖之地火的运，所以只富不贵。

【原文】

八月壬水，辛金司权，正金白水清。忌戊土为病，专用甲木。甲木一透制戊，壬水彻底澄清，名高翰苑；若甲出时干，功名显达；设见庚破，又属常人；即甲藏支无庚，秀才可许。

［评注］八月壬水，辛金正印秉令，故云“金白水清”。忌戊土克制，专喜甲木食神为用，制戊泄壬，则壬水澄清。尤以甲木透于时干为美。戊土在年，辛金在月，壬水在日，甲木在时，顺序相生，不相克

碍，则不但功名显达，并且福泽攸长。用神在甲木，不可见庚金，为枭印夺食也。

【今译】

八月的壬水，辛金当权，正是金白水清的时候。忌戊土为病，专用甲木。甲木一透出，制伏戊土，壬水被彻底澄清，所以名誉在翰林中很高；倘若甲木出现在时干，主功名显达；如果出现庚金破格，又属于常人；即使甲木藏在地支而无庚金，也可以许作秀才。

[评注] 八月的壬水，辛金正印当令，故说“金白水清”。忌戊土的克制，专门喜欢以甲木食神为用神，制伏戊土，消泄壬水，使壬水澄清。甲木透出时干尤其理想。戊土在年干，辛金在月干，壬水在日干，甲木在时干，顺序相生，不相克相碍，不但功名显达，也主福泽攸长。用神为甲木，不可遇到庚金，那样偏印就会克去食神了。

【原文】

或天干有壬，支见申亥，此非用甲。戊土作用，亥虽有甲，又有申中之金制甲，秀才一定，且富足多财。

[评注] 干见比劫，支见申亥，水势奔放。水旺木浮，休囚之甲木，不能纳水，亥中之甲，又为申宫庚金所制，故不能用甲也。必用戊土，更宜财以生之，为财滋弱煞格。

【今译】

或者天干中有壬水，地支出现申和亥，这种情形不能用甲木。戊土作用神，亥中虽然有甲木，但又有申中的金制伏甲木，秀才一定得到，并且富足而多钱财。

[评注] 天干出现比肩劫财，地支出现申亥，水势奔放。水旺木就会漂浮，而休囚的甲木不能纳水，亥中的甲又为申宫的庚金所制伏，所以不能用甲木。必须用戊土，并应当用财以生它，为财滋弱煞的格局。

【原文】

或无戊，多金水者，主人清才浊，困苦寒儒。

[评注] 水冷金寒，无财官，难望显达；金水气清而秀，故有才而

不发也。

【今译】

或者无戊土而多金水，主人清财浊，为困苦的寒儒。

［评注］水冷金寒，没有财官，难以期望显达；金水气清主秀气，所以有才能而不能发达。

【原文】

无甲用金，发水之源，名“独水犯庚辛”，号曰“体全之象”。

［评注］水少金多，无甲无戊，专用金发水之源，名“独水犯庚辛，号曰‘体全之象’”，另成一种格局。如孔祥熙①命造，庚辰、乙酉、癸卯、庚申是也。

【注释】

①孔祥熙（1880～1967）：字庸之，山西太谷人。1880年（清光绪六年）9月11日生。祖辈开设钱庄票号，山西首富。1901年去美国耶鲁大学读书，获经济学硕士学位。辛亥革命时任山西省督阎锡山的经济顾问。1926年在广州任广东革命政府财政厅厅长，后任武汉国民政府实业部部长。旋赴南京，支持蒋介石，任南京国民政府委员，实业部长，财政部长，中央银行总裁，行政院长，中国银行总裁等职。任职期间，与蒋介石、宋子文、陈果夫和陈立夫，利用政治特权，操纵军费，增加赋税，包办公债，独占利润，充当买办获取佣金，建立银行垄断金融，霸占市场，掌握全国经济命脉，被称为“四大家族”，是中国官僚资产阶级的典型代表。1947年旅居美国旧金山。1967年8月16病逝于美国纽约。

【今译】

无甲而用金发动水源，称为“独水犯庚辛，体全之象”。

［评注］水少金多，无甲木无土戊，专用金来发动水源，称为“独水犯庚辛，体全之象”，另成一种格局。例如孔祥熙的命造，庚辰、乙酉、癸卯、庚申就是。

【原文】

八月壬水，专用甲木，庚金次之。用甲者，水妻木子。

［评注］八月壬水，以用甲木为上格，次用庚金。成格为美，不成格则金水寒冷，富贵不足。用戊者，木得已而用之，平常格局也；用甲者，以食伤为子星，比劫为妻星。

【今译】

八月的壬水，专用甲木，庚金为其次。用甲木的，水为妻室，木为子女。

［评注］八月的壬水，以用甲木为上等格局，其次用庚金。以成格为好，不成格就会金水寒冷，而富贵不足。用戊土的，不得已才用，是平常的格局；用甲木的，以食神伤官为子女，以比肩劫财为妻室。

【原文】

辛酉、丁酉、壬辰、壬寅。“龙虎拱天门”，又曰“壬趋艮格①”。探花。

［评注］辰龙寅虎拱卯，两酉暗冲卯宫。卯为日月出入之门，故曰“天门”。《兰台妙选》②：“酉生人对冲为卯，则卯为之门。不见卯而见寅辰，为‘龙虎拱门’。”论生克，以寅中甲木丙火为用，食神生财格也。

【注释】

①壬趋艮格：又叫“六壬趋艮”，又作“龙虎拱天门”。指六壬日遇甲寅时，合出亥中壬禄，即暗禄格，经上说的明禄不如暗禄就是。忌“亥”字填实，怕冲刑克破。壬寅、壬辰二日为正，所谓龙虎即寅辰。“趋艮”也是指寅而言，因为寅在艮卦的方位。见“寅”字多的，大富，因为寅中甲木食神生丙火长生之财，而财旺生官，所以命运好。忌官煞损身，申庚伤甲，不能生财为凶。

②《兰台妙选》：三卷，作者西窗老人，是目前唯一保存较为完整的明朝禄命应用纳音的一篇赋文，不愧为元明时期命理学的是代表性之作品；但舍五行正理不用，常为后世所诟病。有《星平会海》、《古今图书集成》本传世。

【今译】

辛酉、丁酉、壬辰、壬寅。这是“龙虎拱天门”的格局，又叫“壬趋艮格”。高中为探花。

［评注］辰龙和寅虎拱扶卯木，两个酉金暗冲卯宫。卯是日月出入的门户，所以称为“天门”。《兰台妙选》说：“酉日生人，对冲的是卯，即卯为它的门户。没有出现卯而出现了寅和辰，为‘龙虎拱门’。”从生克而论，以寅中的甲木和丙火为用神，属于食神生财格。

【原文】

壬子、己酉、壬子、庚戌。印旺身强，富大贵小。

［评注］印旺身强，己土官星为用。但己土能浊水而不能止水，难以取贵；时上财星归库，其为富格可知矣。

【今译】

壬子、己酉、壬子、庚戌。印绶旺而身强，富大而贵小。

［评注］印绶旺而日元强，以己土官星为用神。但己土能使水混浊而不能使水蓄止，难以取贵；时柱上财星归入戌库，它作为富格就可以知道了。

【原文】

丙子、丁酉、壬子、己酉。身旺无依，一生贫苦。

［评注］财官无根，不足以止水；水旺无木，无以泄水之气。不仅贫苦，后嗣亦艰。

【今译】

丙子、丁酉、壬子、己酉。身旺而没有归依，一生贫苦。

［评注］财与官都无根，不足以规范水；水旺而无木，无法泄水的量气。不仅贫苦，后代也难得。

【原文】

庚午、乙酉、壬子、甲辰。庚甲两透，词林。

［评注］乙庚合化，年月印旺，专用时干甲木。更喜甲木临辰，水木有情。

【今译】

庚午、乙酉、壬子、甲辰。庚金和甲木两者透出，身为翰林。

［评注］乙与庚合化，年月印绶生旺，专用时干的甲木。更喜欢甲木临辰宫，为水木有情。

【原文】

九月壬水进气，其性将厚。若一派壬水，见一甲制戌中之戊，戊又出干，斯用丙火，此格清贵极矣，正合“一将当关，群邪自伏”。或不见丙戊，亦不为妙。

［评注］九月戊土秉令，壬水自有堤防，又值冠带之地，壬水向旺，故必以木火为用也。若壬水身旺，甲、丙、戊并透，戊土七煞为当令真神，有财生之，以甲木食神制煞为用，所谓“一将当关，群邪自伏”是也。然次序须煞前食后，财生煞，食神制之方妙；若食前煞后，而财居中，变为食生财、财党煞，则不美矣。或不见丙戊，专用甲木食神，亦寻常格局也。

【今译】

九月壬水进气，性质即将厚重。若一派壬水，见一个甲木制伏戌中的戊土，戊土又出现在天干，就用丙火，这样格就清贵极了，正合“一将当关，群贼自然降伏”的说法。或者不见丙火和戊土，也不算妙。

［评注］九月戊土秉令，壬水自然有堤防，又值冠带之地，壬水趋向当旺，所以必须以木火为用神。如果壬水身旺，甲木、丙火、戊土一并透出，戊土七煞成为当令的真神，有财生它，就要以甲木食神为用神制伏七煞，所谓“一将当关，群邪自伏”，说的就是这种情形。不过次序应当七煞在前，食神在后，财生七煞，食神制伏它才好；如果食神在前，七煞在后，而财在中间，就会变为食神生财、财与七煞结党，就不好了。或者不出现丙火和戊土，专用甲木食神，也是寻常的格局。

【原文】

或一派戊土，无一已庚杂乱，得一甲透时干，玉堂清贵；即甲透月上，亦主科甲；若支藏已土，一榜可图；或庚乏丁，贫贱之人。

［评注］一派戊土，纯煞为清。见已，则官煞混难；见庚，则戊土之气泄于印，非食神制煞格所宜也。甲透，不论时干月干，以煞前食后为美，必主科甲清贵。已土藏支，可以不论；壬水为将进之气，戊土为当旺之神，宜用食神以制之，不宜用印以化之。故有庚而无丁火制庚为救者，贫贱之人。

【今译】

或者一派戊土，无一个己土和庚金杂乱，得到一个甲木透时干，为翰林苑的清高贵人；即使甲木在月干上透出，也主科甲得名。倘若地支中藏有己土，一榜的功名可以图谋；或者有庚金而无丁火，为贫贱的人。

［评注］一派戊土，都是七煞，也属清纯。遇到己土，官煞就会混杂；遇到庚金，戊土之气就会泄于印绶，都不是食神制煞格所适宜的。甲木透出，不论在时干还是在月干，以七煞在前，食神在后为好，必主科甲中的清高贵人。己土藏在地支，可以不谈；壬水即将进气，戊土为当旺的干神，适宜用食神来制伏，不宜用印绶来化解。故有庚金而无丁火的制伏为救援的，是贫贱的人。

【原文】

或丁透见甲，略贵。

［评注］上文言不见丙戊，单用甲木，亦不为妙；此言透丁以财为用，宜见甲木，为食神生财，格可取贵。

【今译】

或者丁火透出而出现甲木，略为贵显。

［评注］上文说不见丙火戊土，单用甲木，也不算妙；这里说透出丁火，以财为用神，适宜遇到甲木，为食神生财格，可以取贵。

【原文】

或水多乏丙者，又用戊土，常人。

［评注］水多乏丙，不得已用月令戌宫戊土，财官藏库，平常之人也。

【今译】

或者水多缺丙火，又用戊土，为常人。

［评注］水多而缺丙火，不得已用月令戌宫中的戊土，财官藏在墓库中，是平常的人。

【原文】

九月壬水，专用甲木，次用丙火。用土者，火妻土子。

［评注］九月壬水，戊土为当令之神。言用甲木者，乃取食神制煞也，但与八月之用甲不同。八月用甲，为食神泄秀，而九月用甲，则为食神制煞，一则月令印绶，一则月令七煞也。壬不离丙，丙不离壬，水火以既济为美，故次用丙火。用土者，以煞为子，以财为妻星。

【今译】

九月的壬水，专用甲木，其次用丙火。用土的，以火为妻室，以土为子女。

［评注］九月的壬水，戊土为当令的干神。说用甲木，是取食神制伏七煞的缘故，但与八月用甲木不同。八月用甲木是以食神泄秀，而九月用甲木则是用食神制伏七煞，一个月令为印绶，一个月令为七煞。壬不离丙，丙不离壬，水火以既济为理想状态，所以其次用丙火。用土的，以七煞为子女，以财星为妻室。

【原文】

丙寅、戊戌、壬戌、辛丑。身旺官旺，又得丙透，参政。

［评注］财生煞旺，无甲，以辛金化煞为用。甲木藏寅，寅戌会局，不能取以制煞也。

【今译】

丙寅、戊戌、壬戌、辛丑。身旺官也旺，又有丙火透出，官为参政。

［评注］财生煞旺而无甲木，以辛金为用神化解七煞。甲木藏在寅宫，寅戌会局，不能取来制伏七煞。

【原文】

辛丑、戊戌、壬戌、甲辰。支成四库，一甲透时，太史。

［评注］支聚四库，透戊土七煞，以甲木制煞为用。

【今译】

辛丑、戊戌、壬戌、甲辰。地支会成四个墓库，一个甲木透出时干，官为太史。

［评注］地支聚集四个墓库，天干透出戊土七煞，以甲木制煞为用神。

三冬壬水

【原文】

十月壬水司权，至旺之极，取戊为用。若生辰日干，又见辰时，必须戊透；又须庚制甲，不伤戊土。戊庚两全，定主登科及第，位显权高；或甲出制戊，不见庚救者，断之困穷；戊藏无制，可许生员；或戊庚两透，无甲者，亦主荣显。

［评注］十月壬水建禄，冲奔之性，必取戊土为堤防；次取丙火为佐（见末节）。财滋弱煞，不可见甲木食神制煞也。辰日辰时，煞透有根，甲透有庚金制之，不伤戊土，必为极品之贵也。有甲制煞，无庚为救，反主困穷；戊藏，亦为平常之格。戊庚两透，无甲者，仍取财煞为用。庚金生助日元，增其旺耳，非取煞印相生也。

【今译】

十月壬水当权，旺到了极点，取戊土为用神。若生辰日支，又遇到辰时，必须戊土透出；又必须有庚金制伏甲木，不至伤害戊土。戊和庚两全，必定主登科及第，爵位显要，权力崇高；或者甲木出现，制伏戊土，而没有庚金救援，断然困穷；戊土伏藏而无制伏，可以许作秀才；或者戊土和庚金两者透出而无甲木，也主贵显。

［评注］十月壬水建禄，有冲奔的性情，必须取戊土作为堤防；其次取丙火为辅佐（见末节）。财滋弱煞的格局，不可遇到甲木食神制伏七煞。生在辰日辰时，七煞透出而有根，甲木透出有庚金制伏，不伤害戊土，必为极品的贵人。有甲木制伏七煞，无庚金救援，反而主穷困；戊土伏藏，也是平常的格局。戊土和庚金两者透出而无甲工的，仍然取财和七煞为用神。庚金生助日元，增加日元的旺势，并不是取煞印相生的格局。

【原文】

或支成木局，有甲乙出干，得庚透者，富贵；无庚者，平常。

［评注］支成木局，甲乙出干，为水木伤官格局。亥中木得长生，暗泄壬水元神，故须佩印。伤官成局，太旺，用庚金制伤扶身，为双方兼顾也。

【今译】

或者地支会成木局，有甲乙木出现在天干中，有庚金透出的，富贵；无庚金的，平常。

［评注］地支会成木局，甲乙木出现在天干，属于水木伤官的格局。木在亥月长生，暗泄壬水元神，所以要佩印绶。伤官成局，太旺，用庚金制伏伤官而扶助元神，属于双方兼顾。

【原文】

或支成水局，不见戊己，名润下格。运行西北，大富贵；行东南者，必危。

［评注］支成水局，不见戊己，气势专旺，以顺其气势为用。利西北，东方可行，南方必忌。

【今译】

或者地支会成水局，不见戊己土，称为润下格。行西北运，大富大贵；行东南运的，必定危险。

[评注] 地支会成水局而不见戊己土，气势专旺，以顺其气势为用神。利于运行西北，东方可以行，南方必须忌讳。

【原文】

或丙戊两透，行火土运，名利双全；或有丙无戊，可云衣禄；有戊无丙，难许推盈。十月壬水，专用戊丙，次取庚金。

[评注] 支成水局而透丙戊，与第一节意同。身旺，以财生弱煞为用也。用煞必须财生，故有丙无戊虽不贵，可许衣禄；有戊无丙，虽入正轨，名利两不足也。

【今译】

或者丙火戊土两者透出，行火土运，名利双全；或者有丙火而无戊土，可以说有衣食；有戊土而无丙火，难以许作发达。十月的壬水，专用戊土和丙火，其次用庚金。

[评注] 地支会成水局，透出丙火和戊土，与第一节的意思相同，是身旺而以财生弱煞为用神。用七煞必须有财生扶，所以有丙火无戊土虽然不贵，可以许为有衣食；有戊土需无丙火，虽然进入了正轨，却名利两方面都不足。

【原文】

十月壬水，专喜偏财七煞（丙戊），不能用正财正官（丁己）。

[评注] 己土不能制水，反而浊水；丁壬相合，财不生官，故必以丙戊为用。如见甲木食神，须有庚金枭印夺食，辛金正印，亦嫌力薄也。

【今译】

十月的壬水，只喜欢偏财七煞（丙戊），而不能用正财正官（丁己）。

[评注] 己土不能制伏水，反而混浊水；丁壬相合，财不能生官，所以必须以丙火戊土为用神。如果遇到甲木食神，就要有庚金枭印夺去食神，即使辛金正印，也嫌力量薄弱。

【原文】

庚子、丁亥、壬戌、庚戌。得庚制甲，会元。

［评注］专取戌中戊土制水，得庚金透，煞印相生。

【今译】

庚子、丁亥、壬戌、庚戌。有庚金制伏甲木，高中乡试会元。

［评注］专取戌中的戊土制伏水，有庚金透出，为煞印相生格。

【原文】

壬申、辛亥、壬子、辛亥。支见亥子，四柱无戊，名“旺盛无依”，为僧。

［评注］润下成格，惜运行东南耳。

【今译】

壬申、辛亥、壬子、辛亥。地支出现亥和子，四柱中无戊，称为“旺盛而无依”，为僧人。

［评注］润下格成就，可惜运行东南方。

【原文】

十一月壬水，羊刃帮身，较前更旺。先取戊土，次用丙火。丙戊两透，富贵荣华；有戊无丙，略可言富；有丙无戊，好谋无成。

［评注］十一月壬水，月令羊刃，与上十月建禄用法相同，专取丙戊为用也。

【今译】

十一月的壬水，有子宫羊刃帮身，比以前更旺。先取戊土，其次用丙火。丙火和戊土两者透出，富贵荣华；有戊土而无丙火，大略可以说富；有丙火而无戊土，好谋划而无所成就。

［评注］十一月的壬水，月令为羊刃，与上文十月建禄用法相同，专取丙火和戊土为用神。

【原文】

或支成水局，丙不出干，即有戊土，亦系庸人。或丙透得所，即戊藏支，亦可显达。须运得用方妙。

［评注］十一月壬水，不能缺丙。如丙不出干，即有戊土，仍嫌过于寒冷，亦为平庸之人。反之，丙透得所，即戊藏支，亦可显达，但须运行南方，丙戊得地，方可发达。此节与上文意义重复。

【今译】

或者地支会成水局，丙火没有出现在天干，即使有戊土也属于庸人。或者丙火透出得位，即使戊土藏在地支中也可以显达；须行运有用才妙。

［评注］十一月的壬水不能缺少丙火。如果丙火不出现在天干，即使有戊土也嫌过于寒冷，也是平庸的人；反之，丙火透出得位，即使戊土藏于地支也可以显达，但须行南方运，丙火戊土得地才能发达。这一节与上文意思重复。

【原文】

或支成火局，一富而已。

［评注］上文支成水局，丙戊出干，财滋弱煞，方能取贵。若支成火局，羊刃见财，必须有木为转枢。身财两旺，一富而已；身弱财旺，运行劫印，亦为富格。

【今译】

或者地支会成火局，一个富人罢了。

［评注］上文说地支会成水局，要丙火和戊土出现在天干，形成财滋弱煞的格局，才能取贵。如果地支会成火局，羊刃遇到财，必须有木为转移的枢纽。身财两者都旺，一个富人罢了；身弱而财旺，行劫财和印绶运，也属于富格。

【原文】

或比见月时，年见丁火，平常之辈；支成四库，富贵中人；或丁出时干，名为争合，主名利难成。

［评注］丁火不能解寒除冻，见比肩，丁壬一合，更失其用。若支见四库，水有堤防，干透丁火，亦为可用，必为富贵中人。此指比见月时，年见丁火而言；若比见月时，丁出时干，则为两壬争合一丁，主名利难成。

【今译】

或者比肩出现在月干时干，年干出现丁火，为平常之辈；地支会成四个墓库，为富贵中人。或者丁火出现在时干，称为争合，主名利难成。

［评注］丁火不能解除寒冷和冰冻，遇到比肩，丁壬一合，更失去它的作用。如果地支出现四个墓库，水有堤防，天干透出丁火，也属于可用，必为富贵中人。这是指比肩出现在月干、时干，年干出现丁火而言；倘若比肩出现在月的天干时，丁火出现在时干，则为两个壬争合一个丁，主名利难成。

【原文】

或壬子日，丁未时，虽不能科甲，亦有恩荣。何也？盖用子中癸水为官，号曰“用神得地”，亦主荣华。

［评注］承上文而言，若年丁月壬，又逢壬子日、丁未时者，两丁合两壬，身旺财旺，财来就我，丁火通根于未，为用神得地。用子中癸水，羊刃帮身，身旺任财，为“一神一用”，必主富贵荣华。原文有漏字，“为官”两字尤误。

【今译】

或者生于壬子日丁未时，虽然不能科甲成名，也有恩泽荣显。为什么？因为以子中的癸水为官，称为“用神得地”，也主荣华。

［评注］承上文而言。若年干为丁火，月干为壬水，又逢壬子日、丁未时，两个丁合两个壬，身财两旺，财来找我，丁火通根于未，为用神得地。用子中的癸水羊刃帮身，以便身旺任财，为“一种天干一种用神”，必主富贵荣华。原文有漏字，“为官”两字尤其错误。

【原文】

十一月壬水，丙戊并用。

［评注］十一月壬水，以丙戊为喜用之神。

【今译】

十一月的壬水，丙火和戊土一并运用。

［评注］十一月的壬水，以丙火和戊土为喜用神。

【原文】

壬寅、壬子、壬寅、壬寅。天元一气，财煞得地，侍郎。

［评注］专用寅中丙戊，为财煞得地。

【今译】

壬寅、壬子、壬寅、壬寅。天干纯一成气，偏财和七煞得地，官为侍郎。

［评注］专用寅中丙火和戊土，为财煞得地。

【原文】

壬子、壬子、壬子、甲辰。飞天禄马格①，尚书。

［评注］水木伤官，专取甲木为用。飞天禄马，即伤官格之变也。

【注释】

①飞天禄马格：一种大富大贵的命格。此格只有在四个特定的日期中才会出现，即庚子、壬子、辛亥、癸亥，并且要生在十月、十一月冬水纯阴之时，四柱无财官才行。之所以称飞天禄马格，是取禄为官，财为马，地支冲出官印等为飞天。

【今译】

壬子、壬子、壬子、甲辰。属于飞天禄马格，官为尚书。

［评注］为水木伤官格，专取甲木为用神。飞天禄马，即伤官格的变格。

【原文】

十二月壬水，旺极复衰。何也？上半月癸辛主事，故旺，专用丙火；下半月己土主事，故衰，亦用丙火，甲木佐之。

［评注］十二月壬水，上半月与十一月同，丙火为主，戊土为佐；下半月己土主事，丙火为主，甲木为佐。

【今译】

十二月的壬水，旺极转衰。为什么？上半月癸水和辛金主事，所以旺盛，专用丙火；下半月己土主事，所以衰弱，也用丙火，而以甲木为辅佐。

［评注］十二月的壬水，上半月与十一月相同，丙火为主要，戊土为辅佐；下半月己土主事，丙火为主要，甲木为辅佐。

【原文】

有丙解冻，名利双全；丙透甲出，科甲之贵。然四柱无壬方妙。无丙，单寒之士。

［评注］以下专论下半月之用法。喜丙火解冻，更用木制土生火，科甲之贵。四柱若再见壬水，水势冲奔，必须戊土制之，见甲木制土，为格之病。无丙火，水冻木枯，为寒苦凄凉之象也。

【今译】

有丙火解除寒冻，名利双全；丙火透出，甲木出现，科甲中的贵人。但四柱中无壬水才妙。无丙火，孤身贫寒的人。

［评注］以下专论下半月的取用方法。喜欢丙火解除寒冻，再用木制伏土而生扶火，主科甲中的贵人。四柱如果再遇到壬水，水势冲奔，必须用戊土制伏，而逢甲木制伏土，为格局的病。无丙火以至水冻木枯，是寒苦凄凉的征象。

【原文】

或四柱多壬，戊透制之，衣衿可望。

［评注］四柱多壬，必须戊土制之。有丙火，可望富贵；无丙火，气势寒冻，不过衣衿。

【今译】

或者四柱多壬水，戊土透出制伏它，秀才可以谋望。

［评注］四柱多壬水，必须用戊土制伏。有丙火，可以谋望富贵；无丙火，气势寒冷冰冻，不过是个秀才。

【原文】

或丁出时干，化合成木，月干又见丁火，无癸破格，亦主富贵。

［评注］此非化木格，乃以丁火正财为用也。十二月气寒，故须两丁，而无癸制丁，乃能为用。更须甲木佐之，通根支下方妙，否则，丁火虽透，未必可用。

【今译】

或者丁火出现在时干，化合成木，月干又出现丁火，无癸水破格，也主富贵。

［评注］这不是化木格，而是以丁火正财为用神。十二月气候寒冷，所以须有两个丁火，而只有在无癸水制丁的情况下，才能为用神。还须以甲木辅佐它，并且通根到地支下才妙，否则，丁火虽然透出，未必可以作用神。

【原文】

或支成金局，不见丙丁，名“金寒水冷，一世孤贫”；见火略可。即丙透遇辛，亦不为妙；见丁颇吉。

［评注］支成金局，为母旺子衰之局。但在十二月，金寒水冷，非见丙丁，无可取用也。支成金局而透辛金，即有丙透，亦不为妙。丙火逢辛而怯，丙辛一合，失其用也。不得已求其次，只能用丁火，故云“见丁颇吉”；然丁火亦须通根，方可用也。

【今译】

或者地支会成金局，不见丙丁，称为“金寒水冷”，主一世孤贫；出现火大致可以。即使丙火透出而遇到辛金，也不算好；见丁火却比较吉祥。

［评注］地支会成金局，属于母旺子衰的格局。但在十二月，金寒水冷，不是除了丙丁就没有可取的用神。地支会成金局而透辛金，即使有丙火透出也不算理想。丙火逢辛会畏怯，丙辛一相合就会失去作用。不得已而求其次，只能用丁火，所以说“出现丁火比较吉祥”；但丁火也要通根才可用。

【原文】

腊月壬水，先取丙火，丁甲为佐，故“水冷金寒爱丙丁”。用火者，木妻火子。

［评注］腊月壬水，以用丙火为主，丁火甲木为佐。调侯为急，不论财官印，皆置之缓论可也。

【今译】

腊月的壬水，先取用丙火，以丁火和甲木为辅佐，所以说“水冷金寒爱丙丁”。用火的，木为妻室，火为子女。

［评注］腊月的壬水，以丙火为主要用神，以丁火和甲木为辅佐。调侯才是急务，不论财官印绶，可以暂时全部放下，缓一步讨论。

【原文】

“水旺居垣须有智，水土混杂必愚顽。壬癸路经南域，主健富贵堪图。”又云：“惟有水木伤官格，财官相见始为欢。”

［评注］水清主智；己土混浊，反主愚顽。壬癸生于冬令，日主健旺，以丙戊为用，运行南方，必富贵也。财官者，偏财偏官也。

【今译】

“水旺临月建，应当有智慧；水土混杂，必定愚顽。壬癸行运经过南方火地，只要日主健旺，富贵就可以图谋。”又说：“只有水木伤官格，财官相见才欢喜。”

［评注］水清主智，己土混浊，反主愚顽。壬癸水生于冬令，日主健旺，以丙火和戊土为用神，行南方运，必定富贵。财官指偏财偏官。

癸水喜用提要

月份	喜用神	说　明
正月	辛丙	**【原文】**用辛生癸水为源，无辛用庚，丙不可少。 **【今译】**以辛金为源而生癸水，无辛就用庚，丙火不可缺少。
二月	庚辛	**【原文】**乙木司令，专用庚金，辛金次之。 **【今译】**乙木当令，专以庚金为用神，辛金次一等。
三月	丙辛甲	**【原文】**上半月专用丙火，下半月虽用丙火，辛甲为佐。 **【今译】**上半月专以丙火为用神，下半月虽然用丙火，但是辛金和甲木不可缺少。
四月	辛	**【原文】**无辛用庚。 **【今译】**无辛金就用庚金。
五月	庚庚壬癸	**【原文】**庚辛为生身之本，但丁火司权，金难敌火，宜兼用比劫，方得庚辛之用。 **【今译】**以庚辛金为生身的根本，但是丁火掌权，金难以敌火，适宜用比肩和劫财，这样才能发挥庚辛金的作用。
六月	庚辛壬癸	**【原文】**上半月金神衰弱，火气炎热，宜比劫帮身，同五月。下半月无比劫亦可。 **【今译】**上半月金衰弱，火气炎热，适宜用比肩和劫财帮助日元，与五月相同。下半月无比肩和劫财也可以。
七月	丁	**【原文】**庚金得禄，必丁火制金为用。丁火以通根午戌未为妙。 **【今译】**庚金在月建得禄，必须以丁火制伏金为用神。丁火以通根于午、戌、未为妙。

八月	辛丙	【原文】辛金为用，丙火佐之，名“水暖金温”，须隔位同透为妙。 【今译】以辛金为用神，以丙火为辅佐，叫做“水暖金温”，以隔位一同透出为妙。
九月	辛甲壬癸	【原文】专用辛金，忌戊土，要比劫滋甲、制戊为妙。 【今译】专以辛金为用神，忌戊土，以比肩和劫财滋扶甲木、制伏戊土为妙。
十月	庚辛戊丁	【原文】亥中甲木长生，泄散元神，宜用庚辛。水多用戊，金多用丁。 【今译】亥中的甲木在月建长生，泄散日元，适宜用庚辛金。水多就用戊土，金多就用丁火。
十一月	丙辛	【原文】丙火解冻，辛金滋扶。 【今译】用丙火解冻，用辛金滋扶日元。
十二月	丙丁	【原文】丙火解冻，通根寅巳午未戌，方妙。癸己会党，年透丁火，名“雪后灯光”，夜生者贵。支成火局，又宜用庚辛。 【今译】用丙火解冻，而以通根于巳、午、未、戌为妙。癸水与己土会聚结党，年干透出丁火，叫做“雪后灯光”，夜里出生的人贵显。地支会成火局，又适宜用庚辛金。

三春癸水

【原文】

正月癸水，值三阳之后，雨露之精，其性至柔。先用辛金生癸水之源，次用丙火照暖，名“阴阳和合，万物发生”。辛丙两透，金榜有名。

［评注］正月癸水，旺极而衰。其气初退，不能无辛金发其源，大致与壬水相同。无辛用庚，次用丙火照暖，则水火既济，阴阳和合，万物发生。丙辛两透，丙火通根于寅，不至合辛而化，各得其用，金榜有名。

【今译】

正月的癸水，值三阳开泰之后，为雨露的精魂，其性情最柔。先用辛金发动癸水的泉源，其次用丙火照耀温暖，称为“阴阳和合，万物发生”。辛金丙火透出，金榜有名。

［评注］正月的癸水，旺极而衰。在刚刚退气的时候，不能没有辛金发动水源，这一点大致与壬水相同。无辛就用庚，其次用丙火照耀温暖，这样就会水火既济，阴阳和合，使万物发生。丙火和辛金两者透出，丙火通根于寅，不至于与辛金相合而化，各自发挥作用，主金榜有名。

【原文】

或支成火局，辛金受伤，有壬出救者，富贵；无壬者，贫穷。或丙出天干，辛在酉丑，亦有衣衿；若辛丙皆无，贫寒下格；或辛透丙藏，恩荣之造；丙辛在柱，以富得官。

［评注］丙辛两透，丙火得气于寅，但虞辛金之受伤，不惧丙火之合坏也。支成火局，辛金受伤，以壬水为救，富贵；丙出天干，辛藏酉丑，干火不伤支金，亦有衣衿；辛出天干，丙藏寅中，行运引出，恩荣之造；丙辛皆藏，以财为用，亦须运程引出，富中取贵，异途之仕；无辛丙，下格。

【今译】

或者地支会成火局，辛金受到伤害，有壬水出现救援的，富贵；无壬水的，贫穷。或者丙火出现在天干，辛在酉丑，也会中秀才；若辛金和丙火都没有，为贫寒的下等格局；或者辛金透出而丙火伏藏，是受恩荣华的命造；丙火和辛金在四柱上，因富有而得到官职。

［评注］丙火和辛金两得透出，丙火在月令寅中得气，只怕辛金受伤，不怕丙火合坏。地支会成火局，辛金受伤，以壬水为救援的，富贵；丙火出现在天干，辛金藏在酉和丑，天干的火不会伤害地支的金，也有秀才可得；辛金出现在天干，丙火藏在寅中，被行运引出，属于受恩荣贵的命造；丙火和辛金都伏藏，以财为用神，也须运程引出，主从富有中取得贵显，属于异途出身的仕宦；无辛金和丙火，属于下等

格局。

【原文】

或戊透月上，坐辰时，不见比劫，丙丁出干，此为化合，定主腰金；见刑冲则否。

［评注］癸水至弱，见戊必合。生于寅月，火土有气，见丙丁为化气。元神透出，无比劫以逆其气，此乃化合逢时，必然贵显。见申刑冲，破格。

【今译】

或者戊土众月干透出，又逢辰时，不遇到比肩和劫财，有丙丁火出现在天干，这属于化合，一定身着官服，腰扎金带；见刑冲则不是这样。

［评注］癸水最弱，见戊土必定相合。生于寅月，火土有气，遇到丙丁属于化气。元神透出，无比肩劫财违逆其气势，这是化合逢时，必然贵显。遇到申来刑冲，属于破格。

【原文】

或支成水局，宜有丙透。无壬者，衣禄不少；若见丙火重重，又作贵推。

［评注］支成水局而丙透，身旺用财，无壬水比劫争财，定作富推；支成水局，而丙火重重，财旺暗生官，又以贵论。

【今译】

或者地支会成水局，适宜有丙火透出。无壬水的，衣食不少；如果遇到丙火重重，又作贵显推论。

［评注］地支会成水局而丙火透出，身旺用财而无壬水比劫争财，一定作富有推论；地支会成水局，而丙火重重，财旺暗生官，又以贵显推论。

【原文】

正月癸水，辛金为主，庚金次之，丙亦不可少；若无庚辛，虽有丙火，无用之人；或火多土多，残疾不免。

［评注］论正月取用之理。癸水气势方退，性极衰弱。除化合，或支成水局，弱极复旺为例外，余皆以辛金为主，无辛用庚。如无庚辛发水之源，虽有丙亦为无用。若火多土多，而无庚辛壬水为救，更不免孤苦。癸水熬干，故云残疾也。

【今译】

正月的癸水，取辛金为主，庚金次之，丙火也不可缺少；如果无庚辛金，即使有丙火也是无用的人；或者火多土多，不免为残疾人。

［评注］论正月取用神的道理。癸水气势刚退，性情极衰弱。除了因化合或地支会成水局而弱极复旺之外，其余都以辛金为主，无辛金就用庚。若无庚辛金发动水源，即使有丙火也没有用。如果火多土多，而无庚辛金和壬水为救援，更不免孤苦；癸水被熬干，故说不免残疾。

【原文】

用辛者，土妻金子。

［评注］正月癸水，不外乎用庚辛，以官煞为妻，印绶为子。

【今译】

用辛金的，土为妻室，金为子女。

［评注］正月的癸水不外用庚辛金，以官煞为妻室，以印绶为子女。

【原文】

二月癸水，不刚不柔，乙木司令，泄弱元神。专以庚金为用，辛金次之。庚辛俱透，无丁出干者，贵由科甲；无庚辛者，常人。

［评注］二月癸水，气值休囚，加以乙木泄弱为忌，必须庚辛发其源。先庚后辛者，乙见庚输情相合，化忌为用，可以取贵。无庚用辛，意义与正月相同。庚辛两透，无丁火出干克制，贵由科甲；无庚辛，下格。

【今译】

二月的癸水，不刚也不柔，乙木执掌时令，泄弱了日元，专以庚金为用神，辛金为其次。庚辛二金都透出，无丁火出现在天干的，贵显出自科甲；无庚辛金的，为常人。

[评注] 二月的癸水，正值休囚的状态，加上忌讳乙木泄弱癸水，必须有庚辛发动水源。先用庚后用辛，是因为乙木遇到庚金会因多情而相合，化忌神为用神，可以取贵。无庚就用辛，意义与正月相同。庚辛两金透出，无丁火出来克制，贵显来自科甲；无庚辛，为下等格局。

【原文】

或庚透辛藏，荣封有准；庚藏辛透，亦有衣衿；庚辛两藏，富中取贵，或刀笔扬名；或庚辛重见，有己丁出干者，亦贵。

[评注] 庚辛必以并见为贵，金至寅卯，气亦休囚，力不足也。或藏或透，皆为贵征。上文言庚辛两透，贵由科甲；此言庚辛两藏，贵由异途。有丁出干，须与己土并透，则不伤庚辛，亦可取贵。

【今译】

或者庚透出而辛伏藏，荣显受封是一定的；庚伏藏而辛透出，也可以成为秀才；庚和辛两者都伏藏，主从富中取贵，或者凭刀笔扬名；或者庚和辛重叠出现，有己土和丁火出现在天干的，也主贵显。

[评注] 庚辛一定以同时并见为贵，因为金到寅卯的方位也值休囚状态，力量不足。或者伏藏或者透出，都是贵显的征象。上文说庚辛两金透出，贵显来自科甲；这里说庚辛两金伏藏，贵显来自异途。有丁火出现在天干，必须与己土一并透出，这样才不会伤害庚辛金，也可以取贵。

【原文】

或支成木局，月时又见木者，为泄水太过，定主贫困多灾，即运入西方，亦属无用。

[评注] 支成木局，不见庚辛，为顺局从儿。一女造甲寅、丁卯、癸卯、乙卯，诰封一品，但为人柔懦无能，运入西方，逝世。女造柔懦尚无害，若为男造，不免贫困多灾矣。

【今译】

或者地支会成木局，月柱时柱又出现木的，属于泄水太过，一定主贫困而多灾难，即使行运进入西方，也没有用处。

［评注］地支会成木局而不见庚辛金，为顺局从儿格。一位女性的命造为甲寅、丁卯、癸卯、乙卯，被皇帝封一品为夫人，但为人柔懦无能，运入西方而去世。女命柔懦还无害，男命就不免贫困多灾了。

【原文】

丁未、癸卯、癸亥、癸丑。水木伤官，又名“飞天禄马格”，方伯。

［评注］水木伤官用财也。飞天禄马者，以亥冲巳，丑合巳，以巳中戊土官星为用，未免迂曲。癸水坐亥，亥卯未合局，年透丁火，水木伤官用财，泄气太重。用丑中辛金，运行北方，帮身为贵。

【今译】

丁未、癸卯、癸亥、癸丑。水木伤官格，又称为“飞天禄马格”，为一方诸侯。

［评注］这是水木伤官用财格。所谓“飞天禄马”，以亥冲巳，丑合巳，以巳中的戊土官星为用神，未免迂曲。癸水坐在亥宫，亥卯未三合成木局，年干透出丁火，为水木伤官用财。泄气太重，用丑中的辛金，以运行北方帮身为贵。

【原文】

丁亥、癸卯、癸卯、癸丑。用丑中辛金，又丁火出干，侍郎。

［评注］与上造大致相同。

【今译】

丁亥、癸卯、癸卯、癸丑。用丑中的辛金，另外丁火出现在天干，官为侍郎。

［评注］与上一命造大致相同。

【原文】

庚子、己卯、癸酉、庚申。庚辛两透，位至阁老①。

［评注］庚辛并见，煞之情生印。专用卯木，运行东南，其贵宜矣。此明代严嵩②命造也。

【注释】

①阁老：对国家级行政机关要员的尊称。

②严嵩（公元 1480～1567 年）：字惟中，号介溪，江西分宜人，弘治十八年（1505）进士，改翰林院庶吉士，授编修，旋病休归里，读书八载，诗文峻洁，声名始著。明武宗正德十一年（1516）还朝复官。明世宗嘉靖七年（1528），奉命祭告显陵，归而极言祥瑞，明世宗喜。几年内先后迁其为吏部右侍郎，进南京礼部尚书，两年后改任吏部尚书。嘉靖十五年（1536），以贺万寿节至京师。时值廷议重修宋史，遂留京以礼部尚书兼翰林院学士衔主持其事。嘉靖二十一年（公元 1542 年）任武英殿大学士，入直文渊阁，仍掌礼部事。后解部事，专直西苑；累进吏部尚书，谨身殿大学士、少傅兼太子太师，少师、华盖殿大学士。善于撰写一些焚化祭天的"青词"，从而受到皇帝的宠幸。嘉靖二十三年（公元 1544 年）九月升任首辅，独揽国政，被称为"青词宰相"。

【今译】

庚子、己卯、癸酉、庚申。庚和辛两者透出，官位达到内阁首辅。

［评注］庚和辛同时并见，七煞多情而生扶印绶。专用卯木，运行东南方，贵显是当然的。这是明代严嵩的命造。

【原文】

三月癸水，要分清明谷雨。清明后，火气未炽，专用丙火，为阴阳合谐；谷雨后，虽用丙火，尚宜辛甲佐之。如辛卯、壬辰、癸未、丙辰，生上半月，用丙火，显达；生下半月，必无伤辛金癸水方妙，然丙亦不可少。用丙，木妻水子。

［评注］凡生四季月，必须察气之进退衰旺。上半月火气未炽，辰中癸水司令，故用丙火，为阴阳和谐；下半月土旺秉令，虽用丙火，仍

宜辛金滋癸，甲木制土。如辛卯一造，生上半月，专用丙火，可以显达；生下半月，必须兼顾辛金，如无壬水透干为救，即不能取贵矣（倘戊土透干，必须甲木出救）。然丙火亦不可少，无丙，阴阳不谐，亦不能取贵也。此造辛壬为助，伤官生财。用财者，伤官为妻，财为子。

【今译】

三月的癸水，要分清明还是谷雨。清明以后，火气还没有炽盛，专用丙火，属于阴阳合谐；谷雨以后，即使用丙火，也要有辛金和甲木辅佐它。例如辛卯、壬辰、癸未、丙辰，生在上半月，用丙火，显达；生在下半月，一定要不伤害辛金和癸水才妙，但丙火也不可缺少。用丙火的，木妻水子。

［评注］凡生四季月，必须考察癸水的进退衰旺。上半月火气还没有达到炽盛，辰中的癸水执掌时令，所以用丙火，这样阴阳和谐；下半月土旺当令，即使用丙火，还是要有辛金滋扶癸水，有甲木制伏土。例如辛卯这一命造，生在上半月，专用丙火，可以显达；生在下半月，必须兼顾辛金，没有壬水透出天干为救援就不能取贵（倘若戊土透出天干，必须有甲木出现为救援）。但丙火也不可缺少，没有丙火，阴阳就不和谐，也不能取贵。这一命造以辛金壬水为辅助，为伤官生财格。用财的，伤官为妻室，财为子女。

【原文】

三月癸水，从化者多。得化者荣禄，不化者平常。

［评注］十干之中，癸水见戊，最易从化（乙见庚亦然）。生于三月，逢龙而运，丙火进气，更易化合。若化气不成，透戊用官，未必为美，因月令伤官犹有余气也。

【今译】

三月的癸水，从化的多。得化的荣禄，不化的平常。

［评注］十干当中，癸水遇到戊土，最容易从化（乙遇到庚也是这样）。生在三月，逢龙而运化，丙火进气，更容易化合。如果化气不成，透出戊土而用正官，未必理想，因为月令伤官还有余气。

【原文】

或支成水局，又见己土，无木，乃假煞格。有甲出者，常人。

［评注］支成水局，见己土，身旺用煞，假煞为权；然必须有财滋煞，无食制煞方妙。见甲，破格。

【今译】

或者地支会成水局，又遇到己土而无木，属于假煞的格局。有甲木出现的，常人。

［评注］地支会成水局而遇到己土，为身旺而用七煞，借七煞为权柄；但必须有财滋扶七煞，无食神制伏七煞，这样才妙。遇到甲木为破格。

【原文】

或支坐四库，又得甲透，可谓显达名扬；无甲者，僧道孤苦。

［评注］承上文见己土无木意。若支聚四库，七煞太旺，又不可无制。有制则贵，无制则贱。

【今译】

或者地支坐于四个墓库，又有甲木透出，可以说显达扬名；无甲木的，为僧人道士，命运孤苦。

［评注］承上文见己土而无木的意思而言。如果地支会聚四个墓库，七煞太旺，又不可无制伏。有制伏就尊贵，无制伏就卑贱。

【原文】

或支成木局，无金，名“伤官生财格”，主聪明博学，衣禄充饶。

［评注］支成木局，透丙，为伤官生财格。水木伤官格，必定主聪明博学。无金，格局纯粹，取贵。

【今译】

或者地支会成木局而无金，称为“伤官生财格”，主聪明博学，衣禄充裕。

［评注］地支会成木局，透出丙火，为伤官生财格。水木伤官的格

局，必定聪明博学。无金，格局就纯粹，能够贵显。

【原文】

三月癸水，辛甲皆酌用。下半月，土妻金子。

［评注］三月癸水，上半月专用丙火，木妻火子；下半月辛甲皆酌用。以辛为用者，官煞为妻，印为子。

【今译】

三月的癸水，辛金和甲木都斟酌运用。下半月的，土为妻室，金为子女。

［评注］三月的癸水，上半月专用丙火，所以木为妻室，火为子女；下半月则辛金甲木都酌情运用。以辛金为用神的，官煞为妻室，印绶为子女。

【原文】

丁酉、甲辰、癸亥、辛酉。用辛无丙，辛金得所，倖人。

［评注］木火向旺，故用辛金，喜无丙火合辛。

【今译】

丁酉、甲辰、癸亥、辛酉。用辛金而无丙火，辛金得位，是幸运的人。

［评注］木火趋于当旺，所以用辛金，且喜无丙火合辛金。

【原文】

丙寅、壬辰、癸巳、甲寅。上半月生，官至总兵；下半月生，武举。

［评注］上半月丙火为用，甲木为佐也；下半月生，无辛金为逊。

【今译】

丙寅、壬辰、癸巳、甲寅。上半月出生，官职达到总兵；下半月出生，为武举人。

［评注］上半月以丙火为用神，甲木为辅佐；下半月出生，以无辛

金为逊色。

【原文】

戊午、丙辰、癸丑、辛酉；生下半月，出将入相。

［评注］专用辛金。

【今译】

戊午、丙辰、癸丑、辛酉。生在下半月，出朝则为将，入朝则为相。

［评注］专以辛金为用神。

【原文】

丙寅、壬辰、癸丑、丙辰。财资煞格，驸马。

［评注］辰丑皆湿土，专用丙火财星，因妻致贵，宜矣。

【今译】

丙寅、壬辰、癸丑、丙辰。财资煞格，身为驸马。

［评注］辰丑都是湿土，专用丙火财星，因妻室而贵显是当然的。

三夏癸水

【原文】

四月癸水，喜辛金为用，无辛用庚。若辛高透，不见丁火，加以壬透，主科名荣贵，声播四夷。若有丁破格，贫无立锥；有壬可免。辛藏无丁，贡监衣衿。

［评注］四月癸水，身临绝地。弱极之水，非印劫并透生助，不足以致荣显。见丁就辛，必取壬为救。辛藏无丁，虽力量不足，喜其无丁破金，亦有衣衿也。

【今译】

四月的癸水，喜欢辛金为用，无辛而用庚。如果辛金高高透出，不遇到丁火，加上壬水透出，主科甲荣贵，声名远播到邻国。若有丁火破格，贫穷到没有立锥之地；有壬水可以免于贫穷。辛金伏藏而无丁火，为贡生或者监生。

［评注］四月的癸水，临于绝地。弱极的水，非印绶与劫财一并透出天干生助，不足以导致荣显。有丁火与辛金相合，必定壬水为救援。辛伏藏而无丁火，虽然力量不足，但喜欢无丁火克金，也有秀才的功名。

【原文】

或一派火土，乏辛，即有巳庚，亦不能生水；又无比肩羊刃，必至熬干癸水，损目无疑。若庚壬两透，泄制火土，名“劫印化晋”，极贵之造；有丁见干者，则否。如有庚无壬，亦无丁破金者，堪入儒林；有庚无辛者，异路成名。总之，四月癸水，专用辛金方妙。

［评注］巳中庚金长生，然火土燥烈，金不能生水也。若一派火土，柱无印绶劫刃为助，必至熬干癸水也。水为目，故云损目。“劫印化晋”者，晋，卦名，《易》火地晋。离为火，坤为地，离上坤下，为晋卦，以喻火土。辛印壬劫并透，泄制火土，故“云劫印化晋，极贵之造”。有丁出干，则克制庚辛而破格矣。如有庚辛之生，而无壬水之助，亦无丁破金者，力虽不足，局亦清纯，与上辛藏无丁同，故云可入儒林。有庚无辛，贵在异路。总之四月癸水，以得辛金为救。劫印化晋格，虽言庚壬两透，亦须辛金藏支，方为极贵也。

【今译】

或者一派火土而缺少辛金，即使有巳和庚，也不能生水；又没有比肩和羊刃，必定熬干癸水，损伤眼睛毫无疑问。如果庚和壬两者透出，耗泄并克制火和土，称为“劫印化晋”，是极贵的命造；有丁火出现在天干则不是这样。如果有庚金而无壬水，也没有丁火破金，可以进入儒林；有庚而无辛的，主异路成名。总之，四月的癸水，专用辛金才妙。

［评注］巳中庚金长生，但是火土燥烈，金不能生水。如果一派火土，四柱中无印绶、劫财、羊刃为帮助，必定熬干癸水。水为目，故说损伤眼睛。所谓“劫印化晋”，晋是卦名，《周易》火地晋卦，离为火，坤为地，离在上，坤在下，为晋卦，用来比喻火土。辛金印绶、壬水劫财一并透出，耗泄并克制火和土，所以说“劫印化晋，是极贵的命

造”。有丁火出现在干头，就会克制庚辛金而破格。如果只有庚辛的生扶，而没有壬水的帮助，也无丁克破金，力量虽然不足，命局却清纯，与上文的辛金伏藏而无丁火相同，故说可以进入儒林。有庚而无辛，贵在异路功名。总之，四月的癸水，以辛金为救援。劫印化晋的格局虽说庚金和壬水两者透出，也须辛金伏藏在地支，才是极贵的命。

【原文】

甲辰、己巳、癸酉、辛酉。辛透庚藏，身强煞旺，方伯。甲寅、己巳、癸酉、癸亥。财旺生官，尚书。

［评注］此两造皆身强煞旺，制煞为用。

【今译】

甲辰、己巳、癸酉、辛酉。辛透出而庚伏藏，日元强而七煞旺，为一方诸侯。甲寅、己巳、癸酉、癸亥。财旺生正官，官为尚书。

［评注］这两个命造都属于身强煞旺，以制伏七煞的甲木为用神。

【原文】

五月癸水，至弱无根，必须庚辛为生身之本。但丁火司权，金难敌火，安能滋养癸水？宜见比劫，方得辛金之用。五月癸水，庚辛壬参酌并用可也。

［评注］五月癸水，丁火司权，印劫须并透为美。单见庚辛而无壬癸，印为财破，故必须见比劫，方能得庚辛之用也。四月丙火司权，辛金有化丙之用，故先辛后庚。若五月，则庚辛之用相同，更须见劫制财以护印，故庚辛壬癸参酌并用也。

【今译】

五月的癸水，极弱而又没有根基，必须庚辛金为生身的资本。但丁火掌权，金难敌火，怎么能滋养癸水？应该遇到比肩劫财，才能得到辛金的扶助。五月的癸水，庚辛和壬癸参考斟酌，一并运用就可以了。

［评注］五月的癸水，丁火掌权，以印绶和劫财一并透出为好。单见庚辛金而无壬癸水，印绶会被财克破，所以只有遇到比肩劫财，才能使庚辛发挥作用。四月丙火掌权，辛金有化合丙火的作用，所以先用

辛，后用庚。如果是五月，那么庚辛的作用相同，还须有劫财制伏财而护持印绶，所以庚辛金和壬癸水参考斟酌，一并运用。

【原文】

如庚辛透干，又见壬癸者，定主钟鼎名家；或有金透，支见申子辰者，亦主金榜挂名；或无水出干，支只一水，虽有庚辛，一富之造。故曰："水源会夏，富重贵轻"；又曰："金水会夏天，富贵永无边，运行火土地，快乐似神仙。"

[评注] 申述印劫并用之意。庚辛透干，又见壬癸，或金透而支会水局，皆金水两旺。月令财官秉令，真神得用，运行火土之地，富贵何疑？比劫藏支而不出干，虽有庚辛，不过一富之造。盖五月财旺，用庚辛必须比劫护之，否则，行财旺运，庚辛必然受伤也。水源者，申子辰也，藏而不透，故富重贵轻。金水会夏，谓夏令金水会局而旺，以财官真神为用也。

【今译】

如果庚辛金透出天干，又遇到壬癸水，定主钟鸣鼎食的名家；或者有金透出，地支遇到申子辰的，也主金榜题名；或者无水出干，地支只有一个水，即使有庚辛金，也只是一个富人的命造。所以说："水源会聚在夏季，富重而贵轻"；又说："金水聚会在夏天，富贵永远无边，行运到火和土的方位，快乐得好像神仙。"

[评注] 申述印绶与劫财一同运用的意思。庚辛金透出天干，又遇到壬癸水，或者金透出天干而地支会成水局，都属于金水两旺。月令财官当令，真用神得到运用，行运到火土的方位，富贵有什么疑问？比肩劫财伏藏在地支而不出现在天干，即使有庚辛金，也不过是个富人的命造。因为五月财旺，用庚辛金必须有比肩劫财护持，否则，行财旺的运庚辛必然受伤。所谓水源，指申子辰水局，水源伏藏而不透出，所以富厚重而贵轻微。金水会聚在夏季，指夏季金水会局而旺，以财官真神为用神。

【原文】

或支成火局，无壬出干，定主僧道；或二壬一庚同透，衣锦腰金。

［评注］此言火太旺，以金水为用也。支成火局，必须壬水出干以救之。若仅一二藏支，火土熬干，定主僧道。若庚壬出干为救，运行金水之地，又主贵显。

【今译】

或者地支会成火局，无壬水出现在天干，定主为僧人或道士；或者两个壬水、一个庚金一同透出，主身穿锦衣，腰扎金带。

［评注］这是说火太旺，以金水为用神。地支会成火局，必须壬水出现在天干来救援。如果只有一二点壬水伏藏在地支，火土被熬干，一定主僧人道士的命。如果庚金壬水出现在天干为救援，行金水方位的运，又主贵显。

【原文】

或一派己土，无甲出制，此作从煞而论，又主大贵。凡从煞者，切不可破格，方吉。

［评注］此言土太旺也。一派己土，柱无金水，癸水无根则从煞，甲乙出干制煞则破格，癸水有根亦破格。总之，五月癸水，至弱无根，火旺则从火，土旺则从土。原局无破，自然富贵也。

【今译】

或者一派己土，无甲木出来制伏，这种情形作从煞格推论，又主大贵。凡从煞的格局，千万不要破格，不破格才吉。

［评注］这是说土太旺。一派己土，四柱没有金水，癸水无根则从煞，甲乙木出现在天干制伏七煞，则破格，癸水有根也破格。总之，五月的癸水，最弱而又没有根基，火旺就从火，土旺就从土，原命局不破格的，自然富贵。

【原文】

六月癸水，有上下月之分，下半月庚辛有气，上半月庚辛休囚。凡六癸日多不验者，何也？俗士不知此理，因未中有乙己同宫，破而不破，故癸水不能从煞，所以专用庚辛。如上半月金神衰弱，火气炎烈，宜比劫帮身，可云富贵，与五月一理。下半月庚辛有气，即无比劫亦可。又忌丁透，即丁在支亦不吉。其生克制化，与五月略同。

［评注］六月癸水，专用庚辛，比劫为佐，与五月一理；特五月见土多，可以从煞，而六月不能从，则以未宫乙己同宫故也。既不能从，则惟有用金水也。上半月用庚辛，必须比劫为助；下半月庚辛得气，无比劫专用庚辛，亦可取富贵。但究以金水并见为美也。忌丁透者，忌其伤金也。

【今译】

六月的癸水，有上下月的区别，下半月庚辛有气，上半月庚辛休囚。为什么六癸日多不应验呢？庸俗的术士不知道这个道理。这是因为未中有乙和己在同宫，破格而又不破格，所以癸水不能从煞，专用庚辛。如果上半月庚辛衰弱，火气炎烈，适宜比肩和劫财帮身，这样可以断富贵，与五月是同一个道理。下半月庚辛有气，就是没有比肩劫财也可以。又忌丁火透出，即使丁火在地支也不吉。其生克制化，与五月大略相同。

［评注］六月的癸水专用庚辛，以比肩劫财为辅佐，这一点与五月是同一道理；只是五月遇到土多可以从煞，而六月则不能从，这是未中的乙和己在同宫的缘故。既不能从煞，就只有用金水。上半月用庚辛，必须有比肩劫财为辅助；下半月庚辛得气，即使没有比肩劫财，专用庚辛，也可以取得富贵。但终究以金水一并出现为好。忌丁火透出，是忌它伤害金的缘故。

【原文】

乙酉、癸未、癸未、庚申。下半月庚辛得地，宰辅。

［评注］虽云下半月庚辛进气，究以时逢庚申，庚金得地，癸水通源，转弱为强，故能用未中财官，宜乎贵矣。

【今译】

乙酉、癸未、癸未、庚申。下半月庚辛得地，官至宰辅。

［评注］虽说下半月庚辛进气，终究因为时辰遇到庚申，庚金得地，癸水通于泉源，而转弱为强，所以能用未中的财官，理应贵显。

【原文】

己未、辛未、癸未、丙辰。上半月庚辛尚弱，知州。

［评注］癸水虽通根辰库，究嫌其弱，以辛金化煞为用。辛金无酉，亦嫌不得地而力弱。两造格局，高低相差远矣。

【今译】

己未、辛未、癸未、丙辰。上半月庚辛还弱，官为知州。

［评注］癸水虽然通根于辰库，终究嫌它衰弱，以辛金化煞为用神。辛金不遇到酉，也嫌不得地而力量柔弱。两个命造的格局，高低相差太远了。

三秋癸水

【原文】

七月癸水，正母旺子相之时。癸虽死申，殊不知申中有庚生之，名“死处逢生，弱中复强”，即运行西北，亦不死也。但庚司令，刚锐极矣，必取丁火为用。或丁透有甲，名有焰之火，必主科甲。或丁透无甲，又无壬癸，即有一二庚金，亦有生监；有二丁更妙。或金多乏丁制者，贫困之人。

［评注］生旺死绝，专以五行论。以阳干为主，故禄刃均论阳而不论阴也。特万物之理，有阳必有阴，阳绝则阴生，阴绝则阳生，此乃循环之理，不可拘执而作旺衰之辨。申宫水之生地，无分阴阳，母旺之时，子之气自然萌孽，乃一定之理也。故以十干生旺死绝而论，申宫为癸水死地，此不可拘执者也；特时值庚金秉令，必须用财，以见丁火为上。丁火之用有二：（一）有甲木，则以伤官生财为用。丁甲与庚，地位间隔，财印不碍，水木清华，必取科甲之贵。（二）无甲木，以财损印为用。庚金太旺，损之为美，故必以无壬癸为条件；有壬癸则财被劫夺，不能损印矣。金多乏丁，旺气及身而止，不仅贫困，后嗣亦艰。

【今译】

七月的癸水，正是金母旺而水子相的时候。癸水虽然死于申位，但申中有庚金生它，称为“死处逢生，弱中又强”，即使行西北运，也不会死。但庚金当令，刚锐极了，必须取丁火为用神。或者丁火透出而有甲木，称为有焰的火，必主科甲。或者丁火透出而无甲木，又无壬癸水，即使有一两个庚金，也有秀才或监生的功名；有两个丁火更妙。或金多而缺少丁火制伏的，为贫困的人。

［评注］生旺死绝，专根据五行推论。以阳干为主，所以建禄和羊刃都只论阳而不论阴。只是万物的道理，有阳就有阴，阳绝阴就生，阴绝阳就生，这是循环的道理，不可拘执而分辨旺衰。申宫是水的生地，不论阴阳，母旺的时候，子的气自然萌发，是一定的道理。所以从十干生旺死绝看，申宫为癸水死地，是不可拘执的；只是庚金当令，必须用财，以遇到丁火为上格。丁火的作用有两个：（一）有甲木，就以伤官生财为用神。丁火、甲木与庚金，位置相隔，财和印绶不相妨碍，水木清华，必定取得科甲功名。（二）无甲木，以财克损印绶为用神。庚金太旺，以克损它为好，所以必须以无壬癸水为条件；有壬癸水财就会被劫夺，而不能克损印绶了。金多而缺少丁火，旺气刚及身就止息，不仅贫困，后代也难得。

【原文】

或一丁坐午，名独财格，主金玉满堂，富中取贵；若在未戌，则是常人。或柱见二戌二未，又得丙丁藏支，干见甲出，无水，亦作富贵而推。

［评注］独财者，无食伤相生也，故必须通根午宫，财星有气，方可为用。若藏于未戌墓库之中，力量微矣。若见二戌或二未，又见巳午支，则丙丁火因会合而动；更得甲木出干，制土引火，亦作伤官生财论，以无比劫分财为要也。

【今译】

或者一个丁火坐于午支，称为独财格，主金玉满堂，从富中取贵；而如果在未戌支，则只是常人。或者四柱出现两个戌两个未，又得丙丁火藏在地支中，天干遇到甲木出现而无水，也作富贵推论。

［评注］所谓独财，指无食神伤官相生，所以必须通根午宫，财星有气，才可以作为用神。如果藏在未戌墓库中，力量就微弱了；若出现两个戌或两个未，又遇到巳午，则丙丁火因会合而发动；再有甲木出现

在天干，制伏土而引生火，也作伤官生财格推论，以无比肩劫财分财为要点。

【原文】

丁酉、戊申、癸卯、甲寅。伤官生财格，丁甲两出，位至尚书。

[评注] 戊甲官伤并透，用甲木制戊土以生丁火。去官用伤，不作官伤交叉论。

【今译】

丁酉、戊申、癸卯、甲寅。伤官生财格，丁火和甲木两者透出，官位达到尚书。

[评注] 戊土正官和甲木伤官一并透出，用甲木制伏戊土而生扶丁火。去掉正官而用伤官，不作官伤交叉看。

【原文】

戊午、庚申、癸未、乙卯。丁火得位，大富寿考，子贵。

[评注] 食神生财格。天干土、金、水、木相生而不相碍。年日干支合，月时干支合，宜乎富贵寿考矣。

【今译】

戊午、庚申、癸未、乙卯。丁火得位，大富而长寿，儿子贵显。

[评注] 为食神生财格。天干土、金、水、木相生，而不相妨碍，年和日干支相合，月和时干支相合，理应富贵长寿。

【原文】

辛酉、丙申、癸酉、辛酉。火无力，又被辛合，身旺无依，贫僧。

[评注] 丙火被合去，身旺而无泄，即不为僧，亦无子嗣。气势寒冷，贫困之象也。

【今译】

辛酉、丙申、癸酉、辛酉。丙火衰弱无力，又被辛金合去，身旺而无依靠，为贫穷的僧人。

［评注］丙火被合去，身旺而无耗泄，即使不为僧人也没有后代。命局气势寒冷，是贫困的征象。

【原文】

八月癸水，辛金虚灵，非顽金可比，正“金白水清”，故取辛金为用，丙火佐之，名“水暖金温”。如丙与辛隔位同透，主科甲功名；或丙透辛藏，一榜之士；或土多克水，生意中人。八月癸水，丙辛皆用。

［评注］八月癸水，丙辛并用，而大忌丙与辛合，则两失其用矣。故透干必须隔位，或干透支藏，此为财印并用之要诀。不可见土，戊己皆忌，盖癸水清轻之气，不比壬水奔放，须要戊土堤防也。己土浊水，故见土克，必为商贾之流。

【今译】

八月的癸水，辛金虚灵，不是顽金可以比拟的，正是“金白水清”，的时候，所以取辛金为用神，而以丙火辅佐它，叫做“水暖金温”。如丙与辛隔位，一同透出，主科甲功名；或者丙火透出而辛金伏藏，是一榜得中的士人；或者土多克水，为生意中人。八月的癸水，丙火烽辛金都用。

［评注］八月的癸水，丙火和辛金一并运用，但大忌丙与辛相合，这样就两方面都失去其作用了。所以透出天干必须隔位，或者天干透出而地支伏藏，这是财印并用的要诀。不可遇到土，戊己都忌讳，因为属于癸水清轻之气，不能和奔放的壬水相比，需要戊土作堤防。己土混浊水，所以遇到土克，必定是商贾之流。

【原文】

庚寅、乙酉、癸亥、丙辰。乙庚化金以助辛，太守。

［评注］乙庚化金以助辛，寅亥会木以生丙，丙火又得长生，气势中和，取贵。

【今译】

庚寅、乙酉、癸亥、丙辰。乙庚化金而帮助辛金，官为太守。

［评注］乙庚化金而帮助辛金，寅亥会成木局而生丙火，丙火又得

长生，气势中和，所以贵显。

【原文】

辛酉、丁酉、癸巳、癸亥。金水多，丁透丙藏，四柱不杂，福寿绵长。

[评注] 丁火财星为用，喜得丙火藏巳以助之。亥冲巳，丙火被制，力量不足，福寿而不贵。盖八月癸水之用丙，取其调候也。

【今译】

辛酉、丁酉、癸巳、癸亥。金水多，丁透出而丙伏藏，四柱没有混杂，福寿绵长。

[评注] 以丁火财星为用神，且喜得到丙火藏在巳中而帮助它。亥冲巳，丙火被制伏，力量不足，有福有寿而不贵。癸水在八月而用丙火，是用来调和气候。

【原文】

九月癸水，失令无根，戊土司权，克制太过，专用辛金发水之源。要比肩滋甲制戊方妙。

[评注] 癸水清轻，不宜戊土之克，故须甲木制之。唯九月癸水失令，甲木亦枯，用甲制戊，必须比肩滋润，方能成制戊之功。而其重要之点，乃在辛金发水之源也，故用在辛金，甲癸为佐。

【今译】

九月的癸水，失于时令而无根基，戊土当权克制过度，所以专用辛金发动水源。要比肩滋扶甲木而制伏戊土才妙。

[评注] 癸水清澈而轻盈，不宜戊土来克，所以要有甲木制伏它。只是九月癸水失于时令，甲木也枯萎，而用甲木制伏戊土，必须有比肩的滋润，才能成就制伏戊土的功用。这一格局的要点，在于用辛金发动水源，所以用辛金，而以甲木和癸水为辅佐。

【原文】

或辛甲两透，支见子癸，定主平步青云。或癸甲两透，富贵成名。

或有甲辛无癸者，亦有恩封；或有甲癸无辛者，富大贵小；有甲无癸辛者，常人；二者俱无，贫贱之格。

［评注］辛甲两透，以辛金发水之源为贵，甲木克制戊土为救也。癸甲两透，而辛藏支，其用相同。癸水为甲之助，如甲木有根，癸水之有无，可以不论。故有甲癸无辛，仅能取富；有甲无癸辛者，水弱木枯，平常之人；三者俱无，更为下矣。

【今译】

或者辛金和甲木两者透出，地支遇到子和癸，一定主平步青云。或者癸水和甲木两者透出，富贵而成名。或者有甲木和辛金而无癸水，也得以降恩封官；或有甲木和癸水而无辛金，富大贵小；有甲木而无癸水辛金，平常的人；三者都没有的，是贫贱的格局。

［评注］辛金和甲木两者透出，以辛金发动水源为贵，以甲木克制戊土为救援。癸水和甲木两者透出，而辛金伏藏在地支，其作用相同。癸水为甲木的辅助，如果甲木有根基，可以不论癸水的有无。所以有甲木、癸水而无辛金，只能取富；有甲木而无癸水和辛金，水弱木枯，平常的人；三者都没有，是更低下的格局。

【原文】

或有甲见壬者，颇许衣衿。

［评注］九月癸水，以辛甲癸为要，无辛癸则水弱木枯，不得已而用壬，衣衿可许。

【今译】

或者有甲木而遇到壬水，颇可以许为秀才。

［评注］九月的癸水，以辛金、甲木、癸炎为要紧，无辛金和癸水就会水弱木枯。不得已而用壬水，可以许作秀才。

【原文】

九月癸水，辛甲并用。

［评注］九月癸水，以用辛金为主，甲木为佐。月令土旺，故不能无甲木也。

【今译】

九月的癸水，辛金和甲木一并运用。

［评注］九月的癸水，以用辛金为主要，以甲木为辅佐。月令土旺，所以不能没有甲木的制伏。

【原文】

癸亥、丙戌、癸卯、甲寅。食神生财格，总督。

［评注］食神生财为用，显而易见。好在年逢癸亥，日元得助，弱中转旺也。

【今译】

癸亥、丙戌、癸卯、甲寅。属于食神生财格，官为总督。

［评注］以食神生财为用神，这是显而易见的。好在年柱遇到癸亥，日元得到帮助，从衰弱中转为强旺。

【原文】

壬辰、庚戌、癸丑、癸亥。甲辛俱无，为人奴仆。［评注］下等人造，大都此类。如云杂气财官，则辰戌冲，丑戌刑，财官均无可用也。俗以杂气见冲为贵者，阅此亦可以悟矣。

【今译】

壬辰、庚戌、癸丑、癸亥。甲木和辛金都没有，做别人的奴仆。

［评注］下等人的命造，大都是这一类。说是杂气财官格，却辰戌相冲，丑相戌刑，财官都没法取用。庸俗的术士以杂气财官格遇冲为贵的，看到这一命造也可以觉悟了。

三冬癸水

【原文】

十月癸水，旺中有弱。何也？因亥摇木，泄散元神，宜用庚辛为妙。得庚辛两透，不见丁伤者，功名有准。

［评注］壬水在十月极旺，而癸水旺中有弱，此阴干之殊也。水生

于申，至亥为禄，向旺而行；癸水长生在卯，禄于子，而亥而戌酉，背旺而行，故旺中有弱。此与乙木在寅，丁火在巳，辛金在申，同一理也。癸弱，宜用庚辛生助；用印，忌见才破。故以庚辛两透，不见丁伤为妙。

【今译】

十月的癸水，强旺中有衰弱。为什么？因为亥中有木，泄散元神，以用庚和辛为妙。得庚和辛两透出，不遇到丁火伤害，功名是一定的。

［评注］壬水在十月极旺，而癸水在强旺中有衰弱，这是阴性天干的特殊性。水长生于申宫，到亥宫为建禄，向着旺方运行；癸水长生在卯，建禄于子，再到亥、戌和酉，背向旺方而行，所以旺中有弱。这与乙木在寅宫、丁火在巳宫、辛金在申宫是同一个道理。癸水衰弱，适宜用庚辛金生助；用印绶，忌遇到财来破格。所以以庚和辛两者透出，而不见丁火伤害为妙。

【原文】

或支成木局，有丁出干，为木旺火相，制住庚辛不生水，必主清寒；或成木局，干见丙丁，异路之荣。

［评注］此言财印并用，以不相碍为贵也。十月小阳春，木火之气动，若支成木局，透丁，克制庚辛印绶，必主清寒。若庚辛与丙丁隔位，或干透支藏，财印两不相碍，则为异路之荣。原文似有漏句。

【今译】

或者地支会成木局，有丁火出现在天干，为木旺火相，制住庚辛金，使它不能生水，必主清贫；或者会成木局，天干出现丙丁火，主异路的恩荣。

［评注］这是说财印并用以不相妨碍为贵。十月是小阳春，木火的气息发动，如果地支会成木局，透出丁火，克制庚辛印绶，必定主清贫。如果庚辛与丙丁在四柱中相间隔，或者天干透出而地支伏藏，财印两者不相妨碍，则主异路的荣显。原文似乎有漏掉的句子。

【原文】

或一派壬水，不见戊制，名“冬水汪洋，奔波到老”；若得戊透，清贵堪夸。

[评注] 水到亥宫，本为旺地，以癸水阴干，故旺中见弱（见上）；若见壬水相助，则汪洋之象，依然汹涌。必得戊土为堤防，则水入正轨，清贵堪夸；否则，泛滥而无制止，劳苦之命。

【今译】

或者一派壬水，没有戊土的制伏，叫做“冬水汪洋，奔波到老”；而有戊土透出，则清贵值得夸耀。

[评注] 水到亥宫本属旺地，但因为癸水属于阴性的天干，所以旺中有弱（见上）；而遇到壬水相助，则为汪洋的气象，依然汹涌。必须有戊土作堤防，水才会进入正轨，才清贵而值得夸耀；否则，泛滥而无制伏，主劳苦的命。

【原文】

或一派庚辛，得丁出制，主名利双全；若不见丁，又主贫寒。

[评注] 上言劫旺，此言印旺也。印绶太旺，金多水纵，又须用财损印，以成反生之功，主名利双全；若无财损，主贫薄。此与七月癸水，金多乏丁制，同为一理。

【今译】

或者一派庚辛金，有丁火出现制伏，主名利双全；如果不遇丁火，又主贫寒。

[评注] 上节是说劫财旺，这里是说印绶旺。印绶太旺，金多水盛，又要用财来克损印绶，以成就反生的功用，这样主名利双全；如果无财克损印绶，主贫寒薄命。这种情形与七月的癸水，金多而缺少丁火制伏，同是一个道理。

【原文】

或四柱火多，名“财多身弱”，富屋贫人。

[评注] 四柱火多，财旺身弱，宜用劫印。若无壬水相助，虽有财

而不能享受也。

【今译】

或四柱火多，叫做“财多身弱，属于富屋中的穷人”。

［评注］四柱上火多，财旺盛而身衰弱，适宜用劫财和印绶。如果没有壬水相助，即使有财也不能享受。

【原文】

癸卯、癸亥、癸丑、癸亥。天元一气格，惜无火土。

［评注］局无火土，运行庚申辛酉，金水气寒，且日元癸丑，亦为沟渠之水也。

【今译】

癸卯、癸亥、癸丑、癸亥。天元一气格，惜无火土。

［评注］局中没有火和土，行运到庚申辛酉，金水气寒，而且日元是癸丑，也是沟渠的水。

【原文】

壬申、辛亥、癸亥、壬子。飞天禄马格，进士。

［评注］两造同用亥中甲木。此造运行甲寅、乙卯、丙辰、丁巳，一路东南阳暖之运，宜乎贵显。王守仁①造：壬辰、辛亥、癸亥、癸亥，亦飞天禄马格，运行东南为贵。

【注释】

①王守仁（1472～1529）：名守仁，字伯安，浙江余姚人，我国明代著名的哲学家、教育家、政治家和军事家，儒家心学流派最重要的大师。弘治十二年（1500）举进士，第二年授刑部云南清吏司主事，后改兵部主事。正德元年（1506）受权宦刘瑾排挤，谪贵州龙场驿驿丞，在这里曾久居阳明洞，故世称阳明先生、王阳明。正德五年（1510 年）升江西吉安府庐陵县知县；七年（1512）从吏部考功清吏司郎中升授南京太仆寺少卿；十一年（1516 年）升任都察院左佥都御史，巡抚南赣，多次平定叛乱。十四年六月，率部镇压福建地方叛乱，于丰城途中

获悉宁王反，即返吉安起义兵，水陆并进捣南昌，连下九江、南康、费时35天，平叛擒宸濠。十六年升南京部尚书，封为特进光禄大夫、柱国、新建伯。建立了独特的心学体系，一生讲学不辍，在余姚中天阁讲学，门人300余。著有《王文成公全书》。

【今译】

壬申、辛亥、癸亥、壬子。飞天禄马格，进士。

［评注］两个命造同样用亥中的甲木。这一命造运行甲寅、乙卯、丙辰、丁巳，一路东南阳暖的运，理应贵显。王守仁的命造：壬辰、辛亥、癸亥、癸亥，也是飞天禄马格，以行东南方运为贵。

【原文】

十一月癸水，值冰冻之时，金水无交欢之象。专用丙火解冻，庶不至成冰；又要辛金滋扶，无丙有辛不妙。凡冬季癸水，有丙透解冻，则金温水暖，两两相生；要不见壬透，自然登科及第，紫诰金章。

［评注］癸水生十一月，冰冻之时，以调和气侯为急，专用丙火，无论官煞印绶，皆作印缓论。癸水虽旺，仍要印劫滋扶，理同十月；但宜藏支，不宜透干，防合制丙火为忌。无丙火，则虽有辛金，亦为金寒水冻，清寒之象。若见壬透伤丙，助癸泛滥，亦为奔波之象。

【今译】

十一月的癸水，正值冰冻的时候，金和水没的交欢的情形。专用丙火解冻，才不至于成冰；又要辛金滋扶，但无丙而有辛不妙。冬季的癸水，有丙火透出解冻，就会金温水暖，两两相生；只要壬水不透出，自然登科及第，受到皇帝的诰封。

［评注］癸水生于十一月冰冻的时候，以调和气侯为急务，专用丙火，无论官煞印绶，都暂缓一步讨论。癸水虽然旺，仍要印绶和劫财滋扶，其道理与十月相同；但适宜藏在地支，而不宜透出干头，这是因为防止它们合起制伏丙火。如果没有丙火，即使有辛金也属于金寒水冻，是清寒的征象。倘若遇到壬水透出，伤害丙火，帮助癸水泛滥，也属于奔波的征象。

【原文】

或一派壬水，无丙出干，寒困之士；一派癸水，孤贱之流；或支成水局，得丙火重出干者，又主蟒袍玉带[1]之荣。

［评注］一派壬癸，无丙火出干，同主寒困。支成水局者，壬癸在支也。地支水旺，干透丙火，专用财星成格，为极富极贵之象。丙火必须通根寅午，火重方为可用，运行东南，自然显达。

【注释】

①蟒袍玉带：绣有蟒蛇的长袍，饰有玉石的腰带。指将相的官服，在这里引申为将相的身份和地位。

【今译】

或者一派壬水，无丙火出现在天干，为贫寒穷困的士人；一派癸水，为孤卑贱之流；或者地支会成水局，有丙火重叠出现在天干的，又主蟒袍玉带那样的荣华。

［评注］一派壬癸水，无丙火出现在天干，同样主贫寒穷困。地支会成水局，指壬癸在地支中。地支水旺，天干透出丙火，专用财星成格，为极富极贵的征象。丙火必须通根于寅午，火重才可用，运行东南，自然贵显发达。

【原文】

或支成金局，丙火无踪者，芒鞋草履之流。

［评注］支成金局无丙火者，金寒水冷，清寒已极，主为僧道之流。

【今译】

或者地支会成金局，没有丙火的，为穿芒鞋草履的僧人道士之流。

［评注］地支会成金局而无丙火的，金寒水冷，清寒已经达到极处，主成为僧人或道士。

【原文】

如辛年丙月癸日，有火者，主恩荣宠赐，绕膝芝兰；无火者，损资得贵，位重当朝。

［评注］辛年、丙月、癸日有火者，即首节丙火解冻，又有辛金滋扶也。有火当是地支有巳午之火，专用财星；若地支无火，丙辛相合，格成润下，财星暗化，富中取贵。

【今译】

遇到辛年丙月癸日，有火的，主沐浴恩泽，得到荣宠和封赏，有儿孙围绕膝下；无火的，损资得到贵显，地位在当朝很重要。

［评注］所谓“辛年丙月癸日，有火者”，即首节所说的“丙火解冻，又有辛金滋扶”。有火，应当是地支有巳午火，专用财星；如果地支无火，丙与辛相合，就成了润下格，财星在暗中合化，主从富中取贵。

【原文】

或一派戊己，名“煞重身轻，非贫即夭”。

［评注］癸水至弱，柱无壬水，不可用戊巳制之。无辛壬而多见戊己，为煞重身轻也。

【今译】

或者一派戊己土，称为“七煞身轻，不是贫穷就是夭折”。

［评注］癸水最柔弱，四柱无壬水，不可用戊巳制伏。无辛金和壬水，而多遇戊己土，属于煞重身轻。

【原文】

用火者，木妻火子；用辛者，土妻金子。

［评注］十一月癸水，大多丙火为用，以木为妻，火为子。倘丙火太旺，用辛金滋扶，为财旺用印，则以土为妻，金为子。

【今译】

用火的，木为妻室，火为子女；用辛的，土为妻室，金为子女。

［评注］十一月的癸水，大多数以丙火为用神，以木为妻室，火为子女。倘若丙火太旺，用辛金滋扶日元，属于正财旺而用印绶，这样就

以土为妻室，金为子女。

【原文】

十二月癸水，寒极成冰，万物不能舒泰，宜丙火解冻。或丙透年时，加以壬透，支中多戊，名“水辅阳光”，主显达名臣；无戊者，异途之职；若有丙无壬，黉门①之客；有壬无丙，戊又出干者，皂隶②之流。

［评注］三冬癸水，寒极成冰，以丙火为主要用神。无丙火调候，无论何物，不能用也。丙壬两透，水辅阳光，支暗藏戊，制其泛滥，必为名臣显宦；无戊，专用丙火财星，为异途之职，所谓“日元得气遇财星”是也；有丙无壬，土暖水温，亦有秀气，惟格局小耳；无丙火而壬戊并透，水旺有制，似有能为，然寒土寒冰，无阳和元气，皂隶之流耳。

【注释】

①黉门：古代称学校的门，借指学校。在学校中学习的秀才、监生、贡生，称黉门客。

②皂隶：原为古代的贱役，指小衙门中的使唤公差。

【今译】

十二月的癸水，因为寒冷至极而成冰，万物都无法舒展安泰，应该用丙火来解除寒冻。或者丙火在年时上透出，加上壬水透出，地支中多有戊土，叫做“水辅阳光”，主身为显达的名臣；无戊土的，异途的官职；如果有丙火而无壬水，是读书人；有壬水而无丙火，戊土又出现在天干的，为衙门中的公差之流。

［评注］冬三月的癸水，因为寒到极处而成冰，以丙火为主要用神。无丙火调和气候，无论什么都不能用。丙火和壬水两者透出，为“水辅阳光”，地支暗藏戊土，制伏它的泛滥，必定为名臣显官；无戊土，专用丙火财星，为异途的官职，所谓“日元得气遇到财星”，说的就是这种情况；有丙火而无壬水，土暖而水温，也有秀气，只是格局小罢了；无丙火，壬水和戊土一并透出，水旺而有制伏，似乎有能力有作为，但是寒土寒冰，无阳和的元气，只能是衙门中的公差之类。

【原文】

或支见子丑，比肩出干，即有丙透，不能解冻，此属平常；或无癸水，有辛与合，亦不为美。有丁出，颇吉。

[评注] 大寒前后，支合子丑，干透比肩，即见丙火，亦不能解冻。“比肩出干”四字极要。月垣之丑，见子相合，冰结池塘；见亥酉，亦为寒冰；即支有卯木，亦为冻木，不能生火也。丙火非寅巳午为根，不能解冻除寒；无比肩出干制丙，而有辛与丙相合，同为不能解冻。有丁出干，须丙火并见，支有巳午为根方妙。丁火本附丽于甲木，然在大寒时节，冻木不能生火，此理之至显者。一造甲辰、丁丑、癸亥、癸酉，比肩出干，年甲月丁，不能为用，反以金水为美，顺其气势也。

【今译】

或者地支出现子和丑，比肩出现在天干，即使有丙火透出，也不能解冻，这属于平常的格局；或者无癸水，有辛与丙要合，也不理想。有丁火出现，比较吉祥。

[评注] 大寒前后，地支子丑相合，天干透出比肩，即使遇到丙火也不能解冻。“比肩出干”四字极重要。月建丑遇子相合，为结冰在池塘；遇到亥酉也是寒冰；即使地支有卯木，也是冻木，不能生火。丙火不以寅、巳、午为根，就不能解冻除寒；无比肩出现在天干制伏丙火，而有辛与丙相合，同样不能解冻。有丁火出现在天干，要丙火一并出现，地支有巳午为根才妙。丁火本来附丽于甲木，但在大寒时节，冻木不能生火，这是很明显的道理。一个命造为甲辰、丁丑、癸亥、癸酉，比肩出现在天干，年干甲木、月干丁火不能作用神，反而以金水顺其气势为好。

【原文】

或一片癸己会党，年透丁火，名“雪后灯光”，夜生者贵，日生者否。若无丁火，又主孤贫。

[评注] 丑中己土癸水并透，而见丁火，为五行常理之外特别之格局。如谭延闿命造：己卯、丁丑、癸丑、乙卯，大寒节后，日出辰初，生于卯时，天未明也，其贵征非五行常理所能测也。

【今译】

或者一片癸水和己土会聚结党，年干透出丁火，叫做“雪后灯光”，夜里出生者贵，日里出生则不贵。倘若没有丁火，又主孤独贫寒。

［评注］丑中的己土和癸水一并透出，而遇到丁火，是五行常理之外的特殊格局。例如谭延闿的命造，为已卯、丁丑、癸丑、乙卯。大寒节以后，日出在辰时之初，生于卯时，天还没有亮，其贵显的征兆不是五行常理所能测度的。

【原文】

或支成水局，无丙者，四海为家，一生劳苦。

［评注］支成水局，泛滥之象，无丙火为暖，及戊土制之，势必劳碌奔波也。

【今译】

或者地支会成水局，无丙火的，四海为家，一生劳苦。

［评注］地支会成水局，为水势泛滥的征象，没有丙火温暖及戊土制伏，势必劳碌奔波。

【原文】

或支成火局，有庚辛透者，衣食充足；无金出，孤苦零丁。

［评注］支成火局，财旺用印。喜得月垣丑，为金墓库，庚辛透出，煞印相生，定主衣食充裕也。

【今译】

或者地支会成火局，有庚辛金透出的，衣食充足；无金出现的，孤苦零丁。

［评注］地支会成火局，为财旺用印的格局。且喜有月建丑为金的墓库，庚辛透出，七煞与印绶相生，必定主衣食充裕。

【原文】

或支成金局，丙透得地，名“金温水暖”，彼此相生，定许光大门间，声驰翰苑；乏丙者，即文章骇世，总为孙山①。

［评注］支成金局，癸水有源；丙透得地，通根寅巳，名“金温水暖”。金水相生，木火相生，定主贵显；乏丙者少融和之气，虽学问文章，为世所崇，世俗富贵，总非其份。格局虽高低不一，即使完美，亦为天爵②之尊。如章太炎炳麟③造，戊辰、乙丑、癸卯、庚申，乙庚化合，卯申相合，国学称朴学④大师是也。

【注释】

①孙山：宋朝吴地人，有滑稽才子之称。有一次参加乡试，考中了最后一名，先回到家乡。同乡人问同去者的成绩，孙山说：“解名尽处是孙山，贤郎更在孙山外。”见宋代范公偁《过庭录》。

②天爵：得自天人之道的自然的尊崇，与人爵相对。人爵指人间的官爵。语出《孟子·告子》：“有天爵者，有人爵者。仁义忠信，乐善不倦，此天爵也。公卿大夫，此人爵也。”

③章太炎炳麟（1869～1936）：名炳麟，号太炎。浙江余杭人。清末民初民主革命家、思想家、著名学者，研究范围涉及小学、历史、哲学、政治等等，著述甚丰。1891 年任《时务报》撰述，因参加维新运动被通缉，流亡日本。1900 年剪辫发，立志革命。1903 年因发表《驳康有为论革命书》并为邹容《革命军》作序，触怒清廷，被捕入狱。1904 年与蔡元培等合作，发起光复会。1906 年出狱后，孙中山迎其至日本，参加同盟会，主编同盟会机关报《民报》，与改良派展开论战。1911 年上海光复后回国，主编《大共和日报》，并任孙中山总统府枢密顾问。曾参加张謇统一党，散布“革命军兴，革命党消”言论。1913 年宋教仁被刺后参加讨袁，为袁禁锢，袁死后被释放。1917 年脱离孙中山改组的国民党，在苏州设章氏国学讲习会，以讲学为业。1935 年在苏州主持章氏国学讲习会，主编《制言》杂志。晚年愤日本侵略中国，曾赞助抗日救亡运动。一生著作颇多，约有 400 余万字。著述除刊入《章氏丛书》、《续编》外，遗稿又刊入《章氏丛书三编》。

④朴学：又称考据学，针对理学的空疏而言。经学有理、朴之别。朴学主张学问重史实依据，解经由文字入手，以音韵通训诂，以训诂通

义理。

【今译】

或者地支会成金局，丙火透出而得地，叫做“金温水暖”。金与水彼此相生，一定光大门楣，声举驰骋文苑；缺丙火的，即例文章惊世骇俗，却总像孙山一样落在别人后面。

[评注] 地支会成金局，癸水就有了源头；丙火透出而得地，通根于寅巳，叫做“金温水暖”。金水相生，木火相生，必定贵显；缺丙火的，缺少融和的气象，即使学问和文章为世人所推崇，世俗的富贵却总是无份。格局有高低的不同，但即使完美，也只是天爵中的尊贵者。例如章太炎炳麟的命造，戊辰、乙丑、癸卯、庚申，乙庚化合，卯申相合，国学称为朴学大师，就是例子。

【原文】

或支成木局，泄水太过，主残病呻吟；得金出干补救，技艺之流。

[评注] 支成木局，泄水之气，人必聪明。水木伤官，须见财官。尤以丙火财星为要，方能富贵；戊土官星酌用。若泄水太过，主残病呻吟；得金补救，本其聪明之性，技艺必高出群流。不见财官，难言富贵也。

【今译】

或者地支会成木局，泄水太过，主为残病而呻吟；得到金出现在天干补救，为技艺之流。

[评注] 地支会成木局，泄水的秀气，人必定聪明。水木伤官要遇到财官。丙火财星尤其重要，有它们才能富贵；戊土官星酌情运用。如果泄水太过，主残病和呻吟；得到金的补救，本着聪明的心性，技艺必定高出众人之上。不遇到财和官，难以推为富贵。

【原文】

凡冬月用丙，须丙火得地方妙；不然，即重重丙火出干，安能轻许富贵哉！

[评注] 重言丙火不能解冻之理。得地者，通根寅巳是也，否则，

即使有丙火出干，未必能用。干透甲乙，支见卯木，寒冻阴湿之木，焉能生火？如支见卯未会局，或卯戌六合，干透丙火，即为可用。盖戌未火土，地气温暖。木有生意，即能生火。此中消息至微，非细辨不知也。

【今译】

凡冬月用丙火，必须丙火得地，这样才妙；不然的话，即使重重丙火出现在天干，又怎么能轻易许为富贵呢！

[评注] 重复说丙火不能解冻的道理。所谓得地，指通根寅巳，否则，即使有丙火出现在天干，也未必能用。天干透出甲乙木，地支遇到卯，寒冻阴湿的木怎么能生火？假如地支遇卯未会成木局，或者卯戌六合，天干透出丙火，则可以用，因为戌未是带火的土，而地气温暖，木就有生机，就能生火。这里的消息极为微妙，非细加辨别就没法知道。